"十二五"学术文库
普通高等教育"十二五"规划教材

SHEHUI
KEXUEYANJIUFANGFA

社会科学研究方法

编写人员
胡书孝 杨 潇 刘 庆
马 伟 贾心怡

内容提要

本书系统地介绍了社会科学研究的基本思想、原理和技术方法，主要包括：社会科学研究数据的收集、整理和分析；社会科学研究的预测和推断、决策与优化、综合评价等。通过本书，读者可以对社会科学研究方法，特别是对其中的定量分析方法有较为全面的了解和认识。本书适合从事社会科学研究的教师、学生及党政机关、企事业单位人员使用。

图书在版编目(CIP)数据

社会科学研究方法/胡书孝，杨潇，刘庆编著．—西安：西安交通大学出版社，2014.6(2021.10重印)
普通高等教育“十二五”规划教材
ISBN 978-7-5605-6331-2

Ⅰ．①社…　Ⅱ．①胡…②杨…③刘…　Ⅲ．①社会科学-研究方法-高等学校-教材　Ⅳ．①C3

中国版本图书馆CIP数据核字(2014)第133736号

书　　名　社会科学研究方法
编 著 者　胡书孝　杨　潇　刘　庆
责任编辑　袁　娟　王建洪

出版发行　西安交通大学出版社
　　　　　(西安市兴庆南路1号　邮政编码710048)
网　　址　http://www.xjtupress.com
电　　话　(029)82668357　82667874(发行中心)
　　　　　(029)82668315(总编办)
传　　真　(029)82668280
印　　刷　西安日报社印务中心

开　　本　787mm×1092mm　1/16　**印张** 18.75　**字数** 459千字
版次印次　2014年8月第1版　2021年10月第4次印刷
书　　号　ISBN 978-7-5605-6331-2
定　　价　46.00元

读者购书、书店添货，如发现印装质量问题，请与本社发行中心联系、调换。
订购热线：(029)82665248　(029)82665249
投稿热线：(029)82665379
读者信箱：xj_rwjg@126.com

前言

Foreword

本书从公共管理专业的特点出发，对社会管理实际中经常使用而又非常重要的社会科学研究方法作了系统的陈述和讲解。其主要内容包括：社会科学研究与公共管理、社会科学研究基本程序、数据类型及收集数据的方法、数据的整理与显示、数据描述方法及技术、概率及概率分布、统计推断方法、预测方法、决策方法、综合评价方法等。

在编写中，结合作者多年本门课程的教学体会，力争做到深入浅出，尽量简化数学推导和运算，以实例讲解社会科学研究分析原理和计算步骤；强调理论与实践结合的重要性，所选用的例子及编写的教学案例突出在公共管理实际中如何正确使用社会科学研究量化分析方法；部分章节还介绍了应用相关软件进行数据计算的方法和技巧，使社会科学研究定量分析方法与计算机应用融为一体。

本书共十二章内容。胡书孝负责第一、二、八、九、十一、十二章编写和全书统稿；杨潇负责第六、七、十章编写，参与第一、四、八章编写；刘庆负责第三、四、五章编写，参与第二、十二章编写；马伟参与第五、六章编写；贾心怡参与第十一章编写及有关章节案例整理和校对工作；储婷参与第九、十章编写及全书校对工作。

本书在编写中参考了大量文献，书中未能进行逐一标注，在此对所应用文献的原作者表示衷心感谢。

本书主要读者对象是公共管理硕士研究生，其次为公共管理及社会科学研究相关学科的教师、学生，党政机关公务员、企事业单位工作人员等。

欢迎读者及专家对书中不妥之处提出批评意见，以便于今后进一步完善。

编　者

2013 年 6 月

目录
Contents

第一章　社会科学研究方法概论

本章主要介绍了社会科学的构成与特点、社会科学与自然科学的区别、社会科学实现自然科学化的可能性、必要性及实现路径、社会科学定量分析的基本方法等内容。

第一节　社会科学构成及其特点

一、社会科学构成

社会科学(social science)是以社会现象为研究对象，揭示社会事物的本质及发展其规律的科学。广义的“社会科学”，是人文科学和社会科学的统称，涵盖政治学、经济学、社会学、管理学、法学、心理学、教育学、伦理学、文学、美学、艺术学、逻辑学、语言学、史学、军事学、人类学、考古学、民俗学、新闻学、传播学等学科，它的任务是阐述与揭示各种社会现象及其发展规律。

政治学一般被看作是研究国家及其赖以发挥治理效能的各种机构和制度的学科。国际关系是政治学的一个分支学科，研究国家与国家之间的关系及各国的外交政策。

经济学主要涉及有关商品和劳务的生产、供销、消费等方面的描述和分析。经济学包括个体经济学和总体经济学两大类。个体经济学，研究经济活动中个体范畴的行为，如个体农民、商号及商人的经营活动。总体经济学的研究对象是整个经济体系，尤其注重产出和所得的一般水准以及不同经济部门之间的相互关系。

社会学研究的对象包括人类社会、社会风俗习惯和社会关系等。这门学科可以明确界定为对人类社会的发展、结构、相互影响及集体行为等方面所作的系统研究。与此相对的一门学科是社会心理学，它是研究有关个人性格、态度、动机和行为所受社会团体影响的方式的一门学科。

文化人类学研究人类文化，侧重对社会结构、语言、法律、政治、宗教、巫术、艺术、技术等范畴的探讨。文化人类学特别要对人类行为的种种方式进行归纳，并对社会现象做出总体的描述。

公共管理是政府与非政府公共组织所进行的，不以盈利为目的，旨在追求有效地增进与公平分配社会公共利益的调控活动[①]。公共管理活动目的是通过全面采集信息，系统分析和评价现实公共管理问题，从而揭示公共管理现象的规律，寻找解决问题的答案。

在现代科学的发展进程中，新科技革命为社会科学的研究提供了新的方法手段，社会科学与自然科学相互渗透、相互联系的趋势日益加强。

二、社会科学的特点

(1)复杂性。社会科学所研究的社会事物(或社会历史现象)一般都是非常复杂的，它们受

① 陈庆云.强化公共管理理念，推进公共管理的社会化[J].中国行政管理，2001(12).

众多自然和社会变量的制约，而这些变量之间往往又是彼此相关、非线性的关系。社会科学往往又较多地涉及“应该”、“愿望”等问题，而这些问题的判断较强地依赖于观察者的思想动机，受到众多内外变量的制约，表现出较强的随机性和模糊性，人们很难从这些随机因素背后找出必然性因素，很难从思想动机中发现其客观动因，这就给社会科学进行精确、客观地分析带来了巨大的困难，因而只能大量地采用定性分析的手段。

(2)依赖性。一般社会事物都是建立在众多自然事物的基础之上，与众多自然事物相互联系，因此任何一门社会科学往往涉及众多自然科学领域，在很大程度上依赖于自然科学的全面发展程度。自然科学如果没有得到充分发展，社会科学就难以在精确性和客观性上取得重大突破。

(3)主观性。对社会事物的认识和评价经常受到众多主观因素(特别是感情因素)的制约，这些主观因素主要取决于观察者与观察对象之间的利益关系(特别是经济利益关系)，这种由利益关系所引起的“先入为主”的主观因素(特别是民族感情和阶级感情)，诱导人们形成非中性的、非客观的、非理性的观察态度，这就容易形成代表不同民族利益和阶级利益的“社会科学”，而且它们互不妥协，从而严重阻碍着社会科学的健康发展。

(4)难验证性。社会事物一般具有较长的运行周期，并且在时间上具有不可逆性，难以进行重复性实验，许多社会科学的假设、预言难以在短期和较小范围内得以验证。

三、社会科学的发展

严格说来，社会科学是在19世纪才出现的，但早在中世纪的神学中，就有根据人类和社会这两方面的观念塑造出来的综合物，这些观念其实就是政治、社会、经济、地理和人类学的概念。整个中世纪，甚至进入文艺复兴和宗教改革运动时期，教会对学者们关于人类思想和社会行为的想法都十分关注，并竭力加以控制。随着17、18世纪社会科学思想的传播，人们对人类经验的复杂性、对人类社会行为和文化状态的认识才逐步扩大。反映在理论上，表现为结构概念和发展变化概念的出现。这些创新思想，大部分存在于某些著作之中，目的在于抨击当时西欧的政治和社会制度。在法国革命和资产阶级工业革命双重打击下，西欧旧制度开始瓦解，地位、权威、财富等因素发生了巨大的变化，如人口激增、劳动条件恶劣、财产的变化、都市化、技术和机械化、工厂制度、参政群众人数的发展等，这些都立刻成为新意识形态的基础，19世纪的社会思想史就是把这些因素在理论上赋予新义而已。此外实证哲学、博爱精神和进化论三种思想倾向也影响了社会科学的发展。

社会科学初建之时，期盼建立一门总体社会科学，但有些学者追求单科的专门化，结果是后者取得胜利。经济学和政治学首先达到独立的科学地步，其次是人类学和社会学，社会心理学也于19世纪初步形成，最后出现的是社会统计学和社会地理学。欧洲民主和工业革命引起的各种进程，在20世纪散布到了世界的其他地区。马克思的思想对于全世界来说，有着深刻的道德及思想意义。即使在西方，马克思主义在思想方面的影响也是巨大的，他首先提出了社会可以通过计划来引导，对中央计划的兴趣，也使得凯恩斯①的思想获得了历史性的意义。在人格、意识和性格的一般领域里，弗洛伊德②的著作对20世纪文化和思想的影响巨大，他的基本理论已影响了多门社会科学的发展。

---

① 约翰·梅纳德·凯恩斯[EB/OL]. http://baike.baidu.com/view/44333.html.

② 西格蒙德·弗洛伊德[EB/OL]. http://baike.baidu.com/view/974788.html.

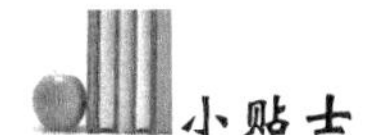小贴士

约翰·梅纳德·凯恩斯　活跃于20世纪上半叶西方学术、思想和政治舞台的著名经济学家、哲学家和政治家。其最主要的理论创新就是为国家干预经济的合理性提供了一整套经济学的证明。

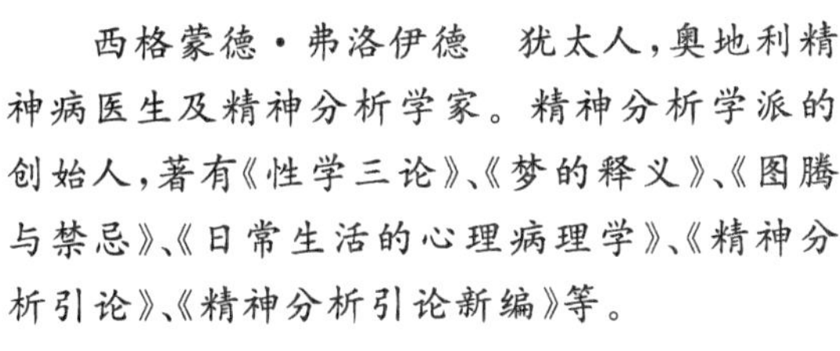
西格蒙德·弗洛伊德　犹太人，奥地利精神病医生及精神分析学家。精神分析学派的创始人，著有《性学三论》、《梦的释义》、《图腾与禁忌》、《日常生活的心理病理学》、《精神分析引论》、《精神分析引论新编》等。

第二节　社会科学的发展趋势

一、社会科学与自然科学的关系

1. 社会事物是一种特殊的自然事物

社会事物的特殊性表现在：受众多彼此非线性相关的变量的制约，社会事物往往具有自我组织、自我创造、自我发展的能力；社会事物的产生往往由偶然的事件或个别人物作为导火索，具有较强的随机性和模糊性；社会事物都是建立在众多自然事物的基础之上，或者与众多自然事物相联系；对社会事物的认识和评价要受到众多主观因素（特别是感情因素）的制约；社会事物一般有较长的运行周期，且在时间上具有不可逆性。

2. 社会规律是一种特殊的自然规律

社会规律的特殊性表现在：社会规律的本原是自然规律，任何一种社会规律都可辩证地还原为某种或某几种自然规律，都可在自然规律中发现它的原形；社会规律综合体现了多种自然规律的具体内容，但社会规律绝不是多种自然规律的简单叠加和机械混合，而是按照一定的时空顺序、逻辑结构、作用方式进行有机地配合，以产生某种相干效应，从而形成一种全新的客观规律；社会规律在开放系统的整体效应上体现了自然规律的发展方向；社会规律往往在更高的逻辑层次上体现自然规律的客观内容；社会规律以更大的偶然性和波动性特征体现自然规律的必然性特征；社会规律以更多的模糊性和浑沌性特征体现自然规律的确定性特征；社会规律以更充分的主动性和创造性特征体现自然规律的客观规定性特征。人类的主动性和创造性不可能是完全随意和无约束的，而是以遵循和服从自然规律为前提的，在本质上不能违背自然规律的客观规定性。总之，社会事物是自然物质的复杂存在方式，社会规律是自然规律的复杂表现形式，社会规律不是对自然规律的否定，而是对自然规律在更高层次上的论证。

3. 社会科学是一种特殊的自然科学

由于社会规律的本源是自然规律，因此，所有社会科学均可以把其假设前提建立在自然科学基本公理的基础之上；由于社会规律综合体现了多种自然规律的具体内容，因此，所有社会科学均可综合地采用各种自然科学的方法来描述；由于社会规律在开放系统的整体效应上体现了自然规律的发展方向，因此，社会科学在整体上可以看作是自然科学的特殊组成部分，其最终归宿是自然科学化；由于社会规律在更高的逻辑层次上体现自然规律的客观内容，因此，社会科学要比一般的自然科学具有更大的抽象性，并遵循更为复杂的逻辑法则；由于社会规律以更大的偶然性和波动性特征来体现自然规律的必然性特征，即社会规律往往需要通过很多偶然的而又不可逆转的社会事件才能体现出来，因此，社会科学所阐述的各种社会规律往往不容易得到实证，这就决定了社会科学具有较强的思辨性和较弱的实证性；由于社会规律以更多的模糊性和浑沌性特征来体现自然规律的确定性特征，即各种社会规律由于变量太多、太复杂往往不容易清楚而准确地呈现在人们的面前，因此，人们通常只能进行不精确的定性分析；由于社会规律以更充分的主动性和创造性特征来体现自然规律的客观规定性特征，即人不仅能够被动地适应环境，而且能够积极主动地选择环境、改造环境和创造环境，在一定程度上可以根据自身的主观愿望或利益关系灵活地选择和运用社会规律，并进行一些主观假设与模糊判断，这就决定了社会科学具有较为强烈的主观意志性、情感倾向性和阶级性，具有较少的客观性、理性和公正性。

二、社会科学的发展趋势是实现自然科学化

自然科学的研究方法就是以基本的数理逻辑为假设前提，并采用精确理论、实验手段和科学语言来最大限度地避免研究前提的主观性、模糊性。它的基本要求是：①假设必须以基本公理为前提；②推理运算必须遵循严密的逻辑程序；③结果必须经得起严格的实践或实验的检验。

自然科学的研究方法中，数学方法最为重要，这种方法可为科学研究提供简洁的形式化语言、精确的定量分析手段、严谨的推理论证程序。显然，自然科学的研究方法是人们完整、客观、准确地把握客观世界本质与规律的最佳方法，社会科学的最终目的就是为了完整、客观、准确地把握人类社会及思维的本质与规律，因此，只有实现了自然科学化的社会科学才是真正成熟的社会科学，把自然科学的研究方法引入社会科学是社会科学发展的必然要求。因此，社会科学的总体趋势是客观化、精确化和系统化，在本质上就是“自然科学化”。

三、社会科学实现自然科学化的必要性

社会生产力对社会科学在精确性、客观性和系统性上的需要程度是制约社会科学发展的决定性因素。当社会生产力发展水平较低时，社会事物较为简单，社会只需要进行宏观的、粗线条的控制，人们只需要凭借简单的主观反映来调节和控制其行为和思想，社会生产力对社会科学的精确性和客观性要求不高，推动社会科学朝精确性和客观性方向发展的动力并不太大。随着社会生产力的不断发展，社会事物的复杂化程度进一步提高，人们的主观反映所产生的误差也越来越大，由此所产生的社会危害越来越严重，推动社会科学朝着精确性和客观性方向发展的动力越来越大，同时由于社会分工日趋精细，社会结构日趋复杂，社会控制和管理的手段也随之越来越丰富多样，这就在技术上产生了对社会科学精确性和客观性越来越高的要求。

要提高社会科学的客观性、精确性和系统性，就必须做到：推理论证遵循严密的逻辑法则；理论前提必须是基本公理；广泛采用数学手段。

四、社会科学实现自然科学化的可能性

一些科学家看到了社会科学实现自然科学化的必然趋势，并且做了大量的研究工作，但其中有许多以失败而告终。因此，有些学者甚至从根本上否定这种必然趋势，把社会科学与自然科学的区别界限绝对化，把社会科学尤其是人文科学神秘化。一些人认为，自然科学研究的对象是没有灵魂和自主意识的自然物，而社会科学研究的对象是具有灵魂和自主意识的人类。他们认为社会科学所涉及的是"应然性"问题即"应该是什么"的问题，自然科学所涉及的是"是然性"问题即"客观是什么"的问题，而这是两个不同本质的问题，根本不可能放在一起研究，因此社会科学根本不可能以自然科学为蓝本来发展。

事实上，"应然性"问题同样可以用自然科学的方法来描述，因为从本质上讲，"应然性"问题实际上就是一个"最大值"或"极大值"选择的问题，这在数学上并不是多么复杂的问题。因此，"应然性"与"是然性"的差异并不是社会科学与自然科学的本质区别，不能作为否定社会科学实现自然科学化的理论根据。

社会科学走向自然科学不仅是必要的，而且也是可能的。社会不管怎么复杂，终归是自然的产物，它与自然界在更高的意义上是统一的。人类不管怎么超感性、超物质，终归是物质运动的一种表现形式，人与社会的复杂性与神秘性最终都可以通过自然科学的高度发展来充分地、精确地、客观地揭示和描述。自然科学与社会科学最终都将无限地趋近于同一轴线并完全融为一体，从而可以完全消除当前社会科学中普遍存在的主观性、模糊性和不精确性。

现代科学的发展，产生了具有高度抽象性和广泛综合性的系统论、控制论和信息论，这些理论已经广泛地渗透到社会科学的各个领域，大大提高了社会科学的自然科学化的速度。尤其是20世纪70年代出现的耗散结构论、协同学论、突变论和超循环理论等，为把自然科学推向生物界、进而推向人类社会奠定了初步的理论基础，使人们逐渐消除了对人类自身的神秘感和对社会科学的敬畏心情，使我们看到了社会科学发展的新前途、新曙光。

五、社会科学通向自然科学的桥梁

目前，许多社会科学问题不能用自然科学的方法来描述和分析，一方面是因为自然科学研究方法的不完善性，无法适应复杂多变的社会事物，而不是因为自然科学本身的局限性，只要自然科学发展到一定程度，任何复杂的社会科学问题均可用自然科学的方法来描述和分析；另一方面是因为社会科学没有找到一个适当的突破口来打通与自然科学的联系通道，或者没有架起一座通向自然科学的桥梁，而不是因为社会科学与自然科学之间存在一条无法逾越的鸿沟，只要架起一座贯通社会科学和自然科学的理论桥梁，完全可以顺利地实现社会科学的自然科学化。

传统的价值理论之所以不能充当社会科学通向自然科学的桥梁，一方面因为它与社会科学的联系是肤浅的、零散的和狭隘的。具体表现在：不同社会科学所遵循或隐含的价值理论往往不一致，有时彼此存在巨大的矛盾；每一种价值理论都只能从某一个狭隘的角度来阐述社会事物的运动规律；社会事物的运动规律没有与众多的社会规律联系起来。另一方面，它与自然科学的联系也是肤浅的、零散的和狭隘的。具体表现在：基本概念没有与自然科学的基本概念联系起来，假设前提没有建立在自然科学的基本公理基础之上，理论论证没有严格遵循自然科学的逻辑法则，价值的度量方法与度量单位不一致，研究过程很少使用数学方法。

六、社会科学实现自然科学化的具体途径

社会科学实现自然科学化，并不是指社会科学个别地或部分地引入自然科学的研究方法，而是指社会科学必须完全以自然科学的基本公理为假设前提，所有推理论证与运算必须严格遵循规定的逻辑程序，所得结论必须经得起严格的实践或实验的检验。

要实现社会科学的自然科学化，必须完成两大任务：

(1) 实现价值理论的自然科学化。实现价值理论的自然科学化就是以自然科学的基本公理作为假设前提，把人类社会的价值运动辩证地还原为一般的物理化学运动，并采用自然科学方法对各种价值现象进行客观和精确的分析。具体途径是：从能量角度看价值，从物理学角度定义价值，并实现对于价值的统一计算。

(2) 建立社会科学与价值理论广泛而深入的联系。在价值理论实现了自然科学化以后，就要将价值理论延伸到社会科学各个领域，所有社会现象都可以找到它的价值动因，所有社会规律都可以采用一定的价值变化规律来描述。建立社会科学与价值理论广泛而深入的联系的具体途径是：从价值角度看世界，由最大有序化法则推导出广义价值规律，并把它推广应用到其他社会科学领域。

显然，只有统一价值论圆满地完成了以上两大任务，架起社会科学通向自然科学的桥梁，才能为整个社会科学出现新的飞跃式发展创造条件。

第三节　社会科学定量研究

一、定量分析的含义及理论基石

自从人类发明计数方法以来，人们在劳动和工作中开始应用数学来计数、记录和计算。随着历史的发展和科技的进步，人类逐步发展出一种特殊的思维工具——定量分析方法。

定量分析起始于分析化学的一个分支。根据测定物质中各成分的含量所用方法不同，可分重量分析、容量分析和仪器分析三类。因分析试样用量和被测成分的不同，又可分常量分析、半微量分析、微量分析、超微量分析和痕量分析等。当今一些学者把这一概念引进社会学领域的研究中，把关于事物的测量及构成某一现象或行为的若干因素中，对其中某些因素的量化比重或各因素之间的量化关系的研究称为定量分析，其着眼点在于用数量关系揭示事物的根本特征，即通过精确测定的数据和图表反映事物的现状、类属和相互关系，从而使不确定的、模糊的社会现象变得相对确定和明晰。

我们认为：定量分析(quantitative analysis)是指分析一个被研究对象所包含成分的数量关系或所具备性质间的数量关系；也可以对几个对象的某些性质、特征、相互联系从数量上进行分析比较，研究的结果可用“数量”加以描述。

定量分析的理论基石是实证主义。但真正地能从实证主义哲学中孕育出作为方法论的“定量分析”，并使其茁壮地发展，三方面的“养分”起了决定性的作用。第一方面的“养分”是孔德的实证主义哲学及其方法论思想。孔德认为，哲学的根本任务是对科学的本质进行探求，因为科学是人类认识客观世界的唯一手段，唯科学能获取知识，进而能发现客观世界的最高规律——人类社会规律。要完成这一任务必须结合人类的智力理性和人类认识世界的经验主义传统，即理性和观察的结合。

第二方面的“养分”是逻辑实证主义。知识、科学，首先一条准则就是它的客观性。经验是否真实不是由个人主观感觉去证实，而是由“物理东西”作为证实的参照物。桌子是一物理实体，它可能对不同主体个人引起经验上的差异，但桌子在不同单个主体间产生的感觉、经验总有共同的内容。这些共同的内容可以抽象为概念，可以成为人类以语言交往的符号。这就有力地为定量分析的客观性提供了理论基石。第三方面的“养分”是美国的实用实证主义，或按学者的说法，属于操作性的实证主义。由于受美国特有的传统文化影响，除极少数学者致力于实证主义的哲学发展外，更多的社会科学理论家、方法论学家、研究者在电子信息科学发展的影响下，都致力于如何把孔德的实证主义和逻辑实证主义中关于科学研究方法论理论要素运用于实践。

定量分析是实证主义方法论最典型的特征，从研究的逻辑过程看，定量分析比较接近于假说—演绎方法的研究，即既保留了重视观察实验、收集经验资料的特点，又保留了重视逻辑思维演绎推理的特点，应用假说使得观察实验方法和数学演绎形式结合起来。正因为这样，定量分析往往比较强调事物的客观性及可观察性，强调现象之间与各变量之间的相关关系与因果联系，同时要求研究者在研究中努力做到“客观性”和“伦理中立”。由于定量分析所具有的假说—演绎性，所以在理论与研究的关系上，往往在对所取得与课题有关的确定的信息和资料综合基础上，借助于以往研究结果并在此基础上加以修改、推演，以建立一种能够解释所观察的现象的理论假说。通过与形成假说过程独立的另外一套观察或试验资料来检验假说为目标，取得检验结果并对研究结果作进一步分析和评价。

定量分析的方法很多，但各种方法在应用时往往都有一定的程序。例如，实验法、观察法、访谈法、社会测量法、问卷法、描述法、解释法、预测法，等等。凡用定量分析，其工作程序都较标准、系统且可操作。由于应用定量分析在研究课题时，绝大部分的资料、信息都是数量化的资料，而结果也基本上靠统计分析的数据来表达，因而采用定量分析的研究成果往往给人一种看得见、摸得着的感觉，比较清晰、明确。

二、定量分析的特征

定量分析在方法论、研究范式、逻辑过程、研究方式和资料获取方式等多个方面都有着区别于定性分析的明显特征，具体见表 1-1。

表 1-1　定量分析方法与定性分析方法的比较

	定量分析	定性分析
方法论	科学主义	人本主义
研究范式	实证预测	理解释义
逻辑过程	演绎推理	归纳推理
理论模式	假设检验	理论建构
研究目的	确定相关、因果关系	理解现象意义
研究方式	实验、调查	实地研究
资料收集	量表、问卷	参与观察、深度访谈
分析方法	统计分析等	文字描述
研究特征	客观性	主观性

定量分析遵循科学主义的方法论传统。科学主义是近代自然科学自牛顿以来确立的一种方法论观点，这种观点认为社会现象与自然现象尽管在表现形式上有所不同，但在本质上都是客观的、因果性的和有规律的，因而是可以观察、实验和概括的，可以用数学形式对社会和自然现象进行分析和概括。而人本主义方法论则认为，社会现象与自然现象根本不同，社会现象在本质上是不可能客观地进行分析和说明的，只能通过理解和释义来整体把握。定量分析着眼于对假设、理论的实证和对现象变化的预测，而定性分析更强调对现象的理解和诠释。定量分析更多地运用演绎推理，从一般假设中推出结论，再对结论进行检验，而定性分析则强调归纳和整体把握，通过对概念的分析和释义得出结论。

综上所述，定量分析方法具有三个基本特征：

(1)实证性，即定量分析的过程和结果是可以检验的。定量分析是应用适当的数学方法对有关特定问题的数据进行分析，分析过程的每一个阶段和结果都可以明确表示出来，接受逻辑和事实的检验。实证性是定量分析区别于定性的、思辨的分析方法的最本质特征。

(2)明确性，定量分析所采用的概念一般都具有明确定义，采用准确、规范的语言来表达，因而在一般情况下不会引起歧义，从而使分析过程和结果易于理解。

(3)客观性，即定量分析的结果独立于分析者，不论是什么人，只要对相同的数据应用相同的方法分析都会得出相同的结果。出于不同的研究目的，对于相同的数据，分析者也可以采用不同的方法处理，从而得出不同的结果，还有一种可能，或者分析者对同样的数据采用不同的分析方法，得出相同或相近的结果。这就是社会科学中的三角定位，该理论由美国社会科学家D·T·坎贝尔(D. T. Campbell)首创，强调对同一对象采用多种不同的定量分析方法，如果结果一致则表明分析结果的有效性。

三、定量分析方法在社会科学研究中的优缺点

定量分析方法的优点集中体现在：①定量方法能快速进行大规模的社会调查，因此能较好地适应社会要求，随时把握社会发展变化趋势。②定量方法通过运用统计和数学分析，大大提高了社会科学研究的标准化和精确化程度，并且讲究严密的逻辑推理，因而其结论更准确、更科学。③定量方法大大提高了理论的抽象化和概括性程度，并能够对社会问题及现象之间的因果关系进行精确的分析。

定量分析方法也存在一些局限性，表现在：①由于是对大量样本的少数特征作精确的计量，因而在每个个案所获得的数据较少，且在难以获得深入、广泛的信息的情况下，容易忽略被调查者的深层动机和具体社会过程中的一些复杂因素。②由于社会现象是错综复杂的，一种社会现象的产生往往存在众多难以控制的影响因素，因此，很难客观、准确地确立两个变量之间的因果关系。③由于许多社会现象都是独特的，无法得出普遍的经验概括，因而也无法依赖数量分析。

第四节　社会科学量化分析基本方法

定量分析方法的种类很多，目前还没有统一的分类标准，但大体上可以按照两条分类标准来划分。第一条标准是按照分析对象的复杂性划分。所谓复杂性主要指分析变量的数量多少和变量变化的性质，如按分析变量的数量，可划分为单变量分析方法(频数分析、集中趋势分析

和离散趋势分析等)和多变量分析方法(列联表分析、相关分析和因子分析)等。按照变量性质可分为线性分析(线性相关、线性回归和线性规划等)和非线性分析。第二条标准是根据分析的目的和用途来划分,可以把定量分析方法划分为五大类:统计分析,包括描述统计和推断统计;定量预测分析;定量决策分析;运筹学分析;综合评价分析。这种分类的着眼点不是对象的性质而是分析目的、意图和管理过程各环节的需要。

一、统计分析法

统计分析是定量分析方法中最常用且内容最丰富的方法,也是本书的重要内容。

英文"statistics"一词是由"state"一词演化而来的,最初,统计只是为管理国家的需要而搜集资料,以便弄清国家的人力、物力和财力,作为国家管理的依据。

今天,"统计"一词已被人们赋予多种含义,可以指统计数据的搜集活动,即统计工作,也可以指统计活动的结果,即统计数据资料,还可以指分析统计数据的方法和技术,即统计学。

统计工作是搜集、整理、分析和研究统计数据资料的工作过程。随着历史的发展,统计工作逐渐发展和完善起来,使统计成为国家、部门、事业和企业、公司和个人及科研单位一项基本职能及认识事物规律的一种有力工具。

统计数据是统计工作活动进行搜集、整理、分析和研究的主体及最终成果。国家统计局编辑、中国统计出版社出版的每年一册的《中国统计年鉴》以及国家统计局每年初公布的《国民经济与社会发展统计公报》等就是统计数据资料。

统计学是对研究对象的数据资料进行搜集、整理、分析和研究,以显示其总体的特征和规律性的学科。统计学的研究对象是客观事物的数量特征和数据资料。统计学是以搜集、整理、分析和研究等统计技术为手段,对所研究对象的总体数量关系和数据资料去伪存真、去粗取精,从而达到显示、描述和推断被研究对象的特征、趋势和规律性的目的。如今,统计学已经发展成为包括数理统计学和应用统计学在内的学科体系。数理统计学是统计学的理论基础,包括一系列公理、定理以及严格证明,涉及概率论、微积分和高等代数等。将数理统计学的原理应用到各专业领域,如建筑学、人口学、生物学、经济学、教育学、心理学和管理学等,就形成了相应的专业统计学。

统计数据的收集是取得统计数据的过程,是进行统计分析的基础。离开了统计数据,统计方法就失去了用武之地。如何取得所需的统计数据是统计学研究的内容之一。

统计数据的整理是对统计数据的加工处理过程,目的是使统计数据系统化、条理化,符合统计分析的需要。数据整理是介于数据收集与数据分析之间的一个必要环节。

统计数据的分析是统计学的核心内容,是通过统计描述和统计推断的方法探索数据内在规律的过程。

在英文中,"statistics"一词有两个含义:当它以单数名词出现时,表示作为一门科学的统计学;以复数名词出现时,表示统计数据或统计资料。从中可以看出,统计学与统计数据之间有着密不可分的关系。统计学是由一套收集和处理统计数据的方法所组成的,这些方法来源于对统计数据的研究,目的也在于对统计数据的研究。统计数据不是指单个的数字,而是由多个数据构成的数据集。单个的数据不需要用统计方法进行分析,仅凭一个数据点,也不可能得出事物的规律,只有经过对同一事物进行多次观察或计量得到大量数据,才能利用统计方法探索其内在的规律性。

从统计方法的角度，统计分析分为描述统计和推断统计两类，既反映了统计发展的前后两个阶段，又反映了统计方法研究和探索客观事物内在数量规律性的先后两个过程。描述统计(descriptive statistics)研究如何取得反映客观现象的数据，并通过图表等形式对所收集的数据进行加工处理和显示，进而通过综合概括与分析得出反映客观现象的规律性数量特征。内容包括统计数据的收集方法、数据的加工处理方法、数据的显示方法、数据分布特征的概括与分析方法等。推断统计(inferential statistics)则是研究如何根据样本数据去推断总体数量特征的方法，是在对样本数据进行描述的基础上，对统计总体的未知数量特征做出以概率形式表述的推断。

描述统计学是整个统计学的基础和统计研究工作的第一步，包括对客观现象的度量，调查方案的设计，数据的收集与整理，用图表方法和数量方法综合分析统计资料等。人们常见的如报纸、杂志、报告或其他出版物上的数据表格、图形或数值都属于描述统计范畴。推断统计学是现代统计学的核心和统计研究工作的关键环节，是根据概率论揭示随机变量的一般规律，利用样本信息对总体的某些性质或数量特征进行推断和检验的方法。在现实中一般需通过抽样推断方法才能认识事物内在的数量规律性，但若没有可靠的数据资料，利用科学的推断方法也难以得出准确的结论。可见，推断统计离不开描述统计，但只靠描述统计也难以揭示事物发展的规律。

二、预测法

定量预测法是指运用数学模型预测未来的方法。当能够收集到足够可靠的数据资料时，定量预测是可取的。常见的定量预测方法有时间序列法、回归分析法、计量经济学模型、投入产出法、替代效应模型，等等。时间序列法是根据历史统计资料的时间序列，预测事物发展的趋势。时间序列法主要用于短期预测。常用的有简单平均法、移动平均法、指数平滑法。回归分析法是根据事物的因果关系对变量的一种预测方法。因果关系普遍存在，比如，收入对商品销售的影响，降雨量对农产品生产的影响，等等。计量经济学模型是在回归方程的基础上发展起来的一种将多个回归方程联立求解的分析方法。投入产出法由列昂惕夫创立，是把一系列内部部门在一定时期内投入(购买)来源与产出(销售)去向排成一张纵横交叉的投入产出表格，根据此表建立数学模型，计算消耗系数，并据此进行经济分析和预测的方法。替代效应模型用于预测一种新技术或新产品在什么时候、什么情况下、如何去取代现有的技术或产品。

三、决策方法

定量决策方法是指利用数学模型进行优选决策方案的决策方法。根据数学模型涉及的问题的性质(或者说根据所选方案结果的可靠性)，定量决策方法一般分为确定型决策、风险型决策和不确定性决策方法三种。

确定型决策方法的特点是只有一种选择，决策没有风险，只要满足数学模型的前提条件，数学模型就会给出特定的结果。属于确定型决策方法的主要有盈亏平衡分析模型、成本效益分析和经济批量模型。

风险型决策方法主要是决策树。决策树就是用树枝分叉形态表示各种方案的期望值，剪掉期望值小的方案枝，剩下的最后的方案即是最佳方案。决策树由决策结点、方案枝、状态结点、概率枝四个要素组成。在风险型决策方法中，计算期望值的前提是能够判断各种状况出现的概率。

如果出现的概率不清楚，就需要用不确定型方法，包括即冒险法、保守法和折中法。采用何种方法取决于决策者对待风险的态度。

四、综合评价方法

在社会科学研究中常见的综合评价方法有：综合评分法、综合指数法、层次分析法、Topsis法、模糊综合评价等。

综合评分法(synthetical scored method)：建立在专家评价法基础上，根据评价目的及评价对象的特征选定必要的评价指标，逐个指标定出等级，每个等级的标准用分值表示，然后以恰当的方式确定各评价指标的权数，并选定累积总分的方案以及综合评价等级的总分值范围，以此为准则，对评级对象进行分析和评价，以决定优劣取舍的综合评价方法。

综合指数法(synthetical index method)：利用综合指数的计算形式，定量的对某现象进行综合评价的方法。

层次分析法(analytic hierarchy process)：用系统分析的方法，对评价对象依据评价目的所确定的总评价目标进行连续性分解，得到各级(各层)评价目标，并以最下层作为衡量目标达到程度的评价指标。然后依据这些指标计算出综合评分指数对评价对象的总评价目标进行评价，依其大小来确定评价对象的优劣等级。

Topsis法：是系统工程中有限方案多目标决策分析的一种常用方法。它是基于归一化后的原始数据矩阵，找出有限方案中的最优方案和最劣方案(分别用最优向量和最劣向量表示)，然后分别计算诸评价对象与最优方案和最劣方案的距离，获得各评价对象与最优方案的相对接近程度，以此作为评价优劣的依据。

第五节　公共管理决策量化分析

一、公共管理决策的科学化

要揭示公共管理现象的规律，不能仅仅靠通过个别实例来证明或证伪(经验法)，也不能单纯靠理论推演(思辨)，还要重视依靠数据统计(计量)来解决问题。其原因在于：

(1) 公共管理现象的复杂性。公共管理现象涉及的人，除了认知因素外，还大量涉及文化、习俗、情感、动机、人际互动等多种因素。影响公共管理的外部和内部因素也很多，包括社会发展、政治民主、社会经济、社会文化、自然环境等。公共管理现象中的多数问题，通常不是简单的因果关系，而是多变量、非线性关系。

(2) 公共管理信息的海量性。随着人们对公共管理现象认识的发展和手段的进步，描述和表征公共管理现象的信息越来越丰富。这些信息经常出现在问卷调查、实地观察、访谈(定性)研究、测验、评价等在内的大型研究中，也出现在政府及非政府公共组织、企业等组织的统计信息报表、各种大众媒体、政府文件及有关资料中。

面对大量复杂的现实公共管理决策问题及海量信息，主要依赖少数智者经验、才能和智慧且以定性判断为主的极具个人艺术特征的传统管理决策分析方法，已经越来越不能适应现代社会的要求，公共管理决策的科学化成为历史的必然。

二、公共管理的核心是科学决策

公共管理的目的是建立一种更安全、富裕、美好的社会，提高民众的生活质量。公共管理者，无论是公务员还是高层领导者，每个人都拥有一个美好的未来社会的愿景，并愿意投入自己的知识、经验、精力和热情去实现这一目标。实现目标就要利用各种资源，通过制定合理的法律规则约束社会行为，通过制定各项政策来调整社会关系，维护健康、良性的公共秩序，这是公共管理决策的一个基本特点。

公共管理活动是一个反应的过程，管理者对观察和期望之间的差异做出反应。这种反应是以对当前和过去事件的了解为基础的，管理者通过制定和执行法规、政策和命令与社会民众发生相互作用，从而获得资料和数据，这种相互作用就是互动。互动是了解情况和改变状况的手段，互动会产生数据，每一次互动都会产生一组信息，即有关特定事件的观察结果，如工作记录、情况报告等，这些资料常常是不完整的，需要进行整理、分类和合并。对这些资料进行正确的加工及分析，将有助于公共管理者做出科学的决策。

公共管理活动实际上是一个决策活动。决策是解决面临的问题或为完成某项任务而制定与选择活动方案的过程，是主体对未来实践的目标、方法、手段、结果所做的超前设计和决定。决策本质上是一种认识活动，认识就是一个包含认知、评价、决策在内的复杂系统，决策就是整个认识过程的最高阶段和最后阶段。政府与非政府公共组织在调控活动中始终进行着如何对公共利益、公共资源、公共权力等的认知、评价、选择等活动，这些活动就是决策。

三、量化分析是科学决策的基本特征

管理决策科学化就是要将主要依赖少数智者经验才智且以定性分析判断为主的极具个人艺术特征的传统经验型管理决策分析方法发展成为主要依赖群体多人经验智慧的、定量分析与定性判断相结合的、更具当代科学品格的现代定量科学型管理决策技术方法。定量分析是管理决策科学化的基本特征和突出表象。

管理决策科学化主要应追求两方面的目标：一是科学准确地分析复杂的管理决策问题；二是快速有效地获得科学分析的结果。二者有密切联系，后者主要依赖先进的信息处理手段和工具，而前者中的关键和技术层面上的难点就是定量分析。定量分析是使管理决策由具有某种艺术特征的社会活动变成为具有一定科学内涵的理性行为的关键。可见，现代管理决策的一个基本特征是对决策对象或现象进行必要的定量分析。

四、定量分析在公共管理中的作用

面对复杂的、多样化的现实管理决策问题，定量分析的具体作用多种多样，其基本作用可归结为量化定性因素、梳理复杂关系、获得定量结果等三个方面。

(1)量化定性因素。定量分析的不断创新、发展，可以越来越多地使定性因素及其对目标系统的影响定量化或半定量化，为进一步理清各种影响因素间的复杂关系和建立科学实用的定量分析模型奠定技术基础。定性因素量化是定量分析的前提和出发点，也是创立新型定量分析技术的原创点之一。

(2)梳理复杂关系。定量分析可以对系统中各种影响因素间的复杂关系进行梳理,以此来建立反映对象系统真实状态和演化规律的定量模型。梳理关系是定量分析活动的中心环节,丰富完善的定量模型是科学定量分析的基础。

(3)获得定量结果。定量分析利用所建立的定量分析模型,在先进的信息处理手段和工具的帮助下,能够给出目标系统状态和行为的定量化分析结果,这是进行管理决策判断的前提。准确的定量数据分析结果是科学决策的重要支持和依据。

以上归纳的定量分析的基本作用是紧密相连、相互依存、不可分割的整体。没有对定性因素及其影响的科学量化就不可能在理清各种因素间复杂关系和相互作用的基础上建立起反映系统现实的定量分析模型,也就不能获得科学量化的数据分析结果。反之,如果不是为了准确及时地获得科学量化的数据分析结果,即使拥有再先进完美、再符合现实需要的定量模型也没有现实价值和实际意义。线性规划模型早在1939年就由前苏联的康托洛维奇和美国的希奇柯克(F. L. Hitchcock)分别提出,但在丹捷克(G. B. Dantzig)1947年发明单纯形法和1946年电子计算机之前的境遇就是这种现象的一个生动实例。

必须强调的是,对定量分析的重要性和积极作用的重视也不能走极端,更不能将其与定性判断对立起来。定性判断本质上体现的是人的主观认知能力,是人的创造性思维活动。定量分析绝不应该也绝不可能替代人的全部创造性思维活动。科学的态度应是将定性判断与定量分析有机结合起来去分析解决客观现实世界中的复杂问题。正如钱学森同志在阐述"定性定量相结合的综合集成法"时曾经指出的那样,将零星分散的定性认识汇集起来,从多方面的定性认识上升到定量认识,从不完整的定性到达比较完整的定量,是定性到定量的飞跃。

小贴士

任何一个理论的建立都需要尽量在广泛的田野搜寻,理论的测试则需要客观精密的验证。量化研究与质化研究基于不同认识论因而具有不同的假设和研究范式,它们之间虽有歧异却并不排斥和矛盾。事实上,量化研究回答的是"有多少"的问题,质化研究回答的是"是什么"的问题,量化研究与质化研究具有不同的向度和贡献。

近年来,由于科学哲学和科学方法论的发展,量化研究与质化研究呈现出兼容与统合的趋势。社会学者Lavder. D提出了一种汲取两者之长——因果关系与个人意义的建构兼顾、宏观与微观结合的研究"新策略",即合并使用质的资料收集及量的测试方法,在个人、活动、情景、脉络及历史五个不同的社会生活层次上对社会问题展开研究。社会学者Rose. G则更明确地将质化研究称之为"理论建立的研究",将量化研究称之为"理论测试的研究"。

在社会科学的研究中,量化方法能够凸显人口上的分布和各种因素影响幅度等结构问题,质化方法则更能处理"人的经验和意义"的问题。因此方法的选择运用主要取决于研究者到底想要解决什么问题,纯粹以方法而言,双方并无高下之别①。

① 梁丽萍.量化研究与质化研究——社会科学研究方法的歧异与整合[J].山西高等学校社会科学学报,2004(1).

思考与练习

1. 社会科学研究具有哪些基本特征?
2. 为什么社会科学要实现自然科学化?
3. 定量分析是社会科学实现自然科学化的基本路径吗?为什么?
4. 什么叫实证研究?定量分析就是实证研究吗?它与定性研究有什么关联?

第二章　社会科学研究基本程序

社会科学研究基本程序可分为准备阶段、收集资料阶段、量化分析阶段和撰写社会科学研究报告四个阶段。在准备阶段，研究者要确定选题，进行研究设计；在收集资料阶段，研究者获取的资料主要是量化资料和质性资料，研究资料收集分为原始资料和二手资料的收集；最后，本章简单介绍了量化资料的整理和分析方法，社会科学研究报告的特点、类型、格式和内容。

第一节　准备阶段

在社会科学研究准备阶段，需要解决的几个问题是：提出问题、确定研究目标、建立研究假设、设计研究方案、将研究内容操作化、设计抽样方案。

一、提出问题

提出问题包括发现问题、界定问题、确立研究课题三个环节。

1.发现问题

发现问题，即找出问题是什么，发生在哪里等，把问题明确表达出来。

《现代汉语词典》中对“问题”的解释是：①要求回答、解释的题目；②必须要研究讨论并加以解决的矛盾、疑难；③关键；④事故或意外。可以看出“问题”含有疑难和意料之外的含义。一般来说确认问题的基本模式有：

(1)差异模式。问题是现实情况与期望状态间的差距，即：问题＝期望－现实。问题来自于现实情况与期望状态间的差距，有时也来自社会事物之间的差异和矛盾，为什么人们会认为两个、多个矛盾的社会事物都对呢？此时就会产生问题，迫使研究者去作认真地分析，梳理各个理论的依据及其论证与证据的关系，此时往往会产生有价值的发现。

(2)结构模式。从结构的角度来论述问题，将问题分为四种成分：①目的，即在某种情景下想要干什么。②个体已有的知识。这是指个体在问题情景一开始，就已具备的知识技能。③障碍，指在解决问题的过程中会遇到的各种需解决的因素。④方法，指个体可以用来解决问题的程序和步骤。

2.界定问题

界定问题，即对问题的性质、特点、范围、程度和趋势做出进一步考察。

首先是要用到什么信息，利用这些信息将制定什么决策。其次，就所有问题排出优先顺序，这有助于从人们感兴趣的问题中挑选出最核心的问题。再次，用几种稍微不同的方式反复表述问题，并讨论它们之间的区别。最后，提出样本数据，思考一下它们是否有助于回答问题，模仿决策过程。

波士顿咨询集团(BCG)[①]的副总裁安东尼·迈尔斯(Anthony Miles)曾谈到他在问题/机会界定阶段常常力图回答的三个关键问题：

(1)为什么要寻求这些信息?

(2)这些信息是否已经存在?

(3)问题确实可以回答吗?

小贴士

波士顿咨询公司(BCG)是一家著名的美国企业管理咨询公司，在战略管理咨询领域被公认为先驱。公司的最大特色和优势在于公司已经拥有并还在不断创立的高级管理咨询工具和理论，管理学界极为著名的“波士顿矩阵”就是由公司20世纪60年代创立的。BCG的四大业务职能是企业策略、信息技术、企业组织、营运效益。作为一家极具创新精神的咨询公司，从该公司走出了不少的咨询界的奇才，国际著名咨询公司的创始人都是来自波士顿咨询公司。

波士顿咨询:中国有望成第二大旅游市场

商业战略咨询机构——美国波士顿咨询公司4月11日发布的研究报告指出，2013年中国旅游市场占全球的比重将达到8%，成为全球第二大旅游市场。

这份名为《扬帆起航:中国旅游业的发展与前景》的报告预计，到2013年中国有望赶超日本成为全球第二大旅游市场。目前占中国旅游业务和支出绝大部分的国内游预计每年增长16%，到2020年市场价值将增至3.9万亿元，特别是休闲游的市值将翻两番以上。

到2020年，中国旅游市场占全球的比重将提升至14%，出境旅游人次将接近美国水平，前往日本和韩国的国际游客中，将有25%以上来自中国，而从中国到欧洲的游客人数将翻两番，在北美来自中国的游客数量将位居第三。

波士顿咨询公司将中产阶级的最低门槛定义为家庭年收入6万元，并根据这一收入标准预计，2020年中国中产阶级以及富裕者的人数将达到4亿。报告认为，中国游客包括富裕阶层游客比西方消费者更渴望增加旅游支出，但是目前中国游客与西方游客的差别仍相当显著。

例如，中国的旅游需求主要来自于非常渴望见识新世界的年轻人;平均每年有2500万游客首次尝试过夜休闲游;中国游客的旅行时间可能比西方游客长，而且常与多个朋友结伴出游;超过一半的受访者把网上信息列为他们最信赖的旅行计划来源;西方游客宁愿把大部分旅费预算用于食宿，而中国游客却将近一半预算用于购物。

报告还指出，中国的旅游业仍处于起步阶段，竞争激烈、鲜有创新或差异化不大几乎是旅游行业所有领域的特点。

---

① 波士顿咨询:中国有望成第二大旅游市场[EB/OL]. http://finance.ifeng.com/news/20110411/3848956.html.

3. 确定研究课题

确立研究课题，即在界定问题的基础上以课题的形式确定所要说明的问题或要解决的问题，即选择社会科学研究的题目。明确而有效的选题应该具备明确的研究目标与方向，可研究的对象和范围，可采用的研究方法，研究假设可量化检验，能够获取数据信息，客观上具有可行性。

二、确定研究目标

问题/机会识别过程的最终结果就是形成研究目标。目标应根据回答社会科学研究问题/机会所需的具体信息加以表述。经过精心分析生成的目标可以作为研究项目进展的"地图"，也可以作为管理者评价研究质量和价值的尺度。

首先，目标必须尽可能具体和切实可行。研究者在整个研究项目中所投入的时间和资金都是为了实现既定目标。当研究人员与管理者接触了解研究项目的具体目标时，管理者可能并未形成明确而又清晰的具体目标。因此，研究人员需要在讨论前准备好一份书面的研究目标清单。然后，研究人员应问管理者："如果我们完成了清单中的目标，你是否就有足够的信息来就这个问题进行决策?"如果回答"是"，那么，就要求管理者签字。之后，研究人员应给管理者一份复印件，将另一份作为研究文件保存起来。把已同意的目标写下来可以避免日后出现麻烦。

其次，研究目标必须避免"想知道更多"的综合症。在进行了试探性研究之后，管理者经常还会从他们不了解的广泛领域来谈论研究目标。此时，研究人员不能贪多求全，必须确保实现研究目标清单中的目标。

再次，研究目标的完成并不仅仅在于增加管理者对问题的了解，除非整个研究是试探性的，否则应该最终产生某种决策。或许，可以保证研究结果能够导致决策的最好方法是明确研究结果将被如何执行。

最后，将研究目标表述为假设。

三、建立研究假设

研究假设是指对研究对象的特征以及有关现象之间的相互关系所作的推测性判断或设想，它是对问题的尝试性解答。假设是在给定信息的条件下，被认为是合理的初步陈述。好的假设中要检验的关系应该有明确的意义。

研究假设的作用是指导研究，将抽象的概念与具体的经验事实相连接，探索新的理论知识等。

假设是由概念(或变量)构成的，它是以一种可检验的形式对两个以上的概念(或变量)之间特定关系进行预测性的说明。这种关系可以是因果关系、相关关系、虚无关系。研究假设的陈述形式可分为条件式陈述和差异式陈述。提出准确的研究假设，要有丰富的实践经验和科学的理论知识，要把经验、理论与实际情况结合起来，要有一定的想象能力。

四、设计研究方案

研究方案是指实现研究目标或检验研究假设所要实施的计划。研究人员需要建立一个回答具体研究问题/机会的框架结构。由于客观上并不存在唯一最好的研究设计，因此可以有多种选择。每一种选择都有优缺点，需要对研究成本和决策信息的质量进行权衡。通常所获得的信息要求越精确，成本就越高。另外，需要权衡的是时间限制和调研类型。

研究方案的主要内容包括:研究目标、研究内容和工具、研究的地域和对象、研究的时间、研究方法和经费、研究人员的组织等。

研究目标是社会科学研究所有达到的具体目的。

研究内容和工具是通过指标反映出研究内容以及研究指标的载体。研究内容可包括分析单位的状态特征、行为特征和态度特征。状态特征指个人的年龄、收入、职业,企业的性质、规模,家庭的结构。行为特征指个人的行为倾向、组织活动。态度特征(意向性)指人们的心理、观念、意见。

对研究的地域和对象要做出合适的选择。研究对象(分析单位)可分为个人、组织,如企业、学校、机关等;群体,如家庭、班级、老人、妇女等;社区,如村镇、区、市等;社会产物,如建筑物、交通工具、服装、书籍、报刊、电影、歌曲等。

研究的时间是什么时间进行研究,用多长时间进行研究。

研究方法和经费是搜集资料的方法和需要筹措的经费。

研究人员的组织是指选择合适的人员并组织起来。

五、研究内容操作化

研究内容操作化的具体步骤分为研究内容概念化、研究概念的操作化、选择研究指标和对研究指标进行测量。

1.研究内容概念化

研究内容概念化指将模糊的、不精确的研究观念(概念)明确化、精确化的思维过程。

【例 2-1】 女性地位问题研究

研究假设:在××地区女性地位低于男性。

概念化:女性地位主要包括性别发展和性别权力两个方面。

【例 2-2】 老年人医疗需求研究

研究假设:老年人医疗需要高于其他人群医疗需要。

概念化:老年人指 65 岁以上的人。医疗需要包括老年人医疗服务活动过程中发生的医疗费用总和,主要包括门诊医疗服务与住院医疗服务。

2.研究概念的操作化

操作化定义是将抽象的概念和命题逐步分解为可测量的指标与可被实际调查资料检验命题的过程,是描述概念测量的“操作”,明确说明如何操作某个概念。它是对复杂的社会现象进行定量研究的一种方法。操作化的作用是:①使概念或命题具体化,使科学研究得以进行;②使概念或命题量化,对社会现象的分析从定性与定量两个方面进行,避免片面的对社会现象进行分析;③使社会现象的分析建立在量的基础上,将定性分析即结论建立在科学的基础上,而不是一种主观的臆断。

概念和命题的操作化步骤:第一,明确概念的确切涵义;第二,进行探索性研究,确定概念操作化的框架;第三,对概念或命题进行分解,所谓分解就是将整体分解为部分,将复杂的事物或命题分解为简单的要素,然后对各个部分或要素进行研究的一种方法;第四,确定命题的评价体系,就是指在设计操作化框架中,确定各部分或各因素在整体框架中所占的地位或权重,也就是把命题分解为若干部分或若干因素之后还需确定每一部分或因素在整体中所占的地位。

【例 2-3】 女性地位主要包括性别发展和性别权力两个方面。性别发展包括平均期望寿命、教育程度和收入水平;性别权力包括女性的公共权力影响、女性就业情况、获得工资途径等。

【例 2-4】 在研究独生子女问题的时候，对家长如何“溺爱”孩子进行操作化。首先将“溺爱”界定为：在不应该表示爱的时间、地点、场合表示了过分的爱，并把它具体分为四个方面：不注意培养孩子的生活自理能力、不注意培养孩子的劳动习惯、对孩子过分迁就、物质上对孩子尽量满足。对于其中每一个方面都用几个问题作指标进行测量。比如：用是否接送孩子上学，是否让孩子自己洗头、洗澡、穿衣服、收拾书包以及整理自己的床等六个问题来测量家长是否注意孩子生活自理能力的培养；用孩子在家是否做扫地、抹桌、洗碗、上街买东西、洗手等事情，来测量家长是否注意孩子劳动习惯的培养；用是否孩子想看电视就可看电视、想看的电视节目与家长不一致时尽量依孩子、上公园时具体去哪里听孩子的、孩子要什么东西赶快给他买这几个问题，来测定家长是否过分迁就孩子；用是否一去商店就给孩子买东西、是否给孩子零用钱、是否具有尽量满足孩子需要的想法等几个问题，来测量家长在物质上满足孩子方面的情况。

3. 选择研究指标

选择研究指标就是在研究过程中选择用来反映社会现象的类别、状态、规模、水平、建设等特性的指标。一般来说研究指标分为四类：

(1)定类指标，是反映社会现象的性质和类别的指标。如性别、职业、婚姻状况、所有制等。

(2)定序指标，是反映社会现象之间的等级和顺序的指标。例如，文化程度：大学本科以上、大专、中学；满意程度：很满意、比较满意、不满意。

(3)定距指标，是反映社会现象之间的数量差别和间隔距离的指标。例如：人口、年龄、寿命、产量、产值等。

(4)定比指标，是反映社会现象之间的比例或比率关系的指标。例如：出生率、死亡率、生产发展速度、工资增长速度等。

4. 研究指标的测量

对研究指标可以通过各种量表进行有效测量。

(1)评价量表。由研究人员事先将各种可能的选择标示在一个评价量表上，然后要求应答者在测量表上指出其态度或意见。评价量表可分为图示评价量表和列举评价量表。

评价量表在市场调查方面应用很广。在问卷中，调查人员根据被调查者的可能态度，拟定有关问题的答案量表，量表的两端是极端答案，中点是中性答案，并且每个答案都事先给定一个分数。

例如：你喜欢上市场调研这一门课吗？（请在对应的数字上划钩）

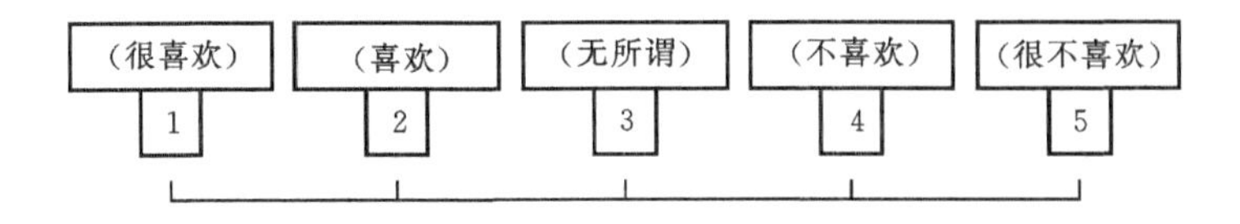

按图所反映的评价量表的要求，分别进行统计，取得的平均分数值便可以代表被调查者的态度，并且还可以计算各个项目的百分率。

应用评价量表时必须注意两点：①应注意设计量表时的定量基础，并将调查得到的态度测量结果在定量基础上进行分析，判断其高低；②应注意量表所测定的数量，只说明态度的不同，并不说明其他。

(2)等级量表。等级量表是由应答者被要求用一个条款来判断另一个，并将其排列顺序的一种量表。等级量表是在管理调研中被广泛应用的一种态度测量技术,其优点是:容易设计制作;使用简便;指令易于理解,且整个过程都以一种固定的步骤进行,比较节省时间。等级顺序量表的缺点,一是如果在所有的选项中没有包含应答者的选择项,那么结果就会产生误导;二是概念的等级可能完全超出了个人的选择设置,因此产生毫无意义的数据;最后的局限性是这种量表仅给调研者提供了顺序信息。

(3)配对比较量表。要求被访问者按照一定的标准从一组的两个客体中选出一个,是一种特殊的等级量表,但排序的是两个对象,而不是多个。配对比较法适用于要配对的人员或物品评价标准少,被调查者对各种要配对的人员或物品比较了解的情况。它克服了传统等级排序量表存在的几个问题:第一,对人们来说,从一组两个成对的答案中选出一个要比从一大组中选出一个信息更容易。第二,顺序误差的问题得以克服。

(4)沙氏通量表。它是通过应答者在若干与态度相关的语句中选择是否同意的方式,获得应答者关于主题的看法。沙氏通量表构建比较麻烦但使用操作很简单,只要求受测者指出量表中他同意的陈述或语句。沙氏通量表在管理研究中使用得不是太多,主要原因是沙氏通量表的构建非常麻烦,且无法获得受测者对各条语句同意或不同意程度的信息。其基本步骤为:

第一,收集大量的与要测量的态度有关的语句,一般应在100条以上,保证其中对主题不利的、中立的和有利的语句都占有足够的比例,并将其分别写在特制的卡片上。

第二,选定二十人以上的评定者,按照各条语句所表明的态度有利或不利的程度,将其分别归入十一类。第一类代表最不利的态度,依次递推……第六类代表中立的态度……第十一类代表最有利的态度。

第三,计算每条语句被归在这十一类中次数分布。

第四,删除那些次数分配过于分散的语句。

第五,计算各保留语句的中位数,并将其按中位数进行归类,如果中位数是n,则该态度语句归到第n类。

第六,从每个类别中选出一、二条代表语句(各评定者对其分类的判断最为一致的),将这些语句混合排列,即得到所谓的沙氏通量表。

(5)语义差异量表。语义差异量表是让应答者利用描述某一概念的一系列对立的形容词或短语对某一概念进行分等,根据应答者对每一对形容词评分的平均值,构造出“轮廓”或“形象图”,这是一种常用的测量事物印象的方法。在管理调研中,它常用于测量人们对组织、品牌、人员的印象。利用语义差异法可以迅速、高效地检查产品或组织形象与竞争对手相比所具有的长处或短处;特别是在制定决策和预测方面,语言差别法有足够的可靠性和有效性。其缺点是缺乏标准化。其评分点数目如果太少,整个量表过于粗糙,缺乏现实意义;如果太多,又可能超出了大多数人的分辨能力。语义差别法的另一大弱点是“光晕效应”,对一个特定形象的组成要素的评分可能受到被访者对测试概念总体形象的印象制约,特别是当被访者对各要素不太清楚时,可能产生明显的偏差。

在使用量表时,应考虑:第一,量表类型的选择,是使用评价量表,还是使用等级、排序量表或其他量表;第二,是使用平衡量表还是非平衡量表;第三,使用量表的量级如何确定;第四,量级层次的奇数级和偶数级选择;第五,研究人员要确定是使用强迫选择还是非强迫选择的量表。

六、设计抽样方案

抽样的目的不是为了了解样本本身的情况，而是通过规模有限、能够代表总体的样本的调查、观察结果，对总体在数量上做出正确推断。与普查相比，抽样的优点在于：方法的科学性；费用的经济性和资料获取的及时性；结果的准确性。在社会科学研究中，抽样具有广泛的用途，主要表现在以下几个方面：

第一，对有些社会现象，不可能进行普查，而又要了解其全面情况，必须采用抽样的方法。

第二，对有些社会现象，不必要进行普查，可以用抽样调查取得资料。

第三，利用抽样调查，可以检验普查资料的准确性，并予以修正；利用抽样，可以对某种总体的假设进行检验，来判断这种假设的真伪，以决定行动的取舍。

抽样方案的设计是指在从一定调查总体中抽取样本资料之前，预先确定抽样程序和方案，在保证所抽选样本对全部总体有充分代表性的前提下，力求调查结果最经济、最有效。抽样方案设计的主要内容有：明确调查的目的，确定所要估计的目标量；明确调查对象及样本单位；确定或构置抽样框；对主要抽样指标的精度提出要求；选择抽样方法；根据抽样方法，对主要抽样指标的精度要求以及置信度等，确定样本含量 n，并给出总体指标的估计式（点估计或区间估计）和抽样误差的估算式；制定实施方案的具体办法和步骤。

抽样方案设计的主要步骤：第一步，定义同质总体。为满足研究目的的需要，必须详细说明可提供信息或与所需信息有关的个人或实体所具有的特性。可以从地域特征、人口统计学的特征、产品或服务使用情况、认知程度等方面对其进行同质总体描述。第二步，识别抽样框。一般可以从相关总体的不同类型的候选列表中选择一个合适的抽样框。总之，研究人员应以合理的成本寻找误差最小的抽样框。第三步，选择抽样方法。根据研究目的、经济实力、时间限制、调查问题的性质，从概率抽样和非概率抽样之中选择适当的抽样方法。第四步，确定样本容量。对非概率抽样，通常依靠可得预算、抽选规则、子集量分析来决定样本量；而概率抽样则需要在允许的误差的目标水平和置信水平下计算样本容量。第五步，抽取样本，收集数据。首先选择组成样本的元素，然后从这个元素中获取信息。第六步，样本有效性检验。其实质是对于决策者希望做出决策的总体而言，这个样本是具有代表性的。第七步，必要时再抽样。当样本检验失败时，意味着它不能充分代表总体。如果不在制表和分析时使用加权方案进行补偿，就要执行再抽样，选择更多的受访者加入样本，直至达到一个满意的有效水平。

第二节　收集资料阶段

社会科学研究基础资料一般分原始资料与二手资料两种。

一、原始资料的收集

原始资料是指调研人员通过实地调研等方法获得的第一手材料。

收集原始资料主要有三种基本方法：访问调查、实地观察、科学实验。访问通常是描述的，也有因果性的，实验几乎总是因果性的，观察通常是描述性的。

1. 访问调查

访问调查又称派员调查，是调查者与被调查者通过面对面地交谈而得到所需资料的调查方法。访问调查的方式有标准式访问和非标准式访问两种。标准式访问又称结构式访问，是按照调查人员所设计的固定格式的标准化问卷，有顺序地依次提问，并由受访者作出回答；非标准式访问又称非结构式访问，没有统一的问卷、表格和提问顺序，调查人员只是给一个题目或提纲，由调查人员和受访者自由交谈以获得所需的资料。

2. 实地观察

实地观察是在现场对被调查者的情况直接观察、记录，以取得市场信息资料的一种方法。它是从侧面观察被调查者的言行和反应，而不直接向被调查者提出问题。这种方法体现出的特点是自然、全面、真实、客观。

观察法的优点：可以获得真实、客观的原始资料；可以避免各种干扰；简单、易行，灵活性较大。

观察法的缺点：观察深度不够；在实施时，常受到时间、空间和经费的限制；受调查人员自身条件的制约较大。

观察法的类型有很多种。按照观察所采取的方式划分，可分为隐蔽性观察和非隐蔽性观察；按观察者扮演的角色划分，可分为参与观察、不完全参与观察和非参与观察；按照观察者的影响程度划分，可分为结构性观察和非结构观察；按照取得资料的时间特征划分，分为时间纵向序列观察和时间横向断面观察。

实践中，观察法应用得比较广泛，如：商品资源和商品库存观察，顾客行为观察，营业状况观察，痕迹观察，顾客流量观察等，此外，还可以运用观察法了解顾客的爱好、口味，了解城市的人流量，判断市场发展趋势等。

3. 科学实验

科学实验是一种特殊的社会科学研究方法，它是根据一定的社会科学研究目的，创造某些条件，采取某种措施，然后观察一种变量对另一种变量产生影响的一种研究方法，应用范围非常广。其最大特点是把调查对象置于非自然状态下开展社会科学研究。

实验法的优点是具有一定的可控性和主动性；结果具有一定的客观性和实用性；可提高调查的精确度。实验法的缺点是由于市场中的可变因素难以掌握，实验结果不易相互比较；有一定的限制性；时间长；风险大，费用高。

内在有效性是指对于可观察到的实验结果可以避免有争议的解释的程度；外在有效性是指在实验室中被测量的因果关系可以一般化到外部的人、设置和时间的程度。

实验法的关键步骤是实验设计，包括非正规设计和正规设计两种方法。

非正规设计的主要特点是非随机性，具体又分为无控制组的事后设计和有控制组的事后设计、无控制的组事前事后设计和有控制组的事前事后设计四种方法。

正规设计的特点是只考虑一个变量的市场效果，同时消除非正式实验变量的影响。正规设计的方法很多，主要有完全随机设计，分组随机设计，拉丁方格设计和多因素设计等。

二、二手资料的收集

1. 二手资料的优缺点

二手资料是相对于原始资料而言的，原始资料是社会科学研究者为了解决特定问题而亲自收集的资料，二手资料则是由他人收集并整理的各种现成的统计资料。

二手资料的最大优点是容易获取，比收集原始资料所需要的时间和费用要少得多。此外，使用二手资料还有助于明确或重新明确探索研究中的研究主题；可以切实提供一些解决问题的方法；可以提供收集原始资料的备选方法；能够提醒社会科学研究调研者注意潜在的问题和困难；能够提供必要的背景信息以使调研报告更具说服力。

二手资料存在的不足之处是：缺乏可得性，某些问题不存在二手资料；缺乏相关性，某些二手资料由于种种原因不能直接为调研者所用；缺乏准确性，在调研者收集、整理、分析和提交资料的过程中，会有许多潜在的错误。

评估二手资料准确性的标准主要有：是谁收集的信息？社会科学研究调研的目的是什么？收集的是什么信息？信息是什么时候收集的？信息是如何收集的？所得信息是否与其他信息相一致？

2. 二手资料的来源

二手资料的第一个来源是组织自身的内部资料，主要包括会计账目、工作记录和其他各种文件档案，以及组织的各种刊物等。通常这些信息被储存在组织的内部数据库中。第二个来源于组织外部的二手资料主要有从图书馆或其他地方获得的出版资料、辛迪加数据和外部数据库。

3. 收集二手资料的要求

收集二手资料的要求：一是要有真实性，避免个人偏见和主观臆断；二是要有及时性，及时收集、及时加工、及时利用，以提高文献资料的实用价值；三是要有同质性，对同一问题要规定统一的定义标准和统计计量单位；四是要有完整性，以便获得反映客观事物发展变化情况的资料；五是要考虑经济性，资料收集、处理和传递的方式要符合经济利益的要求；六是要有针对性，是指要重点收集与调查项目主题关系最密切的情报资料。

二手资料收集的基本方法和步骤见后续章节。

第三节　量化分析阶段

量化分析主要包括对收集数据资料的有效整理、分析、应用统计分析软件进行数据描述与推断分析、综合评价等。

一、资料的整理

资料具有多种划分方法，根据表达方式（调查形式）的不同，可分为文字资料和数据资料；根据表现形式不同，分为纵断面资料和横断面资料；根据来源不同，分为直接情报资料、间接情报资料、内部资料和外部资料；根据内容的不同，分为经济情报资料和技术情报资料。

一般而言，在数据收集阶段最有可能出现大的非抽样误差，要解决这些问题，首先要对数据进行审核与校对，消除其中的假、错、缺、冗等现象，以保证数据的真实、准确和完整。数据整理是提高调查数据质量的必要步骤，是进行数据分析的重要基础；数据整理便于今后对数据的长期保存和研究。数据整理的基本步骤和方法见第三章。

二、资料的分析

资料分析是一项综合性很强、内涵丰富的工作，它是实现社会科学研究目标的途径，是整个社会科学研究过程的中心环节。大量实践证明，为保证最终形成高质量的信息资料，在资料分析过程中必须遵循准确性、系统性、适用性、及时性和经济性原则。资料分析的方法包括：

（1）描述统计，是对调查样本的数据进行整理、概括和计算，主要着重于对数量水平或其他特征的描述，可能是通过某具体指标反映某一方面的特征，也可能是通过若干变量描述它们的相互关系。如均值、众数、标准差或方差。

(2)推断分析，是在样本数据的基础上推导出关于总体特征的结论。社会科学研究调研者把样本所得结果推广到样本代表的目标总体上去，这一过程被称之为推断分析。推断性统计分析主要用于推断总体、解释事物、检验理论等。

(3)差别分析，用于确定总体中真实存在的总的差异程度。统计差别分析包括对于组与组之间显著差别的 t 检验与方差分析法。

(4)联合分析，用于审查两个变量是否相关和如何相关。交叉表与相关性是社会科学研究中所用的基本联合分析法。

(5)预测分析，通常利用回归分析或时间序列分析对未来事件进行预测。

资料分析，目的是解释所搜集的大量数据并得出结论。开始时做简单的频次分析，最后可能会使用复杂很多的变量技术。数据分析将在后续章节进行讨论。

【例 2－5】 定量战略计划矩阵(quantitative stratigic planning matrix, QSPM)是一种用于确定各可行战略方案的相对吸引力的社会科学研究工具。

吸引力分数：1＝不可接受；2＝不可能被接受；3＝很可能被接受；4＝最可接受。

表 2－1 跨国食品公司 QSPM

关键因素	备选战略				
	在欧洲建合资企业			在亚洲建合资企业	
	权重	AS	TAS	AS	TAS
机会					
1. 欧洲的统一	0.01	4	0.40	2	0.20
2. 消费者在选购商品时更加重视健康因素	0.15	4	0.60	3	0.45
3. 亚洲自由市场经济的上升	0.10	2	0.20	4	0.40
4. 对汤料的需求每年增长 10%	0.15	3	0.45	4	0.60
5. 北美自由贸易协定	0.05	—	—	—	—
威胁					
1. 对商品的需求每年仅增长 1%	0.10	3	0.30	4	0.40
2. ConAgra's Banquer 电视食品以27.4%的市场份额领先	0.05	—	—	—	—
3. 不稳定的亚洲经济	0.10	4	0.40	1	0.10
4. 罐头盒不能被生物降解	0.05	—	—	—	—
5. 美元的贬值	0.15	4	0.60	2	0.30
优势					
1. 盈利增长 30%	0.10	4	0.40	2	0.20
2. 新的北美分公司	0.10	—	—	—	—
3. 成功的新健康汤料	0.10	4	0.40	2	0.20

续表 2-1

关键因素	备选战略				
	在欧洲建合资企业			在亚洲建合资企业	
	权重	AS	TAS	AS	TAS
4. Swanson 电视食品的市场份额已增长至 25.1%	0.05	4	0.20	3	0.15
5. 所有管理人员奖金的 1/5 是基于公司的整体业绩	0.05	—	—	—	—
6. 生产能力利用率从 60%提高到 80%	0.15	3	0.45	4	0.60
弱点					
1. Pepperidge 农村的销售额下降了 7%	0.05	—	—	—	—
2. 公司重组花去 3.02 亿美元	0.05	—	—	—	—
3. 公司在欧洲的经营正在亏损	0.15	2	0.30	3	0.45
4. 公司国际化经营进展缓慢	0.15	4	0.60	3	0.45
5. 税前盈利率为 8.45,仅为产业平均水平的一半	0.05	—	—	—	—
总计			5.30		4.5

注:AS=吸引力分数;TAS=新引力总分数。

表 2-1 反映了一跨国食品公司的决定于欧洲建立合资企业或是于亚洲建立合资企业时用 QSPM 选择较好的方案的具体做法。表的左边一列为关键的内外环境条件因素(来自于第一阶段),顶部一行为公司的可行的备选战略(来自于第二阶段),在紧靠内外关键因素的一列中,标出的是各关键内外因素在战略选择中的作用权值。

建立 QSPM 的步骤如下:

(1)在 QSPM 的左栏列出公司的关键外部机会与威胁和内部优势项目与弱势项目,这些信息是第一阶段中得到的。QSPM 中应至少包括 10 项外部关键因素和 10 项内部关键因素。

(2)给每个外部及内部关键因素赋予权重,这些权重应与外部因素评价矩阵(external factor evaluation matrix,EFE 矩阵)和内部因素评价矩阵(internal factor evaluation matrix,IFE 矩阵)中的相同。权重标在紧靠外部的内部因素的纵栏中。

(3)运用第二阶段的某一匹配模型,确认企业可考虑的备选战略方案,将这些备选战略标在 QSPM 的顶部横行中,如需要可将各备选战略方案分为互不相容的若干组。

(4)确定吸引力分数(AS),即用数值表示各组中每一战略的相对吸引力。吸引力分数(attractiveness scores,AS)的确定方法为:依次考察各外部或内部关键因素,对其提出这样的问题"这一因素是否影响战略的选择?"如果回答为"是",便应就这一因素对各战略进行比较。具体地说,即就特定的因素给各战略相对于其他战略的吸引力评分。吸引力的评分范围及涵义为:1=没有吸引力;2=有一些吸引力;3=有相当吸引力;4=很有吸引力。如果对上述问题的回答是否定的，则说明该关键因素对特定的战略选择没有影响，那么就不给该组战略以吸引力分数。

(5)计算吸引力总分(TAS)。吸引力总分(total attractivenessscores，TAS)等于将各横行的权重(步骤2)乘以吸引力分数(步骤4)。吸引力总分表示对相临上部或内部关键因素而言，各备选战略的相对吸引力。吸引力总分越高，战略的吸引力就越大(只考虑相临的关键因素)。

(6)计算吸引力总分和。它是通过将QSPM中各战略纵栏中的吸引力总分相加而得出。吸引力总分和(sum total attractiveness scores)表明了在各组供选择战略中，哪种战略最具吸引力。分数越高说明战略越具有吸引力。这里考虑了所有影响战略决策相关的外部及内部因素。备选战略组中各战略吸引力总分和之差表明了各战略相对于其他战略的可取性。

从表2-1可以看出，该跨国公司在欧洲建立合资企业较有吸引力。

三、SPSS FOR WINDOWS概述

1. SPSS概述

SPSS是“社会科学统计软件包”(statistical package for the social science)的简称，是一种集成化的计算机数据处理应用软件。1968年，美国斯坦福大学H. Nie等三位大学生开发了最早的SPSS统计软件，并于1975年在芝加哥成立了SPSS公司，已有30余年的成长历史，全球约有25万家产品用户，广泛分布于通讯、医疗、银行、证券、保险、制造、商业、市场研究、科研、教育等多个领域和行业。SPSS是世界上公认的三大数据分析软件之一(SAS、SPSS和SYSTAT)。1994至1998年间，SPSS公司陆续购并了SYSTAT公司、BMDP公司等，由原来单一统计产品开发转向为企业、教育科研及政府机构提供全面信息统计决策支持服务。伴随SPSS服务领域的扩大和深度的增加，SPSS公司已决定将其全称更改为statistical product and service solutions(统计产品与服务解决方案)。

目前，世界上最著名的数据分析软件是SAS和SPSS。SAS由于是为专业统计分析人员设计的，具有功能强大，灵活多样的特点，为专业人士所喜爱。而SPSS是为广大的非专业人士设计，它操作简便，好学易懂，简单实用，因而很受非专业人士的青睐。此外，比起SAS软件，SPSS主要针对社会科学研究领域开发，因而更适合应用于教育科学研究，是国外教育科研人员必备的科研工具。1988年，中国高教学会首次推广了这种软件，从此SPSS成为国内教育科研人员最常用的工具。

2. SPSS软件的特点

SPSS软件的特点主要有：

(1)集数据录入、资料编辑、数据管理、统计分析、报表制作、图形绘制为一体。从理论上说，只要计算机硬盘和内存足够大，SPSS可以处理任意大小的数据文件，无论文件中包含多少个变量，也不论数据中包含多少个案例。

(2)统计功能囊括了《统计学》中所有的项目，包括常规的集中量数和差异量数、相关分析、回归分析、方差分析、卡方检验、t检验和非参数检验；也包括近期发展的多元统计技术，如多元回归分析、聚类分析、判别分析、主成分分析和因子分析等方法，并能在屏幕(或打印机)上显示(打印)如正态分布图、直方图、散点图等各种统计图表。从某种意义上讲，SPSS软件还可以帮助数学功底不够的使用者学习运用现代统计技术。使用者仅需要关心某个问题应该采用何种统计方法，并初步掌握对计算结果的解释，而不需要了解其具体运算过程，可以在使用手册的帮助下科学研究数据。

(3)自从1995年SPSS公司与微软公司合作开发SPSS界面后,SPSS界面变得越来越友好,操作也越来越简单。熟悉微软公司产品的用户学SPSS操作很容易上手。SPSS for Windows界面完全是菜单式,一般稍有统计基础的人经过三天培训即可用SPSS做简单的数据分析,包括绘制图表、简单回归、相关分析等,关键在于如何进行结果分析及解释,这一方面需要学习一些数理统计的基本知识,另一方面也要多进行实践,在实践中了解各种统计结果的实际意义。

3. SPSS软件的安装与汉化

SPSS安装与其他Windows软件类似,在"安装向导"提示下完成。目前尚无汉化版。安装"汉化补丁"后,仅能汉化菜单,但不能汉化输出结果。

4. SPSS软件的启动

双击SPSS图标,进入SPSS数据编辑器(SPSS Data Editor)窗口。

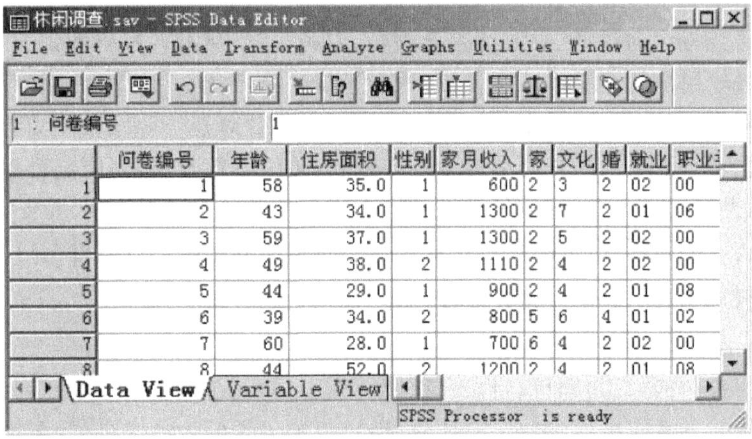

休闲调查.sav - SPSS Data Editor

File Edit View Data Transform Analyze Graphs Utilities Window Help

1 : 问卷编号 1

	问卷编号	年龄	住房面积	性别	家月收入	家	文化	婚	就业	职业
1	1	58	35.0	1	600	2	3	2	02	00
2	2	43	34.0	1	1300	2	7	2	01	06
3	3	59	37.0	1	1300	2	5	2	02	00
4	4	49	38.0	2	1110	2	4	2	02	00
5	5	44	29.0	1	900	2	4	2	01	08
6	6	39	34.0	2	800	5	6	4	01	02
7	7	60	28.0	1	700	6	4	2	02	00
8	8	44	52.0	2	1200	2	4	2	01	08

Data View Variable View

SPSS Processor is ready

图2-1 SPSS数据库结构示意图

5. SPSS的功能

SPSS具有两方面的功能:数据管理功能和对数据做统计分析。它所提供的数据管理功能主要有:把原始数据甚至数据结构十分复杂的数据文件转化成系统内的数据文件,以提供统计分析命令使用;根据统计分析的需要做多种数据变换;对系统内的数据文件做各种各样的操作。它所提供的主要统计功能有:对数据进行一般的统计描述;做各种类型的方差分析;做相关分析与回归分析;非参数统计;多元统计分析和实用统计分析等。

6. SPSS系统的基本组成

SPSS系统的基本组成如下:

(1)统计分析命令:统计软件包的功能主要通过这类命令体现,它们能做许多统计分析。

(2)数据管理命令:它的主要功能是把外部数据文件转化成SPSS系统内的数据文件,称之为活动文件。

(3)辅助运行命令:这类命令从多方面控制运行和输出。

7. SPSS的窗口及功能

(1) 数据编辑器窗口。主要窗口有:FILE、EDIT、VIEW、DATA、TRANSFORM、ANALYZED等。

(2)输出窗口。

(3)语句窗口。

第四节 撰写社会科学研究报告阶段

一、社会科学研究报告的特点及类型

1.社会科学研究报告的特点

社会科学研究报告的主要特点是针对性、新颖性和时效性。

2.社会科学研究报告撰写的基本原则

撰写社会科学研究报告时，应充分考虑读者的情况；尽量使报告完整而精炼，客观而准确，清晰而有条理；易读易懂；外观正规而专业化。

3.社会科学研究报告的类型

社会科学研究报告的类型，主要有综合报告、专题报告、研究性报告和说明性报告。其中，综合报告是提供给用户的最基本的报告，目的在于反映整个社会科学研究活动的全貌，详细地给出社会科学研究的基本结果和主要发现。专题报告是针对某个问题或侧面而撰写的。研究性报告实际上也可以看成是某种类型的专题报告，但是学术性较强，需要进行更深入的分析研究，并要求从中提炼出观点、结论或理论性的东西。说明性报告也叫技术报告，是对社会科学研究中的许多技术性问题进行说明，旨在肯定社会科学研究结果的客观性与可靠性。

二、社会科学研究报告的格式和内容

1. 开头部分

开头部分一般包括封面、题目、目录和摘要。其中，封面包括社会科学研究报告的标题，执行研究项目的研究人员或机构(名称、地址、电话)，提交报告的人员或机构(名称、地址、电话)，报告的提交日期等。目录应列出报告各部分或分部分的标题及其对应的页码，如报告目录、统计表目录、统计图目录、附件目录、展示品目录等。摘要是整个报告的精华，一般是按照社会科学研究项目的顺序将问题展开，包括社会科学研究目的、对象和内容的简要介绍、处理问题的途径和所采用的方案设计、主要的发现等几个方面的内容，最后，还要得出结论，提出建议。

2.主体部分

主体部分包括引言、社会科学研究方法、社会科学研究结果和局限性、结论和建议。

引言即社会科学研究问题的定义，需要说明问题的背景、问题的表述(要达到的目标)、处理问题的基本途径。

社会科学研究方案设计是对执行调研的具体方案的详细描述，内容包括所采用的方案设计的类型、所需的信息、二手数据的收集、原始数据的收集、量表技术、问卷设计及测试、抽样技术。

数据分析部分是描述数据分析的方案，说明所采用的方案及技术是正确的。

社会科学研究结果部分用来提出调研的发现，包括基本结果、分组结果和关联性分析结果等几方面。它是报告正文中最长的一部分，这部分内容要紧紧围绕社会科学研究问题和所需的信息，按照调查目标的逻辑顺序来安排。叙述要简明扼要，细节可用图表作为辅助，但过于详细的图表可放入附录部分。

局限性及必要的说明部分是以公开坦率的态度指出社会科学研究存在何种局限性，资料收集过程存在什么问题，并简要讨论这些问题对结果的可能影响，目的是使报告的阅读者和使用者能够对社会科学研究结果做出自己的估价。

结论和建议是撰写综合分析报告的主要目的，包括对引言和正文部分所提出的主要内容的总结，以及根据社会科学研究统计结果和结论，向决策制定者提出的已被证明有效的措施以及解决某一具体问题的方案和建议。

3. 附件部分

附件是社会科学研究报告正文包含不了或没有提及，但与正文有关，必须附加说明的部分，它是对正文报告的补充或更详尽的说明。通常包括问卷、图、表、有关计算的细节或技术说明、参考文献等几个部分。其中，统计图表在社会科学研究报告中具有重要的作用。

思考与练习

结合某一社会现象实例，说明社会科学研究方法的应用过程。内容应包括：研究问题名称，对问题的界定，主要概念解释，量化指标设计，收集资料方法，主要数据分析，量化结果，政策性建议。

报告范例

四川地震灾后阿坝州中小学教师心理创伤研究报告①

游永恒[1]，张皓[1]，刘晓[2]

(1. 四川师范大学教师教育学院，成都 610068；2. 四川工商职业技术学院，成都都江堰 611830)

摘要：课题组使用事件影响量表(ISE－R)和有关内疚、压抑、失望、社会支持、无生命意义感、无信心感的六个附加题对四川5·12地震极重灾区阿坝州的181名中小学及幼儿园教师创伤后应激障碍进行了调查，统计分析结果表明：①有创伤后应激障碍重度症状的人群为7.9%；②女性教师的事件影响量表的平均分高于男性教师；③不同年龄段的人们之间在PTSD症状上差异不显著(都大于0.05)；④常常出现内疚、压抑、失望、无生命意义感的教师受到地震的影响和冲击明显高于没有或很少出现这些感受的教师；⑤社会支持的程度不影响地震对教师的影响和冲击程度；⑥无论感受到地震的影响和冲击有多大，大多数教师在现阶段对未来都充满信心。

关键词：创伤后应激障碍；四川地震灾区；阿坝州；中小学教师；心理创伤研究报告

中图分类号：G443　文献标志码：A　文章编号：1000—5315(2010)02—0052—05

一、引言

四川汶川5·12大地震给人的心理带来强烈和显著的影响，特别是身临其境的受灾者，当灾难过后，强烈的惊吓和悲恸刺激会使其中一部分人处于一种非正常的心理状态，造成地震后的心理创伤。

四川师范大学心理干预课题组于汶川大地震后三个月(8月20—28日)对阿坝州重灾区和极重灾区的181名中小学教师进行了心理创伤的评估测验。这一时间段恰好是创伤后应激

① 游永恒，张皓，刘晓．四川地震灾后中小学教师心理创伤评估报告[J]．四川师范大学学报(社会科学版)，2010(2)．

障碍出现的一个相对高发时期，因此这一时间段的样本收集和研究分析显然具有重要的学术价值。创伤后应激障碍(post traumatic stress disorder，PTSD)，是指个体遭遇异乎寻常的威胁性或灾难性心理创伤，导致延迟出现并长期持续的精神障碍①。

PTSD最初仅被认为是由战争经历引起的，现在已扩展为包括地震、火灾、暴力袭击、强奸、虐待、绑架、重大交通事故等自然灾害和生活事件在内的一切可引起严重精神创伤的事件所引发的精神障碍②。PTSD的症状主要有：①反复重现创伤性的体验，患者不愿意但却不自觉地反复回忆当时的痛苦体验，形成创伤事件重演的生动体验，如“闪回”(flash back)；②回避与创伤事件有关的活动，不能回忆创伤性体验的某一重要方面，此外患者还会产生一系列的退缩症状，如与人疏远、与亲人的感情变得淡漠、对未来失去希望、不想工作、觉得活着没有意义等；③持续的警觉性增高，常伴有神经兴奋、对细小的事情过分敏感、注意力集中困难、失眠或易惊醒、激惹性增高、焦虑、抑郁、自杀倾向等表现，长时间的症状可能引起人格改变。国内外关于创伤后应激障碍研究的历史并不长，直到1980年美国的疾病与统计分类手册才把创伤后应激障碍正式列为焦虑症中的一个类型③。

二、研究方法

(一)被试

在研究中，课题组共发放问卷181份，收回有效问卷164份，其中男教师146人(89.0%)，女教师18人(11.0%)；教师年龄在35岁以下的有77人(47.0%)，35岁至50岁的有84人(51.2%)，50岁以上的有3人(1.8%)。具体见表2-2。

表2-2 被试情况一览表

性别		年龄			总计
男	女	35岁以下	35—50岁	50岁以上	164
146	18	77	84	3	

(二)工具

1. 事件影响量表(ISE-R)

事件影响量表是一个对被试的特殊生活事件中的灾难性体验进行测量和评估的自陈式问卷，用来测定过去七天里个体的PTSD症状水平，该量表也可以用于测量在治疗过程中来访者获得改善和进步的情况(Horowitz，etal 1979；Corcoran & Fischer，1994)。这次使用的量表由Weiss和Marmar于1997年修订而成。该量表共22个题目，分为侵袭性症状、回避症状、高唤醒症状三个分量表。量表采用5点记分，总分9～25分为轻度影响，26～43分为中度影响，44分及以上为重度影响。从量表的效度来看：高唤醒分量表对创伤有着较高的预测效度(Briere，1997)，侵袭性症状分量表和回避症状分量表可以预测来访者的改变和对创伤事件反应的严重程度(Weiss and Marmar，1997；Horowitz etal，1979)。Weiss and Marmar(1997)报

① 中华医学会精神科分会.中国精神障碍分类与诊断标准(第三版)[M].济南：山东科学技术出版社，2001.

② 颜志伟.论创伤后应激障碍的司法精神病学鉴定[J].中国实用神经疾病杂志，2008(4).

③ David H. Barlow，V. Mark Durand.异常心理学[M].杨霞，等译.北京：中国轻工业出版社，2006.

告三个分量表的内部一致性信度很高(a 系数从 0.87 到 0.92)[①]。本研究测定的三个分量表的 a 系数分别为:0.82、0.81、0.82。

2. **附加问题及开放式问题**

为了使调查与更广泛的生活事件相联系,以便对地震后心理创伤做出更有实践意义的分析,课题组专门设计了相关的附加问题和开放式回答的问题。量表的 6 个附加题分别测试教师在事件中感到内疚的程度、心情压抑的程度、对人的表现失望的程度、感受到的社会支持的程度、感到生命没意义的程度及对自己没有信心的程度。开放式问题共 3 题,分别是:地震中你最大的丧失是什么?你对未来最大的期待是什么?写下你最想说的几句话。

(三)数据处理

对收集的数据采用 SPSS 15.0 进行处理,主要运用独立样本 t 检验、单因素方差分析、相关分析。

三、研究结果

(一)事件影响量表结果

1. **事件影响量表总体基本统计结果**

由表 2-3 统计表明,164 名教师的事件影响量表的平均分为 24.48,标准差为 12.90,教师的事件冲击量表得分从总体上看属轻度到中度创伤。

表 2-3 事件影响量表得分描述统计结果

	总数	最小值	最大值	平均数	标准差
事件影响量表得分	164	0.10	54.00	24.48	12.90

在调查的样本人群中,受到轻度影响的教师有 90 人,占总人数的 54.9%,受中度影响的教师有 61 人,占总人数的 37.2%,而占总人数 7.9%的 13 名教师则受到了重度影响,如表 2-4 所示。

表 2-4 事件影响量表影响程度分类统计结果

	轻度人群	中度人群	重度人群
人数	90	61	13
百分数	54.9	37.2	7.9

2. **不同性别教师的创伤情况分析**

表 2-5 不同性别教师在事件影响量表的得分情况

性别	人数	平均数	标准差
男	146	23.97	12.82
女	18	28.61	13.24

对不同性别教师在事件影响量表上的得分进行比较分析发现,男女教师的平均得分有差

① 中国心理网心理测评中心[EB/oL]. http://www.psych.gov.cn/tests/testsdetail.asp? id=81.

异，表现为女教师略高于男教师。

3. 不同年龄阶段的教师的创伤情况分析

表 2-6　不同年龄阶段教师在事件影响量表的得分情况

年龄	人数	平均数	标准差
35 岁以下	77	24.01	12.77
35—50 岁	84	24.72	13.22
50 岁以上	3	29.67	8.39
总计	164	24.48	12.90

对不同年龄阶段教师在事件影响量表上的得分进行比较分析发现，各个年龄阶段教师的得分没有显著差异($p>0.05$)。

(二)附加题调查的统计描述

将附加题的程度做两类区分：没有或很少出现，常常出现(包括有时出现、常常出现和总是出现)。将这两类样本在事件冲击量表中的得分做独立样本的 t 检验。

(1)附加题 1："因为那件事中的遗憾，我感到内疚"的得分情况及内疚的程度在事件影响量表中得分的独立样本 t 检验结果如表 2-7、表 2-8 所示。

表 2-7　附加题 1"因为那件事中的遗憾，我感到内疚"的得分情况

	一点没有	很少出现	有时出现	常常出现	总是出现
百分数	57.3	20.7	15.9	4.9	1.2

表 2-8　内疚程度与事件影响量表得分的独立样本 t 检验分析表

	人数	平均数	标准差	t 值	P 值
没有或很少出现	128	22.27	12.65	-4.81^{**}	0.00
常常出现	36	32.36	10.64		

注：** $P<0.01$。

如表 2-8 检验结果所示，没有或很少出现内疚的教师在事件影响量表的得分平均分为 22.27，而常常出现内疚的教师在事件影响量表的得分平均分则为 32.36，两者的差异极其显著($P<0.01$)。由此可知，常常出现内疚的教师受到地震带来的影响和冲击显著高于那些没有或很少出现内疚的教师，受到地震影响和冲击大的教师更易产生内疚感。

(2)附加题 2："我经常感到心情压抑，没有快乐感"的得分情况及不同压抑程度在事件冲击量表中得分的独立样本的 t 检验结果如表 2-9、表 2-10 所示。

表 2-9　附加题 2"我经常感到心情压抑，没有快乐感"的得分情况

	一点没有	很少出现	有时出现	常常出现	总是出现
百分数	47.6	25.0	19.5	5.5	2.4

表 2-10　压抑程度与事件影响量表得分的独立样本 t 检验分析表

	人数	平均数	标准差	t 值	P 值
没有或很少出现	119	20.55	11.77	-7.96**	0.00
常常出现	45	34.87	9.65		

注：**$P<0.01$。

表 2-10 的检验结果表明，有 45 名教师常常感到心情压抑，他们在事件影响量表的得分的平均分为 34.87，这极其显著地高于 119 名没有或很少感到压抑的教师的得分($P<0.01$)。这说明，常常出现压抑感的教师受到地震带来的影响和冲击要显著高于那些没有或很少出现压抑感的教师，在地震中受到影响和冲击大的教师更易感到心情压抑，没有快乐感。

(3)附加题 3："我对那件事情中人的表现感到失望"的得分情况及不同失望程度在事件冲击量表中得分的独立样本的 t 检验结果如表 2-11、表 2-12 所示。

表 2-11　附加题 3"我对那件事情中人的表现感到失望"的得分情况

	一点没有	很少出现	有时出现	常常出现	总是出现
百分数	46.3	28.7	18.9	3.1	3.0

表 2-12　失望程度与事件影响量表得分的独立样本 t 检验分析表

	人数	平均数	标准差	t 值	P 值
没有或很少出现	123	22.25	12.59	-4.18**	0.00
常常出现	42	341.17	11.56		

对不同失望程度的教师在事件影响量表得分的独立样本 t 检验显示(见表 2-12)，没有或很少出现失望感的教师为 123 人，事件影响量表的平均分为 22.25，常常出现失望感的教师有 41 人，事件影响量表的平均分达到了 31.17，极其显著地高于没有或很少出现失望的教师的得分($P<0.01$)。结果表明，常常出现失望感的教师受到地震带来的影响和冲击要显著高于那些没有或很少出现失望感的教师，受到地震影响和冲击大的教师更易产生失望感。

(4)附加题 4："在那件事情中我感受到了很好的社会支持"的得分情况及社会支持程度在事件影响量表中得分的独立样本 t 检验结果如表 2-13、表 2-14 所示。

表 2-13　附加题 4"在那件事情中我感受到了很好的社会支持"的得分情况

	一点没有	很少出现	有时出现	常常出现	总是出现
百分数	2.4	9.1	22.0	40.2	26.3

表 2-14　社会支持程度与事件影响量表得分的独立样本 t 检验分析表

	人数	平均数	标准差	t 值	P 值
没有或很少出现	19	19.53	10.88	-2.06**	0.05
常常出现	145	25.13	13.04		

由表 2-14 可知，在地震后没有或很少感受到社会支持的教师只有 19 人，而常常感受到社会支持的教师有 145 人，两者在事件冲击量表中的得分有显著的差异。

(5)附加题5:“经历了这件事情后,常感到生命没意义”的得分情况及生命无意义感程度在事件影响量表中得分的独立样本 t 检验结果如表2-15、表2-16所示。

表2-15 附加题5“经历了这件事情后,常感到生命没意义”的得分情况

	一点没有	很少出现	有时出现	常常出现	总是出现
百分数	58.5	22.0	14.6	3.7	1.2

表2-16 无生命意义程度与事件影响量表得分的独立样本 t 检验分析表

	人数	平均数	标准差	t 值	P 值
没有或很少出现	132	22.56	12.41	-3.75^{**}	0.00
常常出现	32	32.41	13.79		

由表2-16可知,地震后没有或很少感到生命没意义的教师有132人,常常感到生命没意义的教师有32人。常常感到生命没意义的教师在事件影响量表中的平均分高达32.41,这极其显著地高于没有或很少感到生命无意义的教师的得分($P<0.01$)。这表明,在地震中受到巨大影响和冲击的教师明显比那些受到影响和冲击较小的教师更容易感到生命意义的丧失,产生生命无意义感。

(6)附加题6:“经历这件事后,我对未来已经没有什么信心”的得分情况及无信心程度在事件影响量表中得分的独立样本的 t 检验结果如表2-17、表2-18所示。

表2-17 附加题6“经历这件事后,我对未来已经没有什么信心”的得分情况

	一点没有	很少出现	有时出现	常常出现	总是出现
百分数	69.5	23.8	4.3	2.4	0.00

表2-18 无信心程度与事件影响量表得分的独立样本 t 检验分析表

	人数	平均数	标准差	t 值	P 值
没有或很少出现	153	23.95	12.86	−2.12	0.06
常常出现	11	31.82	11.76		

由表2-18可知,地震后没有或很少感到无信心的教师有153人,常常感受到对未来丧失信心的教师有11人,两者在事件冲击量表中的得分并没有显著的差异($P>0.05$)。结果表明,无论对未来是否有信心,教师受到地震的影响和冲击没有显著差异。可以发现,无论受到地震的影响和冲击程度如何,在此阶段,大多数教师对未来都充满了信心。

四、讨论

(1)调查表明,汶川大地震后,阿坝州中小学教师在心理上受到的冲击和负面影响在三个多月后仍然是比较严重的。具有创伤后应激反应的教师达到7.90%,有部分症状的教师有37.2%,基本没有症状、心理健康状况良好的教师只有54.9%。灾后教师的心理状态对灾后学生的心理康复有极大的影响,教师是学校心理健康教育和学生心理康复最重要、最积极的资源。高度关注教师的心理康复,对这一人群的心理创伤进行必要的干预,是灾后重建的一项重要的任务。

(2)从统计数据看出,不同性别的教师虽然在“事件冲击量表”的得分中有差异,女教师高于男教师，但独立样本 t 检验表明，不同性别的教师受到地震冲击而导致的PTSD症状特征并没有显著差异（P 值为0.21）。但是，值得注意的是，我们在心理辅导的过程中发现，在具有同等创伤反应的人群中，女教师的求助愿望明显高于男教师，女教师情感化特征明显，更喜欢通过交往、倾诉、向专家求助等行为来使自己得到解脱，这就减少了她们的心理创伤发展为创伤后应激障碍的可能性；相反，男教师较少表达自己的情感反应，他们不自觉地把求助行为视为“软弱”的表现，是女性化的一种特征，创伤后他们的求助行为明显少于女性，这样，他们在遭遇创伤后发展成创伤后应激障碍的可能性就比女教师大。这是在应激性事件发生以后特别值得关注的一个问题。

(3)在研究中，为了更好地反映创伤同生活事件以及当事人重要的心理感受之间的关系，我们对选出的几个重要特征与事件冲击量表的得分各自作了独立样本 T 检验。结果显示，内疚程度、对事件中人的失望程度、压抑程度、无生命意义的程度和对未来无信心的程度得分高的教师，在PTSD症状的表现上得分也高，并且与这些指标得分低的教师相比，两类人群在PTSD症状上的差异显著。问题的复杂性在于，以上几个方面的表现，既是相对独立的生活事件和重要心理反应，有些在某种程度上又是PTSD症状的某一方面的特征。但这一调查还让我们注意到那些在地震后感到内疚、无助、压抑、无信心、生命无意义的人受到的创伤更大，他们更可能成为PTSD症状的易感人群，需要在心理干预的过程中予以特别的关注。

(4)调查发现，在地震后，无论感受到高社会支持还是感受到低社会支持的人在创伤的反应上均没有显著性差异。这一结果看起来出乎意料。根据大多数人的观点，感受到良好社会支持的人，应该有较轻的创伤反应；而感受到社会支持弱的人，更容易产生无助感和愤怒感，并由此而体验到更多的创伤。为什么我们的研究结果不符合多数人的常识呢？在实际查中，我们发现，在这次大地震中，人员集中、相对富裕、丧失程度高的城区居民得到的社会支持更强，按理讲这部分人由于“丧失”方面的原因受到的创伤更重，但这些地方由于交通相对方便、人员集中、得到的社会支持系统更为强大，这在一定程度上减弱了他们的创伤反应。而感受到社会支持系统较弱的人群大都处在边远地区，这些地区相对丧失程度较低，他们的社会期待也相对较低，这就使他们的创伤反应相对较弱。这种此消彼长的作用就使得两类人群在创伤反应上没有出现显著的差异。这表明，良好的社会支持并非没有意义。得到良好社会支持的人群丧失更大，良好的社会支持其实减弱了他们的创伤反应；同时，感受到社会支持弱的人群由于社会期待和丧失程度相对较低，创伤反应并未因此而提高，但这并不意味着对这部分人的社会支持不重要，他们的创伤反应未高于得到良好社会支持的人群，这只是表明了他们的丧失程度相对较低，社会支持系统对减弱他们的创伤反应同样起到了积极的作用。

五、结论

(1)汶川大地震后，阿坝州的中小学教师出现了创伤后应激障碍的一些相关症状（是否诊断为医学意义上的创伤后应激障碍应由专业医生作出判断）。45.1%的教师受到了比较明显的事件冲击影响，这部分教师处于心理的亚健康状态，心理基本健康的为54.9%。但是，阿坝州中小学教师的心理健康情况好于全省地震灾区中小学教师的整体情况（笔者2008年6月25日—8月10日的调查表明，受重度影响的有18.7%，中度影响的有47.8%）①。

① 游永恒，张皓，刘晓．四川地震灾后中小学教师心理创伤评估报告[J]．心理科学进展，2009(3)．

(2)灾区男女教师心理创伤的程度没有显著差异,但是与女教师相比,男教师的心理问题更显得隐蔽化,他们在遇到心理创伤时求助的动机更弱,因此对男教师的心理问题应该引起更多的关注。

(3)地震中重要的生活事件对创伤的体验有显著影响,良好的社会支持、较少的由相关事件引起的遗憾与内疚有助于积极应对创伤体验。

(4)研究结果显示,内疚、对他人失望、压抑、无生命意义感和对未来无信心的得分较高的教师表现出更多的PTSD症状,但感觉到的社会支持程度高低似乎与教师的PTSD症状没有正相关,这提示出PTSD与个人心理因素和创伤易感性有更多的关联。

第三章　社会科学研究基本技术

社会科学研究基本技术包括数据测量技术、数据收集技术、抽样技术、问卷设计技术、数据描述与推断技术。本章重点介绍前四种技术。

第一节　数据的测量技术

一、数据的测量

对于不同的客观事物或社会现象，由于表现出数量差异的不同可定量测量；对于仅表现出品质差异的事物可定性测量。1951 年美国社会学家、统计学家史蒂文斯(S. Stevens)创立了被广泛采用的测量层次的分类法。这种分类法是按照一种运算的标准，对研究对象的相应特征分成四个层次的类型，它们是定类尺度、定序尺度、定距尺度和定比尺度。

(一)定类尺度

定类尺度是将数字作为现象总体中不同类别或不同组别的代码，这是最低层次的测量尺度。在这种情况下，不同的数字仅表示不同类(组)别的品质差别，而不表示它们之间量的顺序或量的大小。其主要数学特征是“＝”或“≠”。

【例 3-1】 用 1,2,3……10,11 表示不同政治派别，象征性地加以区分“共产党”、“国民党”、“民革”、“民盟”、“民建”、“民进”、“九三学社”、“农工党”、“致公党”、“台盟”与“无党派”的定类尺度。

由于定类尺度是对研究对象的特征与属性进行分类，因此必须要求所分的类别具有包含与互斥的性质，定类尺度的每一个值在某一个类别中存在，而且仅在这一个类别中存在，换句话说，定类尺度的某一个值如果属于这个类别，就不能再属于其他的类别。例如将国民经济按其经济类型，可以分为国有经济、集体经济、私营经济、个体经济等类，并用(01)代码表示国有经济，(02)表示集体经济，(03)表示私营经济，(04)表示个体经济。并且用(011)代表国有经济中的国有企业，(012)代表国有联营企业；用(021)表示集体经济中集体企业，(022)表示集体联营企业；用(031)表示私营经济中的私营独资企业，(032)表示私人合伙企业，(033)表示私营有限责任公司；用(041)表示个体经济中的个体工商户，(042)表示个人合伙，等等。其中两位代码表示经济大类，而三位代码则表示各类中的构成。不同代码反映同一水平的各类(组)别，并不反映其大小顺序。各类中虽然可以计算它的单位数，但不能反映第一类的一个单位可以相当于第二类的几个单位等。

分类是任何一门科学中最基本也是最简单的操作，应用很广，几乎每一个社会科学问题的研究都要应用到。

(二)定序尺度

定序尺度不但可以表示不同类(组)别，而且也反映量的大小顺序关系，从而可以列出各单位、各类(组)的次序。其主要数学特征是“＞”或“＜”。

【例 3-2】 研究病人对医院服务的满意程度时,可以用“5”表示很满意,用“4”表示比较满意,用“3”表示一般,用“2”表示不满意,用“1”表示很不满意,实际上就是按满意的程度排了一个序。

定序尺度比定类尺度能传达更多的信息,它指出了研究变量的某一类型比另一类型具有更多或更少某种质的东西。要注意的是,这里的排序表明 1 与 2、2 与 3 等有差异,但并没有指出它们有多大的差异。例如,若干跑马拉松的运动员赛跑,不少观众可能关心的是某某运动员跑了第一名,某某运动员跑第二名,某某人是第三名……显然各相邻运动员之间的差距是不等的,可能有的运动员到终点时仅比前一运动员差 0.1 米,但他的名次后退一位。而有的运动员的名次也退后一位,但到终点时与前一运动员的差距达到 200 米。

定序尺度仅研究变量之间按某种方式分等级与排序,而不关心变量之间的差异大小。同时要说明的是为了统计分析的需要,研究者在研究定序尺度的测量级时,往往用“1”、“2”、“3”……分别表示有顺序的研究变量,但这种数字仅反映定序尺度某种特征或属性的顺序级别,而不具有数学中数字的实际内涵和功能。

定序尺度除了用于分类(组)外,在变量数列分析中还可以确定中位数、四分位数、众数等指标的位置。

(三)定距尺度

定距尺度也称间隔尺度,是对事物类别或次序之间间距的计量,它通常使用自然或度量衡单位作为计量尺度。定距尺度是比定序尺度高一层次的计量尺度。它不仅可以测量研究变量特征的类别与次序,还可以测量研究变量特征的差异大小,而每一类特征的差异大小在同一个测量单位之下,可以表示出它们差异值。对人的智商、初婚年龄、人均生活费用、家庭人数等可用某种基本单位表示数量差别或间隔距离的社会现象的测量,就属于定距测量,其测量结果可用具体数字来反映。这一测量类型的主要数学特征是计量结果表现为数值,并可以计算差值,还可以进行加、减运算。

【例 3-3】 某门课程学生的成绩,可以从高到低分类排序,形成 90 分、80 分、70 分,直到零分的序列。它们不仅有明确的高低之分,而且可以计算差距,90 分比 80 分高 10 分,比 70 分高 20 分,等等。

定距尺度的计量结果表现为数值,可以进行加、减运算,但却不能进行乘或除的运算,其原因是在等级序列中没有固定的、确定意义的“零”位。例如,摄氏 30 度的温度比摄氏 15 度高 15 度,但人们不应说成 30 度是 15 度的 2 倍,假如这种说法成立,那 30 度温度是 0 度温度的几倍呢?这里的“0”度,是否就是一点儿温度都没有?显然“0”度并不是没有温度,而是有温度的,它说明在某一气温测量单位下,用“0”来表示这一温度罢了,事实上摄氏“0”度在华氏温度的测量下就不是“0”了。它如同数学中的集合{0},我们不能说{0}是空集,而应说成{0}内有一个“0”元素。再例如学生甲得 90 分,学生乙得 0 分,可以说甲比乙多得 90 分,却不能说甲的成绩是乙的 90 倍或无穷大。因为“0”分在这里不是一个绝对的标准,并不意味着乙学生毫无知识。这一点是定距尺度的显著特点。

定距尺度除了用于分类(组)外,还可用以确定中位数、四分位数、众数、均数等指标的位置。

(四)定比尺度

定比尺度是在定距尺度的基础上,确定可以作为比较的基数,将两种相关的数加以对比,而形成新的相对数,用以反映现象的构成、比重、速度、密度等数量关系。由于它是在比较基数上形成的尺度,所以能够显示更加深刻的意义。其主要数学特征是计量结果表现数值,并可以计算比值,还可以进行乘、除运算。

【例 3-4】 将某地区人口数和土地面积对比计算人口密度指标,可以说明人口相对的密集程度。甲地区人口可能比乙地区多,但甲地区的土地更广阔,用人口密度指标就可以说明相对说来甲地区人口不是多了,而是少了。又如将一个国家(地区)的国内生产总值与该国(地区)居民对比,计算人均国内生产总值,可以反映国家(地区)的综合经济能力。1998 年我国国内生产总值约占世界生产总值的 12%,排列世界第七位,堪称世界经济大国,但我国人口占世界总人口的 21.2%,如果按人均国内生产总值计算,在世界各国中又居于比较落后的位次,说明我国仍属于发展中国家。研究某一群人的年龄、他们的性别比、育龄妇女领取独生子女人数的比例、考虑参加人身健康保险的比率、捐助社会弱势群体的款数等,这些变量因为具有有意义的零点,故都是定比测量级的变量。

由此,判断某一测量变量是定距变量还是定比变量,就看它们是否具有实际意义的零点,如果含有实际意义的零点就是定比变量,否则就是定距变量。

社会科学研究方法涉及的研究变量一般都是定类、定序、定距、定比变量。由于各类型测量等级的性质不同,适用的对象也不同,在资料整理及资料分析中,统计分析的方法也不同。

四种测量尺度的不同特征见表 3-1 及表 3-2。

表 3-1　四种测量尺度的不同特征

类型	特征
定类尺度	要求变量的特征分类具有可辨别性,且不同类别应无同一性的性质
定序尺度	要求变量的特征与属性可以排序或分等级
定距尺度	要求测量单位具有相等的意义,且没有绝对意义的"零点"
定比尺度	要求测量单位具有相等的意义,且有一个真实意义的"零点"

表 3-2　四种测量尺度数学运算的特征

类型	数学运算特征
定类尺度	=　≠
定序尺度	=　≠　>　<
定距尺度	=　≠　>　<　+　-
定比尺度	=　≠　>　<　+　-　×　÷

上述四种测量尺度对事物的计量层次由低到高、由粗略到精确逐步递进。高层次的计量尺度具有低层次计量尺度的全部特性,反之不然。显然,我们可以很容易地将高层次计量尺度的测量结果转化为低层次计量尺度的测量结果,比如将考试成绩的百分制转化为五等级分制。

在分析中，如果某一个研究变量可以选择多个测量等级时，应选择哪个测量等级比较好呢？选择测量等级要根据问题的要求与条件，尽可能地选择高层次的测量等级，这是因为：首先，高层次测量等级可能获得更多、更精确的信息；其次，高层次测量等级具有低层次测量等级的功能，因而高层次的测量变量可以作为低层次测量变量来处理，但是如果选择低层次的测量等级后，其所得的资料数据就不能用较高层次的测量级来运算处理。当然，就计算工作量及工作成本而言，高层次的测量等级也相应较大，因此研究人员在进行课题的研究设计时，要将这一因素考虑进去，对时间和经费作统筹规划和经费预算。研究人员在社会调查中，采取尽量先收集较多、更精确的信息，而避免出现在分析处理资料时，由于信息不足又要重新调查的被动局面。

在选择测量等级时，有时也需要把高层次变量下降到低层次变量测量。例如，在调查各职业阶层人生活水平时，把人的收入作为一个研究变量，显然“收入”属于定比测量级(因为它有一个实际意义的零点)，在设计问卷时，由于考虑到收入可能属于受访者的个人隐私，而不直接要求受访者“请说明您的年收入”，仅要求受访者在下列各答案中选一个适当的选项。如，您的年收入是如下的(　　)：

(a) 10000 元及以下；

(b) 10001 元至 28000 元；

(c) 28001 元至 38000 元；

(d) 38001 元到 50000 元；

(e) 50001 元及以上。

这样就把定比变量下降到定类变量，于是，如果受访者的年收入介于 38001 元至 50000 元就是 d 类。但是年收入为 50000 元(d 类)与年收入为 50001 元(e 类)能有多么大的不同吗？这说明定类测量级是粗略的测量，因此在进行评价时应注意到这一问题。

二、数据的类型

数据是采用某种计量尺度对事物进行计量的结果，采用不同的计量尺度会得到不同类型的数据。从上述四种测量尺度计量的结果来看，可以将数据分为以下四种类型：①定类数据表现为类别，但不区分顺序，是由定类尺度测量形成的；②定序数据表现为类别，但有顺序，是由定序尺度测量形成的；③定距数据表现为数值，可进行加、减运算，是由定距尺度测量形成的；④定比数据表现为数值，可进行加、减、乘、除运算，是由定比尺度测量形成的。

前两类数据说明的是事物的品质特征，其结果均表现为类别，也称为定性数据或品质数据(oualitative data)；后两类数据说明的是现象的数量特征，能够直接用数值来表现，因此也称为定量数据或数量数据(quantitative data)。定距尺度和定比尺度属于同一测度层次，所以可以看做是同一类数据。

区分测量的层次和数据的类型十分重要，因为对不同类型的数据将采用不同的统计方法来处理和分析。对定类数据，通常计算出各组的频数或频率，计算其众数和异众比率，进行列联表分析和 χ^2 检验等；对定序数据，可以计算其中位数和四分位差，计算等级相关系数等非参数分析；对定距或定比数据还可以用更多的统计方法进行处理，如计算各种统计量、进行参数估计和检验等。

这里需要特别指出的是，适用于低层次测量数据的分析方法，也适用于较高层次的测量数据，因为后者具有前者的数学特性。比如：在描述数据的集中趋势时，对定类数据通常是计算众数，对定序数据通常是计算中位数，但对定距和定比数据同样也可以计算众数和中位数。反之，适用于高层次测量数据的分析方法，则不能用于较低层次的测量数据，因为低层次数据不具有高层次测量数据的数学特性。比如，对于定距和定比数据可以计算平均数，但对于定类数据和定序数据则不能计算平均数。理解这一点，对于选择适当的社会科学定量分析方法是十分有用的。

第二节　原始数据的搜集技术

从统计数据本身的来源看，统计数据最初都是来源于直接的调查或试验。但从使用者的角度看，统计数据主要来源于两种渠道：一是来源于直接的调查和科学试验，这是统计数据的直接来源，称为原始数据或第一手或直接统计数据；二是来源于别人调查或试验的数据，这是统计数据的间接来源，称为第二手或间接统计数据。本节从使用者的角度介绍统计数据的搜集方法。

一、数据调查的组织形式

（一）普查

普查是为了某种特定的目的而专门组织的一次性的全面调查，是对调查对象的全部单位无一例外的逐个进行的调查。常用以搜集重要国情国力和资源状况的全面资料，为政府制定规划、方针政策提供依据，如人口普查、科技人员普查、工业普查、物资库存普查等。普查多半是在全国范围内进行的，而且所要搜集的是经常的、定期的统计报表所不能提供的更为详细的资料，特别是诸如人口、物资等时点的数据。

普查有两种方式，一种是填报表，一种是直接登记。

普查的组织方式一般有两种：第一种是建立专门的普查机构，配备相应的普查人员，对调查单位进行直接的登记，如人口普查等；第二种是利用调查单位的原始记录和核算资料，颁发调查表，由登记单位填报，如物资库存普查等。这种方式比第一种简便，适用于内容比较单一、涉及范围较小的情况，特别适用于为满足某种紧迫需要而进行的“快速普查”，由登记单位将填报的表格越过中间一些环节直接报送到最高一级机构集中汇总即可。

【例 3－5】　我国采取第一种方式普查的有：1953 年第一次全国人口普查，1964 年第二次全国科技售货员普查，1977 年全民所有制单位实际用工人数普查，1978 年全国科技人员普查，1982 年第三次全国人口普查，1990 年全国第四次人口普查，1995 年私营商业及饮食业普查，2000 年第五次人口普查等。采取上述第二种方式普查的有：1954 年黑色金属、有色金属和木材库存普查，1954 年以后所进行的多次物资库存普查，1985 年第二次全国工业普查等。

普查数据搜集方式，具有以下几个特点：

首先，普查通常是一次性的或周期性的。由于普查涉及面广、调查单位多，需要耗费大量的人力、物力和财力，通常需要间隔较长的时间，一般每隔 10 年进行一次。如我国的人口普查从 1953 年至 2000 年共进行了五次。今后，我国的普查将规范化、制度化，即每逢末尾数字为“0”的年份进行人口普查，每逢“3”的年份进行第三产业普查，每逢“5”的年份进行工业普查，每逢“7”的年份进行农业普查，每逢“1”或“6”的年份进行统计基本单位普查。

第二，规定统一的标准时点。标准时点是指对被调查对象登记时所依据的统一时点。调查资料必须反映调查对象的这一时点上的状况，以避免调查时因情况变动而产生重复登记或遗漏现象。例如，我国第五次人口普查的标准时点为2000年11月1日零时，就是要反映这一时点上我国人口的实际状况；农业普查的标准时点定为普查年份的1月1日0时。

第三，规定统一的普查期限。在普查范围内各调查单位或调查点尽可能同时进行登记，并在最短的期限内完成，以便在方法和步调上保持一致，保证资料的准确性和时效性。

第四，规定普查的项目和指标。普查时必须按照统一规定的项目和指标进行登记，不准任意改变或增减，以免影响汇总和综合，降低资料质量。同一种普查，每次调查的项目和指标应力求一致，以便于进行历次调查资料的对比分析和观察社会经济现象发展变化的情况。

第五，普查的数据一般比较准确，规范化程度也较高，因此它可以为抽样调查或其他调查提供基本依据。

第六，普查的使用范围比较窄，只能调查一些最基本及特定的现象。

普查既是一项技术性很强的专业工作，又是一项广泛性的群众工作。我国历次人口普查都认真贯彻群众路线，做好宣传和教育工作，得到群众的理解和配合，因而取得令世人瞩目的成果。

普查的优点在于调查资料的全面性和准确性，但其具有工作量大、花费大、组织工作复杂、时效性差、调查内容有限等局限。

为了普查工作的顺利实施，确保普查结果的质量，普查的项目必须简明；普查的标准时间必须统一；普查的现场登记时间必须选择恰当；普查的现场登记工作应该尽快完成；普查应该尽可能按一定周期进行。

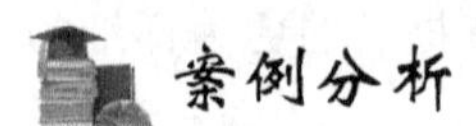

案例分析

中国总人口达13.397亿人，10年增加7390万

总体情况

第六次全国人口普查主要数据公报(第1号)今日发布。此次人口普查登记的全国总人口为1339724852人。与2000年第五次人口普查相比，10年增加7390万人，增长5.84%，年平均增长0.57%，比1990年到2000年的年均1.07%的增长率下降了0.5个百分点。

第六次人口普查的标准时间是2010年11月1日零时。所谓人口普查的标准时间，就是规定一个时间点，无论普查员入户登记在哪一天进行，登记的人口及其各种特征都是反映这个时间点上的情况。根据上述规定，不管普查员在哪天进行入户登记，普查对象所申报的都应该是2010年11月1日零时的情况。通过这个标准时间，所有普查员普查登记完成后，经过汇总就可以得到2010年11月1日全国人口的总数和各种人口状况的数据。

详细情况

根据《全国人口普查条例》和《国务院关于开展第六次全国人口普查的通知》，我国以2010年11月1日零时为标准时点进行了第六次全国人口普查。在国务院和地方各级人民政府的统一领导下，在全体普查对象的支持配合下，通过广大普查工作人员的艰苦努力，目前已圆满完成人口普查任务。现将快速汇总的主要数据公布如下：

1. **总人口**

全国总人口为1370536875人。其中：

(1)普查登记的大陆31个省、自治区、直辖市和现役军人的人口共1339724852人。

(2)香港特别行政区人口为 7097600 人。

(3)澳门特别行政区人口为 552300 人。

(4)台湾地区人口为 23162123 人。

2. 人口增长

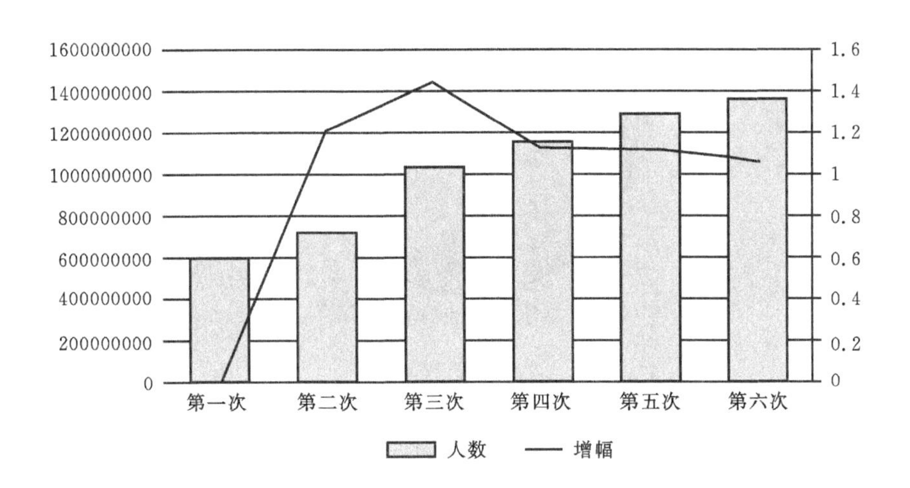

图 3-1　第六次人口普查总人口数(包括大陆港澳台)

大陆 31 个省、自治区、直辖市和现役军人的人口,同第五次全国人口普查 2000 年 11 月 1 日零时的 1265825048 人相比,十年共增加 73899804 人,增长 5.84%,年平均增长率为 0.57%。

3. 家庭户人口

大陆 31 个省、自治区、直辖市共有家庭户 401517330 户,家庭户人口为 1244608395 人,平均每个家庭户的人口为 3.10 人,比 2000 年第五次全国人口普查的 3.44 人减少 0.34 人。

4. 性别构成

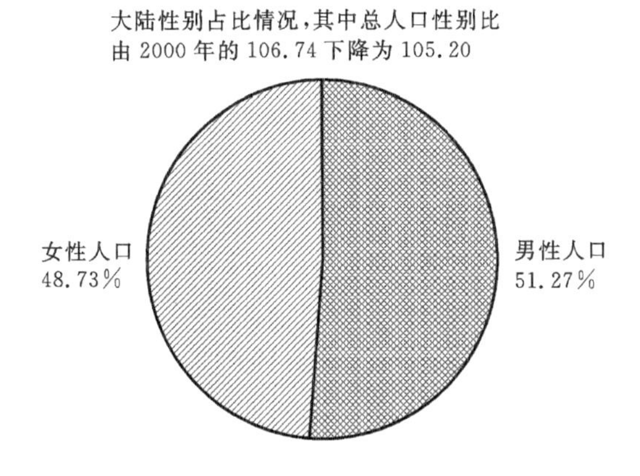

图 3-2　大陆人口性别占比情况图

大陆 31 个省、自治区、直辖市和现役军人的人口中,男性人口为 686852572 人,占 51.27%;女性人口为 652872280 人,占 48.73%。总人口性别比(以女性为 100,男性对女性的比例)由 2000 年第五次全国人口普查的 106.74 下降为 105.20。

5. **年龄构成**

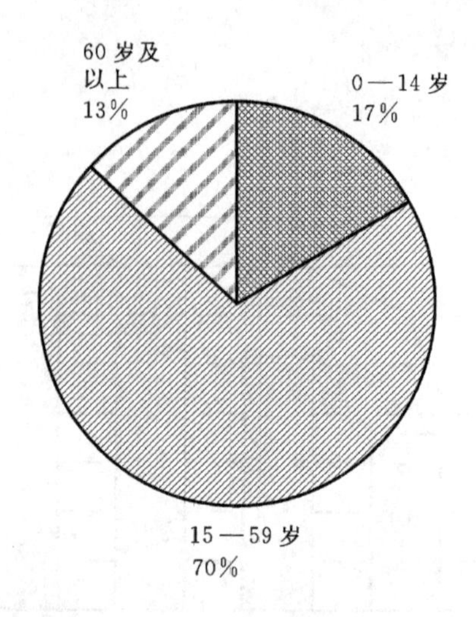

图 3-3　大陆 32 个省、自治区、直辖市和现役军人的人口年龄构成

大陆 31 个省、自治区、直辖市和现役军人的人口中，0—14 岁人口为 222459737 人，占 16.60%；15—59 岁人口为 939616410 人，占 70.14%；60 岁及以上人口为 177648705 人，占 13.26%，其中 65 岁及以上人口为 118831709 人，占 8.87%。同 2000 年第五次全国人口普查相比，0—14 岁人口的比重下降 6.29 个百分点，15—59 岁人口的比重上升 3.36 个百分点，60 岁及以上人口的比重上升 2.93 个百分点，65 岁及以上人口的比重上升 1.91 个百分点。

6. **民族构成**

大陆 31 个省、自治区、直辖市和现役军人的人口中民构成

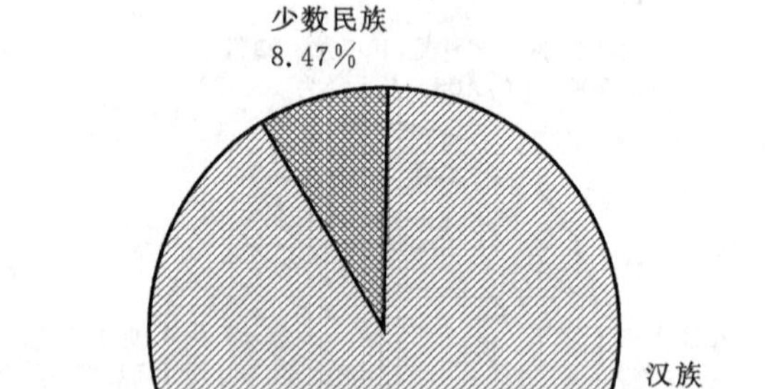

图 3-4　大陆 31 个省、自治区、直辖市和现役军人的人口中民族构成

大陆 31 个省、自治区、直辖市和现役军人的人口中，汉族人口为 1225932641 人，占 91.51%；各少数民族人口为 113792211 人，占 8.49%。同 2000 年第五次全国人口普查相比，汉族人口增加 66537177 人，增长 5.74%；各少数民族人口增加 7362627 人，增长 6.92%。

7. **各种受教育程度人口**

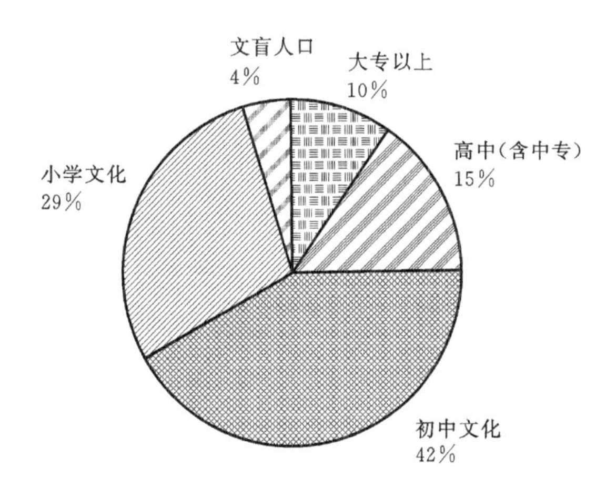

图3－5　大陆31个省、自治区、直辖市和现役军人受教育程度

大陆31个省、自治区、直辖市和现役军人的人口中，具有大学(指大专以上)文化程度的人口为119636790人；具有高中(含中专)文化程度的人口为187985979人；具有初中文化程度的人口为519656445人；具有小学文化程度的人口为358764003人(以上各种受教育程度的人包括各类学校的毕业生、肄业生和在校生)。

同2000年第五次全国人口普查相比，每10万人中具有大学文化程度的由3611人上升为8930人；具有高中文化程度的由11146人上升为14032人；具有初中文化程度的由33961人上升为38788人；具有小学文化程度的由35701人下降为26779人。

大陆31个省、自治区、直辖市和现役军人的人口中，文盲人口(15岁及以上不识字的人)为54656573人，同2000年第五次全国人口普查相比，文盲人口减少30413094人，文盲率由6.72%下降为4.08%，下降2.64个百分点。

8. **城乡人口**

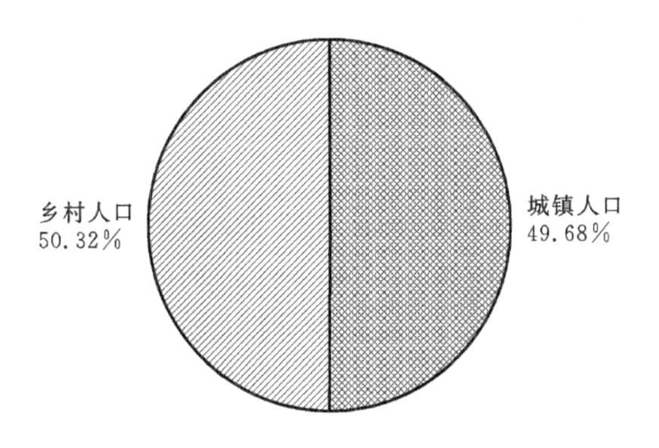

图3－6　大陆31个省、自治区、直辖市和现役军人的人口中城乡人口比例

大陆31个省、自治区、直辖市和现役军人的人口中，居住在城镇的人口为665575306人，占49.68%；居住在乡村的人口为674149546人，占50.32%。同2000年第五次全国人口普查相比，城镇人口增加207137093人，乡村人口减少133237289人，城镇人口比重上升13.46个百分点。

9. 人口的流动

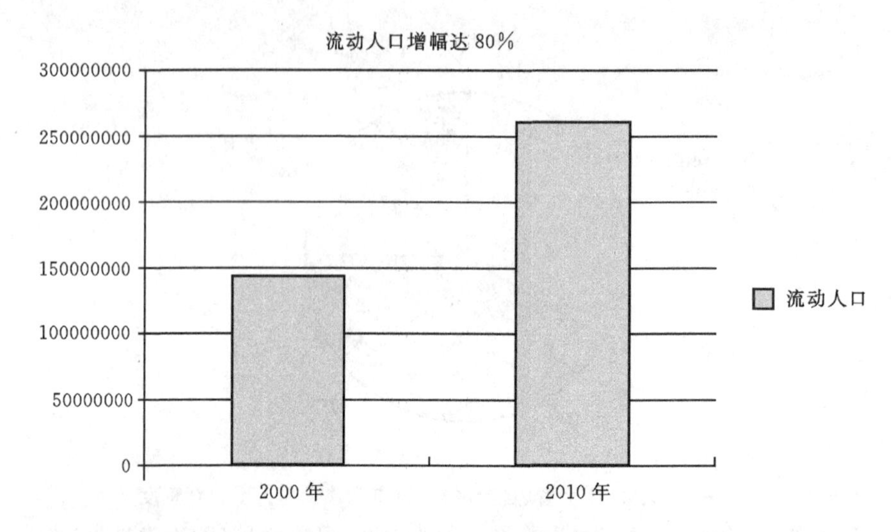

图 3-7　人口流动示意图

大陆31个省、自治区、直辖市的人口中，居住地与户口登记地所在的乡镇街道不一致且离开户口登记地半年以上的人口为261386075人，其中市辖区内人户分离的人口为39959423人，不包括市辖区内人户分离的人口为221426652人。同2000年第五次全国人口普查相比，居住地与户口登记地所在的乡镇街道不一致且离开户口登记地半年以上的人口增加116995327人，增长81.03%。

10. 登记误差

普查登记结束后，全国统一随机抽取402个普查小区进行了事后质量抽样调查。抽查结果显示，人口漏登率为0.12%。

资料来源：2010第六次全国人口普查主要数据公报(第1号)[EB/OL]. http://www.gov.cn.

(二)抽样调查

抽样调查是实际中应用最广泛的一种调查方法，是从调查对象的总体中随机抽取一部分样本进行调查，并根据样本调查结果来推断总体数量特征的一种非全面调查方法。关于抽样调查的理论及应用将在后面章节中详细介绍。

(三)统计报表

统计报表是一种以全面调查为主的调查方式，是由政府主管部门根据统计法规，以统计表格形式和行政手段自上而下布置，而后由企、事业单位自下而上层层汇总上报，逐级提供基本统计数据的一种调查方式。任务是经常地、定期地搜集反映国民经济和社会发展基本情况的资料，为各级政府和有关部门制定国民经济和社会发展计划，以及检查计划执行情况服务。

统计报表按其性质和要求不同，分类如下：

按报表内容和实施范围不同，分为国家统计报表、部门统计报表和地方统计报表。国家统计报表即国民经济基本统计报表，由国家统计部门统一制发，用以搜集全国性的经济和社会基本情况，包括农业、工业、基建、物资、商业、外贸、劳动工资、财政等方面最基本的统计资料。部门统计报表即为了适应各部门业务管理需要而制定的专业技术报表。地方统计报表即针对地区特点而补充制定的地区性统计报表，是为本地区的计划和管理服务的。

按报送周期长短不同，分为日报、旬报、季报、半年报和年报。周期短的，要求资料上报迅速，填报的项目比较少；周期长的，内容要求全面一些；年报具有年末总结的性质，反映当年中央政府的方针、政策和计划贯彻执行情况，内容要求较为全面和详尽。

按填报单位不同，分为基层统计报表和综合统计报表。基层统计报表是由基层企、事业单位填报的报表，综合统计报表是由主管部门或部门根据基层报表逐级汇总填报的报表。

统计报表主要用于搜集全面的基本情况，此外，也常为重点调查等非全面调查所采用。

统计报表具有三个显著的优点：①由于是根据国民经济和社会发展宏观管理的需要而周密设计的统计信息系统，从基层单位日常业务的原始记录和台账（即原始记录分门别类的系统积累和总结）到包含一系列登记项目和指标，都可以力求规范和完善，使调查资料具有可靠的基础，保证资料的统一性，便于在全国范围内汇总、综合。②它是依靠行政手段执行的报表制度，要求严格按照规定的时间和程序上报，因此，具有100%的回收率；而且填报的项目和指标具有相对的稳定性，可以完整地积累形成时间序列资料，便于进行历史对比和社会经济发展变化规律的系统分析。③报表既可以越级汇总，也可以层层上报、逐级汇总，以便满足各级管理部门对主管系统和区域统计资料的需要。

统计报表是以生产资料公有制为基础，适应政府管理职能的需要而产生和发展起来的，曾经是高度集中的计划经济体制不可分割的组成部分。作为一种全面的基本情况的调查方式，经过调整和改进，同样也是社会主义市场经济体制下国家对国民经济和社会发展进行计划管理和宏观调控的重要工具，是政府统计执行其“信息、咨询和监督”基本职能的主要手段。

统计报表制度是一个庞大的组织系统。不仅要求各基层单位有完善的原始记录、台账和内部报表等良好的基础，而且要有一支业务熟练的专业队伍。因此，它占用很大的人力和财力。总结历史的经验教训，要很好地发挥统计报表制度的积极作用，必须严格按照统计法规办事，实行系统内的有效监督和管理；报表要力求精简，既要防止多、乱、滥发报表，又要防止虚报、瞒报和漏报。这样才能保证统计数字的质量，降低统计的社会成本。

（四）重点调查

重点调查是指对某种社会现象比较集中的、对全局具有决定性作用的一个或几个重点单位所进行的调查，是专门组织的一种非全面调查，目的是了解总体的基本情况。所谓重点单位，是指在总体中具有举足轻重地位的单位。这些单位虽然少，但调查的标志值在总体标志总量中占有很比重，通过对这些单位的调查，就能掌握总体的基本情况。例如，鞍钢、武钢、首钢、包钢和宝钢等特大型钢铁企业，虽然在全国钢铁企业中只是少数，但产量却占全国钢铁产量的绝大比重。对这些重大企业进行调查，便能省时省力而且及时地了解全国钢铁生产的基本情况，满足调查任务的要求。

重点调查的优点在于调查单位少，可以调查较多的项目指标，及时了解较详细的情况和资料，使用较少的人力和时间，取得较好的效果。当调查任务只要求掌握总体的基本情况，而且总体中确实存在重点单位时，采用重点调查比较适宜。但必须指出，由于重点单位与一般单位的差别较大，通常不能由重点调查的结果来推算整个调查对象的总体指标。

重点调查的关键问题是确定重点单位。一般来说，选出的单位应尽可能少些，而其标志值在总体中所占比重应尽可能大些，其基本标准是所选出的重点单位的标志必须能够反映研究总体的基本情况。其次要注意重点是可以变动的，因为一个单位在某一问题上是重点，而在另一问题上不一定是重点；在某一调查总体上是重点，在另一调查总体中不一定是重点，在这个时期是重点，在另一时期不一定是重点，因此，对不同问题的重点调查，或同一问题不同的重点调查，要随着情况的变化而随时调整重点单位。当然选中的单位应是管理健全、统计基础工作较好的单位，以有利于统计调查的实施。

重点调查主要采取专门调查的组织形式，也可以颁发定期统计报表，由所调查的重点单位填报，用以定期观察其主要技术经济指标的完成情况及其变动。重点调查的资料搜集，主要以企事业单位的原始资料为依据。

(五)典型调查

典型调查就是根据调查研究的目的和要求，在对总体进行全面分析的基础上，有意识地选择其中有代表性的典型单位，并通过对其典型的调查来认识同类公共管理现象的本质和发展规律的调查方法。典型调查也是专门组织的一种非全面调查，借以认识事物的本质特征、因果关系和发展变化的趋势。所谓有代表性的典型单位，是指那些最充分、最集中地体现总体某方面共性的单位。只要客观地、正确地选择典型单位，通过对典型单位深入细致的调查，搜集详细的第一手数字资料与掌握生动具体的情况，就可以获得对总体本质特征的深刻认识，特别是对一些复杂的社会经济问题的研究，典型调查可以了解得更深入、更具体、更详尽。典型调查的特点是调查者有目的、有意识的选择调查对象的调查，是直接调查，是系统、深入的调查，是定性调查。

典型调查具有的突出作用体现在有利于研究尚未充分发展、处于萌芽状况的新生事物或某种倾向性的社会问题。通过对典型单位深入细致的调查，可以及时发现新情况、新问题，探测事物发展变化的趋势，形成科学的预见。典型调查还有利于分析事物的不同类型，研究它们之间的差别和相互关系。例如，通过调查可以区别先进事物与落后事物，分别总结其经验教训，进一步进行对策研究，以促进事物的转化与发展。在总体内部差别不大或分类后各类型内部差别不大的情况下，典型单位的代表性很显著，也可用典型调查资料来补充和验证全面调查的数字。

典型调查的中心问题是如何正确选择典型单位。选择典型单位切忌主观片面性和随意性，不仅要求调查者有客观的、正确的态度，而且要有科学的方法。根据不同的研究目的和要求，可以选择以下三种方法：

(1)“解剖麻雀”的方法。这种选典方法适用于总体内各单位差别不太大的情况。通过对个别代表性单位的调查，即可估计总体的一般情况。

(2)“划类选典”的方法。总体内部差异明显，但可以划分为若干个类型组，使各类型组内部差异较小。从各类型组中分别抽选一两个具有代表性的单位进行调查，即称为划类选典。这种调查既可用于分析总体内部各类型特征以及它们的差异和联系，也可综合各种类型对总体情况作出大致的估计。

(3)“抓两头”的方法。从社会经济组织管理和指导工作的需要出发，可以分别从先进单位和落后单位中选择典型，以便总结经验和教训，带动中间状态的单位，推动整体的发展。

典型调查的优点在于能获得较丰富的、第一手的感性资料；能获得比较真实、可靠的资料；有利于揭示社会现象的本质及其原因，探索解决社会问题的道路和方法；花费的人力、物力、才力较小；适应性强。

但典型的选择容易受调查者的主观意志影响，难以避免主观随意性，资料的代表性不普遍；调查的质量往往取决于调查者的能力和素质。另外，缺乏科学的手段确定典型调查结论的适用范围;难以进行定量分析,也是这种方法的局限性。

典型调查通常是为了研究某种特殊问题而专门组织的非全面的一次性调查。但是,有时为了观察事物发展变化的过程和趋势,系统地总结经验,也可对选定的典型单位连续地进行长时间的跟踪调查。例如,对新生事物或处于萌芽状态的事物的研究,就适宜采用这种定点的跟踪调查。

二、搜集数据的具体技术

实际中,为研究某些特定的社会科学问题,需要进行一些特定的调查,如政府机构进行的形象调查、舆论调查、市场调查等。这些调查也是取得直接统计数据的重要手段。在实际调查中,搜集数据的具体技术主要有以下几种:

(一)访问调查

访问调查是指将所拟调查的事项,以当面或电话或书面向被调查者提出询问,以获得所需资料的调查方法。它是最常用的社会科学研究调研方法,是一种特殊的人际关系,是现代公共关系。

访问调查有多种具体的形式,可以从不同角度对其进行划分,按照访问方式不同,可分为直接访问和间接访问;按照访问内容不同,可分为标准化访问和非标准化访问;我们通常采用的划分方法,是根据调查人员与被调查者接触方式的不同,具体分为个人访问、邮寄调查、电话调查、留置调查等几种形式。

1.个人访问

个人访问即访问者通过面对面地与被访问者交谈以获取市场信息,这是市场调研中最通用和最灵活的一种方法。个人访问的交谈方式,可以采用个人面谈、小组面谈和集体面谈等多种形式。

个人访问的优点是:适用的调查对象十分广泛;富于伸缩性,可灵活操作;具有激励效果,回答率高;有观察机会,所获资料准确性、真实性较高;便于深度访问;能控制问题的次序;可获得较多资料。

个人访问的缺点是:费用高;时间长;对访问者的素质要求较高;调查质量易受访问者工作态度、提问技巧和心理情绪等因素的影响;匿名性较差;对访问人员的管理比较困难。

一般来讲,个人访问有自由问答、发问式调查、限定选择三种方式。

2.邮寄访问

邮寄访问是将设计印制好的调查问卷或调查表格寄给被调查者,由被调查者按要求填写后再寄回来,调查者通过对调查问卷或调查表格的整理分析,得到市场信息。这是一种比较特殊的资料收集方法。

邮寄访问的优点是:调查区域较广;费用较低;被调查者有较充分的时间填写问卷,以便准确回答问题;不受访问者态度、情绪等因素的影响,资料更客观;匿名性好,可对某些敏感和隐私情况进行调查;无需对访问人员进行专门的培训和管理。

邮寄访问的缺点是:回收率低;信息反馈时间长,影响资料的时效性;容易产生差错,从而破坏了样本的代表性;对被调查者的要求较高。

由于邮寄访问法存在一定的缺陷,为了提高回收率和准确性,需要采用一定的方法和技巧,较适宜的方法有:跟踪提醒、物质激励、提前通知、附空白信封并贴上邮票等。此外,设计问题时，对提出的问题要便于回答，便于汇总；问题要少，篇幅要短，以免占用答卷者时间过多而失去兴趣；要求回答的问题，最好采用画圈、打勾等选择形式，避免书写过多。

3. 电话访问

电话访问是通过电话与调查者交谈以获取信息资料，是一种间接的访问方法。这是为解决需要的带有普遍性的急需问题而采用的一种调查方法。

电话访问的优点主要有：费用低；速度快；适宜访问不易接触到的被调查者；资料的统一性程度较高；能获得较坦白的回答；便于控制管理。

电话访问的缺点是：拒答率高；总体欠完整；问题不能深入。

4. 留置访问

留置访问是将调查问卷当面交给被调查者，说明填写的要求并留下问卷，请被调查者自行填写，由访问人员定期收回。这是介于个人访问法和邮寄访问法之间一种访问方法，可以消除面谈访问和邮寄访问的一些不足。

留置访问的优点是：由于当面送交问卷，说明填写要求和方法，澄清疑问，因此，可以减少误差，而且能控制回收时间，提高回收率；被调查者有充分的时间来考虑问题，并不受访问人员的影响，能做出比较准确的回答。

留置访问的缺点是：调查区域范围有限，调查费用较高，不利于对访问人员的管理监督。

5. 网上访问

网上访问是借助于互联网与被调查者进行沟通，从而获得信息资料，是一种最新的访问方式。这种方式可被视为邮寄访问的一种电子形式，但却有传统邮寄访问不可能具备的许多优势。

网上访问的优点是：辐射范围广泛；访问速度快，信息反馈及时；匿名性好；费用较低；能够具有视觉音响效果。

网上访问的缺点是：样本对象具有局限性；难以判断所获信息的准确性和真实性；需要配备一定的技术人员，从而使成本费用增大。

上述几种访问调查方法是社会科学研究调查中常用的，每种方法各有所长，具体调查过程中，究竟采用哪一种方法，应根据社会科学研究调查的要求和调查对象的特点进行选择。在具体选择调查方法时，一般应考虑社会科学研究调查项目的伸缩性、需要调查资料的范围、调查表及问卷的复杂程度、掌握资料的时效性、调查成本的大小等因素。在实际询查中，可选择一种方法为主，辅以其他方法，或是几种方法并用的形式，会取得更好的效果。

具体的访问方法、问卷设计、访问技巧见后续章节。

(二)邮寄调查

邮寄调查是通过邮寄或其他方式将调查问卷送至被调查者，由被调查者填写，然后将问卷寄回或投放到指定收集点的一种调查方法。邮寄调查属于标准化调查，其特点是调查人员和被调查者没有直接的语言交流，信息的传递完全依赖于问卷。邮寄调查的问卷发放方式有邮寄、宣传媒介传送、专门场所分发等。

邮寄调查的基本程序是：在设计好问卷的基础上，先在小范围内进行预调查，以检查问卷设计中存在的问题，然后进一步修正问卷，选择一定的方式发放，进行正式调查，问卷按预定的方式收回后，进行处理和分析。

(三)电话调查

电话调查是调查人员利用电话与受访者进行语言交流,从而获得信息的一种调查方式。电话调查具有时效快、费用低等特点。随着电话的普及,电话调查的应用也越来越广泛。电话调查可以按照事先设计好的问卷进行,也可以针对某一专门问题进行电话采访。用于电话调查的问题要明确,问题数量不宜过多。

(四)座谈会

座谈会也称为集体访谈法,是将一组受访者集中在调查现场,让他们对调查的主题(如一种产品、一项服务或其他话题等)发表意见,从而获取调查资料的一种方法。通过座谈会,研究人员可以从一组受访者那里获得所需的定性资料,这些受访者与研究主题有某种程度上的关系。为获得此类资料,研究人员通过严格的甄别程序选取少数受访者,围绕研究主题以一种非正式的、比较自由的方式进行讨论。这种方法适用于搜集与研究课题密切相关的少数人员的倾向和意见。

参加座谈会的人数 6 至 10 人为宜,并且是有关调查问题的专家或有经验的人。讨论方式取决于主持人的习惯和偏好。通过小组讨论,能获取访问调查无法取得的资料。而且,在彼此间交流的环境里,各个受访者之间相互影响、相互启发、相互补充,并在座谈过程中不断修正自己的观点,从而有利于取得较为广泛、深入的想法和意见。座谈会的另一个优点是不会因为问卷过长遭到拒访。当然,这要求主持人受过心理学或行为科学方面的训练,具有很强的组织能力和控制能力,能引导受访者表达出真实意见或想法。

(五)深度访问

深度访问是一次只有一名受访者参加的特殊的定性研究,是无结构的个人访问。调查人员运用大量的追问技巧,不断深入受访者的思想当中,努力发掘其行为的真实动机,尽可能让受访者自由发挥,表达出真实想法和感受。

深度访问常用于动机研究,如消费者购买某种产品的动机等,以发掘受访者非表面化的深层意见。这一方法易研究较隐秘的问题,如涉及个人隐私的问题,或较敏感的话题。对于不同人之间观点差异极大的问题,采用深度访问法比较合适。

座谈会和深度访问属于定性方法,都是围绕一个特定的主题取得有关定性资料的调查方法。此类研究是从挑选的少数受访者中取得有关意见。这种方法和定量方法的区别在于:定量方法是从总体中按随机方式抽取样本取得资料,其研究结果或结论可以进行推论。而定性研究着重于问题的性质和未来趋势的把握,不是对研究总体数量特征的推断。

(六)网上调查

1. 网上调查的优点

网上调查在 20 世纪 90 年代开始兴起,发展迅速,其优点表现在以下几个方面:

(1)速度快。由于省略了印制、邮寄和数据录入的过程,问卷的制作、发放及数据的回收速度均得以提高,可以短时间内完成问卷并统计结果及制作报表。

(2)费用低。能节省印刷、邮寄、录入及调研员的费用,而调研费用的增加却很有限。因此,进行大规模的调研与其他如邮寄或电话调研方法相比,可以省下可观的费用。

(3)易获得连续性数据。随着网上固定样本调研的出现,调研员能够通过跟踪受访者的态度、行为和时间进行纵向调研。复杂的跟踪软件能够做到根据上一次的回答情况进行本次问卷的筛选,而且还能填补落选项目。

(4)调研内容设置灵活。打一个电话却只提两三个问题在费用上是不值得的。但在网上,调研内容可以很容易包含在市场、商贸或其他一般站点上。例如,如果一个人上了银行主页,激活"信用卡"连接,在进入正式网页之前,他可以被询问几个有关被认为是最重要的信用卡特性问题。

(5)调研群体大。网上可以接触很多人。目前很难想象还有什么媒体可以提供那么大的调研群体,随着互联网的普及,计算机产品购买者或是互联网使用者,是使用互联网调研的理想对象。利用互联网的企事业单位使用者也是不错的可发展的调研对象。目前估计有40%的企事业单位已上网,这个群体还在日益扩大。

(6)可视性强。网上调查还有一个独一无二的优点,即它们在视觉效果上能够吸引人,互联网的图文及超文本特征可以用来展示产品或介绍服务内容。对于那些有较新版本 Neboape 及Ⅲ(两个最为流行的网上浏览器)的用户,声音及播放功能还可以加入到问卷中。这是其他调研方式所无法比拟的。

2. 网上调查的缺点

网上调查目前还存在不少缺点。最突出的就是上网的人不能代表所有人口。使用者多为男性,教育水平高,有相关技术,较年轻和较高收入。不过,这种情形正在改变,越来越多的人开始接触互联网。

安全性问题也值得关注。现在很多使用者为私人信息的安全性担忧,加上媒体的报道及针对使用者的各种欺骗性文章,更使人忧心忡忡。然而,考虑到对互联网的私人信息,诸如信用卡账号等进行担保的商业目的,提高安全性仍是互联网有待解决的重要问题。

无限制样本问题是指网上的任何人都能填写问卷,完全由自我决定,很有可能除了网虫外并不代表任何人。如果同一个人重复填写问卷的话,问题就变得更为复杂。

3. 互联网样本

互联网样本可以分为三类:随意样本、过滤性样本、选择样本。

随意样本即网上任何人都可以成被调查单位,尚没有任何对调查单位的限制条件。过滤性样本是指通过对期望样本特征的配额限制一些自我挑选的不具备代表性的样本。这些特征通常是一些统计特征,如性别、收入、地理区域位置或与产品有关的标准,如过去的购买行为、工作责任、现有产品的使用情况等。对于过滤性样本的使用与随意样本基本类似。

选择性样本通常是以分支或跳问形式安排问卷,以确定被选者是否适宜回答全部问题。有些互联网调研能够根据过滤性问题立即进行市场分类,确定被访者所属类别,然后根据被访者不同的类型提供适当的问卷。

另外一种方式是根据调研者所创建的样本收藏室,将填写过分类问卷的被访者进行分类重置。最初问卷的信息用来将被访者进行归类分析,只有那些符合统计要求的被访者,才能填写适合该类特殊群体的问卷。

互联网选择样本用于互联网中需要对样本进行更多限制的目标群体。被访者均通过电话、邮寄、E-mail或个人访问方式进行补充完善，当认定符合标准后，才向他们发送E-mail问卷或直接链接到相关站点。在站点中，通常使用密码账号来确认已经被认定的样本，根据已知的样本可以对问卷的完成情况进行监视或督促未完成问卷以提高回答率。

选择样本对于已建立抽样数据库的情形最为适用，例如，以顾客数据库作为抽样框选择参与顾客满意度调查的样本。

4. 互联网调查的基本方法

进行互联网调查的基本方法是E-mail、交互式CATI系统和互联网CGI程序。

(1)E-mail问卷。问卷就是一份简单的E-mail，并按照已知的E-mail地址发出。被访者回答完毕后，将问卷回复给调研机构，由专门的程序进行问卷准备、编制E-mail地址和收集数据。

E-mail问卷制作方便，分发迅速。由于出现在被访者的私人信箱中，因此能够得到注意。但只限于传输文本，图形虽然也能在E-mail中进行链接，但与问卷文本是分开的。

(2)交互式CATI系统。利用一种软件语言程序在CATI上设计问卷结构并在网上进行传输。互联网服务站可以设在调研机构中，也可以租用有CATI装置的单位。服务器直接与数据库连接，收集到的被访者答案直接进行储存。

交互式CATI系统能够对于CATI进行良好抽样及对CATI程序进行管理，还能建立良好的跳问模式和修改被访者答案，能够当场对数据进行认证，对不合理数据要求重新输入。交互式CATI系统为网上CATI调研的使用者提供了方便的工具，而且支持程序问卷的再使用。但网上CATI系统产品是为电话屏幕访谈设计的，被访者的屏幕格式受到限制，而且CATI语言技术不能显示互联网调研在图片、播放等方面的优势。

(3)网络调查系统。该系统有专门为网络调查设计的问卷链接及传输软件。这种软件设计为无须使用程序的方式，包括整体问卷设计、网络服务器、数据库和数据传输程序。一种典型的用法是：问卷由简易的可视问卷编辑器产生，自动传送到互联网服务器上，通过网站，使用者可以随时在屏幕上对回答数据进行整体统计或图表统计。

网络调查系统的平均每次访谈均比交互式CATI费用低，但对小规模的样本调查(低于500名)的费用都比E-mail调查高。费用低是由于使用了网络专业工具软件，购量费用和硬件费用均由中心服务系统提供。

第三节　抽样调查技术

一、抽样调查的概念和特点

抽样调查，就是运用一定方法在调查对象总体中抽取一部分对象作为样本，并用样本调查结论来推断总体的方法。以下是几个基本概念：

(1)总体，调查对象研究变量全体所构成的集合。如：如果重点研究学生英语学习情况，那么该学校全体学生的英语考试成绩所构成的集合就是总体，而不是全体学生，因为学生除考试成绩外，还包括诸如身高、年龄、对教学的满意度、家庭教育、兴趣爱好等变量。

(2)样本，按照一定方法从调查总体中抽取出来进行调查的部分对象研究变量的集合。

(3)抽样单位,抽样过程中使用的基本单位,可以是调查对象的集合,也可以是最终的调查对象。

(4)抽样框,抽样过程中使用的所有抽样单位的名单。

(5)抽样,从总体中按照一定方式抽取样本的过程。

抽样调查的特点主要有:抽查对象只是总体中的一部分单位,而不是全部单位,也不是个别单位或少数单位;一般根据随机原则确定调查样本;调查目的不是说明样本自身,而是推断总体、说明总体;随机抽样的误差是可计算的,因此误差范围是可以控制的。

二、抽样的一般程序

首先要设计抽样方案,包括调查总体、抽样方法、抽样误差、样本规模等的确定;第二步,界定调查总体,就是对调查对象总体的内涵和外延做出明确规定;第三步,选择抽样方法,可以选择随机抽样或非随机抽样;第四步,编制抽样框,就是搜集和编制抽样单位的名单;第五步,抽取调查样本;最后,评估样本质量,就是对样本主要特征分布情况与总体主要特征分布情况进行对比和评估。

三、随机抽样的具体方法

随机抽样又称概率抽样,是以概率论为基础,按随机原则抽取样本的方法。随机原则又称机会均等原则,即抽样框中的每一抽样单位都有被抽取的同等可能性。常用的随机抽样方法有五种:

(一)简单随机抽样

简单随机抽样又称纯随机抽样,就是按照随机原则从总体各单位中直接抽取样本。常用方法有:直接抽样法,就是从总体各单位中直接抽取样本的方法;抽签方法或抓阄方法,以及随机数表法。

随机抽样的优点是在抽样过程中完全排除了主观因素的干扰,简单、易行,只要有总体各单位名单就行。缺点是只适应总体单位数量不大的调查,如果总体单位多,则编制抽样框的工作量太大;抽样误差大;样本可能比较分散或过分集中,会给调查带来困难。

(二)等距随机抽样

等距随机抽样又称机械随机抽样或系统随机抽样,就是先编制抽样框,将各抽样单位按一定标志排列编号;然后,用总体单位数除以样本单位数求得抽样间隔,并在第一抽样间隔内随机抽取一个号码作为第一个样本;最后,按抽样间隔等距抽样,直到抽取最后一个样本为止。

等距随机抽样的优点是样本在总体中分布比较均匀,具有较高代表性,抽样误差小于简单随机抽样,而且简单、易行,只要抽取了第一个样本,整个样本就都确定了。

使用这种抽样方法时,调查总体单位不能太多,而且要有完整的登记册,否则就难以进行,同时要注意避免抽样间隔与调查对象的周期性节奏相重合。

(三)分层随机抽样

分层随机抽样又称类型随机抽样,就是先将总体各单位按一定标准分成若干层次(或类型);然后,根据各层次(或类型)所包含的抽样单位数与总体单位数的比例,确定从各层次中抽取样本单位的数量；最后，按照简单随机抽样或等距随机抽样方法从各层次（或类型）中抽取样本。

分层随机抽样的关键是分层标准要科学，符合实际情况，许多复杂的事物还应该按照多种标准作多种分层或综合分类。

分层随机抽样适用于总体单位数量较多、单位之间差异较大的调查对象，而且抽样误差较小或所需样本数量较少。因为类型随机抽样通过分类把同质性较大的单位集合为一个类型，把异质性较大的单位区分为不同的类型，因而提高了样本的代表性，减小了抽样误差。与简单随机抽样和等距随机抽样相比较，在样本数量相同时其抽样误差较小；在抽样误差要求相同时，所需的样本数量较少。进行类型随机抽样时，必须对总体各单位的情况有较多的了解，否则就无法科学分类。

（四）整群随机抽样

整群随机抽样又称聚类随机抽样或集体随机抽样，即先将总体各单位按一定标准分成许多群体，将每一个群体看做一个抽样单位；然后按照随机原则从中抽出若干群体作为样本；最后，对样本群体中的每一个单位逐个进行调查。

整群抽样的优点是，样本单位比较集中，调查工作比较方便，可节省人、财、物力和时间。缺点是样本分布不均匀，代表性较差，与上述几种抽样方法相比较，在样本数量相同的情况下抽样误差较大。

（五）多段随机抽样

多段随机抽样又称多级随机抽样或分段随机抽样，就是把从总体中抽取样本的过程分成两个或两个以上阶段进行的抽样方法。多段随机抽样的具体步骤是：

第一步，先将总体各单位按一定标志分成若干群体，作为抽样的第 1 级单位。

第二步，依照随机原则，先在第 1 级单位中抽出若干群体作为第 1 级样本，然后再在第 1 级样本中抽出第 2 级样本，依此类推，还可抽出第 3 级样本、第 4 级样本。

第三步，对最后抽出的样本单位逐个进行调查。

首先，编制抽样框。

其次，确定样本数量。

二段抽样，从乡镇抽到行政村。考虑采用等距随机抽样方法。

三段抽样，从行政村抽到自然村。

四段抽样，从自然村抽到户。

多段随机抽样方法的优点是有利于把各种抽样方法的优点综合起来，从而达到以最小的人、财、物力消耗和最短的时间获得最佳调查效果的目的。它特别适合于调查总体范围大、单位多、情况复杂的调查对象。这种抽样方法对总体情况了解程度的要求低，一般只要对下一层单位的情况有所了解就可抽样。

多段随机抽样方法的缺点是抽样误差为各阶段抽样误差之和，因此误差较大，而且抽样阶段越多，抽样误差就越大。因此，为了控制抽样误差范围，分段抽样的次数应尽可能少。

使用多段抽样方法时，还应该注意两个问题：一是群体规模与抽样概率的关系问题。对于最终抽样单位(如户)而言,群体规模越小(即小乡镇)被抽中的概率越高;群体规模越大(即大乡镇)被抽中的概率越低,这违背了概率抽样等同可能性原则。二是群体数量与调查成本的关系问题。

四、样本量的估计

(一)影响样本容量的因素

1. **总体的变异程度(总体方差)**

在其他条件相同的情况下,有较大方差的总体,样本的容量应该大一些,反之则应该小一些。例如:在正态总体均值的估计中,抽样平均误差反映了样本均值相对于总体均值的离散程度。所以,当总体方差较大时,样本的容量也相应要大,这样才会使误差较小,以保证估计的精确度。

2. **允许误差的大小**

允许误差说明了估计的精度,所以,在其他条件不变的情况下,如果要求估计的精度高,允许误差就小,那么样本容量就要大一些;如要求的精确度不高,允许误差可以大些,则样本容量可以小一些。

3. **概率保证度 $1-\alpha$ 的大小**

概率保证度说明了估计的可靠程度。所以,在其他条件不变的情况下,如果要求较高的可靠度,就要增大样本容量;反之,可以相应减少样本容量。

4. **抽样方法的不同**

在相同的条件下,重复抽样的抽样平均误差比不重复抽样的抽样平均误差大,所需要的样本容量也就不同。重复抽样需要更大的样本容量,而不重复抽样的样本容量则可小一些。

此外,必要的抽样数目还要受抽样组织方式的影响,这也是因为不同的抽样组织方式有不同的抽样平均误差。

(二)估计样本大小的经验法

调查是通过对少量个体的分析,推断整体表现的一个过程,是一个以偏概全的过程。抽样误差就是用来描述“以偏概全”程度的一个量,误差越大,以偏概全越严重。

调查目的不同,对抽样误差的要求也会完全不同。在一般情况下,样本量与抽样误差的关系见表 3-3。

表 3-3　样本量与抽样误差关系

样本量	抽样误差	样本量	抽样误差
50	±13.9%	250	±6.2%
100	±9.8%	300	±5.7%
150	±8.0%	350	±5.2%
200	±6.9%	400	±4.9%

(三)估计样本大小的公式法

1. **平均数情形下样本容量估计**

(1)重复抽样。

$$n=\frac{\text{概率保证度}^2\times\text{方差}}{\text{允许误差}^2}=\frac{z_{\alpha/2}^2\sigma^2}{(\Delta_x)^2} \tag{3-1}$$

式中，$z_{\alpha/2}$ ——概率保证度；

σ^2——方差，其中 σ 为总体标准差；

Δ_x——允许误差。

(2)不重复抽样。

$$n=\frac{z_{\alpha/2}^2\sigma^2 N}{(\Delta_x)^2 N+z_{\alpha/2}^2\sigma^2} \tag{3-2}$$

式中，N——样本量；

其他字母的含义同公式 3－1。

【例 3－6】 某组织要检验 10000 名员工的敬业水平，根据以往的资料，本组织敬业度测量值的标准差为 25。如果要求在 95％的置信度下，期望敬业度测量值平均误差不超过 5，应抽查多少名员工？

标准差为 25 时，方差为 25^2，在 95％的置信度下，$z_{\alpha/2}=1.96\approx2$。

在重复抽样的条件下：

$$n=\frac{z_{\alpha/2}^2\sigma^2}{(\Delta_x)^2}=\frac{2^2\times25^2}{5^2}=100$$

在不重复抽样条件下：

$$n=\frac{z_{\alpha/2}^2\sigma^2 N}{(\Delta_x)^2 N+z_{\alpha/2}^2\sigma^2}=\frac{2^2\times25^2\times10000}{5^2\times10000+2^2\times25^2}=99$$

2. 比或率情形下的样本容量估计

(1)在重复抽样的条件下：

$$n=\frac{z_{\alpha/2}^2 P(1-P)}{(\Delta_x)^2} \tag{3-3}$$

式中，P——某现象的发生率；

Δ_x——允许误差；

$z_{\alpha/2}$——概率保证度。

(2)在不重复抽样条件下：

$$n=\frac{z_{\alpha/2}^2 P(1-P)N}{(\Delta_x)^2 N+z_{\alpha/2}^2 P(1-P)} \tag{3-4}$$

式中，N——样本量；

其他字母的含义同公式 3－3。

【例 3－7】 为了检查某组织 10000 名员工的养老保险参保率，需要确定样本的容量。根据以往经验员工养老保险参保率为 90％。如果要求估计的允许误差不超过 0.0275，置信水平为 95％。求应该调查多少名员工？

已知：$P=0.9$，$z_{\alpha/2}=1.96\approx2$，$\Delta_x=0.0275$。

重复抽样条件下，样本容量：

$$n=\frac{z_{\alpha/2}^2 P(1-P)}{(\Delta_x)^2}=\frac{2^2\times0.9\times(1-0.9)}{0.0275^2}=476.03\approx477$$

不重复抽样条件样本容量：

$$n=\frac{z_{\alpha/2}^2 P(1-P)N}{(\Delta_x)^2 N+z_{\alpha/2}^2 P(1-P)}=\frac{2^2\times0.9\times(1-0.9)\times10000}{0.0275^2\times10000+2^2\times0.9\times(1-0.9)}=454.40\approx455$$

第四节　调查问卷设计技术

调查问卷简称问卷，又称调查表或询问表，是以问题的形式系统地记载调查内容的一种印件。问卷可以是表格式、卡片式或簿记式。问卷设计是询问调查的关键。问卷必须具备两个功能，即能将问题传达给被问的人和使被问者乐于回答。要完成这两个功能，问卷设计时应当遵循一定的原则和程序，并运用一定的技巧。

一、问卷设计程序

(一)基本程序

问卷设计的过程一般包括十大步骤，即确定所需信息、确定问卷的类型、确定问题的内容、研究问题的类型、确定问题的措辞、确定问题的顺序、问卷的排版和布局、问卷的测试、问卷的定稿、问卷的评价。

1. 确定所需信息

确定所需信息是问卷设计的前提工作。调查者必须在问卷设计之前就把握所有达到研究目的和验证研究假设所需要的信息，并决定所有用于分析使用这些信息的方法，比如频率分布、统计检验等，并按这些分析方法所要求的形式来收集资料，把握信息。

2. 确定问卷的类型

制约问卷选择的因素很多，而且研究课题不同，调查项目不同，主导制约因素也不一样。在确定问卷类型时，先必须综合考虑这些制约因素：调研费用，时效性要求，被调查对象，调查内容。

3. 确定问题的内容

确定问题的内容似乎是一个比较简单的问题，然而事实上不然，这其中还涉及一个个体的差异性问题，也许在你认为容易的问题对他来说是困难的问题；在你认为熟悉的问题对他来说是生疏的问题。因此，确定问题的内容，最好与调查对象联系起来。分析一下被调查者群体，有时比盲目分析问题的内容效果要好。

4. 确定问题的类型

问题的类型归结起来分为四种：自由问答题、两项选择题、多项选择题和顺位式问答题，其中后三类均可以称为封闭式问题。

(1)自由问答题。自由问答题，也称开放型问答题，只提问题，不给具体答案，要求被调查者根据自身实际情况自由作答。自由问答题主要限于探索性调查，在实际的调查问卷中，这种问题不多。自由问答题的主要优点是被调查者的观点不受限制，便于深入了解被调查者的建设性意见、态度、需求问题等。主要缺点是难于编码和统计。自由问答题一般应用于以下几种场合：作为调查的介绍；某个问题的答案太多或根本无法预料时；由于研究需要，必须在研究报告中原文引用被调查者的原话。

(2)两项选择题。两项选择题，也称是做题，是多项选择的一个特例，一般只设两个选项，如“是”与“否”，“有”与“没有”等。两项选择题的特点是简单明了。缺点是所获信息量太小，两种极端的回答类型有时往往难以了解和分析被调查者群体中客观存在的不同态度层次。

(3)多项选择题。多项选择题是从多个备选答案中择一或择几。这是各种调查问卷中采用最多的一种问题类型。多项选择题的优点是便于回答,便于编码和统计,缺点主要是问题提供答案的排列次序可能引起偏见。这种偏见主要表现在三个方面:

第一,对于没有强烈偏好的被调者而言,选择第一个答案的可能性大大高于选择其他答案的可能性。要解决这个问题可以打乱排列次序,制作多份调查问卷同时进行调查,但这样做的结果是加大了制作成本。

第二,如果被选答案均为数字,没有明显态度的人往往选择中间的数字而不是偏向两端的数。

第三,对于A、B、C字母编号而言,不知道如何回答的人往往选择A,因为A往往与高质量、好等相关联。解决这个问题的办法是得用其他字母,如L、M、N等进行编号。

(4)顺位式问答题。顺位式问答题,又称序列式问答题,是在多项选择的基础上,要求被调查者对询问的问题答案,按自己认为的重要程度和喜欢程度顺位排列。

在现实的调查问卷中,往往是几种类型的问题同时存在,单纯采用一种类型问题的问卷并不多见。

5.确定问题的措辞

很多人可能不太重视问题的措辞,而把主要精力集中在问卷设计的其他方面,这样做的结果有可能降低问卷的质量。下面是问题措辞的几条法则:

(1)问题的陈述应尽量简洁。

(2)避免提带有双重或多重含义的问题。例如:"请问,您进行过下列哪种类型的个人投资活动呢?"选项:A、国债;B、股票;C、A股;D、B股;E、期货;F、期权;G、其他。其中"B"选项的设置包含了"C"选项和"D"选项,是错误的,应该避免。

(3)最好不用反义疑问句,避免否定句。例如,反义疑问句:"您不赞成商店实行打折促销活动,是吗?" 否定式问句:"您是否不赞成商店打折促销活动?"

(4)注意避免问题的从众效应和权威效应。

6.确定问题的顺序

问卷中的问题应遵循一定的排列次序,问题的排列次序会影响被调查者的兴趣、情绪,进而影响其合作积极性。所以,一份好的问卷应对问题的排列作出精心的设计。

一般而言,问卷的开头部分应安排比较容易的问题,这样可以给被调查者一种轻松、愉快的感觉,以便于他们继续答下去。中间部分最好安排一些核心问题,即调查者需要掌握的资料,这一部分是问卷的核心部分,应该妥善安排。结尾部分可以安排一些背景资料,如职业、年龄、收入等。个人背景资料虽然也属事实性问题,也十分容易回答,但有些问题,诸如收入、年龄等同样属于敏感性问题,因此一般安排在末尾部分。当然在不涉及敏感性问题的情况下,也可将背景资料安排在开头部分。

还有一点就是注意问题的逻辑顺序,有逻辑顺序的问题一定要按逻辑顺序排列,即使是打破上述规则。这实际上就是一个灵活机动的原则。

7.问卷的排版和布局

问卷的设计工作基本完成之后,便要着手问卷的排版和布局。问卷排版的布局总的要求是整齐、美观、便于阅读、作答和统计。

8. 问卷的测试

问卷的初稿设计工作完成之后，不要急于投入使用，特别是对于一些大规模的问卷调查，最好的办法是先组织问卷的测试，如果发现问题，再及时修改，测试通常选择20～100人，样本数不宜太多，也不要太少。如果第一次测试后有很大的改动，可以考虑是否有必要组织第二次测试。

9. 问卷的定稿

当问卷的测试工作完成，确定没有必要再进一步修改后，可以考虑定稿。问卷定稿后就可以交付打印，正式投入使用。

10. 问卷的评价

问卷的评价实际上是对问卷的设计质量进行一次总体性评估。对问卷进行评价的方法很多，包括专家评价、上级评价、被调查者评价和自我评价。

专家评价一般侧重于技术性方面，比如说对问卷设计的整体结构、问题的表述、问卷的版式风格等方面进行评价。

上级评价则侧重于政治性方面，比如说在政治方向方面，在舆论导向方面，可能对群众造成的影响等方面进行评价。

被调查者评价可以采取两种方式：一种是在调查工作完成以后再组织一些被调查者进行事后性评价；另一种方式则是调查工作与评价工作同步进行，即在调查问卷的结束语部分安排几个反馈性题目，比如，“您觉得这份调查表设计得如何？”

自我评价则是设计者对自我成果的一种肯定或反思。

（二）操作性程序

操作性程序是在问卷设计基本程序的框架下提炼的简约式工作流程，主要包括：

(1)梳理概念操作化指标体系。

(2)确定指标所需数据(变量)。

(3)设计收集数据的调查问题及其答项。

(4)汇集修改调查问题。

(5)安排调查问题顺序，编排印刷。

表3－4　操作示范(一)

序号	概念	指标名称	计算指标所需数据	调查问题	问题答项
1	社区发展	社区居民年人均收入	居民年收入总数人口数	你们家全年收入(万元)为：	A. 1～5 B. 5～10 C. 15～20 D. 25～30 E. 30及以上
2		社区居民高中文化程度者比例	高中生总人数调查人口数	你的教育程度为：	A. 高中 B. 非高中

表 3－5　文明城区测评调查问卷设计示范(二)

序号	概念	指标名称	计算指标所需数据	调查问题	问题答项
1	对文明城区认知水平	知晓率	知道人数 调查人数	本区正在开展全国文明城区创建活动,您知道吗	A. 知道 B. 不知道
2		支持率	支持人数 调查人数	本区正在创建全国文明城区,您认为：	A. 很有必要 B. 有必要 C. 无所谓 D. 不必要
3	对文明城区感知水平	满意度	满意人数 调查人数		
4	市民素质和社会风尚	态度频率	支持人数 调查人数		
5	对社会不良现象的反映	发生频率			
6	对城区整体形象的评价	满意度			

二、问卷设计的基本原则

1. 合理性

合理性指的是问卷必须紧密与调查主题相关。违背了这样一点,再漂亮或精美的问卷都是无益的。而所谓问卷体现调查主题,其实质是在问卷设计之初要找出“与调查主题相关的要素”。

如:“调查居民对医疗保险的感受度”。这里并没有一个现成的选择要素的法则。但从问题出发,特别是结合一定的行业经验与社会保障知识,要素是能够被寻找出来的:一是使用者(可认定为参保者)。包括她(他)的基本情况(自然状况:如性别、年龄、职业性质等);参加医疗保险的情况。二是医疗保险的购买力和购买欲。包括她(他)的社会状况(收入水平、受教育程度、职业等);对医疗保险的期望(报销比例、投保范围、价位、医疗保险服务等);医疗服务效果评价。问题应具有一定的多样性、但又限制在某个范围内(如①价格;②医疗质量;③心理满足,等等)。三是医疗保险本身。包括对医疗保险评价、广告等促销手段的影响力、与市场上同类保险的横向比较等。应该说,具有了这样几个要素对于调查主题的结果是有直接帮助的。被访问者也相对容易了解调查员的意图,从而予以配合。

2. 一般性

一般性是指问题的设置是否具有普遍意义。应该说,这是问卷设计的一个基本要求,但我们仍然能够在问卷中发现这类带有一定常识性的错误。这一错误不仅不利于调查成果的整理分析,而且会使调查委托方轻视调查者的水平。

如进行“居民广告接受度”的调查：

问题：你通常选择哪一种广告媒体？

正确答案：a. 报纸；b. 电视；c. 杂志；d. 广播；e. 其他。

而如果答案是另一种形式：

a. 报纸；b. 车票；c. 电视；d. 墙幕广告；e. 气球；f. 大巴士；8、广告衫；h. ……

如果我们的统计指标没有那么细(或根本没必要)，那我们就犯了一个“特殊性”的错误，从而导致某些问题的回答实际上是对调查无帮助的。

在一般性的问卷技巧中，需要注意的是不能犯问题内容上的错误。如：

问题：你拥有哪一种信用卡？

答案：a. 长城卡；b. 牡丹卡；c. 龙卡；d. VIP 卡；e. 金穗卡。

其中“d”的设置是错误的，应该避免。

3. 逻辑性

问卷的设计要有整体感，这种整体感是指问题与问题之间要具有逻辑性，独立的问题本身也不能出现逻辑上的错误，从而使问卷成为一个相对完善的小系统。如：

问题：

(1)你是否吸烟？

a. 不吸烟；b. 吸烟

(2)你已经吸烟多长时间？

a. 3 年以内；b. 3～5 年；c. 5 年以上

(3)你平均每天吸多少支香烟？

a. 10 支以内；b. 10～20 支；c. 20～40 支；d. 40 支以上

在以上的几个问题中，由于问题设置紧密相关，因而能够获得比较完整的信息。调查对象也会感到问题集中、提问有章法。相反，假如问题是发散的、带有意识流痕迹的，问卷就会给人以随意性而不是严谨性的感觉。

因此，逻辑性的要求是与问卷的条理性、程序性分不开的。此外，在一个综合性的问卷中，调查者将差异较大的问卷分块设置，从而保证了每个“分块”的问题都密切相关。

4. 明确性

所谓明确性，事实上是问题设置的规范性。这一原则具体是指：命题是否准确；提问是否清晰明确、便于回答；被访问者是否能够对问题做出明确的回答，等等。

如上文问题中“3 年以内”、“3～5 年”、“5 年以上”等设计就是十分明确的。统计后会告诉我们：短期吸烟的概率为多少；一般吸烟的概率为多少；较长时间吸烟的概率为多少。反之，答案若设置为“1～6 个月”，或“30 个月以内”等，则不仅不明确、难以说明问题，而且令被访问者很难作答。

再则，问卷中的回答项必须具有完备性。如：

问题：您的婚姻状况：

答案：I. 已婚；Ⅱ. 未婚。

显而易见，此题还有第三种答案(离婚/丧偶/分居)。如按照以上方式设置则不可避免地会发生选择上的困难和有效信息的流失，其症结就在于问卷违背了“完备性”的原则。

5. 非诱导性

不成功的记者经常会在采访中使用诱导性的问题。这种提问方式如果不是刻意地要得出某种结论而甘愿放弃客观性的原则，就是彻头彻尾的职业素质的缺乏。在问卷调查中，因为有充分的时间作提前准备，这种错误大大地减少了。

非诱导性指的是问题要设置在中性位置，不参与提示或主观臆断，完全将被访问者的独立性与客观性摆在问卷操作的限制条件的位置上。如：

问题：你认为某个公共机构服务好在哪里？

答案：a. 时间；b. 质量；c. 价格；d. 形象；e. 内容；f. ……

这种设置是客观的。若换一种答案设置：

a. 极短的时间；b. 优秀的质量；c. 低廉的价格；d. 良好的形象；e. ……

这样一种设置则具有了诱导和提示性，从而在不自觉中掩盖了事物的真实性。

6. 便于整理、分析

成功的问卷设计除了考虑到紧密合调查主题与方便信息收集外，还要考虑到调查结果的容易得出和调查结果的说服力。这就需要考虑到问卷在调查后的整理与分析工作。

首先，这要求调查指标是能够累加和便于累加的；其次，指标的累计与相对数的计算是有意义的；再次，能够通过数据清楚明了地说明所要调查的问题。

只有这样，调查工作才能收到预期的效果。

三、问题设计技巧

为了提高问卷调查效率，准确收集所需信息，通常需要注意提问方式等技巧。提问方式主要有事实性问题、意见性问题和困窘性问题等。

1. 事实性问题

事实性问题主要是要求应答者回答一些有关事实的问题，主要目的在于求取事实资料，因此问题中的词语定义必须清楚，让应答者了解后能正确回答。

市场调查中，许多问题均属“事实性问题”，例如应答者个人的资料：职业、收入、家庭状况、居住环境、教育程度等。这些问题又称为“分类性问题”，因为可根据所获得的资料将应答者分类。在问卷之中，通常将事实性问题放在后边，以免应答者在回答有关个人问题时有所顾忌而影响以后的答案。如果抽样方法是采用配额抽样，则分类性问题应置于问卷之首，否则不知道应答者是否符合样本所规定的条件。

2. 意见性问题

意见性问题往往会询问应答者一些有关意见或态度的问题。例如：你是否满意社区目前社会治安环境？意见性问题事实上是态度调查问题。需要考虑应答者是否愿意表达真实的态度，以及从答案中衡量其态度的强弱。通常应答者会受到问题所用词语和问题次序的影响而作出不同反应，得到不同答案。对于事实性问题，可将答案与已知资料加以比较。但对意见性问题则难以比较，因此意见性问题的设计较难。这种问题通常有两种处理方法：其一是对意见性问题的答案只用百分比表示，例如有的应答者同意某一看法等。另一方法则旨在衡量应答者的态度，故可将答案化成分数。

3. 困窘性问题

困窘性问题是指应答者不愿在调查员面前作答的某些问题，比如关于私人的问题，或不为一般社会道德所接纳的行为、态度或属有碍声誉的问题等。例如：除了你工作收入外，尚有其他收入吗？平均每个月收入多少？如果你的住房是按揭购买的，按揭多长时间？你首付了多少？在你经历的各种考试中有作弊次数大概是多少？你是单亲家庭成长的孩子吗？

如果想获得困窘性问题的答案，又要避免不真实回答，可考虑采用以下处理方法：

(1)间接问题法。不直接询问应答者对某事项的观点，而改问他对旁人做该事项的看法。

例如：用间接问题旨在获取应答者回答认为是旁人的观点。所以在他回答后，应立即再加上问题："你同他们的看法是否一样？"

(2)卡片整理法。将困窘性问题的答案分为"是"与"否"两类，调查员可暂时走开，让应答者自己取卡片投入箱中，以减低困窘气氛。应答者在无调查员在场的情况下，选取正确答案的可能性会提高不少。

(3)随机反应法。根据随机反应估计出回答困窘问题的人数。

4. 断定性问题

有些问题是在假定应答者已有该种态度或行为的基础上提出的。

例如：你每天抽多少支香烟？

事实上该应答者极可能根本不抽烟，这种问题就是断定性问题。正确处理这种问题的方法是在断定性问题之前加一条"过滤"问题。

例如：你抽烟吗？

如果应答者回答"是"，用断定问题继续问下去才有意义，否则在过滤问题后就应停止。

5. 假设性问题

有许多问题是先假定一种情况，然后询问应答者在该种情况下，他会采取什么行动。

例如：如果某单位在你现在月薪基础上愿意提高50%以上，你是否将去这家单位？如果居民用电上涨20%以上，你是否愿意接受它？你是否赞成当地政府推行的创建全国文明城市活动？

以上皆属假设性问题，应答者对这种问题多数会答"是"。这种探测应答者未来行为的问题，应答者的答案事实上没有多大意义，因为多数人都愿意尝试一种新东西，或获得一些新经验。

四、调查问卷组成

调查问卷一般可以看成是由三大部分组成：卷首语(开场白)、正文和结尾。

1. 卷首语（开场白）

问卷的卷首语或开场白是致被调查者的信或问候语。其内容一般包括下列几个方面：首先是称呼、问候。如"××先生、女士：您好"。第二步，说明调查的主办单位和调查人员个人的身份。第三步，简要地说明调查的内容、目的、填写方法。第四步，说明作答的意义或重要性。第五步，交代填写问卷所需时间。第六步，保证作答对被调查者无负面作用，并替他保守秘密。最后，表示真诚的感谢，或说明将赠送小礼品。

卷首语的语气应该是亲切、诚恳而礼貌的，简明扼要，切忌啰嗦。问卷的开头十分重要。大量的实践表明，几乎所有拒绝合作的人都是在开始接触的前几秒钟内就表示不愿参与的。如果潜在的调查对象在听取介绍调查来意的一开始就愿意参与的话，那么绝大部分都会合作，而且一旦开始回答，就几乎都会继续并完成，除非在非常特殊的情况下才会中止。

2. 正文

问卷的正文包含三个部分。

第一部分包括向被调查者了解最一般的问题。这些问题应该是适用于所有的被调查者，能很快很容易回答的问题，不涉及敏感问题。

第二部分是主要的内容，包括涉及调查主题的实质和细节的大量题目。这一部分的结构和安排要符合逻辑性并对被调查者来说是有意义的。

第三部分一般包括敏感性或复杂的问题以及测量被调查者的态度或特性的问题；其次是人口基本状况、经济状况等。

3.结尾

问卷的结尾一般可以加上1～2道开放式题目，给被调查者一个自由发表意见的机会。最后，对被调查者的合作表示感谢。问卷一般应附上“调查情况记录”，包括：调查人员（访问员）姓名、编号；受访者的姓名、地址、电话号码等；问卷编号；访问时间；其他，如设计分组等。

五、设计问卷应注意的事项

（1）所有问卷必须用友善的语气说明调查的目的、受访者参与的重要性以及所有调查的内容将会被保密。

（2）在问卷开始之前，必须先要清楚说明受访者应如何填写问卷。

（3）整份问卷的外观设计必须清楚及条理。

（4）设计问题时，必须留意每一条问题都要与研究问题及研究目的相关。

（5）调查的问题必须覆盖所有相关的变项，并给定每一个重要变项的定义。

（6）确定问卷的形式必须切合问题的需要，从而使问卷能为研究问题提供重要信息。

（7）问卷中每一题都只能问一个问题，不能同时问两个或以上的问题，不然会使被访者无所适从。

（8）保持问题本身的中立性，避免有倾向性，否则会使调查的结果倾向于预设的结果，使调查失去中立的立场。

（9）不要问一些受访者没有可能知道的问题。

（10）避免直接询问受访者对某一个较为复杂概念的看法，必须用实际例子作为问题的选项，这是由于用实际例子作为问题的选项，能避免问题的模糊性。

（11）问卷的问题必须简单而清楚，任何意思模糊以及可能有误导性的句子必须改写。

（12）问卷的问题不可以太长，太长的问题会令受访者因为精神不集中而给予错误、不完整或不准确的答案。

（13）要注意问题的次序，顺着逻辑去排列问题能使受访者比较容易掌握问题的重点。

（14）避免询问太敏感、侵犯隐私和太深奥的问题，这会影响调查的准确性。

六、调查问卷举例

【范例3-1】

某市居民问卷调查

政府决策的科学化、民主化关系到千家万户的利益，为向某市以及国家有关部门提供科学依据，我们对某市部分居民进行问卷调查，了解居民对当前宏观经济政策及经济发展有关问题的看法和打算。作为某市居民的代表，希望您能在百忙之中协助回答以下问题：（请在括号内打钩）

1.对您的家庭来说,下列问题的重要性如何?

	非常重要	重要	一般
住房	( )	( )	( )
交通	( )	( )	( )
环境	( )	( )	( )
医疗	( )	( )	( )
教育	( )	( )	( )
治安	( )	( )	( )
就业	( )	( )	( )

2.您对某市下列环境质量的满意程度如何?

	满意	一般	不满意
湖、河水质	( )	( )	( )
空气质量	( )	( )	( )
垃圾清运	( )	( )	( )
城市绿化	( )	( )	( )
自来水质量	( )	( )	( )
环境噪音	( )	( )	( )

其他环境问题(请注明)______________________________

3. 您认为该市春天沙尘暴的沙尘主要来自哪里?

西伯利亚 ( )

蒙古戈壁 ( )

内蒙古高原 ( )

郊区 ( )

其他地区(请注明)______________________________

4.您家中是否已安装室内环境改善装置?

厨房抽油烟机 已装 ( ) 未装 ( )

空气过滤器 已装 ( ) 未装 ( )

饮水机 已装 ( ) 未装 ( )

5.某市空气中颗粒物(煤烟,沙尘等)含量居世界各大城市前列,为改善该地区的空气质量,多年来有关部门一直在为减少煤烟污染做努力,并通过某市上风地区的植树造林来降低该市的沙尘污染。市有关部门正在建设天然气工程进一步改善本市的空气质量。如果可以将空气中颗粒物污染含量降低一半,您的家庭每年最多愿意支付__________元?请在下列数值中圈出您认为最接近的钱数:

0, 5, 10, 20, 30, 40, 50, 70, 100, 200, 300, 400, 500,

600, 700, 800, 900, 1000, 1500, 2000

居民住房条件的变化与交通状况的改善是当前政府改革发展决策的重要组成部分。烦请您协助回答下列有关问题:

6. 您的家庭目前的住房面积? __________平方米

7. 您的家庭住房属于下列哪一种情况?

租房:租用单位房( )

租用公房( )

租用私房( )

房租约为每月__________元

自有房 ( )

购自工作单位 ( )

购自商品住宅 ( )

自建或继承 ( )

其他(请注明)__________

8. 您上班常用的交通工具为:

公共汽车/电车/地铁( )

小公共汽车 ( )

自行车 ( )

出租车 ( )

单位的车 ( )

9. 您的家庭是否已有家用轿车?

有( ) 没有( )

如果您已有家用轿车,请跳过第10和第11两个问题,直接回答第12问题。

10. 如果您打算在未来5年内购买家用轿车,您能够支付的家用轿车价格约为:

低于5万元/辆 ( )

5~9.9万元/辆 ( )

10~14.9万元/辆 ( )

15~19.9万元/辆 ( )

20万元(或更高)/辆 ( )

11. 如果您不打算在近年内购买家用轿车,您认为主要是由于:

财力不足 ( )

没必要 ( )

交通堵塞 ( )

汽车维修及管理费太高 ( )

停车困难 ( )

污染空气 ( )

其他(请注明)__________

12. 您是否使用计算机上互联网?

没用过 ( )

偶尔使用 ( )

经常使用 （ ）

如果您不使用互联网，请跳过问题13，直接回答后面的问题。

13. 您主要使用互联网的那些功能？

	没用过	偶尔用	经常用
收发电子邮件	（ ）	（ ）	（ ）
收看新闻	（ ）	（ ）	（ ）
上网漫游	（ ）	（ ）	（ ）
文件传输	（ ）	（ ）	（ ）
网上购物	（ ）	（ ）	（ ）
聊天交友	（ ）	（ ）	（ ）
网上娱乐	（ ）	（ ）	（ ）

其他（请说明）________________

14. 您的性别： 男（ ） 女（ ）

15. 您的出生年份：__________

16. 您的教育程度：

小学（ ） 初中（ ） 高中（ ） 中专（ ） 大专（ ）

大学（ ） 研究生（ ）

17. 您的工作单位所属行业是：

农、林、牧、渔业 （ ）

采掘业 （ ）

制造业 （ ）

电力、煤气及水的生产和供应业 （ ）

建筑业 （ ）

地质勘察业、水利管理业 （ ）

交通运输仓储和邮电通信业 （ ）

批发零售贸易和餐饮业 （ ）

金融、保险业 （ ）

房地产业 （ ）

社会服务业 （ ）

卫生体育和社会福利业 （ ）

教育、文化艺术和广播电影电视业 （ ）

科学研究和综合技术服务业 （ ）

国家机关、政党机关和社会团体 （ ）

其他 （ ）

18. 您的工作单位性质：

全民（ ） 集体（ ） 私营/个体（ ） 中外合资（ ）

外资（ ） 其他__________

19. 您的家庭人口为__________人。

20. 您的家庭收入总计约每月__________元。

非常感谢您的帮助！

【范例 3－2】

医院流程管理调查问卷

各位医生：

为了贯彻"在规范中提高质量"的医院质量理念，不断改善医院服务质量，促进医院全面可持续发展，现结合医院发展的实际情况，计划在医院推行服务流程改进管理活动。为了积极稳妥而有效的推行医院服务流程管理改革，特征求您对这方面的意见，请您认真填写。

谢谢您的积极配合！

填写说明：

1. 请单独填写，并客观发表意见；
2. 问卷填写人请对填写内容保密；
3. 以下问题，请在您认可的选项前的□内画"√"号，或在横线处上填写具体数字或其他您认可的内容。

问题 1：您认为当前医院开展服务细节与服务流程管理活动：

□很有必要
□有必要
□一般
□没有必要
□完全没有必要

问题 2：在医院门诊服务中您认为哪一个环节最容易让病人不满意：

□挂号
□导医
□候诊
□医生诊疗
□医学检查
□交费　　□取药

问题 3：您认为医院门诊挂号与门诊收费：

□合并设置好
□分开设置好（选此项后请回答下列问题）
□只在门诊一层设置收费窗口
□在门诊各层设置收费窗口

问题 4：主治医师半天门诊量多少最合适？

□1～5
□5～10
□10～15
□16～20

问题 5：如果有门诊病人向您询问做一个 B 超检查多少钱，而您不是十分清楚，您将：

□直接说"不知道"
□告诉病人自己不知道
□让病人去问 B 超室或收费处
□自己看看病人不讲话走开
□其他

问题 6：一位病人上午 11 点钟办理完住院手续来到病房后，谁首先进行接待：

□主班护士
□按病床确定的责任护士
□值班医生
□按病床确定的主管医生
□值班护士

问题7:病人住院后多长时间,主管医生应来到病床前了解病人病情及进行必要检查。 □5分钟内 □5～10分钟 □10～20分钟 □20～30分钟 □30～60分钟 □60分钟以上	问题8:在医院门诊服务中您认为建立门诊分诊制度: □很有必要 □有必要 □一般 □没有必要 □完全没有必要	问题9:计划给一位住院病人做核磁共振等重大检查时,主管医生首先是: □直接开具检查单 □当面征求病人意见 □通过护士征求病人意见 □只是告诉病人一声 □住院医生汇报给医院总值班
问题10:您认为医生查房时,相对而言关键环节是: □查房前对病人情况的了解 □查房中的体格检查 □查房时对病人病情的观察与询问 □查房时对病情的讨论 □查房后的记录	问题11:您认为病房医生应该在上午什么时间前必须下达医嘱,开出处方? □9:00 □9:30 □10:00 □10:30 □11:00	问题12:您认为谁应该为住院病人取回各项检查结果? □病人自己 □病人家属或陪人 □护士 □主管医生 □医院检查科室人员将检查结果送到病区
问题13:病人手术前谁应该与其或家属谈话? □主管医生 □上级主任医师 □责任护士 □护士长 □临床科室主任 □任何一个医生	问题14:医院外会诊应征得谁的批准? □临床科室主任 □上级主任医师 □医院医务科 □医院主管院长 □院长 □医院办公室主任	问题15:危重病人病情及治疗方案讨论,应该由谁主持? □临床科室主任 □上级主任医师 □医院医务科 □医院主管院长 □院长 □医院办公室主任
问题16:您知道谁应该对住院病人的有关诊疗疑问给予解释? □临床科室主任 □上级主任医师 □主管医生 □责任护士 □护士长 □任何一名医生	问题17:住院病人欠费后,应该由谁告诉病人或病人家属? □临床科室主任 □上级主任医师 □主管医生 □责任护士 □护士长 □财务科人员	问题18:医务人员交接班时,值班医生首先要报告什么内容? □住院病人数 □危重病人情况 □新入院病人情况 □所有住院病人情况 □突发事件情况 □仪器设备使用情况

问题 19：谁与病人沟通诊疗知情同意书的内容并签字？ □任何住院医师 □主管病人的住院医师 □主管病人的主治医师 □科室主任 □责任护士 □护士长	问题 20：下午 4 时，如果住院病人的病情突发变化，首先由谁处理？ □护士自行酌情处理 □护士报告给主管医生 □主管医生酌情处理 □护士报告给护士长 □主管医生报告上级医生	问题 21：病房住院病人发生医疗纠纷后，应该由谁向医院主管部门报告？ □护士 □护士长 □主管医生 □主任医师 □科主任
问题 22：主任医师为住院病人调换了治疗药品，应该由谁告知病人或家属？ □责任护士 □护士长 □主管主治医师 □主任医师	问题 23：放射科拍片报告时限： □8 小时内 □12 小时内 □24 小时内 □3 天内 □1 周内	问题 24：保卫科值班员接到呼救后应该到达医院各科室的时限： □5 分钟 □10 分钟 □20 分钟 □无所谓
问题 25：您认为门诊医生接诊病人时，问诊的时间应该为： □5 分钟 □10 分钟 □15 分钟 □20 分钟 □30 分钟	问题 26：门诊医生接诊的病人如果不是本学科疾病时应： □让病人转院 □让病人转诊 □请相应临床科室会诊 □自己处理 □请示上级医师	问题 27：您认为首诊医师三日不能明确诊断时应： □请示上级医师 □建议病人转院 □继续等待明确诊断 □请相关临床学科会诊 □试探性治疗
问题 28：您认为门诊无陪伴病人，病情突然加重时如何处理： □先通知家属，等家属到后再抢救 □及时抢救 □先报告上级医师 □先进行及时抢救，同时通知家属	问题 29：门诊分诊应该由谁承担最合适？ □年轻护士 □高年资护士 □年轻医师 □高年资医师	问题 30：副主任以上医师半天门诊量多少最适合？ □1～5 □5～10 □10～15 □16～20

问题31:病人无理取闹时应如何处理: □置之不理 □了解情况同时报告上级 □耐心解释,自行解决 □报警 □其他	问题32:住院的医保病人有自费检查、用药项目时,医务人员如何告知: □口头告知 □书面告知 □先处理后告知 □先告知后处理	问题33:您认为门诊危重病人无钱时,应如何处理: □不予接收 □置之不理 □先处理同时汇报 □先汇报再处理 □等家属送钱来再处理
问题34:晚上7点钟左右,一位住院病人输液过程中病情突然发生变化,此时病房只有一位工作不到一年的住院医生和一位护士,应该怎么办? □护士进行紧急处理 □住院医生进行紧急处理 □住院医生报告主管医生 □护士通知护士长 □住院医生汇报给医院总值班	问题35:门诊设立药师咨询有必要吗? □非常有必要 □有必要 □一般 □没有必要 □非常没有必要	问题36:门诊检验科常规检验结果报告时限为: □8小时内 □12小时内 □24小时内 □3天内 □1周内
问题37:医院是否应该控制病床使用率: □很有必要 □有必要 □一般 □没有必要 □完全没有必要	问题38:您是否会把基层能治疗的疾病介绍到下级医院: □一定会 □会 □不知道 □不会 □一定不会	您需要补充的内容: ______ ______ ______ ______ ______ ______

第五节　次级信息数据的搜集技术

次级信息数据有时也称为二手信息数据。与原始信息数据相比,次级信息数据收集起来更快更容易,所需的费用和时间也相对少很多。

一、次级信息数据的来源

次级信息数据有两个基本来源:内部信息数据和外部信息数据。

(一)内部信息数据

内部次级信息数据是从被调查单位内部直接获取的与调查有关的信息数据资料,如资产负债表、现金流量表、各种统计台账、统计报表等。另外,由于计算机网络的发展,利用一些企业已经或正在着手建立现在的和潜在的消费者以及内部生产、销售管理的信息数据库，以及已有的企业信息数据库，可以调查现有的市场营销活动和预测未来调查销售状况等。

(二)外部信息数据

传统的外部的次级信息数据来源非常广泛，有各级政府、非营利机构、贸易组织和行业机构、商业性出版物等。其中政府机构所编辑出版的统计资料是宏观、微观信息数据的主要来源。

我国国家统计局出版的统计资料汇编刊物主要有：《中国统计年鉴》、《国民收入统计资料汇编》、《中国物价统计年鉴》、《全国城镇居民家庭收支调查》、《中国农村统计年鉴》、《中国劳动工资统计年鉴》、《中国证券期货统计摘要》、《世界经济年鉴》、《中国金融年鉴》、《中国证券期货统计年鉴》、《中国经济年鉴》等。

除了国内出版的刊物外，也可以利用国际和外国组织机构公开发表的资料汇编，如：《联合国统计年鉴》、《世界发展报告》、《世界经济展望》、《美国统计摘要》、《日本统计月报》等。

随着信息技术的飞速发展，可以获得资料的渠道越来越多，各种年鉴、资料汇编也越来越多，内容越来越丰富，不过任何已有的资料都是为了某种目的而收集并通过一定的方法整理汇编出来的。由于不是亲自收集的信息数据，有时难以满足某些特定研究的需要，特别是在所搜集到的次级信息数据资料不配套、不完整、不合要求时，仍然需要进行调整和估算。所以，为了得到高质量的信息数据，亲自收集信息数据仍十分必要。

次级信息数据的收集是一项艰苦的工作，必须先与政府部门、行业协会和其他有关部门联络，然后等待回音；也可数次往返图书馆寻找有关报告等。在线信息数据库(on-line database)的出现，就可以解决这个难题。只要具备一定条件，任何人都可以及时地获取在线信息数据(on-line data)。

与传统的印刷出版的信息数据相比，计算机信息数据库具有许多的优点：信息数据是最近、最新的，因为出版商和信息数据收集编辑者现在都已将使用计算机作为最基本的生产技术。搜集过程更快、更简单、更具综合性。联网的计算机可以提供几百个信息数据库的信息，使用起来快捷、方便，费用也相对较低，查询的时间很短，只要个人计算机与某种通讯设备相连接就可以。例如与 Moderm 或网络相连，就可以容易地得到所需信息数据。

计算机信息数据库可以分成联网与不联网的两大类。随着高级网络技术的发展，网络信息数据库的比重越来越大。

联网的和不联网的信息数据库都可以进一步分成参考文献、统计数字、全文、名录和其他信息数据库。参考文献信息数据库由刊物、杂志、报纸、市场研究、技术报告、政府文件等引文组成，通常还提供资料摘要或小结。统计数字信息数据库包括各种数据的统计资料。全文信息数据库包括一些文献的全文，如报纸的全文搜索服务。名录信息数据库提供关于个人、机构和服务单位的名单、地址和联系电话等，如著名的 yahoo。

随着国际互联网(Internet)和万维网(www)的广泛使用，调查人员可更多地借助现代技术搜集与调查有关的信息数据资料。

二、次级信息数据资料的特点

次级信息数据可以弥补收集原始信息数据成本高、时间长和不方便的缺点，因此调查人员可以广泛使用，并充分发挥出其长处。次级信息数据可以为调查人员提供丰富的背景资料，如潜在购买者和非潜在购买者的特征、产业资料、新产品受欢迎的特点、现有产品的优点和缺陷……有些项目的原始信息数据调查方法可以用来解决手边的调查问题，如公开发表的同类调查报告和调查方法、问卷设计方法等。次级信息数据可以帮助调查人员辨明在调查过程中可能遇到的问题，如信息数据收集方法问题、样本确定问题或被访者的敌意等，以警示调查人员注意潜在的问题和困难。

虽然次级信息数据具有显著的优点，但是它也存在一些缺陷。例如，对一些调查项目来说，其次级信息数据无法提供。即使具有与调查项目相关的次级信息数据，但因为其不是为当前的问题所收集的，因此在现实中，调查人员往往因为信息数据抽样单元或测量方法不符，而无法使用该信息数据。此外，次级信息数据的准确性也经常受到质疑。

三、次级信息数据收集的方式

次级信息数据收集的方式主要有有偿收集和无偿收集两种方式。

有偿收集方式是通过经济手段获得文献资料，有采购（订购）、交换、复制三种具体形式，更讲究情报信息的针对性、可靠性、及时性和准确性。

无偿收集方式不需要支付费用，但往往这种方式所获资料的参考价值有限。

四、次级信息数据收集的基本步骤

次级信息数据收集的基本步骤如下：

第一步，确定希望知道主题的哪些内容和已经知道的内容。

第二步，列出关键术语和姓名。

第三步，通过一些图书馆信息源开始搜寻。

第四步，对已收到的文献资料进行编辑和评价。

最后，如果对信息不满或有困难，可请教权威人士。

思考与练习

1. 为研究气温的变化情况，气象局对北方某城市1至2月份各天气的气温进行了记录，结果如下：

−3	2	−4	−7	−11	−1	6	8	9	−6
−14	−18	−15	−9	−6	−1	0	5	−4	−9
−6	−8	−12	−16	−19	−15	−22	−25	−24	−19
−8	−6	−15	−11	−12	−19	−25	−24	−18	−17
−14	−22	−13	−10	−6	0	−1	5	−4	−9
−3	2	−4	−4	−16	−1	7	3	−6	−5

(1)指出上面的数据属于什么类型？

(2)对上面的数据进行适当的分组。

2. 请进一步补充与完善范例3-1与范例3-2调查问卷。

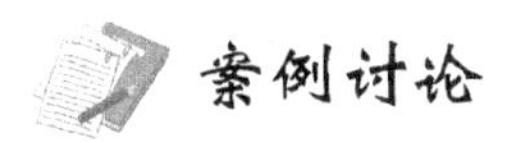

案例讨论

电脑城竞争力调查研究

背景资料

在PC市场竞争如此激烈的今天，作为国内知名的PC厂商，要保持业内的领先地位，就需要实时了解整个PC市场的现状，了解品牌在竞争中的表现，从而反映市场策略的执行和控制情况，帮助进一步增强市场竞争力。

电子卖场作为传统的零售终端，对PC产品的销售起着举足轻重的作用。了解目前国内电子卖场的现状，分析电子卖场各个因素对PC产品销售情况的影响，并通过该品牌及其竞争对手在PC产品中表现的分析比较，来了解目前该品牌在各地零售终端的市场表现情况，为更好的搭建零售渠道，获得更强的市场竞争力，提供相应信息依据。

依托于长期对PC市场深入理解的基础上，按照某知名品牌的要求，对中国大陆1—3级城市的电子卖场进行监控调查，主要掌握电子卖场市场对当地PC销售的影响力，及各品牌在其中的表现，以便为该品牌制定相应的决策，提供数据参考和研究分析。

研究目的

(1)指定城市所有电脑城的经营资源和宣传资源；

(2)指定城市所有电脑城的竞争力；

(3)指定城市待建电脑城的竞争潜力；

(4)选出竞争力Top50的电脑城；在兼顾某知名品牌18分区和城市级别的情况，选出50个重点电脑城；

(5)重点电脑城某知名品牌及两个指定品牌的竞争力，包括铺货情况，公共曝光率，终端展示力和人员销售力。

(6)指出某知名品牌在终端竞争力需要投入的方向和资源。

调研方法

(1)普查扫街：通过“扫街”来普查指定城市的电子卖场，访问员会挨家询问和记录电子卖场及其中的店面、柜台、摊位的以及公共宣传物的基本情况。同时通过商场经营人员的访问与数据购买等方法得到电子卖场的基本数据。

(2)神秘顾客：通过定期的“神秘顾客”访问的方法，调查所选定的电子市场及其中的店面样本，获取某知名品牌及其竞争对手在该电子市场的表现情况。

(3)卖场访问：通过对商城经营人员，如物业经理、销售经理、经营副总，以及终端店的经营人员的深度访问，获取商城基础资料以及经营指标等。

研究对象

(1)扫街：全国1—3级44个城市的所有电脑城。

(2)神秘顾客访问：在兼顾18分区和城市级别的情况，选出50个重点电脑城(下文中称为指定电脑城)。

访问要点

(1)通过网上查询及实地考察对上海所有电脑城进行搜捕，确认可执行的电脑城的数量，经品牌厂家认可，挑选其中五家作为指定电脑城即重点访问对象，进行的品牌监测研究。

(2)项目要求获取各个电脑城电子平面图。根据我公司对电脑城的调研经验，主要城市的各大电脑城一般都有其物业平面图,并且比较容易获得。在扫街调查之前先进行深访问卷的调查,并获取电脑城平面图的电子版或纸文件的复印件。如果不能直接获得电脑城平面图,可以在电脑城的消防通道处,或者在一些电脑城宣传、介绍的地方,看到大体的平面图,用数码相机进行拍照,在访问的时候,根据其大致的方向和门、楼梯等参照物,对摊位和店面编号进行编注,画出平面图。

(3)访员到达电脑城,大致了解该电脑城在当地的电脑市场的"地位",了解周边的环境。环电脑城观测,从电脑城的广场一端走向另一端,无重复的记录广场上的广告宣传资源,记录下指定品牌的台式机、笔记本、整体品牌宣传的广告。进入卖场,从卖场正门开始,沿右手方向绕卖场边走边记录,记录卖场的经营资源、场内广告资源、店面资源、设施资源。

(4)指定电脑城需填写卖场店面资源,访问员要对着电子卖场的平面图,对每个店面的情况进行记录。例如店面编号、店面位置,记录目标店的各种宣传品的数量及其品牌。神秘问卷操作时,选择2个以上的机型询问,考察销售人员对产品及性能的了解程度和评分,并向店内销售人员索要该店面的名片。

(5)当访问员交回所完成的问卷时,项目负责督导和协助督导应当场进行一审。如果发现问题,及时询问该访问员是何种原因,如访问员也不能解释或解释的答案不妥当,应予以口头警告并让其补访。如果不能马上联系到被访者进行补问或重问,则安排访问员回访。

讨论题

1. 如何评价上述收集数据资料的方法?与问卷调查方法相比有什么不同?在实施现场调查时应该注意哪些问题?

2. 上述资料中的神秘顾客访问及卖场深度访问有什么不同?你同意上述访问要点吗?为什么?请你补充访谈记录表。

3. 确保数据资料搜集的准确性与完整性,还应该注意些什么问题?

第四章　社会科学研究数据的整理与显示

数据整理是指根据研究的需要，将搜集到的大量个体资料进行科学的分类汇总、加工处理，或对已经加工过的次级资料再加工，使之系统化、条理化，成为能够反映评估对象总体特征的综合资料的过程。数据资料整理是否合理，直接决定着整个研究工作能否顺利完成以及完成的质量如何。本章重点介绍数据整理的步骤、不同类数据的整理技巧以及统计表的相关知识。

第一节　数据整理的步骤

在不同的技术条件下，数据整理的具体步骤不完全相同，但其基本步骤是一致的。一般来讲，各种各样的数据整理都应经过以下主要步骤：

一、对原始数据资料进行审核、筛选与调整

数据资料的审核是指对数据资料的真伪及代表性的识别。由于搜集资料的方法多种多样，搜集得来的资料难免有失真情况，对于失真的数据资料要及时鉴别并剔除出去。另外，对所搜集的数据是否具有代表性也需要有一个识别和鉴定的过程，以保证评估所依据的数据准确无误。数据资料的鉴定或识别通常采用探索性分析、专家鉴定和实地调查等方法来完成。

在数据资料审核的基础上，要对数据资料进行筛选、整理和分类。一般可将审核后的数据资料按可用性原则划分或按使用时间原则划分进行分类。

按可用性原则划分数据资料包括：可用性数据资料，是指在某一具体研究中可以作为研究依据的数据资料；有参考价值的数据资料，是指数据资料的一部分与研究项目有联系，是研究时需注意或考虑的一个因素；不可用资料，是指在某一具体的研究项目中，与此项研究没有直接联系或根本无用的数据资料。

按使用时间原则划分数据资料包括：临时性数据资料，大都是能起证明作用的数据资料，如产权证明资料以及有关产权变动或产权交易的合同、协议等；需长期贮存的数据资料，大都是具有指导性和规范性的法律规定、政策性文件、条例等，如土地使用费取费标准、建筑预算定额等。

二、数据处理

手工整理时，通常是将原始数据录入到事先制定好的一系列用于整理调查资料的明细汇总表和总汇总表上，再经过记数和计算，求出单位数、合计数以及综合表所需求的统计指标。汇总表是资料整理工作的结晶，是进一步分析判断的有力工具。电子计算机处理时，需要先通过键盘、扫描仪、磁带机等录入设备，将数据记载到磁介质上，然后再用统计分析软件进行处理。常用统计软件包括 Excel、TSP、SAS、SPSS 等。

三、数据的排序

数据排序是按一定规则顺序将数据排列起来，以便通过浏览数据发现一些明显的特征或趋势，找到解决问题的线索。排序还有助于对数据检查纠错，为重新归类或分组等提供依据。在某些场合，排序本身就是分析的目的之一。例如，了解究竟谁是中国家电生产的三巨头，对于家电厂商就是很有用的信息。美国的《财富》杂志每年都要排出世界500强企业，通过这一信息，经营者不仅可以了解自己企业所处的地位，清楚自己的差距，还可了解到竞争对手的状况，从而有效地制定企业发展战略和规划。

对于定类数据，如果是字母型数据，排序有升序与降序之分，但习惯上升序使用得更普遍，因为升序与字母的自然排列相同；如果是汉字型数据，排序方式很多，比如按汉字的首位拼音字母排列，这与字母型数据的排序完全一样，也可按笔画排序，其中也有笔画多少的升序、降序之分。交替运用不同方式排序，在汉字型数据的检查纠错过程中十分有用。

定距数据和定比数据的排序只有两种，即递增和递减。设一组数据为 $X_1, X_2, \cdots, X_n$，递增排序后可表示为：$X_1 < X_2 < \cdots < X_n$，递减排序可表示为：$X_1 > X_2 > \cdots > X_n$。排序后的数据称为顺序统计量(order statistics)。无论是品质数据还是数值型数据，排序均可借助计算机完成。

四、编制统计表或绘制统计图

编制统计表是把汇总整理得到的综合数据填写到正式的综合表上，使用电子计算机时叫做制表打印，这是表现数据整理结果的主要形式。绘制统计图则是把数据整理结果用直方图、折线图、曲线图、扇形图等直观的形式表现出来。

第二节　品质数据的整理与显示

数据经过预处理后，可进一步做分类或分组整理。在对数据进行整理时，首先要弄清数据的类型，因为对于不同类型的数据所采取的处理方式和所适用的处理方法是不同的。对品质数据主要是做分类整理，对数值型数据则主要是做分组整理。

品质数据包括定类数据和定序数据。

一、定类数据的整理与显示

定类数据本身就是对事物的一种分类，因此，在整理时除了要列出所分的类别外，还要计算出每一类别的频数、频率或比例、比率，同时选择适当的图形进行显示，以便对数据及其特征有一个初步的了解。

(一)频数与频数分布

频数(frequency)也称次数，是落在各类别中的数据个数。各个类别及其相应的频数全部列出来就是频数分布或称次数分布(frequency distribution)。将频数分布用表格的形式表现出来就是频数分布表。

比例(proportion)是一个总体中各个部分的数量占总体数据的比重，通常用于反映总体的构成或结构。假定总体数量 N 被分成 K 个部分，每一部分的数量分别为 $N_1, N_2, \cdots, N_k$，则比例定义为 $\frac{N_i}{N}$。显然，各部分的比例之和等于1，即

$$\frac{N_1}{N}+\frac{N_2}{N}+\cdots+\frac{N_k}{N}=1$$

比例是将总体中各个部分的数值都变成同一个基数，也就是都以 1 为基数，这样就可以对不同类别的数值进行比较了。

百分比(percentage)是将比例乘以 100，是将对比的基数抽象化为 100 而计算出来的，用%表示。百分比是一个更为标准化的数值，很多相对数都用百分比表示。当分子的数值很小而分母的数值很大时，也可以用千分数(‰)来表示比例，如人口的出生率、死亡率、自然增长率等都可用千分数来表示。

【例 4-1】 为研究医疗市场的状况，一家卫生局在某城市随机抽取 200 人就医疗服务问题做了问卷调查，其中的一个问题是："对医疗服务您比较关心下列哪一个问题?"

①服务价格；②服务质量；③服务态度；④服务速度；⑤服务项目；⑥超值服务。

这里的变量就是"医疗服务情况"，不同医疗服务情况就是变量值。调查数据经分类整理后形成频数分布表，见表 4-1。

表 4-1 某城市居民关注医疗服务的频数分布表

医疗服务	人数(人)	比例	频率(%)
服务价格	112	0.560	56.0
服务质量	51	0.255	25.5
服务态度	9	0.045	4.5
服务速度	16	0.080	8.0
服务项目	10	0.050	5.0
超值服务	2	0.010	1.0
合 计	200	1	100

很显然，如果不做分类整理，观察 200 个人对医疗服务关注情况，既不便于理解，也不便于分析。经分类整理后，可以大大简化数据，很容易看出关注"服务价格"的人数最多，而关注"超值服务"的人数最少。

比率(ratio)是各不同类别的数量的比值。它可以是一个总体中各不同部分的数量对比，比如例 4-1 中，关注服务价格的人数与关注服务质量人数的比率是 112∶51。为便于理解，通常将分母化为 1，表示为 2.2∶1。

由于比率不是总体中部分与整体之间的对比关系，因而比值可能大于 1。为方便起见，比率可以不用 1 作为基数，而用 100 或其他便于理解的数作基数。比如，人口的性别比就用每 100 名女性人口所对应的男性人口来表示，如 105∶100，表示每 100 个女性对应 105 个男性，说明男性人口数量略多于女性人口。

在经济和社会问题的研究中，经常使用比率。比如经济学中的积累与消费之比，国内生产总值中第一、二、三产业产值之比，等等。比率也可以是同一现象在不同时间或空间上的数量之比，比如将 2013 年的国内生产总值与 2012 年的国内生产总值进行对比，可以得到经济增长率；将一个地区的国内生产总值同另一个地区的国内生产总值进行对比，反映两个地区的经济发展水平差异，等等。

(二)定类数据的图示

如果用图形来显示频数分布，就会更加形象和直观。一张好的统计图表，往往胜过冗长的文字表述。统计图的类型有很多,有二维平面图、三维立体图等。图形的制作均可由计算机完成。这里首先介绍反映定类数据的图示方法,其中包括条形图和圆形图。如果两个总体或两个样本的分类相同且问题可比时,还可以绘制环形图。

条形图(bar chart)是用宽度相同的条形长短来表示数据变动的图形。条形图可以横置或纵置,纵置时也称为柱形图。条形图有单式、复式等形式。例如,根据表 4-1 数据绘制的条形图,如图 4-1 所示。

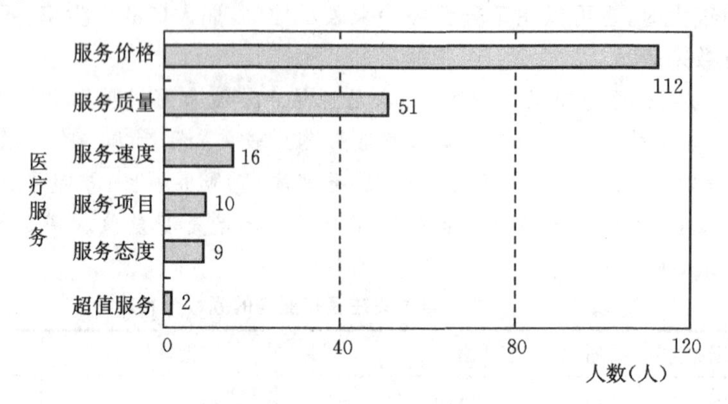

图 4-1 某城市居民关注医疗服务情况的人数分布

圆形图(pie chart)也称饼图,是用圆形及圆内扇形的面积来表示数值大小的图形。圆形图主要用于表示总体中各组成部分所占的比例,对于研究结构性问题十分有用。在绘制圆形图时,总体中各部分所占的百分比用圆内的各个扇形面积表示,这些扇形的中心角度是按各部分百分比占 360°的相应比例确定的。例如,关注服务质量的人数占总人数的百分比为 25.5%,那么其扇形的中心角度就应为 360°×25.5%=91.8°,其余类推。

根据表 4-1 数据绘制的圆形图,如图 4-2 所示。

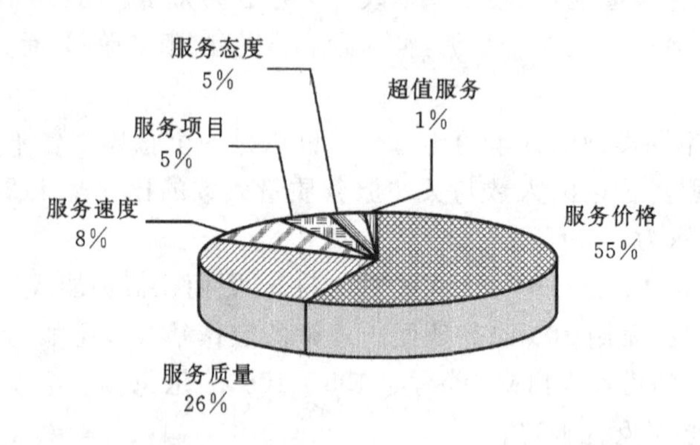

图 4-2 某城市居民关注医疗服务情况的人数构成

二、定序数据的整理与显示

前面介绍的定类数据的整理与显示方法,如频数、比例、百分比、比率、条形图和圆形图等,也都适用于对定序数据的整理与显示。但有些方法适用于对定序数据的整理与显示,却不适用于定类数据。对于定序数据,除了可使用上面的整理与显示技术外,还可以计算累积频数和累积频率(百分比)。

(一)累积频数和累积频率

累积频数(cumulative frequencies),就是将各类别的频数逐级累加起来。其方法有两种:一是从类别顺序的开始一方向最后一方累加频数(定距数据和定比数据则是从变量值小的一方向变量值大的一方累加频数),称为向上累积;二是从类别顺序的最后一方向开始一方累加频数(定距数据和定比数据则是从变量值大的一方向变量值小的一方累加频数),称为向下累积。通过累积频数,可以很容易看出某一类别(或数值)以下及某一类别(或数值)以上的频数之和。

累积频率或百分比(cumulative percentages),就是将各类别的百分比逐级累加起来,也有向上累积和向下累积两种方法。

【例 4-2】 在一项有关住房问题的研究中,研究人员在甲、乙两个城市各抽样调查 300 户家庭,其中的一个问题是:"您对您家庭目前的住房状况是否满意?"

①非常不满意;②不满意;③一般;④满意;⑤非常满意。

调查结果经整理如表 4-2 和表 4-3 所示。

表 4-2 甲城市家庭对住房状况的评价

回答类别	户数(户)	百分比(%)	向上累积		向下累积	
			户数(户)	百分比(%)	户数(户)	百分比(%)
非常不满意	24	8	24	8.0	300	100
不满意	108	36	132	44.0	276	92
一般	93	31	225	75.0	168	56
满意	45	15	270	90.0	75	25
非常满意	30	10	300	100.0	30	10
合　计	300	100	—	—	—	—

表 4-3 乙城市家庭对住房状况的评价

回答类别	户数(户)	百分比(%)	向上累积		向下累积	
			户数(户)	百分比(%)	户数(户)	百分比(%)
非常不满意	21	7.0	21	7.0	300	100.0
不满意	99	33.0	120	40.0	279	93.0
一般	78	26.0	198	66.0	180	60.0
满意	64	21.3	262	87.3	102	34.0
非常满意	38	12.7	300	100.0	38	12.7
合　计	300	100.0	—	—	—	—

(二)定序数据的图示

根据累积频数或累积频率,可以绘制累积频数或频率分布图。例如,根据表 4-2 数据绘制的累积频数分布图,如图 4-3 所示。

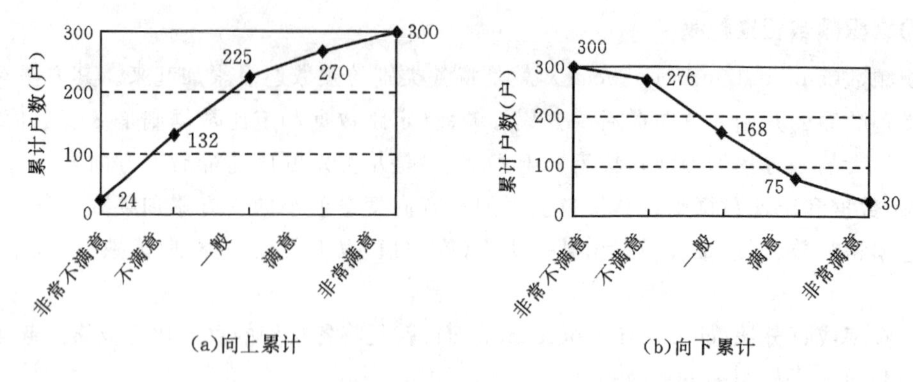

图 4-3　甲城市对住房状况评价的累积分布图

环形图与圆形图类似,但又有区别。环形图中间有一个“空洞”,总体中的每一部分数据用环中的一段表示。圆形图只能显示一个总体各部分所占的比例,而环形图则可以同时绘制多个总体的数据系列,每一个总体的数据系列为一个环,因此环形图可以显示多个总体各部分所占的相应比例,从而有利于进行比较研究。例如,根据表 4-2 和表 4-3 数据绘制两个城市家庭对住房状况评价的环形图,如图 4-4 所示。

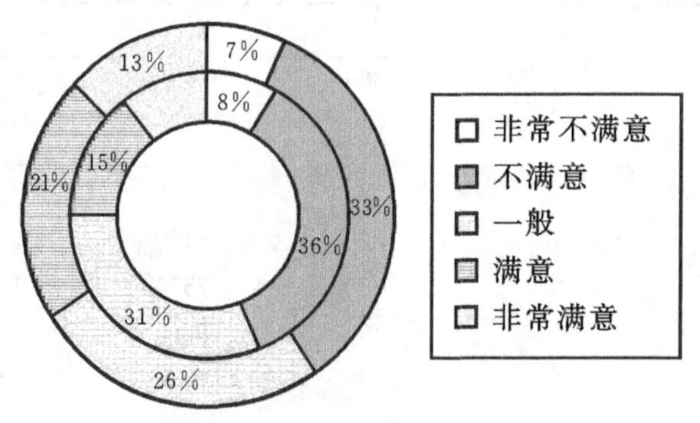

图 4-4　甲、乙两城市家庭对住房状况的评价

在图 4-4 中,外环表示乙城市家庭对住房状况评价各等级所占的百分比,内环则为甲城市家庭对住房状况评价各等级所占的百分比。

第三节　数值型数据的整理与显示

定类数据和定序数据的整理与图示方法均适用于对数值型数据的整理与显示,但数值型数据还有一些特定的整理和图示方法并不适用于品质数据。

一、数据的分组

数值型数据包括定距数据和定比数据,在整理时通常要进行数据分组,就是根据统计研究的需要,将数据按照某种标准划分成不同的组别。分组后再计算出各组中出现的次数或频数,形成了频数分布表。分组的方法有单变量值分组和组距分组两种。

单变量值分组是把每一个变量值作为一组,这种分组方法通常只适合于离散变量且变量值较少的情况。下面结合具体的例子说明分组的过程和频数分布表的编制过程。

【例 4-3】 某机关 50 名员工绩效考核分数如下，试采用单变量值对数据进行分组。

117	122	124	129	139	107	117	130	122	125
108	131	125	117	122	133	126	122	118	108
110	118	123	126	133	134	127	123	118	112
112	134	127	123	119	113	120	123	127	135
137	114	120	128	124	115	139	128	124	121

为便于分组，可先对上面的数据进行排序，结果如下：

107	108	108	110	112	112	113	114	115	117
117	117	118	118	118	119	120	120	121	122
122	122	122	123	123	123	123	124	124	124
125	125	126	126	127	127	127	128	128	129
130	131	133	133	134	134	135	137	139	139

采用单变量值分组形成的频数分布表，如表 4-4 所示。

表 4-4 某机关 50 名员工绩效考核分数分组表

考核分	频数(人)	考核分	频数(人)	考核分	频数(人)
107	1	119	1	128	2
108	2	120	2	129	1
110	1	121	1	130	1
112	2	122	4	131	1
113	1	123	4	133	2
114	1	124	3	134	2
115	1	125	2	135	1
117	3	126	2	137	1
118	3	127	3	139	2

从表 4-4 可以看出，在数据较多时，单变量值分组由于组数较多，不便于观察数据分布的特征和规律，而且对于连续变量无法采用这种分组方法。

在连续变量或变量值较多时，可采用组距分组，即将全部变量值依次划分为若干个区间，并将这一区间的变量值作为一组。在组距分组中，一个组的最小值称为下限(low limit)，最大值称为上限(upper limit)。采用组距分组需要经过以下几个步骤：

第一步：确定组数。一组数据分多少个组，一般与数据本身的特点及数据的多少有关。由于分组目的之一是为了观察数据分布的特征，因此组数的多少应适中。若组数太少，数据的分布就会过于集中，而组数太多，数据的分布就会过于分散，均不便于观察数据分布的特征和规律。组数的确定应以能够显示数据的分布特征和规律为目的。实际分组时，可以按 Sturges 提出的经验公式来确定组数 K：

$$K = 1 + \frac{\lg n}{\lg 2} \tag{4-1}$$

式中，n 为数据的个数，对结果用四舍五入的办法取整数即为组数。例如，对例 4-3 中的数据有：$K=1+\lg 50 \div \lg 2 \approx 7$，即应分为 7 个组。当然，这只是一个经验公式，实际应用时，可根据数据的多少和特点及分析的要求，参考这一标准灵活确定组数。

第二步：确定各组的组距。组距(class width)是一个组的上限与下限之差，可根据全部数据的最大值和最小值及所分的组数来确定,即组距=(最大值-最小值)÷组数。例如,对于例4-3的数据,最大值为139,最小值为107,则组距=(139-107)÷7=4.6。为便于计算,组距宜取5或10的倍数,而且第一组的下限应低于最小变量值,最后一组的上限应高于最大变量值,因此组距可取5。

第三步:根据分组整理成频数分布表。比如对上面的数据进行分组,可得到频数分布表。见表4-5。

表4-5　某机关50名员工绩效考核分数分组表

绩效考核分数	频数(人)	频率(%)
105～110	3	6
110～115	5	10
115～120	8	16
120～125	14	28
125～130	10	20
130～135	6	12
135～140	4	8
合计	50	100

采用组距分组时,一定要遵循"不重不漏"的原则。"不重"是指一项数据只能分在其中的某一组,不能在其他组中重复出现;"不漏"是指在所分的全部组别中每项数据都能分在其中的某一组,不能遗漏。

为解决"不重"的问题,统计分组时习惯上规定"上组限不在内",即当相邻两组的上下限重叠时,恰好等于某一组上限的变量值不算在本组内,而算在下一组内。例如,在表4-5的分组中,120这一数值不计算在"115～120"这一组内,而计算在"120～125"组中。也可以对等距组距分组,只写出每一组的下限,而不写其上限,这样本组的上限也就是下一组的下限。例如,在表4-5中"105～110"这一组内可以写为"105～",其上限为110,也就是下一组"110～"组的下限,其余类推。当然,对于离散变量可以采用相邻两组组限间断的办法解决"不重"的问题。例如,可对例4-3的数据做如下的分组,见表4-6。

表4-6　某机关50名员工绩效考核分数分组表

绩效考核分数	频数(人)	频率(%)
105～109	3	6
110～114	5	10
115～119	8	16
120～124	14	28
125～129	10	20
130～134	6	12
135～139	4	8
合计	50	100

对于连续变量,可以采取相邻两组组限重叠的方法,根据"上组限不在内"的规定解决"不重"的问题,也可以对一个组的上限值采用小数点的形式,小数点的位数根据所要求的精度具体确定。例如,对绩效考核分数可以分组为10～11.99,12～12.99,14～15.99,等等。

在组距分组中，如果全部数据中的最大值和最小值与其他数据相差悬殊，为避免出现空白组（即没有变量值的组）或个别极端值被漏掉，第一组和最后一组可以采用“××以下”及“××以上”这样的开口组，以解决“不漏”问题。例如，在例4-3的50个数据中，假定将最小值改为94，最大值改为160，采用上面的分组就会出现“空白组”，这时可采用开口组，见表4-7。

表4-7　某机关50名员工绩效考核分数分组表

绩效考核分数	频数（人）	频率（%）
110以下	3	6
110～115	5	10
115～120	8	16
120～125	14	28
125～130	10	20
130～135	6	12
135以上	4	8
合计	50	100

在组距分组时，如果各组的组距相等则称为等距分组，如上面的几种分组就是等距分组。有时，对于某些特殊现象或为了特定研究的需要，各组的组距也可以是不相等的，称为不等距分组。比如，对人口年龄的分组，可根据人口成长的生理特点分成6岁以下（婴幼儿组）、7～17岁（少年儿童组）、18～59岁（中青年组）、60岁以上（老年组）等。

等距分组由于各组的组距相等，各组频数的分布不受组距大小的影响，同消除组距因素影响的频数密度（即单位组距内分布的频数，也称次数密度）的分布是一致的，因此可直接根据绝对频数来观察频数分布的特征和规律。而不等距分组因各组组距不同，各组频数的分布受组距大小不同的影响，因此各组绝对频数的多少并不能反映频数分布的实际状况。为消除组距不同对频数分布的影响，需要计算频数密度，即频数密度＝频数÷组距。频数密度能准确反映频数分布的实际状况。

此外，组距分组掩盖了各组内的数据分布状况，为反映各组数据的一般水平，通常用组中值（class midpoint）作为该组数据的一个代表值，即：

$$\text{组中值}=(\text{下限值}+\text{上限值})/2 \tag{4-2}$$

$$\text{缺上限开口组组中值}=\text{上限}-\text{邻组组距}/2 \tag{4-3}$$

但这种代表值有一个必要的假定条件，即各组数据的在本组内呈均匀分布或在组中值两侧呈对称分布。如果实际数据的分布不符合这一假定，用组中值作为一组数据的代表值会有一定的误差。

为了统计分析的需要，有时需要观察某一数值以下或某一数值以上的频数或频率之和，因此还可以计算出累积频数或累积频率。

二、定距数据和定比数据的图示

第二节中介绍的条形图、圆形图、环形图及累积分布图等都适用于显示定距数据和定比数据。此外，对定距数据和定比数据还有其他一些图示方法。

（一）分组数据用直方图和折线图

通过数据分组后形成的频数分布表，可以初步看出数据分布的一些特征和规律。例如，从

表4-5可以看出，该机关员工绩效考核分数大多数在120～125之间，共14人，低于这一水平的共有16人，高于这一水平的共有20人，可见这是一种非对称分布。如果用图形来表示这一分布的结果，会更加形象和直观。显示分组数据频数分布特征的图形有直方图、折线图和曲线图等。

直方图(histogram)是用矩形的宽度和高度来表示频数分布的图形。在平面直角坐标中，横轴表示数据分组，纵轴表示频数或频率，这样，各组与相应的频数就形成了一个矩形，即直方图。比如，根据表4-5数据绘成的直方图如图4-5所示。

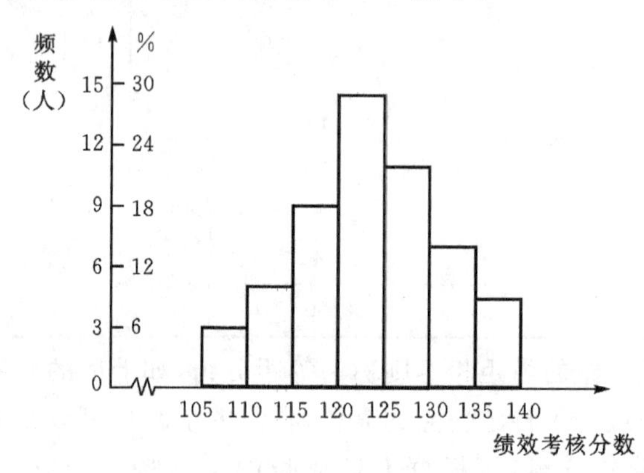

图4-5　某机关50名员工绩效考核分数分组表直方图

依据直方图可以直观地看出机关员工绩效考核分数及其人数的分布状况。

对于等距分组的数据，可以用矩形的高度直接表示频数的分布。如果是不等距分组数据，用矩形的高度来表示各组频数的分布就不再适用。这时，可以用矩形的面积来表示各组的频数分布，或根据频数密度来绘制直方图，从而准确地表示各组数据分布的特征。实际上，无论是等距分组数据还是不等距分组数据，用矩形的面积或频数密度来表示各组的频数分布都更为合适，因为这样可使直方图下的总面积等于1。比如在等距分组中，矩形的高度与各组的频数成比例，如果取矩形的宽度(各组组距)为一个单位，高度表示比例(即频率)，则直方图下的总面积等于1。在直方图中，实际上是用矩形的面积来表示各组的频数分布。

直方图与条形图不同，条形图是用条形的长度(横置时)表示各类别频数的多少，其宽度(表示类别)是固定的；直方图是用面积表示各组频数的多少，矩形的高度表示每一组的频数或百分比，宽度则表示各组的组距，因此其高度与宽度均有意义。此外，由于分组数据具有连续性，直方图的各矩形通常是连续排列，而条形图则是分开排列。

折线图也称频数多边形图(frequency polygon)。在直方图基础上，把直方图顶部的中点(即组中值)用直线连续起来，再把原来的直方图抹掉就是折线图。需要注意，折线图的两个终点要与横轴相交，具体的做法是将第一个矩形顶部中点通过竖边中点(即该组频数一半的位置)连接到横轴，最后一个矩形顶部中点与其竖边中点连接到横轴。这样才会使折线图下所围成的面积与直方图的面积相等，从而使二者所表示的频数分布一致。例如，在图4-5的基础上绘制的折线图，如图4-6所示。

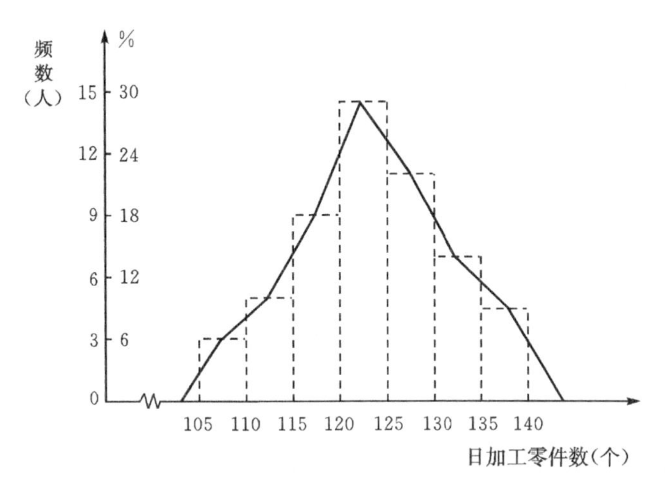

图 4－6　某机关员工绩效考核分数的折线图

当对数据所划分的组数很多时，组距会越来越小，这时所绘制的折线图就会越来越光滑，逐渐形成一条平滑的曲线，这就是频数分布曲线。分布曲线在统计学中有着十分广泛的应用，是描述各种统计量和分布规律的有效方法。

(二)原始数据用茎叶图

通过直方图可以大体上看出一组数据的分布状况，但直方图没有给出具体的数值。下面介绍的茎叶图(stem-and-leaf display)，既能给出数据的分布状况，又能给出每一个原始数值。茎叶图由“茎”和“叶”两部分构成，其图形是由数字组成的。通过茎叶图，可以看出数据的分布形状及数据的离散状况，比如，分布是否对称，数据是否集中，是否有极端值，等等。

绘制茎叶图的关键是设计好树茎，通常是以该组数据的高位数值作为树茎。树茎一经确定，树叶就自然地长在相应的树茎上了。下面我们以例 4－3 的数据做茎叶图，见图 4－7。

树茎	树叶	频数
10	7 8 8	3
11	0 2 2 3 4 5 7 7 7 8 8 8 9	13
12	0 0 1 2 2 2 2 3 3 3 3 4 4 4 5 5 6 6 7 7 7 8 8 9	24
13	0 1 3 3 4 4 5 7 9 9	10

图 4－7　某机关员工绩效考核分数的茎叶图

上面的茎叶图显得过于拥挤，可以将图加以扩展。比如可以将图扩展一倍，即每一个树茎重复两次，一次有记号“＊”，表示该行叶子上的数为 0～4，另一次有记号“•”，表示该行叶子上的数为 5～9，于是可得到图 4－8。

树茎	树叶
10＊	7 8 8
10•	0 2 2 3 4
11＊	
11•	5 7 7 7 8 8 8 9
12＊	0 0 1 2 2 2 2 3 3 3 3 4 4 4
12•	5 5 6 6 7 7 7 8 8 9
13＊	0 1 3 3 4 4
13•	5 7 9 9

图 4－8　某机关员工绩效考核分数的茎叶图

茎叶图所表现的数据分布特征与直方图十分类似。

(三)时间序列数据绘制线图

如果定距数据和定比数据是在不同时间上取得的,即时间序列数据,还可以绘制线图。线图是在平面坐标上用折线表现数量变化特征和规律的统计图,主要用于显示时间序列数据,以反映事物发展变化的规律和趋势。

【例 4-4】 1991—1998 年我国城乡居民家庭的人均收入数据如表 4-8,试绘制线图。

表 4-8 1991—1998 年城乡居民家庭人均收入 单位:元

年 份	城镇居民	农村居民
1991	1700.6	708.6
1992	2026.6	784.0
1993	2557.4	921.6
1994	3496.2	1221.0
1995	4283.0	1577.7
1996	4838.9	1926.1
1997	5160.3	2091.1
1998	5425.1	2162.0

资料来源:国家统计局.中国统计摘要 1999[M].北京:中国统计出版社,1999.

根据上表数据绘制的线图,如图 4-9 所示。

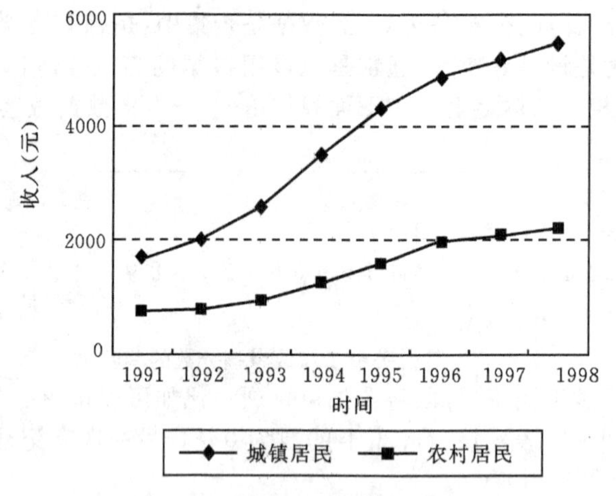

图 4-9 城乡居民家庭人均收入

从图 4-9 可以清楚地看出,城乡居民的家庭人均收入逐年提高,而且城镇居民的家庭人均收入高于农村,1993 年以后这种差距有扩大的趋势。

绘制线图时应注意:时间一般绘在横轴,指标数据绘在纵轴;图形的长宽比例要适当,一般应绘成横轴略大于纵轴的长方形,其长宽比例大致为 7∶5。图形过扁或过于狭长,不仅不美观,而且会给人造成视觉上的错觉,不便于对数据变化的理解;一般情况下,纵轴数据下端应从 0 开始,以便于比较。数据与 0 之间的间距过大,可以采取折断的符号将纵轴折断。

三、频数分布的类型

在日常生活中,常见的频数分布曲线主要有正态分布、偏态分布、J 形分布、U 形分布等几种类型，如图 4－10 所示。

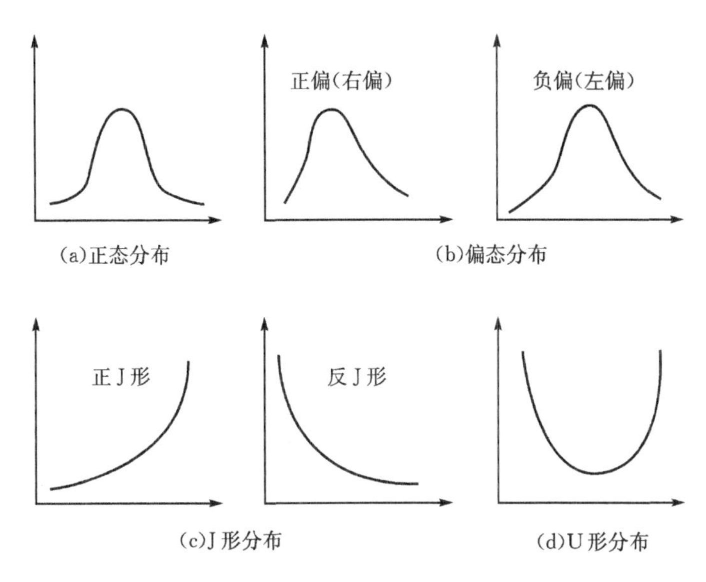

图 4－10　几种常见的频数分布

正态分布是一种对称的钟形分布，有很多现象服从这种分布，如农作物的单位面积产量、零件的公差、纤维强度等都服从正态分布，如图 4－10(a)所示。J 形分布有正 J 形和反 J 形两种，如经济学中供给曲线，随着价格的提高供给量以更快的速度增加，呈现为正 J 形；而需求曲线则表现为随着价格的提高需求量以较快的速度减少，呈现为反 J 形，如图 4－10(c)所示。U 形分布的特征是两端的频数分布多，中间的频数分布少，如图 4－10(d)所示，比如，人和动物的死亡率分布就近似服从 U 形分布，因为人口中婴幼儿和老年人的死亡率较高，而中青年的死亡率则较低；产品的故障率也有类似的分布。

第四节　统计表

一、统计表的作用

把搜集到的数字资料，经过汇总整理后，得出一些系统化的统计资料，将其按一定顺序填列在一定的表格内，这个表格就是统计表。统计表的作用是使大量的统计资料系统化、条理化，更清晰地表述统计资料的内容，并便于比较各项目(指标)之间的关系。利用统计表易于检查数据的完整性和正确性。

统计表既是调查整理的工具，又是分析研究的工具。广义的统计表包括统计工作各个阶段中所用的一切表格，如调查表、整理表、计算表等，它们都是用来提供统计资料的重要工具。

二、统计表的构成

统计表的形式多种多样，根据使用者的要求和统计数据本身的特点，可以绘制形式多样的统计表。比如，表 4－9 就是一种比较常见的统计表。

从表 4－9 可以看出，统计表一般由四个主要部分组成，即表头、行标题、列标题和数据资料，必要时可以在统计表的下方加上表外附加。表头置于在表的上方，说明统计表的主要内容。行标题和列标题通常安排在统计表的第一列和第一行，表示所研究问题的类别名称和指标名称，通常也被称为“类”。如果是时间序列数据，行标题和列标题也可以是时间，当数据较多时，通常将时间放在行标题的位置。表的其余部分是具体的数字资料。表外附加通常放在统计表的下方，主要包括资料来源、指标的注释和必要的说明等内容。

表 4－9　1997—1998 年城镇居民家庭抽样调查资料＊

项　目	单位	1997年	1998年
一、调查户数	户	37890	39080
二、平均每户家庭人口数	人	3.19	3.16.01
三、平均每户就业人口数	人	1.83	1.80
四、平均每人全部收入	元	5458.34	5458.34
五、平均每人实际支出	元	5322.95	5322.95
消费性支出＊＊	元	4331.61	4331.61
非消费性支出	元	987.17	987.17
六、平均每人居住面积	m^2	12.40	12.40

列标题　行标题　数据资料

资料来源：国家统计局．中国统计摘要 1999[M]．北京：中国统计出版社，1999．

＊　本表为城市和县城的城镇居民家庭抽样调查材料。

＊＊　消费性支出项目包括：食品、衣着、家庭设备用品及服务、医疗保健、交通和通讯、娱乐教育文化服务、居住、杂项商品和服务。

附加

统计表的内容，可以分为主词和宾词两个部分。主词是统计表所要说明的总体，可以是各个总体单位的名称、总体各个分组名称。宾词是说明总体的统计指标，包括指标名称和指标数值。

三、统计表的种类

统计表按主词加工方法不同分为简单表、分类表和复合表。

主词未经任何分组的统计表为简单表，表的主词一般按时间顺序排列，或按总体各单位名称排列。通常是对调查来的原始资料初步整理所采用的形式，如表 4－10 即为按总体各单位名称排列的简单表。

表 4－10　1999 年国际旅游收入居世界前十名的国家

国　家	位次	旅游收入收入(亿美元)	占世界比重(%)
美国	1	730.0	16.0
西班牙	2	315.0	6.9
意大利	3	310.0	6.8
法国	4	307.0	6.7
英国	5	209.7	4.6
德国	6	165.0	3.6
中国	7	141.0	3.1
奥地利	8	112.0	2.5
加拿大	9	102.8	2.3
墨西哥	10	78.5	1.7

资料来源：国家旅游局．中国旅游统计年鉴(2000)[M]．北京：中国旅游出版社，2000．

主词按照某一标志进行分组的统计表称为分组表。利用分组表可以提示不同类型现象的特征，说明现象内部的结构，分析现象之间的相互关系等，如表 4－11 所示。

表 4－11　2005 年某公司所属两企业自行车合格品数量表

厂　别	合格品数量(辆)
甲　厂	5000
乙　厂	7000
合　计	12000

主词按照两个或两个以上标志进行复合分组的统计表称为复合表，如表 4－12 所示。复合表能更深刻更详细地反映客观现象，但使用复合表应恰如其分，并不是分组越细越好。因为复合表中多进行一次分组，组数将成倍增加，分组太细反而不利于研究现象的特征。

表 4－12　1999 年我国人口数及构成

		人口数(万人)	比例(%)
按性别分	男	64189	50.98
	女	61720	49.02
按城乡分	市镇	38892	30.89
	乡村	87017	69.11

资料来源：国家统计局. 中国统计年鉴(2000)[M]. 北京：中国统计出版社，2000.

统计表按宾词指标设计的不同分为宾词不分组设计、宾词简单分组设计和宾词复合分组设计三种。

宾词不分组设计即宾词各指标根据说明问题的主次先后顺序排列，保持各指标之间的一定逻辑关系，如表 4－13 所示。

表 4－13　1997 年全国部分省市旅游涉外饭店基本情况

地区	饭店数(座)	营业收入(万元)	利润总额(万元)	客房出租率(%)
北京	338	1447905.72	175132.68	59.37
上海	127	699143.86	68592.28	62.58
云南	190	102884.37	1044.09	55.19

资料来源：国家旅游局. 中国旅游统计年鉴(1998)[M]. 北京：中国旅游出版社，1998.

宾词简单分组设计即统计指标从不同角度分别按某一标志分组，各种分组平行排列，如表 4－14 所示。

表 4－14　某组织职工性别及文化程度情况

	职工总人数(人)	性别		文化程度		
		男	女	小学	中学	大学
一线人员	638	290	348	254	308	76
二线人员	334	108	226	118	176	40
总　计	972	398	574	372	484	116

宾词复合分组设计即统计指标同时有层次地按两个或两个以上标志分组，各种分组重叠在一起，如表 4-15 所示。

表 4-15　某组织职工性别及文化程度情况

	职工人数		小学			中学			大学		
	男	女	男	女	小计	男	女	小计	男	女	小计
一线人数	290	348	110	144	254	138	170	308	42	34	76
二线人数	108	226	28	90	118	64	112	176	16	24	40
合　计	398	574	138	234	372	202	282	484	58	58	116

四、统计表的设计要求

由于使用者的目的以及统计数据的特点不同，统计表的设计在形式和结构上会有较大差异，但设计上的基本要求则是一致的。总体上看，统计表的设计应符合科学、实用、简练、美观的要求。具体来说，统计表的总标题应该十分简明地概括所要反映的内容，以及资料所属的空间、时间范围，即标题内容应符合 3W(when，where，what)原则。表中主词各行和宾词各栏的次序，一般应当根据自然顺序合理编制，如时间顺序、数量大小等。若各项目之间存在着一定客观联系，应根据事物之间的客观联系合理编排，通常总计列在各项目之后。表中必须注明数字资料的计量单位。全表只有一种单位，就写在表的右上角；有多种计量单位，或专设计量单位一栏，或在每个指标后用小字加以注明。统计表数字上下位置要对齐。相同数字应全部写上，不能用“同上”等方法表示；无数字的空格一般用“—”表示，以免漏填。统计表的实际材料，应注明出处。资料不齐或另行推算的，应在表下注明。统计表纵栏一般用细线划分，左右两端不必画线；横行和纵栏标题之间、横行与合计栏之间，均用细线划分，其他横行之间一般不予画线。统计表纵栏较多时，为便于阅读，可编栏号。习惯上对非填写数量数据的各栏分别以(甲)、(乙)、(丙)、(丁)……的次序编栏，对填写数量数据的各栏分别以(1)、(2)、(3)、(4)……的次序编栏。对各栏数字之间有一定计算关系的，也可用数学等号表示，如(3)=(2)÷(1)。

第五节　应用 SPSS 软件进行数据整理的方法

一、数据转换

(1)根据已有变量建立新变量。

(2)数据文件的转置。按 Data→Transpose 顺序逐一单击鼠标键，打开 Transpose 对话框。

(3)数据排序。①记录数据的排序。按 Data→Sort Cases 顺序逐一单击鼠标键，打开 Sort Cases 记录排序对话框。②变量值排序。当所选择的变量具有相同的值时称之为结，其秩次的决定原则可以在 Rank Cases：Ties 对话框中指定。

二、数据文件的拆分与合并

1. 数据文件的拆分

这里的“拆分”并非将一个数据文件拆分为两个或若干个独立的数据文件，而是在同一个数据文件中按某个条件进行分组。

2. 数据文件的合并

(1)合并数据方式。①从外部数据文件增加记录到当前数据文件中。②从外部数据文件增加变量到当前数据文件中，称为横向合并。相互合并的数中包含不同的变量。

(2)增加记录(Add Case)。①对话框中右侧 Variables in New Working Data File 框中列出的变量是在两个数据文件中文件名相同、类型相同的变量。Unpaired Variables 框中列出的变量是未配对变量，即或存在于当前工作数据文件中的变量和存在于指定的外部数据文件中的变量。②根据情况处理数据。只合并两个数据文件中具有相同名称的变量的记录时，只需单击 OK 按钮。对变量，即用鼠标先选取一个变量，然后按住 Ctrl 键的同时选取另外一个配对变量，接着单击 Pair 按钮将它们作为一个配对变量选入新的数据文件中，单击 OK 按钮。③在 Variables in New Working Data File 框中选择一个变量，单击向左箭头按钮即可。

(3)增加变量(Add Variables)，是从一个指定的外部数据文件中取得一个或几个变量的数据(包括变量名称)增加到当前工作的数据文件中，实际上相当于两个数据文件的横向合并；二是按关键变量合并，即要求两个数据文件必须有一个共同的关键变量，而且这两个文件中的关键变量还存在一定数量的相同值的记录。

对话框右侧 New Working Data File (新工作数据文件)矩形框中，列出的变量是可以在新工作数据文件中存在的变量。左侧 Exclude Variables 框中列出的是两个文件中重复的同名变量。

所有包含在 Exclude Variables 框中的变量都是外部数据文件中与当前数据文件中同名的变量，并且外部数据文件中的同名变量都不能进入合并后新生成的数据文件中。

在选择按指定的关键变量进行合并时，首先需要在合并之前对数据文件进行按关键变量值的升序排序工作。然后选中 Match cases on key variables in sorted files 复选项，在其下三个选项中选择其一。其中，External is keyed table 选项，是保持当前数据文件中的记录数目不变。

三、数据分类汇总

数据分类汇总的操作步骤如下：

在左侧的源变量框中，选择一个或多个变量作为分类变量，进入分类变量 Break 框中。

在左侧的源变量框中，选择将要汇总的变量进入 Aggregate Variable (s)汇总变量框中，即对这些变量的值进行分类汇总。

单击 Function 按钮，展开 Aggregate Data:Aggregate Function 对话框。在该对话框中可以确定汇总变量使用的函数，系统的默认函数为平均数。

(1)Fraction above 选项，确定那些在各分组中的记录大于设定值的比率。

(2)Fraction above 选项，确定那些在各分组中的记录小于设定值的比率。

(3)Percentage inside 选项，确定那些在最低值至最高值之间的记录的百分数。

(4)Percentage outside 选项，确定那些在最低值至最高值之外的记录的百分数。

四、对记录的加权处理

在选择加权变量时应该注意以下几点：加权变量中含有零、负数或缺失值的记录将被排在分析之外;分数值有效;一旦对数据进行了加权处理,那么在以后的分析中加权处理一直有效,直到关闭加权处理过程,或者选择其他的加权变量进行加权处理。

加权处理的操作如下:

(1)点击 Weight cases by 选项,选择此项要求进行加权处理。

(2)选择加权变量。从左边源变量名框中选择作为权变量名称,将其选入 Freqency 框中。

(3)按 Analyze→Reports→Case Summarizes 调用 OLAP Cubes…过程,该过程可用于层分析报告。

思考与练习

1. 随机调查某公共机构 21 名职工的绩效考核分值(分)数据如下:

106,124,110,91,109,102,102,107,117,105,99,108,110, 92,98,116,120, 94,117,115,104

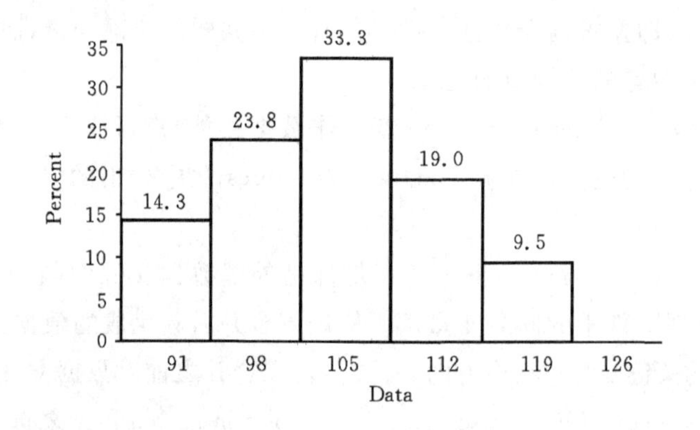

(1)根据得到的直方图,谈谈对该组织职工绩效考核的认识。

(2)利用上面数据画条形图是否有意义?理由是什么?

(3)利用上面数据画圆饼图是否有意义?理由是什么?

(4)利用上面数据画一个茎叶图。

2. 某班同学《领导学》考试成绩(分)如下:

57 89 49 84 86 87 75 73 72 68 75 82 97 81 67 81 54 79 87 95 76 71 60 90 65 76 72 70 86 85 89 89 64 57 83 81 78 87 72 61 88 62 75 82 67 76 81 91 68 79 85 90 46 86 77 89

要求:(1)将成绩进行等距分组,编制次数分布表。

(2)根据次数分布表,绘制相应的统计图。

(3)说明该班学生《领导学》统计学的平均成绩。

3. SPSS 上机操作。

(1)用 SPSS 软件试录入以下数据文件,保存为“数据 1. sav”。

序号	性别	职称	在公司工作的时间(年)	年龄(岁)	工资(元)
1	男	2	5	30	2000
2	女	2	4	25	1900
3	女	2	5	28	2000
4	男	1	1	25	1500
5	男	3	8	35	3000
6	男	2	3	29	1850
7	男	3	10	34	3200
8	女	2	8	30	1950
9	女	1	3	27	1600
10	女	4	15	38	4200
11	男	3	8	35	3000
12	男	2	5	32	2000
13	女	1	2	25	1550
14	女	2	9	30	2100
15	女	3	14	34	3500
16	女	1	3	26	1600
17	男	4	10	36	4000
18	女	3	9	34	3150
19	男	2	6	28	1800
20	男	2	2	28	1800
21	女	2	3	28	1850
22	男	2	10	30	1900
23	男	3	20	50	3400
24	男	3	16	45	3300
25	男	4	25	48	4800
26	男	4	10	34	4500
27	女	2	5	29	2000
28	女	3	15	38	3200
29	女	1	1	25	1500
30	男	3	6	35	3100

(2)试录入以下数据文件,保存为"数据 2. sav"。

序号	性别	职称	在公司工作的时间(年)	年龄(岁)	工资(元)
31	男	3	16	46	3300
32	男	4	30	51	5000
33	男	4	10	33	4500
34	女	2	5	29	2000
35	女	1	5	33	1500
36	女	4	18	48	4700
37	男	3	5	37	3050
38	男	3	15	38	3200
39	男	4	18	48	4700
40	男	3	6	35	3100

(3)试将数据 2 合并到数据 1,合并后的数据文件另存为"数据 3. sav"。

(4)将工资进行重编码,2000 以下(含 2000)为 1,2000～3000 为 2,3000～4000 为 3,4000 以上为 4,重编码的结果保存为"工资等级"。新数据文件保存为"数据 4. sav"。

(5)求出各职工刚进入公司时的年龄,保存为"初入年龄"。新数据文件保存为"数据 5. sav"。

(6)试按各职员的工资数进行排序,排序要求工资最高的排为第一,相同数额取平均等级。排序后的数据文件保存为"数据 6. sav"。

(7)试按各职员的工资数分性别进行排序,要求先排男性,后排女性。同一性别按工资从高到低排列。排序后的数据文件保存为"数据 7. sav"。

(8)试寻找一个新数据文件,将其中一些新变量合并到数据文件 7 中,合并后的新数据文件保存为"数据 8. sav"。

案例讨论

国内安全事故定量分析

背景资料

2004 年 3—6 月,国内发生的特大事故(死亡 10 人以上)有 33 起,死亡 496 人,受伤 328 人,分别占事故总数量的 3.0%,18.5%,2.5%。其中矿业事故 13 起,交通事故 12 起,爆炸 4 起,其他事故 3 起,火灾 1 起。矿业事故和交通事故所占比例最大。河南和山西事故最多,各为 4 起,贵州 3 起,湖南 3 起。[①]

2004 年 3—6 月统计表明,在 1084 起事故中,矿业事故占 65.0%,平均每天 5.9 起,其次是交通事故(23.2%)、其他事故(4.4%)、爆炸事故(4.1%)、毒物泄露和中毒(1.8%)、火灾(1.5%)。1084 起事故共死亡 2688 人,伤 2629 人,死亡人数的百分比分别为矿业事故 43.4%、交通事故 39.0%、其他事故 7.0%、爆炸事故 6.4%、火灾 2.3%、泄露中毒 2.0%;受伤人数的百

① 王亚军,黄平,李生才. 2004 年 3－6 月国内安全事故统计分析[J]. 安全与环境学报,2004(4).

分比分别为交通事故50.9%、泄露中毒21.2%、矿业事故14.8%、爆炸事故6.0%、其他事故4.7%、火灾2.4%。可以看出,矿业事故和交通事故,发生起数、死亡人数和受伤人数仍然占有很大比重。

2004年3—6月事故发生最多的前10个省市分别为四川(198次)、湖南(109次)、重庆(93次)、陕西(59次)、广东(56次)、安徽(53次)、贵州(47次)、福建(45次)、河北(45次)和吉林(42次)。死亡人数最多的前10个省市分别为四川(306人)、贵州(192人)、湖南(185人)、重庆(180人)、山西(175人)、广东(165人)、河南(148人)、陕西(139人)、安徽(121人)和福建(115人)。受伤人数最多的前10个省市分别为福建(331人)、江西(301人)、四川(225人)、重庆(192人)、贵州(190人)、广东(163人)、河北(156人)、河南(124人)、云南(90人)和安徽(86人)。

可以看出,四川、湖南发生事故率较高,四川、贵州、湖南、重庆死亡率较高,福建、江西、四川、重庆、贵州受伤率较高。总体上看,重庆、贵州事故状况严重。从2004年3—6月事故按月份分布情况可以看出,事故发生次数、死亡人数和受伤人数,以5月最高。

据国家安全生产监督管理局统计,2004年上半年我国安全生产情况总体平稳,特别重大事故同比下降近30%。据央视国际报道,初步统计数据显示:上半年全国各类伤亡事故约43万多起,死亡约6万人。截至2004年6月24日,共发生一次性死亡10人以上特大事故74起,死亡1168人,其中一次死亡30人以上的特别重大事故5起,死亡和失踪204人,同比下降了28.6%,死亡人数下降了41.4%。今年上半年,我国工矿商贸企业特别是煤矿安全形势趋于稳定,在煤炭增产1.2亿元的情况下,死亡人数同比下降了16%。但道路交通事故、水上交通事故和消防火灾事故起数明显增加,危险化学品泄漏事故也有所上升,贵州、山西、四川、山东、黑龙江、河南及江西是特大事故发生较多的省份。

2005年1—2月国内发生的各种安全事故449起,包括矿业事故、交通事故、爆炸事故、火灾、毒物泄露和中毒及其他事故。统计表明,在这些事故中,交通事故最多,占46.55%,平均每天3.5起事故,其次是矿业事故(42.54%)、爆炸事故(4.68%)、其他事故(2.67%)、火灾(2.00%)、毒物泄露和中毒(1.56%)。449起事故共死亡1540人,伤1392人,死亡人数的百分比分别为交通事故56.23%、矿业事故33.31%、爆炸事故4.22%、其他事故3.90%、火灾1.82%、泄露中毒0.52%;受伤人数的百分比分别为交通事故79.67%、矿业事故7.11%、爆炸事故6.97%、其他事故4.74%、火灾1.01%、泄露中毒0.50%。

中新网2006年10月30日电,国家安监总局今天公布了2006年1月1日至2006年10月29日全国安全生产简况。安全生产简况指出,近年来,全国发生一次死亡10人以上特大事故80起,死亡1256人。具体情况如下:

特大事故情况全国发生一次死亡10人以上特大事故80起,死亡1256人,同比事故减少21起、死亡人数减少909人。其中:工矿商贸企业发生36起,死亡619人,同比事故减少17起、死亡人数减少763人。煤矿企业发生28起,死亡492人,同比事故减少18起、死亡人数减少784人;金属与非金属矿发生2起,死亡27人,同比事故增加2起、死亡人数增加27人;建筑企业发生1起,死亡11人,同比事故数持平,死亡人数减少3人;危险化学品发生2起,死亡34人,同比事故增加2起、死亡人数增加34人。火灾事故发生3起,死亡38人,同比事故数持平,死亡人数减少17人;道路交通发生34起,死亡497人,同比减少2起、死亡人数减少119人;铁路交通发生1起,死亡14人,同比增加1起、死亡人数增加14人;渔业船舶发生1起,死亡12人，同比事故减少5起、死亡人数减少57人。

讨论题

1. 上述资料中将数据与文字混合表达有什么不妥？如何正确表达？请设计相应的统计图表。

2. 上述资料中2004年—2006年的数据资料反映了什么趋势？如何表达？

3. 结合上述数据分析结果，请你陈述预防国内安全事故的基本对策。

第五章　社会科学研究数据基本描述方法

数据分布的特征，可以从三个方面进行测度和描述：一是分布的集中趋势，反映各数据向其中心值靠拢或聚集的程度，如算术平均数；二是分布的离中趋势，反映各数据远离其中心值的程度，如标准差；三是分布的偏态和峰度，反映数据分布的形状。以上三个方面分别反映了数据分布特征的不同侧面，其中前两个方面是主要的。本章重点介绍前两个方面介绍数据代表值的计算方法、特点及其应用场合。

第一节　集中趋势——数值平均数

集中趋势是指一组数据向其中心值靠拢的倾向，测度集中趋势也就是寻找数据一般水平的代表值或中心值。取得集中趋势代表值的方法通常有两种：一是从总体各单位变量值中抽象出具有一般水平的量，这个量不是各个单位的具体变量值，但又要反映总体各单位的一般水平，这种平均数称为数值平均数。数值平均数有算术平均数、调和平均数、几何平均数等形式。二是先将总体各单位的变量值按一定顺序排列，然后取某一位置的变量值来反映总体各单位的一般水平，把这个特殊位置上的数值看做是平均数，称作位置平均数。位置平均数有众数、中位数、四分位数等形式。

一、算术平均数

算术平均数，是集中趋势测度中最重要的一种，是所有平均数中应用最广泛的平均数。其计算方法与许多社会经济现象中个别现象与总体现象之间存在的客观数量关系是相符合的。

例如，职工的工资总额就是各个职工工资额的总和，职工的平均工资等于职工的工资总额与职工总人数之比。所以，算术平均数的基本公式是：

$$\text{算术平均数}=\frac{\text{总体标志总量(变量值总量)}}{\text{总体单位总量(变量值个数)}} \quad (5-1)$$

算术平均数一般简称为平均数(mean)。其定义是：观察值的总和除以观察值个数的商。在已知研究对象的总体标志总量及总体单位总量时，可直接定义计算。例如，某组织某月的工资总额为 680000 元，职工总数为 1000 人，则：

$$\text{职工月平均工资}=\frac{680000}{1000}=680(\text{元})$$

计算时，要求各变量值必须是同质的，分子与分母必须属于同一总体，即公式的分子是分母具有的标志值，分母是分子的承担者。在实际工作中，就手工计算而言，由于所掌握的统计资料不同，利用公式进行计算时，可分为简单算术平均数和加权算术平均数两种。

简单算术平均数(simple arithmetic mean)是根据未经分组整理的原始数据计算的均值。

设一组数据为 $x_1, x_1, \cdots, x_n$，则简单算术平均数的计算公式如式 5－2：

$$\bar{x} = \frac{x_1 + x_2 + \cdots + x_n}{n} = \frac{\sum x}{n} \tag{5-2}$$

【例 5－1】 据南方人才服务中心调查，从事 IT 行业的从业人员年薪在 40000～55000 元之间，表 5－1 的数据是 IT 从业人员年薪的一个样本。

表 5－1　24 名 IT 从业人员年薪资料表

49100	48600	49950	48800	47200	49900	51350	54600
49300	51200	51000	49400	51400	51800	49600	53400
48700	50300	49000	49800	48900	48650	51300	51900

计算 IT 从业人员的平均年薪。

根据式(5－2)计算如下：

$$\text{平均年薪}\ \bar{x} = \frac{\sum_{i=1}^{n} x_i}{n} = \frac{49100 + 49300 + \cdots + 53400 + 51900}{24} = 50214.58(\text{元})$$

加权算术平均数(weighted arithmetic mean)是根据分组整理的数据计算的算术平均数，其计算公式为：

$$\bar{x} = \frac{X_1 f_1 + X_2 f_2 + \cdots + X_n f_n}{f_1 + f_2 + \cdots + f_n} = \frac{\sum Xf}{\sum f} \tag{5-3}$$

式中，f 代表各组变量值出现的频数，X 为组中值。

【例 5－2】 以表 5－2 为例，计算平均身高。

表 5－2　某学校 50 名学生身高均值计算表

身高(cm)	组中值 X	频数 f	Xf
105～110	107.5	3	322.5
110～115	112.5	5	562.5
115～120	117.5	8	940.0
120～125	122.5	14	1715.0
125～130	127.5	10	1275.0
130～135	132.5	6	795.0
135～140	137.5	4	550.0
合　计	—	50	6160.0

$$\text{平均身高} = \frac{\sum Xf}{\sum f} = \frac{6160}{50} = 123.2(\text{cm})$$

算术平均数的大小，不仅取决于研究对象的变量值，而且受各变量值重复出现的频数(f)或频率($f/\sum f$)大小的影响，如果某一组的频数或频率较大，说明该组的数据较多，那么该组数据的大小对算术平均数的影响就大，反之则小。可见各组频数的多少(或频率的高低)对平均结果起着一种权衡轻重的作用，因而这一衡量变量值相对重要性的数值称为权数。所谓权数的大小是指各组单位数占总体单位数的比重，即权数系数（$f/\sum f$），权数系数亦称为频率，是一种结构相对数。

当然，利用组中值作为本组平均值计算算术平均数，是在各组内的标志值分布均匀的假定下计算的。计算结果与未分组数列的相应结果可能会有一些偏差，应用时应予以注意。在统计分析过程中，如果搜集到的是经过初步整理的次级数据或数据要求不很精确的原始数据资料，可用此法计算均值。如果要求结果十分精确，那么需用原始数据的全部实际信息，如果计算量很大，可借助计算机的统计功能。

计算相对数的平均数应将分子视为总体标志总量，分母视为总体单位总量。

【例5-3】 某季度某工业公司18个工业企业产值计划完成程度资料如表5-3，计算平均产值计划完成程度。

$$\text{平均产值计划完成程度} = \frac{\text{实际完成产值}}{\text{计划产值}} = \frac{\sum Xf}{\sum f}$$

$$= \frac{26175}{24900} = 105.12\%$$

表5-3 某工业公司产值完成情况表

产值计划完成程度(%)	组中值(%)X	企业数(个)	计划产值(万元)f	实际产值(万元)Xf
80～90	85	2	800	680
90～100	95	3	2500	2375
100～110	105	10	17200	18060
110～120	115	3	4400	5060
合计	—	18	24900	26175

计划完成相对数的计算公式是实际完成数与计划任务数之比，因此，平均计划完成程度的计算只能是所有企业的实际完成数与其计划任务数之比，不能把各个企业的计划完成百分数简单平均。

算术平均数在统计学中具有重要的地位，是进行统计分析和统计推断的基础。从统计思想上看，它是一组数据的重心所在，是数据误差相互抵消后的必然性结果。比如对同一事物进行多次测量，若所得结果不一致，可能是由于测量误差所致，也可能是其他因素的偶然影响，利用算术平均数作为其代表值，则可以使误差相互抵消，反映出事物必然性的数量特征。算术平均数的一些重要数学性质在实际工作也中有着广泛的应用(如在相关性分析和方差分析及建立回归方程中)。

(1)性质1。各变量值与其算术平均数的离差之和等于零，即 $\sum(x-\bar{x})f=0$；

(2)性质2。各变量值与其算术平均数的离差平方和最小，即 $\sum(x-\bar{x})^2 f=\min$。

实践中可以利用计算工具求算术平均数。对于未整理的原始数据或已整理分组的数列，均可利用计算器的统计功能计算算术平均数。需要特别注意的是，当资料为变量数列时，一定要先输入变量值，然后输入乘号键，再输入频数值，绝对不能颠倒次序。

运用计算机技术，不但能使人们从大量繁杂的手工处理数据工作中解脱出来，而且还可大大提高对统计数据的利用率。使用“office”软件的用户超过 90%，而用“office”软件中的“excel”组件可以及时、准确、完整地将常用的基本统计量(如本章的算术平均数)等迅速提供给人们。

下面举例说明利用“excel”计算算术平均数的步骤。如计算某班期末考试各科平均成绩。

方法一：

第一步，打开“excel”，输入全班每位同学各科考试成绩(一般以每行记录一名学生的各科成绩，也可以每列记录一名学生的各科成绩)；

第二步，选择(单击)“工具”下拉菜单；

第三步，选择(单击)“数据分析”选项；

第四步，从弹出的“分析工具”中选择(单击)“描述统计”并单击“确定”；

第五步，在对话框中的“输入区域”框内键入要计算的单元格区域(如果包括字段行，则须选中“标志位于第一行”复选框。若分组方式为逐行，则该复选框选定标志位于第一列)，在“输出选项”中选择输出区域，选择“汇总统计”(该选项给出全部描述统计量)，单击“确定”。

方法二：

第一步，打开“excel”，输入全班每位同学各科考试成绩(一般以每行记录一名学生的各科成绩，也可以每列记录一名学生的各科成绩)；

第二步，在适当的单元格内输入计算公式(以每行记录一名学生的各科成绩为例，假设第一行依次为姓名及各考试科目名称，最后一名学生第一科的成绩所在单元格为 B45，则可在 B46 单元格输入计算公式“:average(b2:b45)”)，然后回车；或者在适当的单元格内插入函数(选择“插入”下拉菜单，然后选择“函数”，接下来从弹出的对话框左边的函数类别中选择“统计”，再从对话框右边的函数名中选择“Average”，最后单击“确定”)；

第三步，选定第二步计算结果所在单元格，复制其他考试科目的平均成绩。

二、调和平均数(harmonic mean)

与算术平均数类似，调和平均数也有简单和加权两种形式，其计算公式分别为式 5-4 和式 5-5：

$$H=\frac{n}{\frac{1}{x_1}+\frac{1}{x_2}+\cdots+\frac{1}{x_n}}=\frac{n}{\sum_{i=1}^{n}\frac{1}{x_i}} \tag{5-4}$$

$$H=\frac{m_1+m_2+\cdots+m_n}{\frac{m_1}{x_1}+\frac{m_2}{x_2}+\cdots+\frac{m_n}{x_n}}=\frac{\sum_{i=1}^{n}m_i}{\sum_{i=1}^{n}\frac{m_i}{x_i}} \tag{5-5}$$

由于调和平均数也可以看成是变量 x 的倒数的算术平均数的倒数，故有时也被称为“倒数平均数”。

【例 5-4】 假定有 A、B 两机关员工的月工资资料如表 5-4 的前三列，试分别计算其平均工资。

表5-4　两机关员工工资情况表

月工资 x(元)	工资总额 m(元)		员工人数 $f=m/x$(人)	
	A	B	A	B
800	48000	40000	60	50
1000	70000	40000	70	40
1600	32000	40000	20	25
合计	150000	120000	150	115

在这里,平均工资作为“单位标志平均数”仍然必须是标志总量(工资总额)与单位总数(员工总数)之比。依据给出的月工资水平和工资总额的分组资料,可以首先用前者来除后者,得到各组的员工人数,进而加总得到全体的员工总数(表中后两列),这样就很容易计算出两个机关各自的平均工资。将这些计算过程归纳起来,就是运用了调和平均数的公式。

先计算A机关的平均工资,得到:

$$H_A=\frac{\sum_{i=1}^{3}m_i}{\sum_{i=1}^{3}\frac{m_i}{x_i}}=\frac{48000+70000+32000}{\frac{48000}{800}+\frac{70000}{1000}+\frac{32000}{1600}}$$

$$=150000/150=1000(\text{元})$$

对于B机关,也可以采用加权调和平均数公式来计算其平均工资:

$$H_B=\frac{\sum_{i=1}^{3}m_i}{\sum_{i=1}^{3}\frac{m_i}{x_i}}=\frac{40000+40000+40000}{\frac{40000}{800}+\frac{40000}{1000}+\frac{40000}{1600}}$$

$$=\frac{120000}{115}\approx1043.48(\text{元})$$

但由于各组的权数(工资总额)相同,实际上并没有真正起到加权的作用。采用简单调和平均数的公式来计算,可以得到完全相同的结果,而计算过程却大大简化了:

$$H_B=\frac{3}{\sum_{i=1}^{3}\frac{1}{x_i}}=\frac{3}{\frac{1}{800}+\frac{1}{1000}+\frac{1}{1600}}\approx1043.48(\text{元})$$

【例5-5】　设有某行业150个企业的有关产值和利润资料见表5-5。

表5-5　某行业产值和利润情况表

产值利润率(%)	一季度		二季度	
	企业数(个)	实际产值(万元)	企业数(个)	实际利润(万元)
5～10	30	5700	50	710
10～20	70	20500	80	3514
20～30	50	22500	20	2250
合　计	150	48700	150	6474

表中给出的是按产值利润率分组的企业个数、实际产值和实际利润资料。应该注意,产值利润是一个相对指标,而不是平均指标。为了计算全行业的平均产值利润率,必须以产值利润

率的基本公式为依据：

$$\text{产值利润率} = \frac{\text{实际利润}}{\text{实际产值}} \times 100\% \tag{5-6}$$

并选择适当的权数资料，适当的平均数形式，对各组企业的产值利润率进行加权平均。容易看出，计算第一季度的平均产值利润率，应该采用实际产值加权，进行算术平均，即有：

$$\begin{aligned}\text{一季度平均产值利润率} &= \frac{\sum xf}{\sum f} = \frac{0.075 \times 5700 + 0.15 \times 20500 + 0.25 \times 22500}{5700 + 20500 + 22500} \\ &= \frac{9127.5}{48700} = 18.74\%\end{aligned}$$

而计算第二季度的平均产值利润率，则应该采用实际利润加权，进行调和平均，即有：

$$\begin{aligned}\text{二季度平均产值利润率} &= \frac{\sum m}{\sum \frac{m}{x}} = \frac{710 + 3514 + 2250}{\frac{710}{0.075} + \frac{3514}{0.15} + \frac{2250}{0.25}} \\ &= \frac{6474}{41893.3} = 15.45\%\end{aligned}$$

由上例可见，对于同一问题的研究，算术平均数和调和平均数的实际意义是相同的，计算公式也可以相互推算，采用哪一种方法完全取决于所掌握的实际资料。一般的做法是，如果掌握的是基本公式中的分母资料，则采用算术平均数；如果掌握的是基本公式中的分子资料，则采用调和平均数的计算公式。

调和平均数的特点是易受极端值的影响，且受极小值的影响比受极大值的影响更大。应注意只要有一个变量值为零，就不能计算调和平均数。当组距数列有开口组时，其组中值即使按相邻组距计算，假定性也很大，调和平均数的代表性不可靠。此外，调和平均数应用的范围较小。

三、几何平均数(geometric mean)

几何平均数也称几何均值，是 n 个变量值乘积的 n 次方根。根据统计资料的不同，几何平均数也有简单几何平均数和加权几何平均数之分。

直接将 n 项变量连乘，然后对其连乘积开 n 次方根所得的平均数即为简单几何平均数(simple geometric mean)。它是几何平均数的常用形式，计算公式为：

$$G = \sqrt[n]{x_1 \cdot x_2 \cdot x_3 \cdots x_n} = \sqrt[n]{\prod_{i=1}^{n} x_i} \tag{5-7}$$

式中：G 代表几何平均数，$\prod$ 代表连乘符号。

【例 5-6】 某流水生产线有前后衔接的五道工序。若各工序产品的合格率分别为 95%、92%、90%、85%、80%，整个流水生产线产品的平均合格率为：

$$\begin{aligned}G &= \sqrt[5]{0.95 \times 0.92 \times 0.90 \times 0.85 \times 0.80} \\ &= \sqrt[5]{0.5349} = 88.24\%\end{aligned}$$

与算术平均数一样，当资料中的某些变量值重复出现时，相应地，简单几何平均数就变成了加权几何平均数(weighted geometric mean)。计算公式为：

$$\bar{x}_G = \sqrt[\sum f]{x_1^{f_1} \cdot x_2^{f_2} \cdot x_3^{f_3} \cdots x_n^{f_n}} = \sqrt[\sum f]{\prod_{i=1}^{n} x_i^{f_i}} \tag{5-8}$$

式中:f_i 代表各个变量值出现的次数。

【例 5-7】 某工商银行某项投资年利率是按复利计算的,20 年的利率分配见表 5-6,计算 20 年的平均年利率。

表 5-6 投资年利率分组表

年限	年利率(%)	本利率(%)x_i	年数(个)f_i
第 1 年	5	105	1
第 2 年至第 4 年	8	108	3
第 5 年至第 15 年	15	115	11
第 16 年至第 20 年	18	118	5
合 计	—	—	20

按公式 5-8 计算 20 年的平均年利率为:

由 $\bar{x}_G = \sqrt[20]{1.05^1 \times 1.08^3 \times 1.15^{11} \times 1.18^5} = 114.14\%$

得,20 年的平均年利率为 $114.14\% - 1 = 14.14\%$

几何平均数受极端值的影响较算术平均数小。如果变量值有负值,计算出的几何平均数就会成为负数或虚数。应注意,几何平均数仅适用于具有等比或近似等比关系的数据。几何平均数的对数是各变量值对数的算术平均数。

第二节 集中趋势——位置平均数

位置平均数,就是根据总体中处于特殊位置上的个别单位或部分单位的标志值来确定的代表值,对于总体来说,具有非常直观的代表性,因此,常用来反映分布的集中趋势。常用的有众数和中位数。

一、众数(mode)

统计上把这种在一组数据中出现次数最多的变量值叫做众数,用 M_0 表示。主要用于表征定类(品质标志)数据的集中趋势,当然也适用于作为定序(品质标志)数据以及定距和定比(数量标志)数据集中趋势的测度值。

由品质数列和单项式变量数列确定众数比较容易,出现次数最多的变量值,就是众数。若所掌握的资料是组距式数列,则只能按一定的方法来推算众数的近似值,计算公式为:

$$M_0 = L + \frac{\Delta_1}{\Delta_1 + \Delta_2} \times d \tag{5-9}$$

$$M_0 = U - \frac{\Delta_2}{\Delta_1 + \Delta_2} \times d \tag{5-10}$$

式中,L——众数所在组下限;

U——众数所在组上限;

Δ_1——众数所在组次数与其下限的邻组次数之差;

Δ_2——众数所在组次数与其上限的邻组次数之差;

d——众数所在组组距。

【例 5-8】 根据表 5-2 的数据，计算 50 名学生身高的众数。

从表 5-2 中的数据可以看出，最大的频数值是 14，即众数组为 120～125 这一组，根据式 5-9、5-10，得 50 名学生的身高众数为：

$$M_0 = 120 + \frac{14-8}{(14-8)+(14-10)} \times 5 = 123(\text{cm})$$

$$\text{或 } M_0 = 125 - \frac{14-10}{(14-8)+(14-10)} \times 5 = 123(\text{cm})$$

众数是一种位置平均数，是总体中出现次数最多的变量值，因而在实际工作中有时有特殊用途。诸如要说明一个企业中工人最普遍的技术等级，说明消费者需要的内衣、鞋袜、帽子等最普遍的号码，说明农贸市场上某种农副产品最普遍的成交价格等，都需要利用众数。但是必须注意，从分布的角度看，众数是具有明显集中趋势点的数值，一组数据分布的最高峰点所对应的数值即为众数。当然，如果数据的分布没有明显的集中趋势或最高峰点，众数也可能不存在；如果有两个最高峰点，也可以有两个众数。只有在总体单位比较多，而且又明显地集中于某个变量值时，计算众数才有意义。

众数是以在所有标志值中所处的位置确定其全体单位标志值的代表值，不受分布数列的极大或极小值的影响，从而增强了众数对分布数列的代表性。当分组数列没有任何一组的次数占多数，也即分布数列中没有明显的集中趋势，而是近似于均匀分布时，则该次数分配数列无众数。若将无众数的分布数列重新分组或各组频数依序合并，又会使分配数列再现出明显的集中趋势。如果与众数组相比邻的上下两组的次数相等，则众数组的组中值就是众数值；如果与众数组比邻的上一组的次数较多，而下一组的次数较少，则众数在众数组内会偏向该组下限；如果与众数组比邻的上一组的次数较少，而下一组的次数较多，则众数在众数组内会偏向该组上限。由于众数的计算只利用了众数组的数据信息，不像数值平均数那样利用了全部数据信息，因此缺乏敏感性。

二、中位数(median)

中位数是将数据按大小顺序排列起来，形成一个数列，居于数列中间位置的数据就是中位数。中位数用 M_e 表示。

从中位数的定义可知，所研究的数据中有一半小于中位数，一半大于中位数。中位数的作用与算术平均数相近，也是作为所研究数据的代表值。在一个等差数列或一个正态分布数列中，中位数就等于算术平均数。

在数列中出现极端变量值时，用中位数作为代表值要比用算术平均数更好，因为中位数不受极端变量值的影响；如果研究目的只是为了反映中间水平，也应该用中位数。在统计数据的处理和分析时，可结合使用中位数。

确定中位数，必须将总体各单位的标志值按大小顺序排列，最好是编制出变量数列。

对于未分组的原始资料，首先必须将标志值按大小排序。设排序的结果为：

$$x_1 \leqslant x_2 \leqslant x_3 \leqslant \cdots \leqslant x_n$$

则中位数就可以按下面的方式确定：

$$M_e = \begin{cases} x_{\frac{n+1}{2}} & (n\text{ 为奇数}) \\ \dfrac{x_{\frac{n}{2}} + x_{\frac{n}{2}+1}}{2} & (n\text{ 为偶数}) \end{cases} \tag{5-11}$$

例如，根据例 5 - 2 的数据，计算 50 名学生的身高中位数。中位数的位置在(50+1)/2 = 25.5，中位数在第 25 个数值(123)和第 26 个数值(123)之间，即 $M_e = (123+123)/2 = 123$(cm)。

中位数也可由组距数列确定，先按公式 $\frac{\sum f}{2}$ 求出中位数所在组的位置，然后再按式(5 - 12)确定中位数。

$$\text{下限公式：} M_e = L + \frac{(\sum f/2) - S_{m-1}}{f_m} \times d$$
$$\text{上限公式：} M_e = U - \frac{(\sum f/2) - S_{m+1}}{f_m} \times d \qquad (5-12)$$

式中，M_e——中位数；

L——中位数所在组下限；

U——中位数所在组上限；

f_m——为中位数所在组的次数；

$\sum f$——总次数；

d——中位数所在组的组距；

S_{m-1}——中位数所在组以下的累计次数；

S_{m+1}——中位数所在组以上的累计次数。

【例 5 - 9】 根据例 5 - 2 的数据，计算 50 名学生身高的中位数。

表 5 - 7 某学校 50 名学生身高中位数计算表

身高(cm)	频数(人)	向上累计(人)	向下累计(人)
105～110	3	3	50
110～115	5	8	47
115～120	8	16	42
120～125	14	30	34
125～130	10	40	20
130～135	6	46	10
135～140	4	50	4

由表 5 - 7 可知，中位数的位置 = 50/2 = 25，即中位数在 120～125 这一组，$L=120$，$S_{m-1}=16$，$U=125$，$S_{m+1}=20$，$f_m=14$，$d=5$，根据中位数公式得：

$$M_e = 120 + \frac{\frac{50}{2} - 16}{14} \times 5 = 123.21(\text{cm})$$

$$\text{或 } M_e = 125 - \frac{\frac{50}{2} - 20}{14} \times 5 = 123.21(\text{cm})$$

中位数是以其在所有标志值中所处的位置确定的全体单位标志值的代表值，不受分布数列的极大或极小值影响，从而在一定程度上提高了中位数对分布数列的代表性。有些离散型变量的单项式数列，当次数分布偏态时，中位数的代表性会受到影响，中位数缺乏敏感性。

三、众数、中位数和算术平均数的比较

算术平均数、众数和中位数之间的关系与次数分布数列有关。在次数分布完全对称时，算术平均数、众数和中位数都是同一数值，见图 5－1；在次数分布非对称时，算术平均数、众数和中位数不再是同一数值，而具有相对固定的关系。尾巴拖在右边的正偏态(或右偏态)分布中，众数最小，中位数适中，算术平均数最大，见图 5－2；尾巴拖在左边的负偏态(或左偏态)分布中，众数最大，中位数适中，算术平均数最小，见图 5－3。

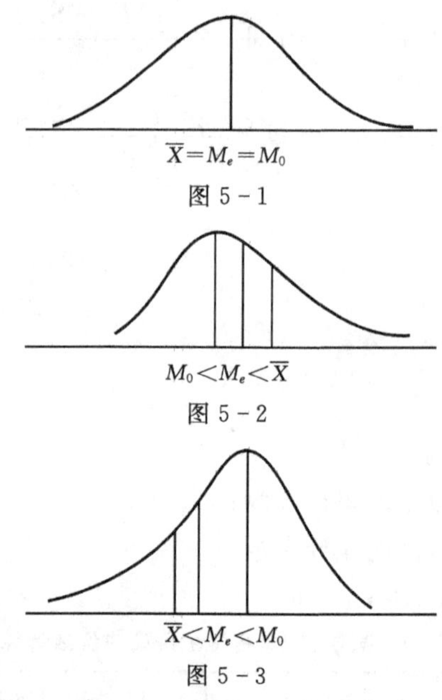

图 5－1

图 5－2

图 5－3

在统计实务中，可以利用算术平均数、中位数和众数的数量关系判断次数分布的特征，还可利用三者的关系进行相互之间的估算。根据经验，在分布偏斜程度不大的情况下，不论右偏或左偏，三者存在一定的比例关系，即众数与中位数的距离约为算术平均数与中位数距离的 2 倍，用公式表示为：

$$M_e - M_0 = 2 \times (\overline{x} - M_e) \tag{5-13}$$

因此可以得到三个推导公式：

$$\overline{x} = \frac{3M_e - M_0}{2} \tag{5-14}$$

$$M_e = \frac{M_0 - 2\overline{x}}{3} \tag{5-15}$$

$$M_0 = 3M_e - 2\overline{x} \tag{5-16}$$

众数、中位数和算术平均数各自具有不同的特点，掌握相互之间的关系和各自的特点，有助于在实际应用中选择合理的测度值来描述数据的集中趋势。

众数是一种位置代表值，易理解，不受极端值的影响。任何类型的数据资料都可以计算，但主要适合于作为定类数据的集中趋势测度值，即使资料有开口组仍然能够使用众数。众数不适于作进一步的代数运算；在有的资料中，众数根本不存在；当资料中包括多个众数时，很难进行比较和说明，因此应用不如算术平均数广泛。

中位数也是一种位置代表值，不受极端值的影响；除了数值型数据，定序数据也可以计算，

而且主要适合于作为定序数据的集中趋势测度值，而且开口组资料也不影响计算。中位数不适于进一步的代数运算，应用也不如算术平均数广泛。

算术平均数的特点是通俗易懂，直观清晰。全部数据都要参加运算，因此是一个可靠的具有代表性的量。任何一组数据都有一个平均数，而且只有一个平均数。用统计方法推断几个样本是否取自同一总体时，必须使用算术平均数。它具有优良的数学性质，适合于代数方法的演算。算术平均数是实际中应用最广泛的集中趋势测度值，主要适合于作为定距和定比数据的集中趋势测度值。它最容易受极端值的影响；对于偏态分布的数据，算术平均数的代表性较差；资料有开口组时，按相邻组组距计算假定性很大，代表性降低。

第三节　离中趋势

一、离中趋势的测定——变异指标

变异指标是反映总体各单位标志值的差别大小程度的综合指标，又称标志变动度。平均指标反映总体一般数量水平的同时，掩盖了总体各单位标志值的数量差异。变异指标弥补了这方面的不足，能综合反映总体各单位标志值的差异性，从另一方面说明了总体的数量特征。平均指标说明总体各单位标志值的集中趋势，而变异指标则说明标志值的分散程度或离中趋势。

变异指标是衡量平均指标代表性的尺度。一般来讲，数据分布越分散，变异指标越大，平均指标的代表性越小；数据分布越集中，变异指标越小，平均指标的代表性越大。常用的变异指标有：全距、平均差、方差和标准差、变异系数。

二、全距(range)

全距也称为极差，是指总体各单位的两个极端标志值之差，用 R 表示，即：

$$R=\text{最大标志值}-\text{最小标志值} \qquad (5-17)$$

因此，全距(R)可反映总体标志值的差异范围。

【例 5－10】 有两个学习小组的管理学课程成绩分别为：

第一组：60，70，80，90，100

第二组：78，79，80，81，82

很明显，两个小组的考试成绩平均分都是 80 分，但是哪一组的分数比较集中呢？

如果用全距指标来衡量，则有

$R_{甲}=100-60=40$(分)

$R_{乙}=82-78=4$(分)

这说明第一组资料的标志变动度或离中趋势远大于第二组资料的标志变动度。

根据组距计算极差，是测定标志变动度的一种简单方法，但受极端值的影响，因而往往不能充分反映社会经济现象的离散程度。

在实际工作中，全距常用来检查产品质量的稳定性和进行质量控制。在正常生产条件下，全距在一定范围内波动，若全距超过给定的范围，就说明有异常情况出现。因此，利用全距有助于及时发现问题，以便采取措施，保证产品质量。

三、平均差(mean deviation)

平均差是总体各单位标志对其算术平均数的离差绝对值的算术平均数,综合反映了总体各单位标志值的变动程度,用 $A.D$ 表示。平均差越大,则表示标志变动度越大;反之,则表示标志变动度越小。

在资料未分组的情况下,平均差的计算公式为:

$$A.D=\frac{\sum|x-\bar{x}|}{N} \tag{5-18}$$

采用标志值对算术平均数的离差绝对值之和,是因为各标志值对算术平均数的离差之代数和等于零。仍以甲组学生数学成绩为例,计算平均差如下:

$$A.D=\frac{|60-80|+|70-80|+|80-80|+|90-80|+|100-80|}{5}=12(\text{分})$$

在资料已分组的情况下,要用加权平均差公式:

$$A.D=\frac{\sum|x-\bar{x}|f}{\sum f} \tag{5-19}$$

【例 5-11】 某组织月公积金水平分组的组距数列如表 5-8 中前两列,计算平均差。

表 5-8 计算用表

月公积金(元)	职工人数(f)	组中值(X)	Xf	$x-\bar{x}$	$\|x-\bar{x}\|f$
250—270	15	260	3900	−50	750
270—290	25	280	7000	−30	750
290—310	35	300	10500	−10	350
330—350	65	320	20800	10	650
350—370	40	340	13600	30	1200
合计	180	—	55800		3700

根据公式列表计算,得

$$\bar{x}=\frac{\sum Xf}{\sum f}=\frac{55800}{180}=310(\text{元})$$

$$A.D=\frac{\sum|x-\bar{x}|f}{\sum f}=\frac{3700}{180}=20.6(\text{元})$$

由于平均差采用了离差的绝对值,不便于运算,这样使其应用受到了很大限制。

四、方差(variance)与标准差(standard deviation)

方差和标准差是测度数据变异程度的最重要、最常用的指标。方差是各个数据与其算术平均数的离差平方和的平均数,通常以 σ^2 表示。方差的计量单位和量纲不便于从经济意义上进行解释,所以实际统计工作中多用方差的算术平方根——标准差来测度统计数据的差异程度。标准差又称均方差,一般用 σ 表示。方差和标准差的计算也分为简单平均法和加权平均法,另外,对于总体数据和样本数据,公式略有不同。

设总体方差为 σ^2 ,对于未经分组整理的原始数据,方差的计算公式为:

$$\sigma^2 = \frac{\sum_{i=1}^{N}(X_i - \overline{X})^2}{N} \quad (5-20)$$

其中：X 为单个变量值，$\overline{X}$ 为算术平均数，N 为总例数。

对于分组数据，方差的计算公式为：

$$\sigma^2 = \frac{\sum_{i=1}^{K}(X_i - \overline{X})^2 f_i}{\sum_{i=1}^{K} f_i} \quad (5-21)$$

方差的平方根即为标准差，其相应的计算公式为：

未分组数据：$\sigma = \sqrt{\dfrac{\sum_{i=1}^{N}(X_i - \overline{X})^2}{N}}$ (5-22)

分组数据：$\sigma = \sqrt{\dfrac{\sum_{i=1}^{K}(X_i - \overline{X})^2 f_i}{\sum_{i=1}^{K} f_i}}$ (5-23)

样本方差与总体方差在计算上的区别是：总体方差是用数据个数或总频数去除离差平方和，而样本方差则是用样本数据个数或总频数减 1 去除离差平方和，其中样本数据个数减 1，即 $n-1$，称为自由度。设样本方差为 S^2，根据未分组数据和分组数据计算样本方差的公式分别为：

未分组数据：$S^2 = \dfrac{\sum_{i=1}^{n}(x_i - \overline{x})^2}{n-1}$ (5-24)

分组数据：$S^2 = \dfrac{\sum_{i=1}^{k}(x_i - \overline{x})^2 f_i}{\sum_{i=1}^{k} f_i - 1}$ (5-25)

相应的标准差计算公式为：

未分组数据：$S = \sqrt{\dfrac{\sum_{i=1}^{n}(x - \overline{x})^2}{n-1}}$ (5-26)

分组数据：$S = \sqrt{\dfrac{\sum_{i=1}^{k}(x - \overline{x})^2 f_i}{\sum_{i=1}^{k} f_i - 1}}$ (5-27)

【例 5-12】 考察一台机器的生产能力，利用抽样程序来检验生产出来的产品质量，假设搜集的数据如下(见表 5-9)：

表 5-9 产品质量统计表

3.43	3.45	3.43	3.48	3.52	3.50	3.39
3.48	3.41	3.38	3.49	3.45	3.51	3.50

根据该行业通用法则：如果一个样本中的 14 个数据项的方差大于 0.005，则该机器必须关闭待修。问此时的机器是否必须关闭？

根据已知数据，计算 $\bar{x}=\frac{\sum x}{n}=3.459$

$$S^2=\frac{\sum (x-\bar{x})^2}{n-1}=0.002<0.005$$

因此，该机器工作正常。

方差和标准差也是根据全部数据计算的，反映了每个数据与其均值相比平均相差的数值，因此它能准确地反映出数据的离散程度。方差和标准差是实际中应用最广泛的离散程度测度值。

五、变异系数(coefficient of variation)

变异系数，也叫离散系数、标准差率，主要反映原始变量值的计量单位不同或均值相差较大情况时的离散水平。这是因为上面介绍的各离散程度测度值都是反映数据分散程度的绝对值，其数值的大小一方面取决于原变量值本身水平高低的影响，也就是与变量的均值大小有关。变量值绝对水平越高，离散程度的测度值自然也就越大，绝对水平越低，离散程度的测度值自然也就越小；另一方面，它们与原变量值的计量单位相同，采用不同计量单位计量的变量值，其离散程度的测度值也就不同。因此，对于平均水平不同或计量单位不同的不同组别的变量值，是不能直接用上述离散程度的测度值直接进行比较的。为了消除变量值水平高低和计量单位不同对离散程度测度值的影响，需要计算离散系数。

离散系数通常是就标准差来计算的，因此也称为标准差系数。它是一组数据的标准差与其相应的均值之比，是测度数据离散程度的相对指标，其计算公式为：

$$V_\sigma=\frac{\sigma}{\bar{x}} \text{ 或 } V_s=\frac{s}{\bar{x}} \tag{5-28}$$

式中，V_σ 和 V_s 分别表示总体离散系数和样本离散系数。

当离散系数用于对不同组别数据的离散程度进行比较时，离散系数大的说明该组数据的离散程度也就大，离散系数小的说明该组数据的离散程度也就小。

【例 5-13】 某管理局抽查了所属的 8 家企业，其产品销售数据如表 5-10 所示。试比较产品销售额与销售利润的离散程度。

表 5-10　某管理局所属 8 家企业的产品销售数据

企业编号	产品销售额(万元)X_1	销售利润(万元)X_2
1	170	8.1
2	220	12.5
3	390	18.0
4	430	22.0
5	480	26.5
6	650	40.0
7	950	64.0
8	1000	69.0

由于销售额与利润额的数据水平不同，不能直接用标准差进行比较，需要计算离散系数。由表中数据计算得

$\overline{X}_1 = 536.25$(万元)　$S_1 = 309.19$(万元)　$V_1 = \dfrac{309.19}{536.25} = 0.577$

$\overline{X}_2 = 32.5215$(万元)　$S_2 = 23.09$(万元)　$V_2 = \dfrac{23.09}{32.5125} = 0.710$

计算结果表明，$V_1 < V_2$，说明产品销售额的离散程度小于销售利润的离散程度。

第四节　EXCEL 描述统计功能

Microsoft　EXCEL 是一个设计精良、功能齐全的办公软件。除了具有常用的办公功能，如通过电子表格的形式对数字数据进行组织和计算，将数字数据转化为可视化的图表和数据库管理功能外，还是一个十分强大且易使用的数据统计和预测工具。EXCEL 的统计功能分为基本统计和预测两部分。本节将介绍 EXCEL 2000 的基本描述性统计功能。

描述性统计可通过 EXCEL 提供的统计函数或加载宏来完成，下面分别介绍 EXCEL 的描述性统计功能。

一、用 EXCEL 统计函数进行特征值计算

EXCEL 描述性统计函数主要包括一般统计函数、集中趋势函数和变异统计函数。

如图 5－4 所示，单元格区域 B3：B53 是第三章第三节为数据分组的例 3－3，C3：C19 是一些描述性统计量的说明，D3：D19 是一般统计结果。其做法有如下两种：

(1)在单元格 D2 中输入公式"＝COUNT(B3：B53)"并回车，得到 B4：B53 区域中非空数值型数据的个数统计；在单元格 D3 中输入公式"＝SUM(B3：B53)"并回车，得到 50 名工人日加工零件数的总和；同样，在 D4：D15 单元格中中分别输入 MAX、MIN、AVERAGE、MEDIAN、GEOMEAN、HARMEAN、AVEDEV、STDEV、VAR、KURT 和 SKEW 函数，分别得到 50 个数据中的最大值、最小值、平均值、中位数、几何平均数和调和平均数及变异统计的平均差、标准差、方差峰度和偏度。

Microsoft Excel - Book1

文件(F)　编辑(E)　视图(V)　插入(I)　格式(O)　工具(T)　数据(D)　窗口(W)　帮助(H)

D14　=　=SKEW(B3:B52)

	A	B	C	D	E	F	G	H
1	50名工人某日加工零件个数							
2	工号	零件数	个数	50				
3	1	117	总和	6149				
4	2	122	最大值	139				
5	3	124	最小值	107				
6	4	129	平均值	122.98				
7	5	139	中值	123				
8	6	107	几何平均数	122.7222068				
9	7	117	调和平均数	122.4633136				
10	8	130	平均差	6.2616				
11	9	122	标准差	8.026715596				
12	10	125	方差	64.42816327				
13	11	108	峰度	-0.408713596				
14	12	131	偏度	9.94468E-05				

图 5－4　统计函数

(2)首先在 EXCEL 2000 的系统工具栏中选择"插入"中的函数，其次在函数对话框中选择所计算的函数，然后根据函数向导提示一步步的完成。其具体操作如图 5－5(A－C)。

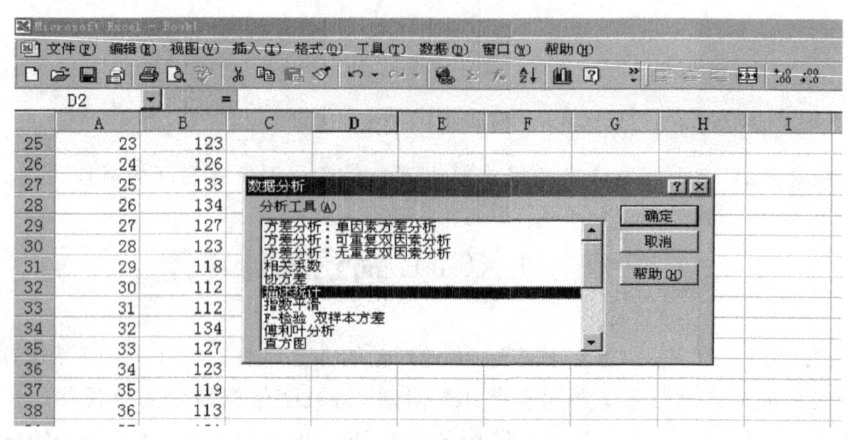

图 5-5A　数据分析宏程序

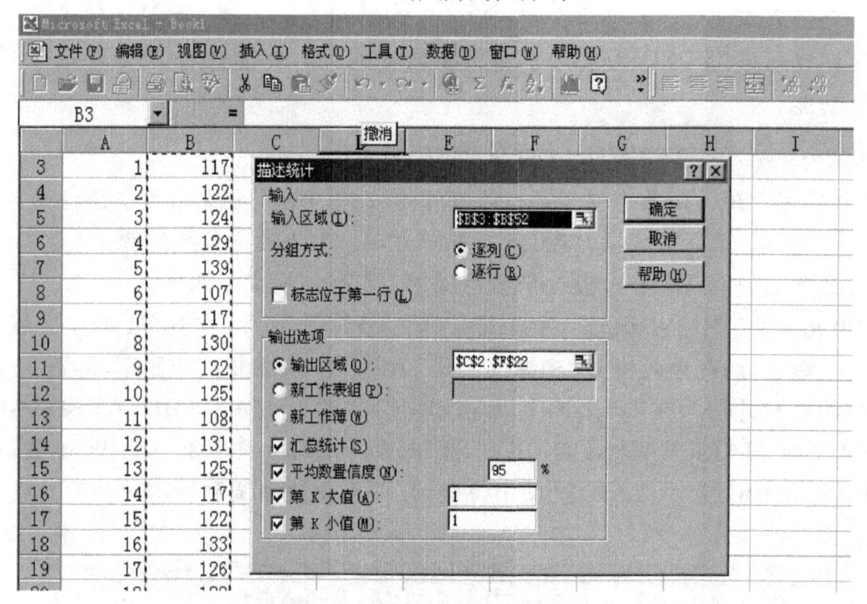

	A	B	C	D
1	50名工人某日加工零件个数			
2	工号	零件数	列1	
3	1	117		
4	2	122	平均	122.98
5	3	124	标准误差	1.135149
6	4	129	中值	123
7	5	139	模式	122
8	6	107	标准偏差	8.026716
9	7	117	样本方差	64.42816
10	8	130	峰值	-0.40871
11	9	122	偏斜度	9.94E-05
12	10	125	区域	32
13	11	108	最小值	107
14	12	131	最大值	139
15	13	125	求和	6149
16	14	117	计数	50
17	15	122	最大(1)	139
18	16	133	最小(1)	107
19	17	126	置信度(95	2.281166

图 5-5C　描述性统计结果

二、宏程序进行特征值计算

除了利用上述统计函数完成统计数据分析外，EXCEL 还在数据分析宏程序中提供了一个描述性统计过程。对于例 3－3，我们也可以利用这个“描述性统计”宏过程来计算，其方法更为简单。

我们点击图中的“描述性统计”过程，“描述性统计”过程的菜单如图 5－5A，5－5B，5－5C 所示。我们在“输入区域”中输入数据所在单元格区域“B3:B53”，选择输出“汇总统计”和“平均数值信度”，在“K 个最大值”和“K 个最小值”选择中，选择系统默认值“1”，表示选择输出第 1 个最大值和第 1 个最小值。输入“输出区域”为 E1 单元格，然后按“确定”，即得到图所示特征值计算结果，该结果与图中利用统计函数计算的结果是一致的。

第五节　SPSS 软件的基本统计分析

一、频数分析过程

利用频数分布过程可以方便地对数据按组进行归类整理，形成各变量的不同水平（分组）的频数分布表和图形，以便对各变量数据的特征和记录分布状况有一个概括的认识。

建立或打开了数据文件后，进行一维频数分布分析。

（1）按 Analyze→DescriptiveStatistics→Frepuencies，打开 Frequencies 频数分析对话框。

（2）在左侧的源变量框中选择一个或多个变量，单击向右箭头按钮使其进入右侧的 Variable(s)框中。

（3）选中 Display frequency tables 复选项，将显示频数分布表。

（4）单击 Statistics 按钮，打开 Frequency、Statistics（统计量选择）对话框，在对话框中确定需要输出结果的统计量。

【练习】 有 27 名被调查者对工作的满意度回答数如下：5、4、2、4、3、4、3、4、4、2、4、3、4、3、2、6、4、4、2、2、3、4、5、3、2、4、3。试分析这 27 名被调查者对工作的满意度的分布情况。

二、描述性统计分析

描述性统计分析过程通过平均值、算术和、标准差、最大值、最小值、方差、极值和均值标准误等统计量变量进行描述。

操作步骤：

（1）在数据窗中建好或打开一个数据文件。

（2）按 Analyze→Descriptive Statistics→Descriptives，打开 Descriptives 对话框。

（3）在左侧的源变量中选择一个或多个变量作为待分析变量移入 Variable(s). 框中。

（4）选中 Save standardized values as variables 复选项，对所选择的每一个变量进行标准化产生相应的 Z 得分，作为新变量保存在数据窗中。其变量名为相应变量名加前缀 Z。

（5）单击 Options 按钮，展开 Options 对话框，在对话框中可以指定其他统计量与输出结果显示的顺序。

（6）单击 OK 按钮提交系统执行。

三、数据探索

操作步骤：

(1)建立或读取一个数据文件。

(2)按 Analyze→Descriptive Statistics→Explore，展开 Explore 对话框。

(3)选择分析变量。从左侧的源变量中，选择一个或多个数值型变量作为因变量进入 Dependent 框中。

(4)指定分组变量。

(5)选择标识变量。

(6)在 Display 栏中选择输出项。

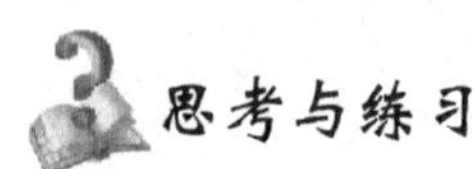

思考与练习

1. 某机关采购部的一个员工称他和少数其他几个员工几乎要干所有的活。为了支持他的观点，他收集了以下的数据，即该部门在一个具有代表性的星期中 16 个员工每人处理的采购单数目。计算该数据的集中趋势及离散程度所有测度指标。对该员工的主张进行评论，是否少数员工几乎在做全部工作？

12　22　8　14　15　32　17　24　20　37　15　23　16
40　19　21

2. 某公共事业部门领导开始关心本部门员工的健康状况。他给所有科室的负责人发出指示，要求他们鼓励员工每天至少运动 60 分钟。下面的数据为某科室的 10 位员工每日(平均)的运动时间(分钟)。据此数据计算所有集中趋势和离散趋势测度指标，这些员工达到领导的要求了吗？

75　20　15　95　30　100　40　10　90　120

3. 某市的社会保障管理者接到投诉，反映该市养老保险支付账单所需时间太长。你受命对此事进行调查，得到下面所列的该市 7 份支付账单所花天数的数据。请计算均值、中位数、标准差，你将报告均值还是中位数？为什么？

34　27　64　31　30　26　35

4. 某地区家庭月收入资料如下(见表 5－11)：

表 5－11　某地区平均月收入数据资料表

每人平均月收入(元)	职工户数(户)	组中值
400 以下	200	
400～500	300	
500～600	1200	
600～700	800	
700～800	500	
800 以上	150	
合计	3150	

要求：根据资料，计算职工家庭人均月收入的算术平均数、众数和中位数，并指出其分布特征。

5. 某机关甲、乙两个部门，甲部门平均每个公务员处理信件数为 65 件，标准差为 11 件；乙部门公务员处理信件数资料如下(见表 5－12)：

表 5－12　乙部门日处理信件数据表

日处理信件(件)	人数(人)
60 以下	5
60～70	9
70～80	12
80～90	14
90～100	10
合计	50

计算乙部门公务员处理信件数的平均数和标准差，并比较甲、乙两部门公务员处理信件数，哪一个部门更有代表性？

案例讨论

××市人民医院服务调查分析

背景资料

××市人民医院是一所集医疗、急救、科研、教学、预防、保健、康复于一体的三级乙等综合医院，国家级爱婴医院。

医院成立于 1946 年，目前占地 2.7 万平方米，职工 788 人，其中高级专业技术人员 133 员，中级职称 325 人；医院设有床位 700 张，临床科室 20 个，医技科室 16 个。医院拥有枋磁共振、螺旋 CT、普通 CT、大型血管造影机、数字胃肠机、全自动生化分析仪、彩超、数字化 X 光成像系统等先进医疗设备，固定资产 1.98 亿元。

近年来，医院坚持以病人为中心的服务思想，从服务项目、服务规范、服务礼仪、服务质量、服务效率等多方面开展了全方位整体医疗服务，获得了病人及社会人群的认可，取得了良好的社会效益。医院为了刷新形象、提高服务水平、打造品牌医院，于 2006 年 4～10 月全面导入了 CIS，其间开展了医院服务现场调查研究。

研究设计

调查研究的目的是了解病人的求医需求，了解病人对医院人员、技术、设备、环境、服务费用等方面的看法，听取病人在诊疗中的各种感受，为医院开展人本化服务提供依据。

调查对象主要为门诊就诊病人、住院病人。计划调查门诊病人 70 人，住院病人 80 人，病人要来自于医院各临床科室，依据实际病人数比例进行抽样，确保调查病人的代表性。

调查问卷的部分内容为：

医院服务调查问卷

尊敬的病员：

为了了解大家对医院服务的态度及质量的意见，特请您填答下列问题，请在您认为合适答案前的“□”划一个“√”。您对问卷的认真填写将是对我们工作的大力支持！非常感谢您的积极参与！

1. 您是来本院接受服务的：

□门诊病人　□住院病人 □健康检查者(含产前检查)□其他＿＿＿＿＿＿

2. 您选择该医院就诊的主要理由是：

□离医院比较近　□医院技术水平较高　□医院服务态度好

□医院医疗设备先进　□费用比较低　□有熟人

□其他__________

3. 您对该医院整体服务满意吗？

□非常满意　□满意　□一般　□不满意　□非常不满意

4. 您认为医院下列哪一类工作人员整体形象相对好一些？

□医生　□护士　□医院管理者　□后勤人员

5. 医生在诊断时会耐心倾听您的病情吗？

□非常耐心　□耐心　□一般　□不耐心　□非常不耐心

6. 该医院医生的诊断技术比其他医院好吗？

□是　□差不多　□不是

7. 该医院医生的治疗水平比其他医院好吗？

□是　□差不多　□不是

8. 医生在做检查前，会有充分的说明或解答疑问吗？

□会　□一般　□不会

9. 该医院护士的护理技术比其他医院好吗？

□非常好　□好　□一般　□不好　□非常不好

10. 护士是否能经常观察您的病情变化？

□经常能　□能　□一般　□不能　□经常不能

11. 护士能主动给您进行有关健康教育吗？

□经常能　□能　□一般　□不能　□经常不能

12. 当您需要更换液体瓶时，护士能否及时更换？

□经常能　□能　□一般　□不能　□经常不能

13. 护士是否能详细说明所使用药物的作用及注意事项？

□是　□一般　□不是

14. 医务人员语言文明吗？

□很非常文明　□文明　□一般　□不文明　□很不文明

15. 您认为医院哪一类人员服务态度相对好一些？

□医生　□护士　□医院管理者　□后勤人员

16. 每当您身体不舒服时，10次去医院看病中有几次来该医院看病？

□10　□8～9　□6～7　□4～5　□2～3　□1

17. 您这次来医院看病，是通过什么途径来的？

□熟人或朋友介绍　□其他病人介绍　□医院广告宣传

□是医保定点医院　□医院有认识的医务人员　□经常来该医院看病

□路过　□自己来的　□其他__________

18. 您认为医院的设备配备：

□很先进　□先进　□一般　□不先进　□很落后

19. 您认为医院的住院环境：

□很好　□好　□一般　□不好　□很差

20. 您在该院看病费用：

期望花费＿＿＿＿＿＿元，实际花费＿＿＿＿＿＿元。

21. 您的基本信息：

年龄(岁)：□10～　□20～　□30～　□40～　□50～　□60～

性　别：□男性　□女性

文化程度：□小学　□中学　□大专　□本科　□研究生及以上

职　业：□农民　□学生　□经商　□干部　□其他＿＿＿＿＿＿

为您服务的科室：＿＿＿＿＿＿＿＿，您所患疾病：＿＿＿＿＿＿＿＿。

谢谢您的配合，祝您早日康复！

调查结果

运用此问卷已经调查了350名来该院就诊的病人，建立了数据库，应用SPSS对数据进行了必要的数据分析，其调查结果也为医院改善服务、强化医院管理提供了客观依据，帮助医院有效地提高了服务质量和效率。

讨论题

1. 调查问卷格式符合设计要求吗？你认为问卷中还需要完善的问题有哪些？如何改进？

2. 你认为面对门诊病人和住院病人应如何实施问卷调查？两者有什么不同？怎样确保调查数据的真实性和可靠性？病人不配合，该如何处理？

3. 问卷中哪些问题获得的数据属于定类数据？哪些是定序数据？哪些是定距数据？为什么？考察数据类型有什么意义？

4. 对问卷中的问题20应如何分组？对问题21如何进行数据整理？

第六章　社会科学研究数据复合描述方法

社会科学研究主要用指数来进行数据复合描述。指数是一种特殊统计方法，它主要用于反映评估对象数量的相对变化程度。广义上讲，任何两个数值对比形成的相对数都可以称为指数；狭义上讲，指数是用于测定多个项目在不同场合下综合变动的一种相对数。从指数的发展历史看，其计算方法主要有简单指数和加权指数。从使用频度来看，评估中用得较多的是各种物价指数。

第一节　指数概述

一、指数的概念与性质

指数是一种对比性的指标，具有相对数的表现形式。从对比性质来看，指数通常是不同时间的现象水平的对比，也可以是不同空间（如不同国家、地区、部门、企业等）的现象水平的对比，或者是，现象的实际水平与计划（规划）目标的对比。例如，某年全国的消费者价格指数为106%，这就表示若上年的价格水平为100，则当年全国的一般价格水平就相当于106，或者说，当年价格上涨了6%。统计指数的这种对比性质和表现形式既简单又直观。

概括地讲，指数具有以下性质。

第一，相对性。指数是总体各变量在不同场合下对比形成的相对数，它可以度量一个变量在不同时间或不同空间的相对变化，如一种商品的价格指数或数量指数，这种指数称为个体指数；它也可用于反映一组变量的综合变动，如消费价格指数反映一组指定商品和服务的价格变动水平，这种指数称为综合指数。总体变量在不同时间上对比形成的指数称为时间性指数，在不同空间上对比形成的指数称为区域性指数。

第二，综合性。指数是反映一组变量在不同场合下的综合变动水平，这是就狭义的指数而言的，它也是指数理论和方法的核心问题。实践中所计算的主要是这种指数。没有综合性，指数就不可能发展成为一种独立的理论和方法论体系。综合性说明指数是一种特殊的相对数，它是由一组变量或项目综合对比形成的。比如，由若干种商品和服务构成的一组消费项目，通过综合后计算价格指数，以反映消费价格的综合变动水平。

第三，平均性。指数是总体水平的一个代表性数值。平均性的含义：一是指数进行比较的综合数量是作为个别量的一个代表，本身就具有平均的性质；二是两个综合量对比形成的指数反映了个别量的平均变动水平，比如物价指数反映了多种商品和服务项目价格的平均变动水平。

二、指数的分类

指数的种类很多，可以按不同的标准进行分类。

1.按反映对象范围分类

按其反映对象范围的不同，指数可以分为个体指数和总指数。

说明个别事物(例如某种商品或产品等)数量变动的相对数叫做个体指数。个体指数通常记作 K,例如:

个体产品产量指数 $K_Q=\dfrac{Q_1}{Q_0}$

个体产品成本指数 $K_z=\dfrac{Z_1}{Z_0}$

个体物价指数 $K_p=\dfrac{P_1}{P_0}$

上式中:Q 代表产量,Z 代表单位产品成本,P 代表商品或产品的单价;下标 1 代表报告期,下标 0 代表基期。

可见,个体指数就是同一种现象的报告期指标数值与基期指标数值对比而得的发展速度指标。

总指数说明度量单位不相同的多种事物数量综合变动的相对指数,例如工业总产量指数、零售物价总指数等。总指数与个体指数有一定的联系,可以用个体指数计算相应的总指数。用个体指数简单平均求得的总指数,称为简单指数;用个体指数加权平均求得的总指数,称为加权指数。

2. 按反映的社会经济现象特征分类

按其所反映的社会经济现象特征的不同,指数可分为数量指标指数和质量指标指数。

数量指标指数简称数量指数,主要指反映现象的规模、水平变化的指数,例如商品销售量指数、工业产品产量指数等。质量指标指数简称质量指数,是指综合反映生产经营工作质量变动情况的指数,例如物价指数、产品成本指数等。

3. 按采用基期分类

按其采用基期的不同,指数可分为定基指数和环比指数。

将不同时期的某种指数按时间先后顺序排列,形成指数数列。在同一个指数数列中,如果各个指数都以某一个固定时期作为基期,就称为定基指数;如果各个指数都是以报告期的前一期作为基期,则称之为环比指数。

4. 按对比内容分类

按其对比内容的不同,指数可分为动态指数和静态指数。

动态指数是由两个不同时期的经济变量值对比形成的指数,说明现象在不同时间上发展变化的情况。静态指数是由同一时间条件下,不同地区、单位之间同一经济变量的不同数值的对比,或者是由同一地区、单位的实际指标值与计划指标数值对比而形成的指数。指数方法论主要论述动态指数,静态指数则是指数在实际应用中的扩展。

5. 按计算总指数的方法和形式分类

按照常用的计算总指数的方法或形式,指数可以分为综合指数和平均指数。

综合指数是从数量上表明不能直接相加的社会经济现象的总指数。平均指数是以个体指数为基础,采取平均形式编制的总指数。

三、编制总指数的基本方式

编制总指数可以考虑两种方式:一是先综合后对比,二是先对比后平均。

(一)先综合、后对比的方式

当知道某几种商品的价格和销售量资料时,如何研究全部商品的价格和销售量的变动情况。此时,可以首先将各种商品的价格或销售量资料加总起来,然后通过对比得到相应的总指数,这种方法通常称为综合(总和)指数法。但是,采用这种方法,会遇到这样两个问题,一是不同商品的数量和价格不能直接加总,或者说,直接加总的结果没有实际经济含义;二是简单综合法编制的指数明显地受到商品计量单位的影响。因此,简单综合指数难以成为现象变动程度的一种客观测度,因为不同商品的价格或销售量都是"不同度量"的现象,它们构成了不能直接加总的"复杂现象总体",倘若不解决有关现象的同度量问题就将其直接加总,显然难以得到适当的指数计算结果。

(二)先对比、后平均的方式

同样,也可以采用"平均指数法"来解决以上的问题。这种方法是指首先将各种商品的价格或销售量资料进行对比,计算个体指数,然后通过个体指数的平均得到相应的总指数。但是,当把各种商品的个体指数作简单平均时,没有适当地考虑不同商品的重要性程度。从经济分析的角度看,各种商品的重要性程度是有差异的,简单平均指数不能反映这种差异,因而难以满足分析的要求。

归纳起来,简单综合指数与简单平均指数都存在方法上的缺陷。但是,迄今为止,综合指数法与平均指数法仍然是编制统计指数的两个基本方法。为了运用综合法编制总指数,必须首先考虑被比较的诸现象是否同度量、怎样同度量的问题。因此,编制综合指数的基本问题是"同度量"的问题,解决这一问题的方法就是编制加权综合指数。而为了运用平均法编制总指数,又必须首先考虑被比较诸现象的重要性程度是否相同、怎样衡量的问题(此外,还有选择何种平均数形式的问题)。因此,编制平均指数的基本问题之一是合理加权的问题,解决这一问题的方法就是编制加权平均数。

第二节 加权指数

一、加权综合指数

加权综合指数(weighted aggregative index number)是通过加权来测定一组项目的综合变动状况。若所测定的是一组项目的数量变动状况,称为数量指数,如产品产量指数、商品销售量指数等;若所测定的是一组项目的质量变动状况,则称为质量指数,如价格指数、产品成本指数等。但由于权数可以固定在不同时期,因而加权综合指数有不同的计算公式。

(一)基期变量值加权

基期变量值加权是指在计算一组项目的综合指数时,把作为权数的各变量值固定在基期来计算指数。早在1864年,德国学者拉斯贝尔斯(Laspeyres)就曾提出用基期消费量加权来计算价格指数,这一指数被称为拉氏指数或L式指数。拉氏加权法可推广到其他指数的计算。基期变量值加权的拉氏质量指数和数量指数的一般计算公式为:

$$p_{1/0}=\frac{\sum p_1q_0}{\sum p_0q_0} \tag{6-1}$$

$$q_{1/0}=\frac{\sum p_0q_1}{\sum p_0q_0} \tag{6-2}$$

式中，$p_{1/0}$为质量指数；$q_{1/0}$为数量指数；p_0 和 p_1 分别为一组项目基期和报告期的质量数值；q_0 和 q_1 分别为一组项目基期和报告期的物量数值。

【例 6-1】 设某地政府为增加当地绿化面积，2010 年和 2011 年选用的三种树苗的价格和数量资料如表 6-1。试分别以基期数量和价格为权数，计算三种树苗的价格综合指数和购买量综合指数。

表 6-1　某地政府选用三种树苗的价格和数量

树苗名称	计量单位	数量		单价(元)	
		2010 年	2011 年	2010 年	2011 年
松树	棵	1200	1500	1.2	1.3
柳树	棵	1500	2000	1.0	1.1
杨树	棵	500	600	3.2	3.5

解：设数量为 q，价格为 p，计算过程见表 6-2。

表 6-2　加权综合指数计算表

树苗名称	计量单位	数量		单价(元)		购买费用(元)			
		2010 年 q_0	2011 年 q_1	2010 年 p_0	2011 年 p_1	2010 年 p_0q_0	2011 年 p_1q_1	p_0q_1	p_1q_0
松树	棵	1200	1500	1.2	1.3	1440	1950	1800	1560
柳树	棵	1500	2000	1.0	1.1	1500	2200	2000	1650
杨树	棵	500	600	3.2	3.5	1600	2100	1920	1750
合计	—	—	—	—	—	4540	6250	5720	4960

根据(6-1)式，得价格综合指数为：

$$p_{1/0}=\frac{\sum p_1q_0}{\sum p_0q_0}=\frac{4960}{4540}=109.25\%$$

根据(6-2)式，得数量综合指数为：

$$q_{1/0}=\frac{\sum p_0q_1}{\sum p_0q_0}=\frac{5720}{4540}=125.99\%$$

计算结果表明，与 2010 年相比，该地区绿化选用的三种树苗的价格平均上涨了9.25%，购买数量平均上涨了 25.99%。

拉氏指数由于以基期变量值为权数，可以消除权数变动对指数的影响，从而使不同时期的指数具有可比性。但拉氏指数也存在一定的缺陷。比如，物价指数是在假定销售量不变的情况下报告期价格的变动水平，这一指数尽管可以单纯反映价格的变动水平，但不能反映出消费量的变化。从实际生活角度看，人们更关心在报告期销售量条件下价格变动对实际生活的影响。因此，拉氏价格指数在实际中应用得很少。而拉氏数量指数是假定价格不变的条件下报告期销售量的综合变动，它不仅可以单纯反映出销售量的综合变动水平，也符合计算销售量指数的实际要求。因此，拉氏数量指数在实际中应用得较多。

(二)报告期变量值加权

报告期变量值加权是指在计算一组项目的综合指数时，把作为权数的变量值固定在报告期来计算指数。1874年德国学者帕煦(Paasche)曾提出用报告期数量加权来计算物价指数，这一指数被称为帕氏指数，或简称为P式指数。帕氏加权法可推广到其他指数的计算。报告期变量值加权的帕氏质量指数和数量指数的一般计算公式为：

$$P_{1/0}=\frac{\sum p_1q_1}{\sum p_0q_1} \tag{6-3}$$

$$q_{1/0}=\frac{\sum p_1q_1}{\sum p_1q_0} \tag{6-4}$$

【例6-2】 根据表6-1中的数据资料，分别以报告期数量和价格为权数计算三种树苗的价格综合指数和购买量综合指数。

$$p_{1/0}=\frac{\sum p_1q_1}{\sum p_0q_1}=\frac{6250}{5720}=109.27\%$$

$$q_{1/0}=\frac{\sum p_1q_1}{\sum p_1q_0}=\frac{6250}{4960}=126.01\%$$

计算结果表明，与2010年相比，该地区绿化选用的三种树苗的价格平均上涨了9.27%，购买量平均上涨了26.01%。

帕氏指数因以报告期变量值为权数，不能消除权数变动对指数的影响，因而不同时期的指数缺乏可比性。但帕氏指数可以同时反映出价格和消费结构的变化，具有比较明确的经济意义。在实际应用中，常采用帕氏公式计算价格、成本等质量指数。而帕氏数量指数由于包含了价格的变动，意味着按调整后的价格来测定物量的综合变动，这本身不符合计算物量指数的目的，因此帕氏数量指数在实际中应用得较少。

从上面的计算和分析中可以看到，采用不同时期权数的计算结果是有一定差别的。但从实际应用的角度看，计算数量指数时大多采用(6-2)式，而计算质量指数时大多采用(6-3)式。

此外，在实际应用中，有时权数既不是固定在基期，也不是固定在报告期，而是固定在某个具有代表性的特定时期。这一加权方法的特点是，权数不受基期和报告期的限制，使指数的编制具有较大的灵活性。特别是在编制若干个时期的多个指数时，可以消除因权数不同而对指数产生的影响，从而使指数具有可比性。

【例6-3】 某公司生产三种产品的有关资料见表6-3。试以2010年不变价格为权数，计算各年的产品产量指数。

表6-3　某企业生产三种产品的有关资料

商品名称	计量单位	产量			2010年不变价格(千元)
		2011年	2012年	2013年	
甲	千件	1000	900	1100	50
乙	千台	120	125	140	3500
丙	千箱	200	220	240	300

解：设 2010 年不变价格为 p_{10}，各年产量分别为 q_{11}，q_{12}，q_{13}，则各年产量指数为：

$$q_{12/11}=\frac{\sum p_{10}q_{12}}{\sum p_{10}q_{11}}=\frac{50\times 900+3500\times 125+300\times 220}{50\times 1000+3500\times 120+300\times 200}$$

$$=\frac{548500}{530000}=103.49\%$$

$$q_{13/12}=\frac{\sum p_{10}q_{13}}{\sum p_{10}q_{12}}=\frac{50\times 1100+3500\times 140+300\times 240}{50\times 900+3500\times 125+300\times 220}$$

$$=\frac{617000}{548500}=112.49\%$$

$$q_{13/11}=\frac{\sum p_{10}q_{13}}{\sum p_{10}q_{11}}=\frac{617000}{530000}=116.42\%$$

上述产量指数消除了价格变动对产量的影响，单纯反映出各年产量的综合变动状况。这一结果实际上就是按 2010 年不变价格计算的工业总产值发展速度。

二、加权平均指数

加权平均指数(weighted average index number)是以某一时期的总量为权数对个体指数加权平均计算出来的。其中作为权数的总量通常是两个变量的乘积，它可以是价值总量，如商品销售额(销售价格与销售量的乘积)、工业总产值(出厂价格与生产量的乘积)，也可以是其他总量，如农产品总产量(单位面积产量与收获面积的乘积)等。而其中的个体指数可以是个体质量指数，也可以是个体数量指数。加权平均指数因权数所属时期的不同，有以下计算形式。

(一)基期总量加权

基期总量加权指数是以基期总量为权数对个体指数加权平均计算出来的。由于这一指数在计算形式上采用了算术平均形式，故也被称为加权算术平均指数。

设基期总量权数为 p_0q_0，个体质量指数为$\frac{p_1}{p_0}$，个体数量指数为$\frac{q_1}{q_0}$，则基期总量加权的质量指数和数量指数的一般公式为：

$$p_{1/0}=\frac{\sum \frac{p_1}{p_0}p_0q_0}{\sum p_0q_0} \tag{6-5}$$

$$q_{1/0}=\frac{\sum \frac{q_1}{q_0}p_0q_0}{\sum p_0q_0} \tag{6-6}$$

【例 6-4】 某政府采购三种产品的有关资料见表 6-4，试计算三种产品的单位价格总指数和采购量总指数。

表 6-4 某政府采购三种产品的有关数据

商品名称	计量单位	总花费(万元)		个体价格指数	个体购买量指数
		基期(p_0q_0)	报告期(p_1q_1)	(p_1/p_0)	(q_1/q_0)
甲	件	200	220	1.14	1.03
乙	台	50	50	1.05	0.98
丙	箱	120	150	1.20	1.10

解：根据(6－5)式得三种产品的单位价格总指数为：

$$p_{1/0}=\frac{\sum\frac{p_1}{p_0}p_0q_0}{\sum p_0q_0}$$

$$=\frac{1.14\times200+1.05\times50+1.20\times120}{200+50+120}$$

$$=\frac{524.5}{370}$$

$$=114.73\%$$

根据(6－6)式得三种产品的购买量总指数为：

$$q_{1/0}=\frac{\sum\frac{q_1}{q_0}p_0q_0}{\sum p_0q_0}$$

$$=\frac{1.03\times200+0.98\times50\times1.10\times120}{200+50+120}$$

$$=\frac{387}{370}$$

$$=104.59\%$$

计算结果表明，报告期与基期相比，该政府采购的三种产品的单位价格平均提高了14.73%，三种产品的购买量平均提高了4.59%。

(二)报告期总量加权

报告期总量加权是以报告期总量为权数对个体指数加权平均计算出来的。由于这一指数在计算形式上采取了调和平均形式，故也被称为加权调和平均指数。

设报告期总量权数为 p_1q_1，个体质量指数为$\frac{p_1}{p_0}$，个体数量指数为$\frac{q_1}{q_0}$，则报告期总量加权的质量指数和数量指数的一般公式为：

$$p_{1/0}=\frac{\sum p_1q_1}{\sum\frac{1}{p_1/p_0}\cdot p_1q_1}\tag{6－7}$$

$$q_{1/0}=\frac{\sum p_1q_1}{\sum\frac{1}{q_1/q_0}\cdot p_1q_1}\tag{6－8}$$

【例6－5】 根据表6－4有关数据，用报告期总价格为权数计算三种产品的单位价格总指数和购买量总指数。

解：根据(6－7)式得三种产品的单位价格总指数为：

$$p_{1/0}=\frac{\sum p_1q_1}{\sum\frac{1}{p_1/p_0}p_1q_1}$$

$$=\frac{220+50+150}{\frac{220}{1.14}+\frac{50}{1.05}+\frac{150}{1.20}}$$

$$= \frac{420}{365.60}$$

$$= 114.88\%$$

根据(6－8)式得三种产品的购买量总指数为：

$$q_{1/0} = \frac{\sum p_1 q_1}{\sum \frac{1}{q_1/q_0} p_1 q_1}$$

$$= \frac{220 + 50 + 150}{\frac{220}{1.03} + \frac{50}{0.98} + \frac{150}{1.10}}$$

$$= \frac{420}{400.98} = 104.74\%$$

计算结果表明，报告期与基期相比，该政府采购的三种产品的单位价格平均提高了14.88%，三种产品的购买量平均提高了4.74%。

总量加权指数中的权数除 $p_0 q_0$ 和 $p_1 q_1$ 外，还可以使用 $p_0 q_1$ 和 $p_1 q_0$ 等总量形式。但比较常用的是基期总量和报告期总量加权，而且从指数的实际意义和效果来看，基期总量加权多用于计算数量指数，而报告期总量加权则多用于计算质量指数。另一方面，我们也容易看出，采用上述总量加权的指数公式可以演化成综合指数。因此，当采用 $p_0 q_0$ 和 $p_1 q_1$ 加权时，加权平均指数实际上是加权综合指数的一种变形，但二者所依据的计算资料是不同的。加权综合指数的计算通常需要掌握全面的资料，实际编制中往往具有一定的困难，而加权平均指数则既可以依据全面的资料来编制，也可以依据非全面资料来编制，也更符合实际数据的要求，因此加权平均指数在实际中的运用更为广泛。此外，加权平均指数中的权数也可以采取比重形式，其权数(W)可以在一定时期内相对固定下来，连续使用几年，这就是所谓的固定权数加权的平均指数。例如，我国的商品零售价格指数就是采用固定权数加权的算术平均形式计算的，其权数每年根据住户调查资料作相应的调整。

第三节　指数体系分析

一、复杂总体的因素分析

对于社会经济现象复杂总体的变动，当确定其是由两个或两个以上因素乘积的函数时，可以开展因素分析。对两个因素进行分析称两因素分析，对两个以上因素进行分析称多因素分析。

(一)复杂总体两因素分析

对于复杂总体，由于存在不同度量问题，因而在进行复杂总体的因素分析时，必须严格遵循综合指数计算的一般原则和方法。

复杂总体总量指标的变动(即总指数)，可用如下公式表达：

$$\frac{\sum q_1 p_1}{\sum q_0 p_0} \tag{6-9}$$

总指数可分解为数量指标综合指数和质量指标综合指数两因素的乘积。指数体系如下：

$$\frac{\sum q_1 p_1}{\sum q_0 p_0}=\frac{\sum q_1 p_0}{\sum q_0 p_0}\times\frac{\sum p_1 q_1}{\sum p_0 q_1} \tag{6-10}$$

绝对额关系如下：

$$\sum q_1 p_1-\sum q_0 p_0=(\sum q_1 p_0-\sum q_0 p_0)+(\sum p_1 q_1-\sum p_0 q_1) \tag{6-11}$$

【例6-6】 某地政府治理当地排放的几种废弃物，每种废弃物的处理费用和数量都不相同，报告期和基期总花费及有关资料见表6-5。

表6-5 某地政府治理废弃物基期、报告期花费情况表

废品名称	计量单位	废品数量		治理费用(元)		基期总花费(万元)	报告期总花费(万元)	假设总花费(万元)
		基期	报告期	基期	报告期			
甲	乙	q_0	q_1	p_0	p_1	$q_0\ p_0$	$q_1\ p_1$	$q_1\ p_0$
A	吨	6000	5000	110	100	66	50	55
B	台	10000	12000	50	60	50	72	60
C	件	40000	41000	20	20	80	82	82
合计	—	—	—	—	—	196	204	197

解：从表6-5资料可以看出，该地政府总花费的动态指数为：

$$\frac{\sum q_1 p_1}{\sum q_0 p_0}=\frac{204}{196}=104.08\%$$

报告期总花费比基期增加：

$$\sum q_1 p_1-\sum q_0 p_0=204-196=8(\text{万元})$$

这个结果是由于废品数量和处理价格两个因素变动共同引起的。

其中：

废品数量变动影响为：

$$\frac{\sum q_1 p_0}{\sum q_0 p_0}=\frac{197}{196}=100.51\%$$

废品数量增加使总花费增加的绝对额为：

$$\sum q_1 p_0-\sum q_0 p_0=197-196=1(\text{万元})$$

废品处理费用变动影响为：

$$\frac{\sum p_1 q_1}{\sum p_0 q_1}=\frac{204}{197}=103.55\%$$

处理费用提高使总费用增加的绝对额为：

$$\sum p_1 q_1-\sum p_0 q_1=204-197=7(\text{万元})$$

用相对数表示：100.51%×103.55%=104.08%

用绝对额表示：1万元+7万元=8万元

综上所述，该地政府报告期的废弃物处理花费比基期增长了4.08%，增加额为8万元，这是由于废品数量和处理费用两因素发生变动共同引起的，其中废品数量增长0.51%，使总花费增加 1 万元，处理费用增长 3.55%，使总花费增加 7 万元。

(二)复杂总体的多因素分析

某工业企业三种产品总产值的变动，既受产量变动影响，又受出厂价格影响。假如我们把产量因素再分解为职工平均人数和全员劳动生产率，把该企业总产值的变动，分解为三个因素进行分析。

开展复杂总体多因素分析时，要按如下两个原则进行：

首先，把影响复杂总体变动的各个因素，按照数量指标在前，质量指标在后的顺序进行排列。

其次，当分析某一因素对复杂总体变动的影响时，未被分析的后面诸因素要固定在基期水平，而已被分析过的前面诸因素，则要固定在报告期水平。

【例 6-7】 以表 6-6 资料为例，说明复杂总体的多因素分析方法。

表 6-6 某单位基期、报告期产量及价格情况表

产品名称	计量单位	产品产量				出厂价格(元)	
		职工平均人数(人)		全员劳动生产率			
		基期	报告期	基期	报告期	基期	报告期
甲	乙	T_0	T_1	L_0	L_1	p_0	p_1
A	吨	1200	1000	5	5	110	100
B	台	1000	1000	10	12	50	60
C	件	800	1000	50	41	20	20

从表 6-6 可以看出，该企业总产值受到职工平均人数(T)、全员劳动生产率(L)和出厂价格(P)三个因素共同影响。指数体系如下：

$$\frac{\sum T_1 L_1 P_1}{\sum T_0 L_0 P_0} = \frac{\sum T_1 L_0 P_0}{\sum T_0 L_0 P_0} \cdot \frac{\sum T_1 L_1 P_0}{\sum T_1 L_0 P_0} \cdot \frac{\sum T_1 L_1 P_1}{\sum T_1 L_1 P_0}$$

绝对额关系如下：

$$\sum T_1 L_1 P_1 - \sum T_0 L_0 P$$

$$= \left(\sum T_1 L_0 P_0 - \sum T_0 L_0 P_0\right) + \left(\sum T_1 L_1 P_0 - \sum T_1 L_0 P_0\right) + \left(\sum T_1 L_1 P_1 - \sum T_1 L_1 P_0\right)$$

根据表 6-6 整理计算的总产值资料如表 6-7 所示。

表 6-7 某企业基期、报告期产值计算表

产品名称	工业总产值(万元)			
	基期	报告期	按报告期平均人数计算的基期总产值	按基期价格计算的报告期总产值
	$T_0\ L_0\ P_0$	$T_1\ L_1\ P_1$	$T_1\ L_0\ P_0$	$T_1\ L_1\ P_0$
A	66	50	55	55
B	50	72	50	60
C	80	82	100	82
合计	196	204	205	197

该企业工业总产值的动态指数为：

$$\frac{\sum T_1L_1P_1}{\sum T_0L_0P_0}=\frac{204}{196}=104.08\%$$

报告期工业总产值比基期增加额为：

$$\sum T_1L_1P_1-\sum T_0L_0P_0=204-196=8(\text{万元})$$

其中：职工平均人数变动影响为：

$$\frac{\sum T_1L_0P_0}{\sum T_0L_0P_0}=\frac{205}{196}=104.59\%$$

影响绝对额为：

$$\sum T_1L_0P_0-\sum T_0L_0P_0=205-196=9(\text{万元})$$

全员劳动生产率变动影响为：

$$\frac{\sum T_1L_1P_0}{\sum T_1L_0P_0}=\frac{197}{205}=96.10\%$$

影响绝对额为：

$$\sum T_1L_1P_0-\sum T_1L_0P_0=197-205=-8(\text{万元})$$

出厂价格变动影响为：

$$\frac{\sum T_1L_1P_1}{\sum T_1L_1P_0}=\frac{204}{197}=103.55\%$$

影响绝对额为：

$$\sum T_1L_1P_1-\sum T_1L_1P_0=204-197=7(\text{万元})$$

用相对数表示：104.59%×96.10%×103.55%=104.08%

用绝对额表示：9万元−8万元+7万元=8(万元)

综上所述，该企业工业总产值由基期196万元增加到报告期的204万元，增加了8万元，增长率为4.08%，这一结果是由于职工平均人数、全员劳动生产率和产品出厂价格三个因素共同引起的。其中，平均人数增长4.59%，使总产值增加9万元；全员劳动生产率下降3.9%，使总产值减少8万元；出厂价格增长3.55%，使总产值增加7万元。

三个因素分析弥补了两因素分析的不足，前面我们对该企业总产值变动情况作产量和价格两因素分析时，看到企业增加的8万元总产值中，有1万元是由于产量增长所致，另外7万元是价格增长引起的，给人的印象是两个因素都是增长的，这就把产量上升的真相掩盖了，容易给决策者假象，放松对生产的管理和经济核算，通过多因素分析，再把产量进一步分解为职工平均人数和全员劳动生产率，就可以看到，全厂职工平均人数报告期比基期是增加的，但劳动生产率却有所下降，产量影响的1万元产值是由职工平均人数增加使总产值增加9万元和劳动生产率下降使总产值减少8万元所致。这样问题就揭示清楚了，便于企业加强管理，提高经济效益。

二、平均指标指数的因素分析

(一)平均指标指数的含义

从综合指数的定义上可以看出，当一个总量指标可以分解成两个因素的乘积时，就可以计算每一个因素的变动对总量的影响，这就是综合指数的含义。同样地，对于平均指标来讲，也可以用上述方法进行分析，因为平均指标也能够分解成两个影响因素。例如当研究某企业职工工资水平的变动时，可以计算平均工资：

$$\bar{x} = \frac{\sum Xf}{\sum f} \tag{6-12}$$

式中，X——每组工资额的组中值；

f——各组的职工人数。

上式还可以写成如下形式：

$$\bar{x} = \sum x \frac{f}{\sum f} \tag{6-13}$$

式中：$f/\sum f$——各组职工的比重，即频率。

上式说明，平均工资实际上受两个因素的影响，一个是各组职工的工资水平，另一个是每组职工所占的比重，因此，类似于综合指数的定义，按照如下方式定义有关平均指标指数。

$$\text{平均指标指数} = \frac{\bar{x}_1}{\bar{x}_0} \tag{6-14}$$

式中，1——报告期；

0——基期。

平均指标指数通常称为可变构成指数(简称可变指数)，它反映了平均指标的实际变动情况。

$$\text{固定结构指数} = \frac{\sum x_1 \frac{f_1}{\sum f_1}}{\sum x_0 \frac{f_1}{\sum f_1}} \tag{6-15}$$

固定结构指数也称为固定构成指数，它反映了由于各组标志值的变动对总平均数的影响。

$$\text{结构变动指数} = \frac{\sum x_0 \frac{f_1}{\sum f_1}}{\sum x_0 \frac{f_0}{\sum f_0}} \tag{6-16}$$

结构变动指数也称为结构影响指数，它反映了总体内各组结构的变动对总平均数的影响。

(二)因素分析方法

由上述方法定义的有关平均指标指数，构成如下的指数体系，从相对量角度：

$$\frac{\bar{x}_1}{\bar{x}_0} = \frac{\sum x_1 \frac{f_1}{\sum f_1}}{\sum x_0 \frac{f_1}{\sum f_1}} \cdot \frac{\sum x_0 \frac{f_1}{\sum f_1}}{\sum x_0 \frac{f_0}{\sum f_0}} \tag{6-17}$$

即：　　　　　　可变指数＝固定结构指数×结构变动指数

从绝对量角度：

$$\bar{x}_1-\bar{x}_0=\left(\sum x_1\frac{f_1}{\sum f_1}-\sum x_0\frac{f_1}{\sum f_1}\right)+\left(\sum x_0\frac{f_1}{\sum f_1}-\sum x_0\frac{f_0}{\sum f_0}\right)\quad(6-18)$$

即：

平均指标的增加额＝由于变量水平的变动引起的平均指标的增加额＋由于结构的变动引起的平均指标的增加额

上述公式是对平均指标的变动进行因素分析的基础。

下面通过一个例子来说明平均指标的因素分析方法。

【例 6-8】　已知某企业基期和报告期职工的月工资情况，见表 6-8。

表 6-8　某企业职工月工资情况

工人类别	月工资额(元)		职工人数(人)		工资总额(元)		
	基期(x_0)	报告期(x_1)	基期(f_0)	报告期(f_1)	($x_0 f_0$)	($x_1 f_1$)	($x_0 f_1$)
工种 A	700	780	48	40	33600	31200	28000
工种 B	750	810	50	60	37500	48600	45000
工种 C	800	830	80	80	64000	66400	64000
合　计	—	—	178	180	135100	146200	137000

首先，计算平均工资指数，说明平均工资的变动情况：

报告期的平均工资 $=\sum x_1 f_1/\sum f_1=146200/180=812.2$(元)

基期的平均工资 $=\sum x_0 f_0/\sum f_0=135100/178=759.0$(元)

可变指数 $=\frac{\bar{x}_1}{\bar{x}_0}=\frac{812.2}{759.0}=107.0\%$

$\bar{x}_1-\bar{x}_0=812.2-759.0=53.2$(元)

其次，计算固定结构指数，说明工资水平的变动情况：

$$\text{固定结构指数}=\frac{\sum x_1 f_1/\sum f_1}{\sum x_0 f_1/\sum f_1}=\frac{146200/180}{137000/180}=\frac{812.2}{761.1}=106.7\%$$

$$\frac{\sum x_1 f_1}{\sum f_1}-\frac{\sum x_0 f_1}{\sum f_1}=812.2-761.1=51.1$$

再计算结构变动指数：

$$\text{结构变动指数}=\frac{\sum x_0 f_1/\sum f_1}{\sum x_0 f_0/\sum f_0}=\frac{137000/180}{135100/178}=100.3\%$$

$$\sum x_0\frac{f_1}{\sum f_1}-\sum x_0\frac{f_0}{\sum f_0}=761.1-759.0=2.1(\text{元})$$

上述指数之间的关系如下：

相对量角度：107.0%＝106.7%×100.3%

绝对量角度：53.2＝51.1＋2.1

上述计算结果表明：从相对量角度来看，报告期职工平均工资比基期上升了7.0％，是由于工资水平提高了6.7％和结构变动使平均工资上升0.3％两个因素共同作用的结果；从绝对量角度来看，每组平均工资提高使总的平均工资上升了51.1元，每组结构变动使总的平均工资上升了2.1元，两个因素共同作用的结果，导致总的平均工资共增加53.2元。

思考与练习

1. 某厂产品产量及出厂价格资料见表6－9：

表6－9　某厂产品产量及出厂价格

产品名称	计量单位	产量		出厂价格(元)	
		基期	报告期	基期	报告期
甲	吨	6000	5000	110	100
乙	台	10000	12000	50	60
丙	件	40000	41000	20	20

要求：对该厂总产值变动进行因素分析。(计算结果百分数保留2位小数)

2. 某地甲乙两个农贸市场三种主要蔬菜价格及销售额资料见表6－10：

表6－10　甲乙两个市场三种主要蔬菜价格及销售额

品　种	价　格 (元/千克)	销售额(万元)	
		甲市场	乙市场
A	0.30	75.0	37.5
B	0.32	40.0	80.0
C	0.36	45.0	45.0

试计算比较该地区哪个农贸市场蔬菜平均价格高？并说明原因。

第七章　社会科学研究数据推断分析基础

社会科学研究数据推断分析的基础主要是概率与概率分布。本章重点介绍概率的不同定义、不同类型随机变量的概率分布、二项分布、Poisson分布和正态分布。

第一节　事件及概率

概率是对某一特定事件出现可能性大小的一种数值度量。为更准确的理解概率的含义，必须首先了解一些基本概念，在此基础上讨论一些简单的概率计算问题。

一、试验、事件和样本空间

在概率论中，所谓一次试验是指对试验单元进行一次观察或测量的过程。例如，从一副扑克牌中抽取一张，并观察其结果（纸牌的数字或花色），这一过程便视为一次试验。类似地，记录下某公司的年销售额也是一种试验，观察股票价格指数也是一种试验，等等。因此，我们把对一个或多个试验对象进行一次观察或测量的过程，称为一次试验（experiment）。

下面列举试验的几个例子：

抛一枚均匀硬币，观察其出现正面或反面的情况。

投掷一颗骰子，观察其出现的点数。

从一批产品中随机抽出一个，观察其是正品还是次品。

进行一场足球比赛，观察其是获胜、失利还是平局。

上面的例子有一些共同的特点，就是在试验之前无法确切地知道它的结果。比如在抛出硬币之前，我们不知哪一面会出现，但我们知道它只有两个可能结果，要么出现正面，要么出现反面，这样的试验在相同条件下可以重复地进行。在一场足球赛之前，我们并不知道某个球队是获胜、失利还是打成平局，但知道比赛结果只有三个，获胜、失利或平局，这样的比赛在相同条件下也可以重复地进行。总结上面的试验，可以看出它们具有三个共同的特点：

（1）可以在相同条件下重复地进行。

（2）每次试验的可能结果不止一个，但试验的所有可能结果在试验之前是确切地知道的。

（3）在试验结束之前，不能确定该次试验的确切结果。

我们把具有上述特点的试验称为随机试验，随机试验的结果则称为事件（event）。

事件是试验中可能出现也可能不出现的结果，因此也称为随机事件。比如，从一副扑克牌中随机抽取一张，就是一次试验，此项试验中可能出现一些事先无法确切知道的结果，如“抽得一张黑桃A”，“抽得一张红桃5”，“抽得一张方块10”，“抽得一张梅花3”，等等，这些结果都可以称为事件。在概率中，随机事件通常用大写英文字母A，B，C……表示。

有些事件可以看成是另外一些事件组合而成的，而有些事件则不能被分解成其他事件的组合。不能被分解成其他事件组合的最简单的事件称为基本事件（simple event）。

简单事件就是一种基本事件，它是一项试验最基本的结果。例如，抛一枚均匀硬币，"出现正面"和"出现反面"都是简单事件。抛一枚骰子"出现点数3"也是一个基本事件，但事件"出现的点数小于3"则不是简单事件，因为它可以分解成"出现点数1"和"出现点数2"两个事件的组合。

在一定条件下，一定发生的事件称为必然事件，用符号Ω表示；在一定条件下，一定不发生的事件称为不可能事件，用符号Φ表示。

例如，在抛一枚骰子的试验中，"点数小于7"就是一个必然事件，而"点数大于7"则是一个不可能事件。

在一项试验中，可以罗列出试验的所有可能结果(即简单事件)，我们把一项试验中所有可能结果的全体定义为样本空间(sample space)，用符号Ω表示，而样本空间中每一个特定的试验结果被称为样本点(sample point)，用符号ω表示。

样本空间是试验中所有可能结果的集合，它显然是一个必然事件。

结合前面给出的一些例子，给出几个相应试验的样本空间和样本点，如表7-1所示。

表7-1　试验与样本空间

试验	样本空间$\Omega=\{\omega\}$
抛一枚硬币	{正面朝上，反面朝上}
投掷一颗骰子	{1点，2点，3点，4点，5点，6点}
抽出一件产品检测	{合格，不合格}
一场足球比赛	{获胜，失利，平局}

二、概率的统计定义

研究随机试验，仅知道可能发生哪些随机事件是不够的，还需了解各种随机事件发生的可能性大小，以揭示这些事件的内在的统计规律性，从而指导实践。这就要求有一个能够刻画事件发生可能性大小的数量指标，这个指标应该是事件本身所固有的，且不随人的主观意志而改变，人们把这个指标称之为概率(probability)。事件A的概率记为$P(A)$。下面介绍概率的统计定义。

在相同条件下进行n次重复试验，如果随机事件A发生的次数为m，那么m/n称为随机事件A的频率(frequency)。当试验重复数n逐渐增大时，随机事件A的频率越来越稳定地接近某一数值p，那么就把p称为随机事件A的概率。这样定义的概率称为统计概率(statistics probability)，或者称后验概率(posterior probability)。

例如，为了确定抛掷一枚硬币发生正面朝上这个事件的概率，历史上有人做过成千上万次抛掷硬币的试验。在表7-2中列出了他们的试验记录。

表7-2　抛掷一枚硬币发生正面朝上的试验记录

实验者	投掷次数	发生正面朝上的次数	频率(m/n)
蒲　丰	4040	2048	0.5069
k.皮尔逊	12000	6019	0.5016
k.皮尔逊	24000	12012	0.5005

从表7-2可看出，随着实验次数的增多，正面朝上这个事件发生的频率越来越稳定地接

近0.5,我们就把0.5作为这个事件的概率。

在一般情况下,随机事件的概率 p 是不可能准确得到的。通常以试验次数 n 充分大时随机事件 A 的频率作为该随机事件概率的近似值,即

$$P(A)=p\approx m/n \quad (n\text{充分大}) \tag{7-1}$$

三、概率的古典定义

上面介绍了概率的统计定义,但对于某些随机事件,用不着进行多次重复试验来确定其概率,而是根据随机事件本身的特性直接计算其概率。

有很多随机试验具有以下特征:

(1)试验的所有可能结果只有有限个,即样本空间中的基本事件只有有限个。

(2)各个试验的可能结果出现的可能性相等,即所有基本事件的发生是等可能的。

(3)试验的所有可能结果两两互不相容。

具有上述特征的随机试验,称为古典概型(classical model)。对于古典概型概率的定义如下:

设样本空间由 n 个等可能的基本事件所构成,其中事件 A 包含有 m 个基本事件,则事件 A 的概率为 m/n,即

$$P(A)=m/n \tag{7-2}$$

这样定义的概率称为古典概率(classical probability)或先验概率(prior probability)。

【例7-1】 在编号为1,2,3,…,10的十个上访者中随机抽取1人,求下列随机事件的概率。

(1)事件 A:"抽得一个编号≤4";

(2)事件 B:"抽得一个编号是2的倍数"。

因为该试验样本空间由10个等可能的基本事件构成,即 $n=10$,而事件 A 所包含的基本事件有4个,既抽得编号为1,2,3,4中的任何一个,事件 A 便发生,即 $m_A=4$,所以

$$P(A)=m_A/n=4/10=0.4$$

同理,事件 B 所包含的基本事件数 $m_B=5$,即抽得编号为2,4,6,8,10中的任何一个,事件 B 便发生,故 $P(B)=m_B/n=5/10=0.5$。

【例7-2】 在 N 座煤矿中,有 M 座曾有矿难史,从这些煤矿中任意选取 n 座煤矿,试求:

(1)其中恰有 m 座有矿难史煤矿的概率是多少?

(2)若 $N=30, M=8, n=10, m=2$,其概率是多少?

我们从有 M 座煤矿曾有矿难史的 N 座煤矿中任意选出 n 座,将恰有 m 座有矿难史这一事件记为 A,因为从 N 座煤矿中任意抽出 n 座煤矿的基本事件总数为 C_N^n,事件 A 所包含的基本事件数为 $C_M^m \cdot C_{N-M}^{n-m}$,因此所求事件 A 的概率为

$$P(A)=\frac{C_M^m \cdot C_{N-M}^{n-m}}{C_N^n}$$

将 $N=30, M=8, n=10, m=2$ 代入上式,得

$$P(A)=\frac{C_8^2 \cdot C_{30-8}^{10-2}}{C_{30}^{10}}=0.0695$$

即在30座煤矿中有8座曾有矿难史,从这些煤矿中随机选出10座煤矿其中有2座曾有矿难史的概率为6.95%。

四、概率的性质

根据概率的定义,可知其有如下基本性质:

(1)对于任何事件 A,有 $0 \leqslant P(A) \leqslant 1$;

(2)必然事件的概率为 1,即 $P(\Omega)=1$;

(3)不可能事件的概率为 0,即 $P(\Phi)=0$。

第二节 概率分布

事件的概率表示了一次试验某一个结果发生的可能性大小。若要全面了解试验,则必须知道试验的全部可能结果及各种可能结果发生的概率,即必须知道随机试验的概率分布(probability distribution)。为了深入研究随机试验,我们先引入随机变量(random variable)的概念。

一、随机变量

作一次试验,其结果有多种可能。每一种可能结果都可用一个数来表示,把这些数作为变量 x 的取值范围,则试验结果可用变量 x 来表示。

【例 7-3】 对 100 名患者用某种药物进行治疗,其可能结果是"0 人治愈"、"1 人治愈"、"2 人治愈"、"…"、"100 人治愈"。若用 x 表示治愈人数,则 x 的取值为 $0,1,2,\cdots,100$。

【例 7-4】 社区居民性别的可能结果只有两种,即"男性"与"女性"。若用变量 x 表示试验的两种结果,则可令 $x=0$ 表示"男性",$x=1$ 表示"女性"。

【例 7-5】 调查进城务工者的月平均收入,表示测定结果的变量 x 所取的值为一个特定范围 (a,b),如 800~1500 元,x 值可以是这个范围内的任何实数。

如果表示试验结果的变量 x,其可能取值至多为可列有限个,且以各种确定的概率取这些不同的值,则称 x 为离散型随机变量(discrete random variable);如果表示试验结果的变量 x,其可能取值为某范围内的任何数值,且 x 在其取值范围内的任一区间中取值时,其概率是确定的,则称 x 为连续型随机变量(continuous random variable)。

了解了随机变量的概念后,即可将对随机试验概率分布的研究转化为对随机变量概率分布的研究。

二、离散型随机变量的概率分布

要了解离散型随机变量 x 的统计规律,就必须知道它的一切可能值 x_i 及取每种可能值的概率 p_i。

如果将离散型随机变量 x 的一切可能取值 $x_i(i=1,2,\cdots)$,及其对应的概率 p_i,记作

$$P(x=x_i)=p_i \qquad (i=1,2,\cdots) \qquad (7-3)$$

则称(7-3)式为离散型随机变量 x 的概率分布或分布。常用分布列(distribution series)来表示离散型随机变量:

$$\begin{bmatrix} x_1 & x_2 & \cdots & x_n & \cdots \\ p_1 & p_2 & \cdots & p_n & \cdots \end{bmatrix}$$

显然离散型随机变量的概率分布具有 $p_i \geqslant 0$ 和 $\sum p_i = 1$ 这两个基本性质。

三、连续型随机变量的概率分布

年龄、体重、领导能力、影响力、执行力的概率分布不能用分布列来表示,因为其可能取的值是不可数的。因此,对这些变量的概率分布改用随机变量 x 在某个区间内取值的概率

$P(a \leqslant x < b)$来表示。下面通过频率分布密度曲线予以说明。

例如，对 126 名政府官员的领导能力测量资料做频率分布直方图，见图 7－1，图中纵坐标取频率与组距的比值。可以设想，如果样本取得越来越大($n \to +\infty$)，组分得越来越细($i \to 0$)，某一范围内的频率将趋近于一个稳定值——概率。这时，频率分布直方图各个直方上端中点的连线——频率分布折线将逐渐趋向于一条曲线，换句话说，当 $n \to +\infty$、$i \to 0$ 时，频率分布折线的极限是一条稳定的函数曲线。对于样本是取自连续型随机变量的情况，这条函数曲线将是光滑的，这条曲线叫概率分布密度曲线，相应的函数叫概率分布密度函数。若记领导能力概率分布密度函数为 $f(x)$，则 x 取值于区间$[a,b]$的概率为图中阴影部分的面积，即

$$P(a \leqslant x < b)\int_a^b f(x)dx \tag{7-4}$$

式 7－4 为连续型随机变量 x 在区间$[a,b)$上取值概率的表达式。可见，连续型随机变量的概率由概率分布密度函数确定。

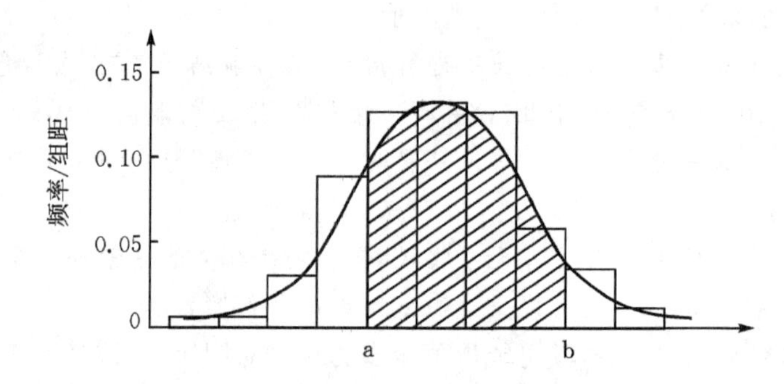

图 7－1　126 名政府官员领导能力分布

此外，连续型随机变量概率分布还具有以下性质：

(1)分布密度函数总是大于或等于 0，即 $f(x) \geqslant 0$；

(2)当随机变量 x 取某一特定值时，其概率等于 0；即

$$P(x = c) = \int_c^c f(x)\mathrm{d}x = 0 \qquad (c\text{ 为任意实数}) \tag{7-5}$$

因而，对于连续型随机变量，仅研究其在某一个区间内取值的概率，而不去讨论取某一个值的概率。

(3)在一次试验中随机变量 x 的取值必在 $-\infty < x < +\infty$ 范围内，为一必然事件。所以

$$P(-\infty < x < +\infty) = \int_{-\infty}^{+\infty} f(x)\mathrm{d}x = 1 \tag{7-6}$$

式 7－6 表示分布密度曲线下，横轴上的全部面积为 1。

第三节　二项分布

一、贝努利试验及其概率公式

将某随机试验重复进行 n 次，若各次试验结果互不影响，即每次试验结果出现的概率都不依赖于其他各次试验的结果，则称这 n 次试验是独立的。

对于 n 次独立的试验，如果每次试验结果出现且只出现对立事件 A 与 $\overline{A}$ 之一，在每次试

验中出现 A 的概率是常数 $p(0<p<1)$，出现对立事件 $\overline{A}$ 的概率是 $1-p=q$，则称这一串重复的独立试验为 n 重贝努利试验，简称贝努利试验①(Bernoulli trials)。

小贴士

雅科布·贝努利　1654 年 12 月 27 生于巴塞尔，1705 年 8 月 16 日卒于同地。他分别于 1671 和 1676 年获得艺术硕士和神学硕士学位，但他对数学有着浓厚的兴趣，他的数学几乎是无师自通的。1676 年，他到荷兰、英国、德国、法国等地旅行，结识了莱布尼茨、惠更斯等著名科学家，从此与莱布尼茨一直保持经常的通讯联系，互相探讨微积分的有关问题。1687 回国后，雅科布担任巴塞尔大学数学教授，教授实验物理和数学，直至去世。由于雅科布杰出的科学成就，1699 年，雅科布当选为巴黎科学院外籍院士；1701 年被柏林科学协会(后为柏林科学院)接纳为会员。

雅科布·贝努利

在社会科学研究中，我们经常碰到的一类离散型随机变量，如缺勤人次数、对患者治疗后的治愈数、公关危机发生数等，可用贝努利试验来概括。

在 n 重贝努利试验中，事件 A 可能发生 $0,1,2,\cdots,n$ 次，求事件 A 恰好发生 $k(0\leqslant k\leqslant n)$ 次的概率 $P_n(k)$。

先取 $n=4,k=2$ 来讨论。在 4 次试验中，事件 A 发生 2 次的方式有以下 C_4^2 种：

$$A_1A_2\overline{A}_3\overline{A}_4 \qquad A_1\overline{A}_2A_3\overline{A}_4 \qquad A_1\overline{A}_2\overline{A}_3A_4$$

$$\overline{A}_1A_2A_3\overline{A}_4 \qquad \overline{A}_1A_2\overline{A}_3A_4 \qquad \overline{A}_1\overline{A}_2A_3A_4$$

其中，$A_k(k=1,2,3,4)$ 表示事件 A 在第 k 次试验发生；$\overline{A}_k(k=1,2,3,4)$ 表示事件 A 在第 k 次试验不发生。由于试验是独立的，按概率的乘法法则，于是有

$$P(A_1A_2\overline{A}_3\overline{A}_4)=P(A_1\overline{A}_2A_3\overline{A}_4)=\cdots=P(\overline{A}_1\overline{A}_2A_3A_4)$$

$$=P(A_1)\cdot P(A_2)\cdot P(\overline{A}_3)\cdot P(\overline{A}_4)=p^2q^{4-2}$$

由于以上各种方式中，任何两种方式都是互不相容的，按概率的加法法则，在 4 次试验中，事件 A 恰好发生 2 次的概率为

$$P_4(2)=P(A_1A_2\overline{A}_3\overline{A}_4)+P(A_1\overline{A}_2A_3\overline{A}_4)+\cdots+P(\overline{A}_1\overline{A}_2A_3A_4)=C_4^2p^2q^{4-2}$$

一般，在 n 重贝努利试验中，事件 A 恰好发生 $k(0\leqslant k\leqslant n)$ 次的概率为

$$P_n(k)=C_n^kp^kq^{n-k} \qquad (k=0,1,2,\cdots,n) \tag{7-7}$$

若把式 7-7 与二项展开式

$$(q+p)^n=\sum_{k=0}^{n}C_n^kp^kq^{n-k} \tag{7-8}$$

相比较就可以发现，在 n 重贝努利试验中，事件 A 发生 k 次的概率恰好等于 $(q+p)^n$ 展开式中

①贝努利[EB/OL]. http://baiake.baidu.com//view/52305.htm.

的第$k+1$项，所以也把式7-7式称为二项概率公式。

二、二项分布的意义及性质

二项分布定义如下：

设随机变量x所有可能取的值为零和正整数：$0,1,2,\cdots,n$，且有

$$P_n(k)=C_n^k p^k q^{n-k} \qquad (k=0,1,2,\cdots,n)$$

其中$p>0,q>0,p+q=1$，则称随机变量x服从参数为n和p的二项分布（binomial distribution），记为$x\sim B(n,p)$。

另外，也可将其定义为：

在n次试验中，出现“成功”的次数的概率为$P(X=k)=C_n^k p^k q^{n-k}(k=0,1,2,\cdots,n)$，称随机变量$X$服从参数为$(n,p)$的二项分布。

显然，二项分布是一种离散型随机变量的概率分布，参数n称为离散参数，只能取正整数；p是连续参数，它能取0与1之间的任何数值（q由p确定，故不是另一个独立参数）。

容易验证，二项分布具有概率分布的一切性质，即：

(1)$P(x=k)=P_n(k)\geqslant 0(k=0,1,\cdots,n)$；

(2)二项分布的概率之和等于1，即

$$\sum_{k=0}^{n} C_n^k p^k q^{n-k}=(q+p)^n=1;$$

(3)$P(x\leqslant m)=P_n(k\leqslant m)=\sum\limits_{k=0}^{m} C_n^k p^k q^{n-k}$；

(4)$P(x\geqslant m)=P_n(k\geqslant m)=\sum\limits_{k=m}^{n} C_n^k p^k q^{n-k}$；

(5)$P(m_1\leqslant x\leqslant m_2)=p_n(m_1\leqslant k\leqslant m_2)=\sum\limits_{k=m_1}^{m_2} C_n^k p^k q^{n-k}(m_1<m_2)$。

二项分布由n和p两个参数决定：

(1)当p值较小且n不大时，分布是偏倚的。但随着n的增大，分布逐渐趋于对称，如图7-2所示；

(2)当p值趋于0.5时，分布趋于对称，如图7-3所示；

(3)对于固定的n及p，当k增加时，$P_n(k)$先随之增加并达到其极大值，而后又下降。

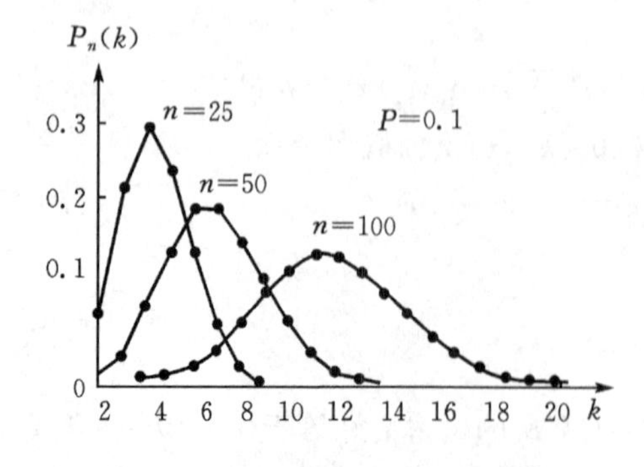

图7-2 n值不同的二项分布比较

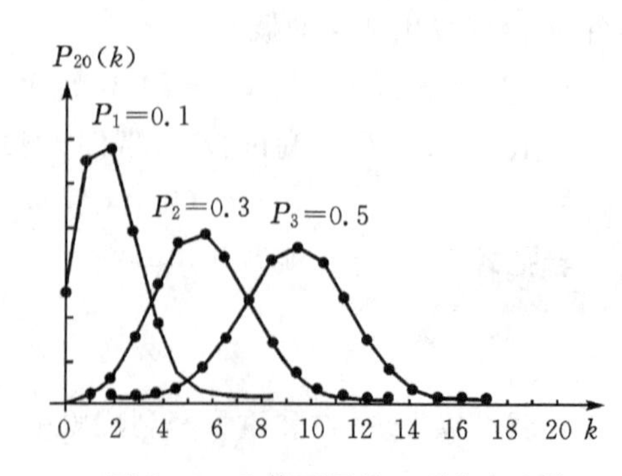

图7-3 P值不同的二项分布比较

此外，在 n 较大，np、nq 较接近时，二项分布接近于正态分布；当 $n\to\infty$ 时，二项分布的极限分布是正态分布。

三、二项分布的概率计算及应用条件

【例 7－6】 居民对政府信任程度投票，如果投信任票和不信任票的比率为 3∶1。求 10 个居民中，有 7 人投信任票的概率。

根据题意，$n=10, p=3/4=0.75, q=1/4=0.25$。设 10 个居民中投信任票的为 x 个，则 x 为服从二项分布 $B(10,0.75)$ 的随机变量。于是 10 个居民中有 7 人投信任票的概率为：

$$P(x=7)=C_{10}^{7}0.75^{7}\ 0.25^{3}=\frac{10!}{7!\ 3!}\times 0.75^{7}\times 0.25^{3}=0.2503$$

【例 7－7】 设人群感染某种疾病的概率为 20%，现有两种疫苗，用疫苗 A 注射了 15 人后无一感染，用疫苗 B 注射 15 人后有 1 人感染。设每人没有相互传染疾病的可能，问：应该如何评价这两种疫苗？

假设疫苗 A 完全无效，那么注射后的人们感染的概率仍为 20%，则 15 人中染病人数 $x=0$ 的概率为

$$p(x=0)=C_{15}^{0}0.20^{0}\ 0.80^{15}=0.0352$$

同理，如果疫苗 B 完全无效，则 15 人中最多有 1 人感染的概率为

$$p(x\leqslant 1)=C_{15}^{0}0.2^{0}\ 0.8^{15}+C_{15}^{1}0.2^{1}\ 0.8^{14}=0.1671$$

由计算可知，注射 A 疫苗无效的概率为 0.0352，比 B 疫苗无效的概率 0.1671 小得多。因此，可以认为 A 疫苗是有效的，但不能认为 B 疫苗也是无效的。

【例 7－8】 某社区下岗职工每周参加就业培训的概率为 20%，求 5 人参加培训可能值相应的概率。

设 5 人参加培训为 x，则 x 服从二项分布 $B(5,0.2)$，其所有可能取值为 $0,1,\cdots,5$，计算得出其概率用分布列表示如下：

$$\begin{bmatrix} 0 & 1 & 2 & 3 & 4 & 5 \\ 0.3277 & 0.4096 & 0.2048 & 0.0512 & 0.0064 & 0.0003 \end{bmatrix}$$

从上面各例可看出二项分布的应用条件有：①各观察单位只具有互相对立的一种结果，如阳性或阴性，生存或死亡等，属于二项分类资料；②已知发生某一结果（如死亡）的概率为 p，其对立结果的概率则为 $1-p=q$，实际中要求 p 是从大量观察中获得的比较稳定的数值；③n 个观察单位的观察结果互相独立，即每个观察单位的观察结果不会影响到其他观察单位的观察结果。

第四节　泊松分布

泊松分布是一种可以用来描述和分析随机发生在单位空间或时间里的稀有事件的概率分布。要观察到这类事件，样本含量 n 必须很大。在生物、医学研究中，服从泊松分布的随机变量是常见的。如一定畜群中某种患病率很低的非传染性疾病患病数或死亡数，畜群中遗传的畸形怪胎数，每升饮水中大肠杆菌数，计数器小方格中血球数，单位空间中某些野生动物或昆虫数，医院门诊单位时间内就诊患者数等，都是服从泊松分布的。

一、泊松分布的意义

若随机变量 $x(x=k)$ 只取零和正整数值 $1,2,\cdots$，且其概率分布为

$$P(x=k)=\frac{\lambda^k}{k!}e^{-\lambda} \qquad (k=0,1,\cdots) \tag{7-9}$$

其中 $\lambda>0$；$e=2.7182\cdots$ 是自然对数的底数，则称 x 服从参数为 λ 的泊松分布（Poisson's distribution），记为 $x\sim P(\lambda)$。

泊松分布作为一种离散型随机变量的概率分布有一个重要的特征，就是它的平均数和方差相等，都等于常数 λ，即 $\mu=\sigma^2=\lambda$。利用这一特征，可以初步判断一个离散型随机变量是否服从泊松分布。

小贴士

泊松[1]（Simeon-Denis Poisson）（1781—1840） 法国数学家，1781 年 6 月 21 日生于法国卢瓦雷省的皮蒂维耶，1840 年 4 月 25 日卒于法国索镇。泊松是法国数学家、物理学家和力学家。泊松的科学生涯开始于研究微分方程及其在摆的运动和声学理论中的应用。他工作的特色是应用数学方法研究各类力学和物理问题，并由此得到数学上的发现。他对积分理论、行星运动理论、热物理、弹性理论、电磁理论、位势理论和概率论都有重要贡献。

【例 7-9】 调查某部门投诉发生数，共记录 200 起，投诉数的分布情况如表 7-3 所示。试判断投诉数是否服从泊松分布。

表 7-3 投诉数统计分布

投诉数 k	0	1	3	3	≥4	合计
人 数 f	120	62	15	2	1	200

根据泊松分布的平均数与方差相等这一特征，若投诉发生数服从泊松分布，则由观察数据计算的平均数和方差就近于相等。样本均数 $\overline{x}$ 和方差 S^2 计算结果如下：

$$\overline{x}=\sum fk/n=(120\times 0+62\times 1+15\times 2+2\times 3+1\times 4)/200=0.51$$

$$S^2=\frac{\sum fk^2-(\sum fk)^2/n}{n-1}=\frac{(120\times 0^2+62\times 1^2+15\times 2^2+2\times 3^2+1\times 4^2-102^2)/200}{200-1}$$

$$=0.52$$

$\overline{x}=0.51$，$S^2=0.52$，这两个数是相当接近的，因此可以认为投诉发生数服从泊松分布。

λ 是泊松分布所依赖的唯一参数。λ 值愈小分布愈偏倚，随着 λ 的增大，分布趋于对称（如图 7-4 所示）。当 $\lambda=20$ 时，分布接近于正态分布；当 $\lambda=50$ 时，可以认为泊松分布呈正态分布。所以在实际工作中，当 $\lambda\geqslant 20$ 时，就可以用正态分布来近似地处理泊松分布的问题。

①泊松[EB/OL]. http://baike.baidu.com/view/126352.html.

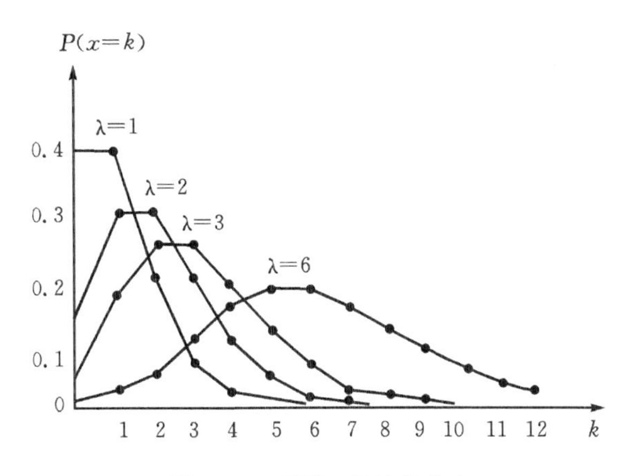

图 7-4　不同 λ 的泊松分布

二、泊松分布的概率计算

泊松分布的概率计算，依赖于参数 λ 的确定，只要参数 λ 确定了，把 $k=0,1,2\cdots$ 代入(7-9)式，即可求得各项的概率。

但是在大多数服从泊松分布的实例中，分布参数 λ 往往是未知的，只能从所观察的随机样本中计算出相应的样本平均数作为 λ 的估计值，再将其代替式 7-9 中的 λ，计算出 $k=0,1,2\cdots$ 时的各项概率。

如例 7-9 中已投诉发生数服从泊松分布，并已算出样本平均数 $\bar{x}=0.51$。将 0.51 代替公式 7-9 中的 λ，得：

$$P(x=k)=\frac{0.51^k}{k!}e^{-0.51} \qquad (k=0,1,2,\cdots)$$

因为 $e^{-0.51}=1.6653$，所以投诉发生数各项的概率为：

$P(x=0)=0.510/(0!\ \times1.6653)=0.6005$

$P(x=1)=0.511/(1!\ \times1.6653)=0.3063$

$P(x=2)=0.512/(2!\ \times1.6653)=0.0781$

$P(x=3)=0.513/(3!\ \times1.6653)=0.0133$

$P(x=4)=0.514/(4!\ \times1.6653)=0.0017$

$$P(x>4)=1-\sum_{k=0}^{4}p(x=k)=1-0.9999=0.0001$$

把上面各项概率乘以总观察数($N=200$)，即得各项按泊松分布的理论数。泊松分布与相应的频率分布列于表 7-4 中。

表 7-4　投诉发生数的泊松分布

投诉发生数 k	0	1	2	3	≥4	合计
例　数	120	62	15	2	1	200
频　率	0.6000	0.3100	0.0750	0.0100	0.0050	1.00
概　率	0.6005	0.3063	0.0781	0.0133	0.0018	1.00
理论数	120.12	61.26	15.62	2.66	0.34	200

将实际计算得到的频率与根据 $\lambda=0.51$ 的泊松分布计算的概率相比较，发现投诉发生数

的频率分布与 $\lambda=0.51$ 的泊松分布吻合得很好，这进一步说明了投诉发生数服从泊松分布。

【例 7-10】 为监测饮用水的污染情况，现检验某社区每毫升饮用水中细菌数，共得 400 个记录如下：

表 7-5 细菌数分布

1ml 水中细菌数	0	1	2	≥3	合 计
次数 f	243	120	31	6	400

试分析饮用水中细菌数的分布是否服从泊松分布。若服从，按泊松分布计算每毫升水中细菌数的概率及理论次数，并将次数分布与泊松分布作直观比较。

经计算得每毫升水中平均细菌数 $\overline{x}=0.500$，方差 $S^2=0.496$。两者很接近，故可认为每毫升水中细菌数服从泊松分布。以 $\overline{x}=0.500$ 代替(7-9)式中的 λ，得

$$P(x=k)=\frac{0.5^k}{k!}e^{-0.5} \quad (k=0,1,2\cdots)$$

计算结果如表 7-6 所示。

表 7-6 细菌数的泊松分布

1ml 水中细菌数	0	1	2	≥3	合 计
实际次数	243	120	31	6	400
频 率	0.6075	0.3000	0.0775	0.0150	1.00
概 率	0.6065	0.3033	0.0758	0.0144	1.00
理论次数	242.60	121.32	30.32	5.76	400

可见细菌数的频率分布与 $\lambda=0.5$ 的泊松分布是相当吻合的，进一步说明用泊松分布描述单位容积(或面积)中细菌数的分布是适宜的。

应当注意，二项分布的应用条件也是泊松分布的应用条件。比如二项分布要求 n 次试验是相互独立的，这也是泊松分布的要求。然而一些具有传染性的罕见疾病的发病数，因为首例发生之后可成为传染源，会影响到后续病例的发生，所以不符合泊松分布的应用条件。对于在单位时间、单位面积或单位容积内，所观察的事物由于某些原因分布不随机时，如细菌在牛奶中成聚落存在时，亦不呈泊松分布。

第五节 正态分布

正态分布是一种很重要的连续型随机变量的概率分布。生物现象中有许多变量是服从或近似服从正态分布的，如家畜的体长、体重、产奶量、产毛量、血红蛋白含量、血糖含量等。许多统计分析方法都是以正态分布为基础的。此外，还有不少随机变量的概率分布在一定条件下以正态分布为其极限分布。在社会科学研究中，正态分布无论在理论研究上还是实际应用中，均占有重要的地位。

一、正态分布的定义及其特征

(一) 正态分布的定义

若连续型随机变量 x 的概率分布密度函数为

$$f(x)=\frac{1}{\sigma\sqrt{2\pi}}e^{-\frac{(x-\mu)^2}{2\sigma^2}} \tag{7-10}$$

其中，μ 为平均数，σ^2 为方差，则称随机变量 x 服从正态分布(normal distribution)，记为 $x \sim N(\mu,\sigma^2)$。相应的概率分布函数为

$$F(x)=\frac{1}{\sigma\sqrt{2\pi}}\int_{-\infty}^{x}e^{-\frac{(x-\mu)^2}{2\sigma^2}}\mathrm{d}x \tag{7-11}$$

正态分布密度曲线如图 7－5 所示。

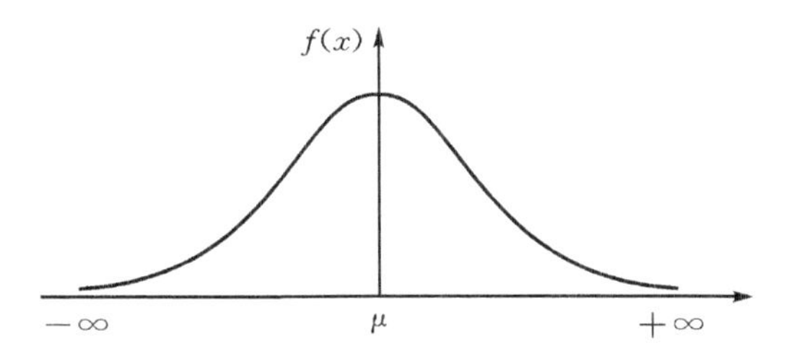

图 7－5　正态分布密度曲线

(二)正态分布的特征

从图 7－5 中可看出，正态分布具有以下几个重要特征：

(1)正态分布密度曲线是单峰、对称的悬钟形曲线，对称轴为 $x=\mu$；

(2)$f(x)$在 $x=\mu$ 处达到极大，极大值 $f(\mu)=\frac{1}{\sigma\sqrt{2\pi}}$；

(3)$f(x)$是非负函数，以 x 轴为渐近线，分布从 $-\infty$ 至 $+\infty$；

(4)曲线在 $x=\mu\pm\sigma$ 处各有一个拐点，即曲线在$(-\infty,\mu-\sigma)$和$(\mu+\sigma,+\infty)$区间上是下凸的，在$[\mu-\sigma,\mu+\sigma]$区间内是上凸的；

(5)正态分布有两个参数，即平均数 μ 和标准差 σ。μ 是位置参数，如图 7－6 所示。当 σ 恒定时，μ 愈大，则曲线沿 x 轴愈向右移动；反之，μ 愈小，曲线沿 x 轴愈向左移动。σ 是变异度参数，如图 7－7 所示。当 μ 恒定时，σ 愈大，表示 x 的取值愈分散，曲线愈"胖"；σ 愈小，x 的取值愈集中在 μ 附近，曲线愈"瘦"。

(6)分布密度曲线与横轴所夹的面积为 1，即：

$$P(-\infty<x<+\infty)=\int_{-\infty}^{+\infty}\frac{1}{\sigma\sqrt{2\pi}}e^{-\frac{(x-\mu)^2}{2\sigma^2}}\mathrm{d}x=1$$

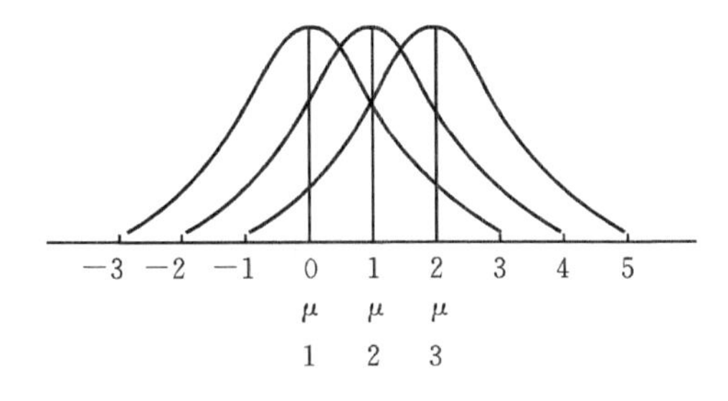

图 7－6　σ 相同而 μ 不同的三个正态分布

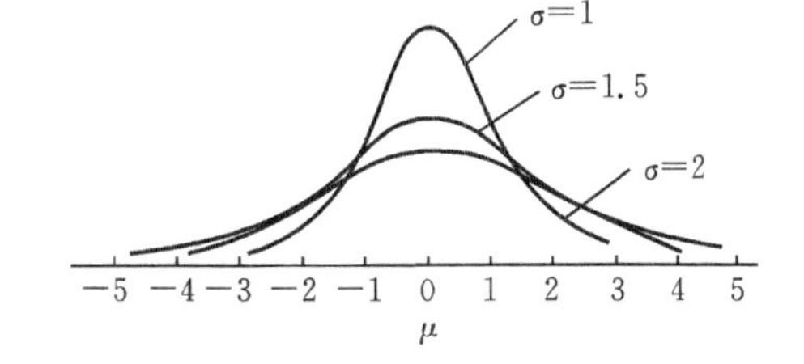

图 7－7　μ 相同而 σ 不同的三个正态分布

二、标准正态分布

由正态分布的特征可知，正态分布是依赖于参数 μ 和 σ^2(或 σ)的一种分布，正态曲线的位

置及形态随 μ 和 σ^2 的不同而不同。这就给研究具体的正态总体带来困难,需将一般的 $N(\mu,\sigma^2)$转换为 $\mu=0,\sigma^2=1$ 的正态分布。我们称 $\mu=0,\sigma^2=1$ 的正态分布为标准正态分布(standard normal distribution)。标准正态分布的概率密度函数及分布函数分别记作 $\psi(u)$和 $\Phi(u)$,由前面公式得:

$$\psi(u)=\frac{1}{\sqrt{2\pi}}e^{-\frac{u^2}{2}} \tag{7-12}$$

$$\Phi(u)=\frac{1}{\sqrt{2\pi}}\int_{-\infty}^{u}e^{-\frac{1}{2}u^2}\,du \tag{7-13}$$

随机变量 u 服从标准正态分布,记作 $u\sim N(0,1)$,分布密度曲线如图 7-8 所示。

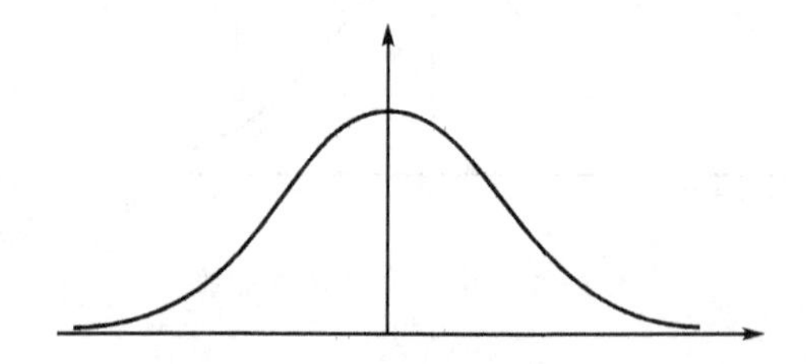

图 7-8　标准正态分布密度曲线

对于任何一个服从正态分布 $N(\mu,\sigma^2)$的随机变量 x,都可以通过标准化变换:

$$u=(x-\mu)/\sigma \tag{7-14}$$

将其变换为服从标准正态分布的随机变量 u,u 称为标准正态变量或标准正态离差(standard normal deviate)。

对不同的 u 值编成函数表,称为正态分布表,见附表 1,从附表中可查到 u 在任意一个区间内取值的概率,给解决不同 μ、σ^2 的正态分布概率计算问题带来很大方便。

三、正态分布的概率计算

关于正态分布的概率计算,可以先从标准正态分布着手。这是因为,一方面标准正态分布在正态分布中形式最简单,而且任意正态分布都可转化为标准正态分布来计算;另一方面,人们已经根据标准正态分布的分布函数编制成正态分布表(附表 1)以供直接查用。

(一) 标准正态分布的概率计算

设 u 服从标准正态分布,则 u 在$[u_1,u_2]$内取值的概率为:

$$P(u_1\leqslant u<u_2)=\frac{1}{\sqrt{2\pi}}\int_{u_1}^{u_2}e^{-\frac{1}{2}u^2}\,du=\frac{1}{\sqrt{2\pi}}\int_{-\infty}^{u_2}e^{-\frac{1}{2}u^2}\,du-\frac{1}{\sqrt{2\pi}}\int_{-\infty}^{u_1}e^{-\frac{1}{2}u^2}\,du$$

$$=\Phi(u_2)-\Phi(u_1) \tag{7-15}$$

而 $\Phi(u_1)$与 $\Phi(u_2)$可由附表 1 查得。

附表 1 只对于 $0\leqslant u<3.0$ 给出了 $\Phi(u)$的数值。表中,u 值列在第一列和第一行,第一列列出 u 的整数部分及小数点后第一位的数值,第一行列出 u 的小数点后第二位的数值。例如,$u=1.75$,1.7 放在第一列,0.05 放在第一行。在附表 1 中,1.7 所在行与 0.05 所在列相交处的数值为 0.95994,即 $\Phi(1.75)=0.95994$。另外,当给定 $\Phi(u)$值,反过来也可以查得 u 值。例如,当 $\Phi(u)=0.710$ 时,只要在附表 1 中找到与 0.710 最接近的值 0.7123,对应行的第一列数 0.5,对应列的第一行数值 0.06,即相应的 u 值为 $u=0.57$,亦即 $\Phi(0.57)=0.7123$。如果要求

更精确的 u 值,可用线性插值法计算。

由上述公式及正态分布的对称性可推出下列关系式,再借助附表 1,便能很方便地计算有关概率:

$$P(0\leqslant u<u_1)=\Phi(u_1)-0.5 \tag{7-16}$$

$$P(u\geqslant u_1)=1-\Phi(-u_1) \tag{7-17}$$

$$P(|u|\geqslant u_1)=2(1-\Phi(u_1)) \tag{7-18}$$

$$P(|u|<u_1)=1-2\Phi(-u_1) \tag{7-19}$$

$$P(u_1\leqslant u<u_2)=\Phi(u_2)-\Phi(u_1) \tag{7-20}$$

【例 7-11】 已知 $u\sim N(0,1)$,试求:① $P(u<-1.64)$;② $P(u\geqslant 2.58)$;③ $P(|u|\geqslant 2.56)$;④ $P(0.34\leqslant u<1.53)$。

利用式 7-15,查附表 1 得:

① $P(u<-1.64)=1-0.9495=0.05050$

② $P(u\geqslant 2.58)=1-0.9951=0.0049$

③ $P(|u|\geqslant 2.56)=2\times(1-0.9948)=2\times 0.0052=0.0104$

④ $P(0.34\leqslant u<1.53)=\Phi(1.53)-\Phi(0.34)=0.93669-0.6331=0.30389$

关于标准正态分布,以下几种概率应当熟记(见图 7-9):

$P(-1\leqslant u<1)=0.6826$

$P(-2\leqslant u<2)=0.9545$

$P(-3\leqslant u<3)=0.9973$

$P(-1.96\leqslant u<1.96)=0.95$

$P(-2.58\leqslant u<2.58)=0.99$

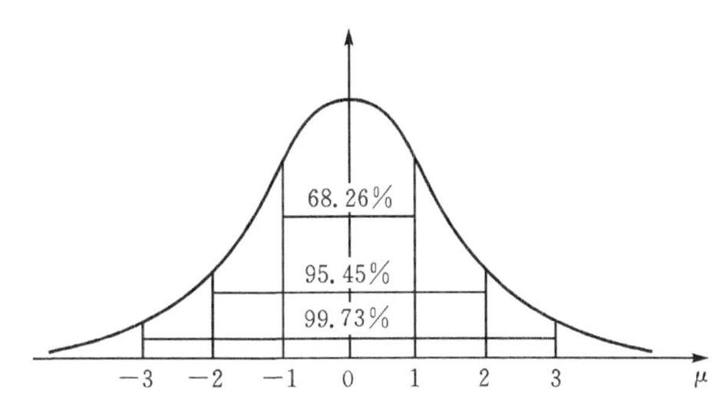

图 7-9 标准正态分布下面积分布

u 变量在上述区间以外取值的概率分别为:

$P(|u|\geqslant 1)=2\Phi(-1)=1-P(-1\leqslant u<1)=1-0.6826=0.3174$

$P(|u|\geqslant 2)=2\Phi(-2)=1-P(-2\leqslant u<2)=1-0.9545=0.0455$

$P(|u|\geqslant 3)=1-0.9973=0.0027$

$P(|u|\geqslant 1.96)=1-0.95=0.05$

$P(|u|\geqslant 2.58)=1-0.99=0.01$

(二)一般正态分布的概率计算

正态分布密度曲线和横轴围成的一个区域,其面积为 1,表明了"随机变量 x 取值在 $-\infty$

与$+\infty$之间”是一个必然事件，其概率为1。若随机变量x服从正态分布$N(\mu,\sigma^2)$，则x的取值落在任意区间$[x_1,x_2)$的概率，记作$P(x_1\leqslant x<x_2)$，等于图7－10中阴影部分曲边梯形面积。即：

$$P(x_1 \leqslant x < x_2) = \frac{1}{\sigma\sqrt{2\pi}}\int_{x_1}^{x_2} e^{-\frac{(x-\mu)^2}{2\sigma^2}}\mathrm{d}x \tag{7-21}$$

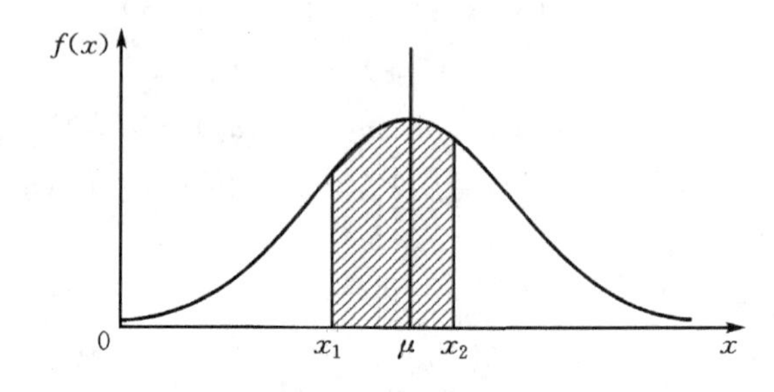

图7－10 正态分布的概率

作变换$u=(x-\mu)/\sigma$，得$\mathrm{d}x=\sigma\mathrm{d}u$，故有

$$P(x_1 \leqslant u < x_2) = \frac{1}{\sigma\sqrt{2\pi}}\int_{x_1}^{x_2} e^{-\frac{(x-\mu)^2}{2\sigma^2}}\mathrm{d}u = \frac{1}{\sigma\sqrt{2\pi}}\int_{(x_1-\mu)/\sigma}^{(x_2-\mu)/\sigma} e^{-\frac{1}{2}u^2}\sigma\mathrm{d}u$$

$$= \frac{1}{\sqrt{2\pi}}\int_{u_1}^{u_2} e^{-\frac{1}{2}u^2}\mathrm{d}u = \Phi(u_2) - \Phi(u_1) \tag{7-22}$$

其中，$u_1=\frac{x_1-\mu}{\sigma}$，$u_2=\frac{x_2-\mu}{\sigma}$。

这表明服从正态分布$N(\mu,\sigma^2)$的随机变量x在$[x_1,x_2)$内取值的概率，等于服从标准正态分布的随机变量u在$[(x_1-\mu)/\sigma,\ (x_2-\mu)/\sigma)$内取值的概率。因此，计算一般正态分布的概率时，只要将区间的上下限作标准化变换，就可用查标准正态分布概率表的方法求得其概率。

【例7－12】 设x服从$\mu=30.26$，$\sigma^2=5.10^2$的正态分布，试求$P(21.64\leqslant x<32.98)$。

令$u=\frac{x-30.26}{5.10}$，则u服从标准正态分布，故

$$P(21.64\leqslant x<32.98)=P\left(\frac{21.64-30.26}{5.10}\leqslant\frac{x-30.26}{5.10}<\frac{32.98-30.26}{5.10}\right)$$

$$=P(-1.69\leqslant u<0.53)=\Phi(0.53)-\Phi(-1.69)$$

$$=0.7019-0.04551=0.6564$$

关于一般正态分布，以下几个概率（即随机变量x落在μ加减不同倍数σ区间的概率）是经常用到的。

$P(\mu-\sigma\leqslant x<\mu+\sigma)=0.6826$

$P(\mu-2\sigma\leqslant x<\mu+2\sigma)=0.9545$

$P(\mu-3\sigma\leqslant x<\mu+3\sigma)=0.9973$

$P(\mu-1.96\sigma\leqslant x<\mu+1.96\sigma)=0.95$

$P(\mu-2.58\sigma\leqslant x<\mu+2.58\sigma)=0.99$

上述关于正态分布的结论，可用实例进一步验证。例如，126人体重资料的次数分布接近

正态分布，现根据其平均数 $\bar{x}=52.26$(kg)，标准差 $S=5.10$(kg)，算出平均数加减不同倍数标准差区间内所包括的次数与频率，见表 7－7。

表 7－7　126 人体重在 $\bar{x}\pm kS$ 区间内所包括的次数与频率

$\bar{x}\pm kS$	数值	区间	区间内所包含的次数与频率	
			次数	频率(%)
$\bar{x}\pm 1S$	52.26±5.10	47.16～57.36	84	67.46
$\bar{x}\pm 2S$	52.26±10.20	42.06～62.46	119	94.44
$\bar{x}\pm 3S$	52.26±15.30	36.96～67.56	126	100.00
$\bar{x}\pm 1.96S$	52.26±10.00	42.26～62.26	119	94.44
$\bar{x}\pm 2.58S$	52.26±13.16	39.10～65.42	126	100.00

由表 7－7 可见，实际频率与理论概率相当接近，说明 126 人体重资料的频率分布接近正态分布，从而可推断体重这一随机变量很可能是服从正态分布的。

除了了解随机变量 x 落在平均数加减不同倍数标准差区间$(u-k\sigma, u+k\sigma)$之内的概率之外，在某些情况下，还需要了解 x 落在此区间之外的概率。我们把随机变量 x 落在平均数 μ 加减不同倍数标准差 σ 区间之外的概率称为双侧概率（两尾概率），记作 α。对应双侧概率可以求得随机变量 x 小于 $u-k\sigma$ 或大于 $u+k\sigma$ 的概率，称为单侧概率（一尾概率），记作 $\alpha/2$。例如，x 落在$(u-1.96\sigma, u+1.96\sigma)$之外的双侧概率为 0.05，则单侧概率为 0.025，即

$$P(x<u-1.96\sigma)=P(x>u+1.96\sigma)=0.025$$

双侧概率或单侧概率如图 7－11 所示。x 落在$(u-2.58\sigma, u+2.58\sigma)$之外的双侧概率为 0.01，则单侧概率

$$P(x<u-2.58\sigma)=P(x>u+2.58\sigma)=0.005$$

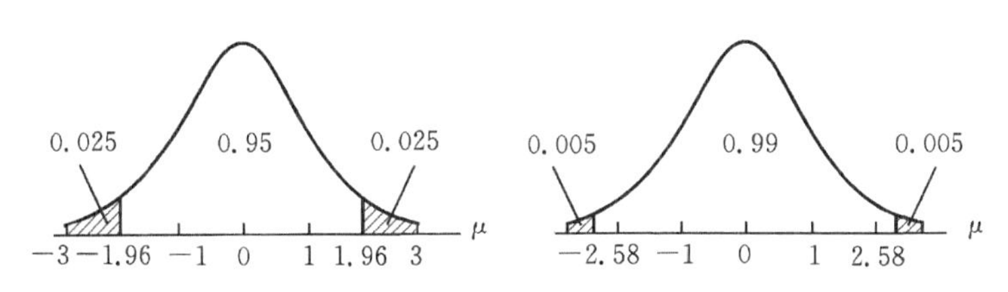

图 7－11　双侧概率与单侧概率

附表 2 给出了满足 $P(|u|>u_\alpha)=\alpha$ 的双侧分位 u_α 的数值。因此，只要已知双侧概率 α 的值，由附表 2 就可直接查出对应的双侧分位数 u_α，查法与附表 1 相同。例如，已知 $u\sim N(0,1)$ 试求：

① $P(u<-u_\alpha)+P(u\geqslant u_\alpha)=0.10$ 的 u_α；

② $P(-u_\alpha\leqslant u<u_\alpha)=0.86$ 的 u_α。

因为附表 2 中的 α 值是：

$$\alpha=1-\frac{1}{\sqrt{2\pi}}\int_{-u_\alpha}^{u_\alpha}e^{-\frac{1}{2}u^2}\,\mathrm{d}u$$

所以，

①$P(u<-u_\alpha)+P(u\geqslant u_\alpha)=1-P(-u_\alpha\leqslant u<u_\alpha)=0.10=\alpha$

由附表2查得：$u_{0.10}=1.644854$

②$P(-u_\alpha\leqslant u<u_\alpha)=0.86$，$\alpha=1-P(-u_\alpha\leqslant u<u_\alpha)=1-0.86=0.14$

由附表2查得：$u_{0.14}=1.475791$

对于 $x\sim N(\mu,\sigma^2)$，只要将其转换为 $u\sim N(0,1)$，即可求得相应的双侧分位数。

【例7-13】 已知某人群血红蛋白含量 x 服从正态分布 $N(12.86,1.33^2)$，若 $P(x<l_1)=0.03$，$P(x\geqslant l_2)=0.03$，求 l_1，l_2。

由题意可知，$\alpha/2=0.03$，$\alpha=0.06$，又因为

$$P(x<l_1)=P(\frac{x-12.86}{1.33}<\frac{l_1-12.86}{1.33})=P(u<-u_\alpha)=0.03$$

$$P(x\geqslant l_2)=P(\frac{x-12.86}{1.33}\geqslant\frac{l_2-12.86}{1.33})=P(u\geqslant u_\alpha)=0.03$$

故 $P(x<l_1)=+P(x\geqslant l_2)=P(u<-u_\alpha)=+P(u\geqslant u_\alpha)$

$=1-P(-u_\alpha\leqslant P<u_\alpha)=0.06=\alpha$

由附表2查得：$u_{0.06}=1.880794$，所以

$(l_1-12.86)/1.33=-1.880794$，$(l_2-12.86)/1.33=1.880794$

即 $l_1\approx10.36$，$l_2\approx15.36$。

思考与练习

1. 王瑛是某部门的一位数据分析员。在3个月之前她刚来该部门工作时，对24832元的年工资还算满意。但是，自从工作之日起，她已经逐渐了解到在政府部门中，与其工作岗位相同的其他同行的工资都比她高。后来她又了解到，该市政府部门这类职位所有职员的年工资服从平均数为25301元，标准差为986元的正态分布。因此，王瑛确信，与其他同行相比，她的工资相对较低。你同意不同意她的看法？请用正态曲线说明你的观点。

2. 有专家指控在政府公务员雇用方面存在性别歧视问题。去年在其新招聘的12位公务员中，女性只有3人。资料显示，在所有资格符合要求的应聘者中，女性占40%。如果政府在招聘过程中不存在性别歧视，则在其12位新公务员中，女性在3位或3位以下的概率是多少？请列出所有计算过程。

3. 某地区劳动安全管理部门的督导员听说某个检查员在检查工作中不能严格执法。过去的统计资料显示，在被检查的单位中，有91%存在安全问题。该督导员在被认为在检查工作中不能严格执法的检查员的最近案件中随机抽取了8份，发现只有2份中列出了安全问题。请根据这些资料，给出分析结论。

第八章　社会科学研究数据推断分析方法

统计推断分析的方法主要包括估计和假设检验。估计是统计推断分析的重要内容之一，它是在抽样及抽样分布的基础之上，根据样本统计量来推断研究者所关心的总体参数，主要包括点估计和区间估计。假设检验是统计推断分析的另一项重要内容，它与参数估计类似，但角度不同。参数估计是利用样本信息推断未知的总体参数，而假设检验则是先对总体参数提出一个假设值，然后利用样本信息判断这一假设检验是否成立。本章具体讲述假设检验的一般问题及平均数差异的几种显著性检验，并介绍了应用两种统计软件进行假设检验的方法。

第一节　估　计

一、点估计

(一)点估计的方法

当总体随机变量 X 的分布函数形式为已知，但它的一个或多个参数未知时，若从总体中抽取一个样本，用该样本对某一未知参数所作的一个数值点的估计，称为参数的点估计。

点估计的方法有矩估计法、顺序统计量法、最大似然法、最小二乘法等。这里主要介绍矩估计法。

对总体参数进行点估计，最容易想到的方法就是矩估计法，即用样本的矩去估计总体的矩，从而获得有关参数的估计量。

在统计学中，矩是指以期望值为基础而定义的数字特征，例如数学期望、方差、协方差等。矩可以分为原点矩和中心矩两种。

设 X 为随机变量，对任意正整数 k，称 $E(X_k)$ 为随机变量 X 的 k 阶原点矩，记为：

$$m_k = E(X^k) \tag{8-1}$$

当 $k=1$ 时，$m_1 = E(X) = \mu$

可见一阶原点矩为随机变量 X 的数学期望。

我们把

$$C_k = E[X - E(X)]^k \tag{8-2}$$

称为以 $E(X)$ 为中心的 k 阶中心矩。

显然，当 $k=2$ 时，$C_2 = E[X - E(X)]^2 = \sigma^2$

可见二阶中心矩为随机变量 X 的方差。

【例 8-1】　已知某人群的月收入水平 $X \sim N(\mu, \sigma^2)$，其中，μ, σ^2 都是未知的，今随机选取 4 人，得知月收入(单位：元)为 1502，1453，1367，1650，试估计 μ 和 σ。

解：因为 μ 是全人群的平均收入水平，$\overline{x}$ 为样本的平均收入水平，很自然地会想到用 $\overline{x}$ 去估计 μ；同理用 S 去估计 σ。

由于

$$\bar{x} = \frac{\sum X}{n} = \frac{1}{4}(1502 + 1453 + 1367 + 1650) = 1493$$

$$S^2 = \frac{\sum (x - \bar{x})^2}{n - 1} = \frac{(1502 - 1493)^2 + (1453 - 1493)^2 + (1367 - 1493)^2 + (1650 - 1493)^2}{4 - 1}$$

$$= 14068.7$$

$$S = \sqrt{S^2} = 118.61$$

故 μ 及 σ 的估计值分别为 1493 元及 118.61 元。

矩估计法简便、直观，比较常用，但是矩估计法也有其局限性。首先，它要求总体的 k 阶原点矩存在，若不存在则无法估计；其次，矩估计法不能充分地利用估计时已掌握的有关总体分布形式的信息。

通常设 θ 为总体 X 的待估计参数，一般用样本 $X_1, X_2, \cdots, X_n$ 构成一个统计量 $\hat{\theta} = \hat{\theta}(X_1, X_2, \cdots, X_n)$ 来估计 θ，则称 $\hat{\theta}$ 为 θ 的估计量。对于样本的一组数值 $x_1, x_2, \cdots, x_n$，估计量 $\hat{\theta}$ 的值 $\hat{\theta}(x_1, x_2, \cdots, x_n)$ 称 θ 的估计值，于是点估计即是寻求一个作为待估计参数 θ 的估计量 $\hat{\theta}(x_1, x_2, \cdots, x_n)$ 的问题。但是必须注意，对于样本的不同数值，估计值是不相同的。

如在例 8-1 中，如果分别用样本平均数和样本修正方差来估计总体数学期望和总体均方差，则有：

$$\hat{\mu} = \frac{1}{n}\sum_{i=1}^{n} X_i = \overline{X}$$

$$\hat{\sigma} = \sqrt{\frac{\sum_{i=1}^{n}(X_i - \overline{X})^2}{n - 1}} = S$$

其对应于给定的估计值 $\hat{\mu} = \bar{x} = 1493$ 元，$\hat{\sigma} = S = 118.61$ 元。

(二)点估计性质

样本统计量，如样本均值 $\overline{X}$，样本标准差 S，如何用于对相应总体参数 μ、σ 和 p 的点估计值。直观上，这些样本统计量对相应总体参数的点估计值是很有吸引力的。然而，在用一个样本统计量作为点估计量之前，统计学家检验说明这些样本统计量是否具有某些与好的点估计量相联系的性质。好的点估计量的性质包括无偏性、有效性和一致性。

由于有许多不同的样本统计量用作总体不同参数的点估计量，本节我们采用如下的一般记号：

θ ——所感兴趣的总体参数；

$\hat{\theta}$ ——样本统计量或 θ 的点估计量。

符号 θ 是希腊字母，读作"*theta*"，符号 $\hat{\theta}$ 读作"*theta* 尖"。通常，θ 代表一总体的参数，如总体均值、总体标准差和总体比率等；$\hat{\theta}$ 代表相应的样本统计量，如样本均值、样本标准差和样本比率。

1. 无偏性

如果样本统计量的数学期望等于所估计的总体参数的值，该样本统计量称作总体参数的无偏估计量。无偏性的定义如下：

如果　　$E(\hat{\theta})=\theta$

则称样本统计量 $\hat{\theta}$ 是总体参数 θ 的无偏估计。

式中 $E(\hat{\theta})$ 为样本统计量 $\hat{\theta}$ 的数学期望，因此，样本无偏统计量的所有可能值的期望值或均值等于被估计的总体参数。

2. 有效性

假定含 n 个元素的一个简单随机样本用于给出同一总体参数的两个不同的无偏点估计量，我们偏好于用标准差较小的点估计量，因为它给出的估计值与总体参数更接近。有较小标准差的点估计量称作比其他点估计量有更好的相对效率。有效性的定义如下：

如果　　$D(\hat{\theta}_1)<D(\hat{\theta}_2)$

则称 $\hat{\theta}_1$ 是比 $\hat{\theta}_2$ 更有效的一个估计量。

式中 $\hat{\theta}_1$、$\hat{\theta}_2$ 是对同一总体参数的两个无偏估计量。

3. 一致性

与一个好的点估计相联系的第三个性质为一致性。粗略地讲，如果当样本容量更大时，点估计量的值更接近于总体参数，该点估计量是一致的。换言之，大样本比小样本趋于接进一个更好的点估计。注意到对样本均值 $\bar{x}$，我们证明标准差 $\sigma_{\bar{x}}=\sigma/\sqrt{n}$。由于 $\sigma_{\bar{x}}$ 与样本容量相关，较大的样本容量得到的 $\sigma_{\bar{x}}$ 的值更小，因此得出大样本容量趋于给出的点估计更接近于总体均值 μ。在这个意义上，可以说样本均值是总体均值 μ 的一个一致估计量。

二、区间估计

区间估计把样本指标与抽样误差结合起来，去推断总体指标的最大可能范围，说明推断的准确程度和把握程度。这种方法是将总体指标估计在一个区间范围，而不是直接给出总体指标的估计值。区间估计所推断的总体指标所在的区间范围，不是绝对可靠的范围，而是具有一定的把握程度，其把握程度和一定的抽样误差联系在一起。因为，我们是按随机原则抽取样本，所有可能的样本配合全有可能抽到，而包括在抽样平均误差范围内的只是一部分样本，而不是所有的样本，所以，总体指标落在这个范围并不能完全肯定，只是有一定的把握程度，即可靠性。当扩大抽样误差范围，可提高抽样估计的把握程度；当缩小抽样误差范围，则降低抽样估计的把握程度。

（一）抽样估计的置信度

抽样估计的置信度又称概率保证程度，它是表明抽样指标与总体指标的误差不超过一定范围的概率有多大。在抽样指标的基础上，运用极限误差进行估计，总是要和一定的概率保证程度联系在一起的。因为，我们是采用随机抽样，抽样误差是一个随机变量，就不能保证误差不超过一定范围是一个必然事件，而只能给予一定程度的概率保证。所以，在进行抽样估计时，不仅要考虑极限误差的大小，而且还要考虑被估计的数值落在这个范围的概率的大小。前者是估计的准确性问题，后者是估计的可靠性问题，两者紧密联系而不可分割。

数理统计已证明，概率保证程度 F 与概率度 t 密切联系，它是 t 的函数，表示为 $F(t)$。抽样平均数的分布服从正态分布，则有：

$t=1$ 时，　$F(t)=68.27\%$

$t=2$ 时，　$F(t)=95.45\%$

$t=3$ 时，　$F(t)=99.73\%$

依此类推，都可以从概率表中查到。

可以看出 $F(t)$随着 t 的增大而增大，即 t 增大了，可靠性也增大了，但抽样极限误差 Δx 也扩大了，则估计的准确性也降低了。

(二)区间估计三要素

区间估计必须同时具备三个要素：即具备估计值、抽样极限误差和概率保证程度三个基本要素。抽样误差范围决定抽样估计的准确性，概率保证程度决定抽样估计的可靠性，二者密切联系，但同时又是一对矛盾，所以，对估计的精确度和可靠性的要求应慎重考虑。

在实际抽样调查中，区间估计根据给定的条件不同，有两种估计方法：①给定极限误差，要求对总体指标作出区间估计；②给定概率保证程度，要求对总体指标作出区间估计。

【例 8-2】 对某乡外出务工人员的月收入进行检验，随机抽取 100 人进行调查，测得平均月收入为 1000 元，标准差为 50 元，满意率为 94%，求：

(1)以平均收入的允许误差范围 $\Delta_x=10$ 元，估计该乡外出务工人员月收入的区间及其概率保证程度。

(2)以满意率估计的误差范围不超过 2.45%，估计该乡务工人员满意率的区间及其概率保证程度。

(3)试以 95%的概率保证程度，对该乡外出务工人员的月平均收入作出区间估计。

(4)试以 95%的概率保证程度，对该乡外出务工人员的满意率作出区间估计。

求(1)的计算步骤：

①求标准差 $\sigma_{\bar{x}}$：

已知 $\bar{x}=1000$ 元，$\sigma=50$ 元

则：$\sigma_{\bar{x}}=\dfrac{\sigma}{\sqrt{n}}=\dfrac{50}{\sqrt{100}}=5$(元)

②根据给定的 $\Delta_x=10$ 元，计算总体平均数的上、下限：

下限 $\bar{x}-\Delta_x=1000-10=990$(元)

上限 $\bar{x}+\Delta_x=1000+10=1010$(元)

③根据 $t=\Delta_x/\sigma_{\bar{x}}=10/5=2$，查概率表得 $F(t)=95.45\%$。

由以上计算结果，估计该外出务工人员的月平均收入为 990～1010 元，有 95.45%的概率保证程度。

求(2)的计算步骤：

①求样本指标：

已知：$p=94\%$

则：$\sigma_p^2=p(1-p)=0.94\times0.06=0.0564$

$$\sigma_p=\sqrt{\frac{p(1-p)}{n}}=\sqrt{\frac{0.0564}{100}}=2.37\%$$

②根据给定的 $\Delta_p=2.45\%$，求总体满意率的上、下限：

下限 $p-\Delta_p=94\%-2.45\%=91.55\%$

上限 $p+\Delta_p=94\%+2.45\%=96.45\%$

③根据 $t=\Delta_p/\sigma_p=2.45\%\div2.37\%=1.03$，查概率表得 $F(t)=69.70\%$。

由以上计算结果，估计该乡外出务工人员的满意率为91.55%～96.45%，有69.70%的概率保证程度。

求(3)的计算步骤：

①求样本指标：

$\bar{x}=1000$ 元，$\sigma=50$ 元

$$\sigma_{\bar{x}}=\frac{\sigma}{\sqrt{n}}=\frac{50}{\sqrt{100}}=5\text{ 元}$$

②根据给定的 $F(t)=95\%$，查概率表得 $t=1.96$。

③根据 $\Delta_x=t\cdot\sigma_{\bar{x}}=1.96\times5=9.8$，计算总体平均收入的上、下限：

下限 $\bar{x}-\Delta_x=1000-9.8=990.2$ 元

上限 $\bar{x}+\Delta_x=1000+9.8=1009.8$ 元

所以，以95%的概率保证程度估计该乡外出务工人员的平均月收入为990.2～1009.8元。

求(4)的计算步骤：

①求样本指标：

$p=94\%$

$\sigma_p^2=p(1-p)=0.94\times0.06=0.0564$

$$\sigma_p=\sqrt{\frac{p(1-p)}{n}}=2.37\%$$

$\Delta_p=t\cdot\sigma_p=1.96\times2.37\%=0.046$

下限 $p-\Delta_p=94\%-4.6\%=89.4\%$

上限 $p+\Delta_p=94\%+4.6\%=98.6\%$

所以，以95%的概率保证程度估计该乡外出务工人员的满意率为89.4%～98.6%。

(三)当 σ^2 已知时，求 μ 的置信区间

【例8-3】 某种工作的完成时间服从正态分布，现随机抽取9名员工，测得它们的平均完成时间为21.4分钟，已知总体标准差为 $\sigma=0.15$ 分钟，试建立该种工作的完成时间的置信区间，假定给定置信水平为0.95。

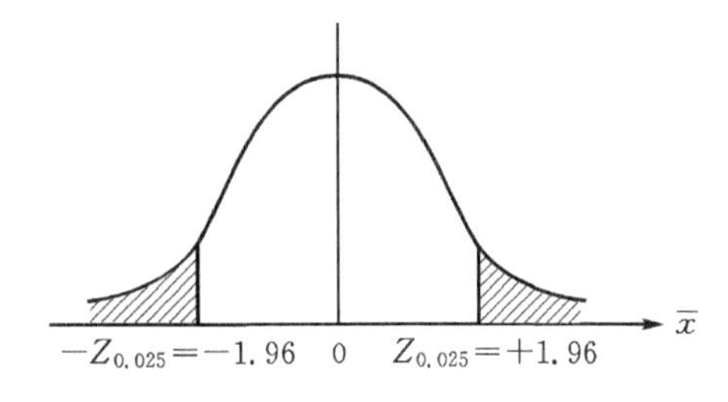

图8-1 正态分布图

解：已知 $X\sim N(\mu,\sigma^2)$，$\bar{x}=21.4$，$n=9$，$1-\alpha=0.95$，

因为 $Z=\dfrac{\bar{x}-\mu}{\sqrt{\sigma^2/n}}\sim N(0,1)$

所以对于给定的置信水平0.95，有

$$P\left\{-Z_{\alpha/2}<\frac{\overline{x}-\mu}{\sqrt{\sigma^2/n}}<+Z_{\alpha/2}\right\}=0.95$$

已知：当 $\alpha=0.05$ 时，$U_{\alpha/2}=1.96$，于是有

$$P\left\{21.4-1.96\frac{0.15}{\sqrt{9}}<\mu<21.4+1.96\frac{0.15}{\sqrt{9}}\right\}=0.95$$

即总体均值的置信区间为[21.302,21.498]。

则有95%的概率保证该种工作的完成时间在21.302分钟和21.498分钟之间。

【例8-4】 从某养老保险经办机构中投保的灵活就业者中随机抽取36人，计算出此36人的平均年龄 $\overline{x}=39.5$ 岁，已知投保的灵活就业者年龄分布近似正态分布，标准差为7.2岁，试求所有投保的灵活就业者平均年龄的置信区间($1-\alpha=99\%$)。

解：已知，$X\sim N(\mu,7.2^2)$，$\overline{x}=39.5$，$n=36$，$1-\alpha=0.99$，则

$$Z=\frac{39.5-\mu}{\sqrt{7.2^2/36}}\sim N(0,1)$$

当 $\alpha=0.01$，有 $Z_{\alpha/2}=Z_{0.01/2}=Z_{0.005}=2.575$，所以

$$P\{39.5-2.575\sqrt{7.2^2/36}<\mu<39.5+2.575\sqrt{7.2^2/36}\}=0.99$$

即总体的置信区间为[36.41,42.59]。

有99%的把握保证投保的灵活就业者的平均年龄为36～42岁。

(四)当 σ^2 未知时，求 μ 的置信区间

不知道总体方差时，一个很自然的想法是用样本方差来代替，这时，需要考虑的问题是，用样本方差代替总体方差后，统计量 $t=(\overline{X}-\mu)/\sqrt{S^2/n}$ 服从的是什么分布，以下定理给出了统计量 t 的分布形式。

定理：设 $x_1,x_2,\cdots,x_n(n\geqslant 2)$ 是来自总体 $N(\mu,\sigma^2)$ 的一个样本，则

$$t=\frac{\overline{x}-\mu}{\sqrt{S^2/n}}\sim t(n-1) \tag{8-3}$$

t 分布具有如下特性：

(1)t 分布与标准正态分布相似，是以 $x=0$ 为对称轴的钟形对称分布，取值范围是($-\infty$，$+\infty$)，但是 t 分布的方差大于1，比标准正态分布的方差大，所以从分布曲线看，t 分布的曲线较标准正态分布平缓。

(2)t 分布的密度函数为

$$f(x)=\frac{\Gamma(\frac{n+1}{2})}{\Gamma(\frac{n}{2})\sqrt{n\pi}}(1+\frac{x^2}{n})^{-\frac{n+1}{2}},\quad -\infty<x<+\infty \tag{8-4}$$

t 分布的密度函数中只有一个参数，称为自由度。如果随机变量 X 具有以上形式的分布密度，则称 X 服从自由度为 n 的 t 分布，记为 $X\sim t(n)$。随着自由度的增大，t 分布的变异程度逐渐减小，其方差逐渐接近1，当 $n\rightarrow\infty$ 时，t 分布成为正态分布。

(3)随机变量 X 落在某一区域内的概率，等于 t 分布曲线下相应区域的面积，对于不同的 n，同样的区域下的概率不同，见书后附表2：t 分布表。如 $n=10$，X 落入[-1.372，$+1.372$]区间的概率为0.9，而当 $n=20$ 时，概率为0.9所对应的区间为[-1.325，$+1.325$]；当 $n=30$

时，概率为 0.9 所对应的区间为[−1.31，+1.31]。

关于 t 分布的特性就讨论到此，现在回到如何应用 t 分布求解置信区间的问题，既然定理已经证明了统计量 $(\bar{x}-\mu)/\sqrt{S^2/n}$ 服从 $n-1$ 个自由度的 t 分布，则对于给定的显著性水平 α，不难找出 $t_{\alpha/2}(n-1)$，使得 $P\left\{-t_{\alpha/2}(n-1)\leqslant(\bar{x}-\mu)/\sqrt{S^2/n}\leqslant t_{\alpha/2}(n-1)\right\}=1-\alpha$。于是得到以 $1-\alpha$ 置信水平保证的置信区间

$$\left[\bar{x}-t_{\alpha/2}(n-1)\sqrt{S^2/n}\ ,\ \bar{X}+t_{\alpha/2}(n-1)\sqrt{S^2/n}\right]$$

【例 8-5】 某研究机构进行了一项调查来估计吸烟者一个月花在抽烟上的平均支出，假定吸烟者买烟的月支出近似服从正态分布。该机构随机抽取了容量为 26 的样本进行调查，得到样本平均数为 80 元，样本标准差为 20 元，试以 95%的把握估计吸烟者月均烟钱支出的置信区间。

解：已知 $\bar{x}=80, S=20, n=26, 1-\alpha=0.95$

由于不知道总体方差，所以用样本方差代替。因为

$$t=(\bar{x}-\mu)/\sqrt{S^2/n}\sim t(n-1),\frac{S}{\sqrt{n}}=\frac{20}{\sqrt{26}}=3.92$$

根据 $\alpha=0.05$，查阅 t 分布表得，$t_{0.05}(25)=2.06$

$$\text{所以有 } P\left\{\bar{x}-t_{0.05}(25)\frac{S}{\sqrt{26}}<\mu<\bar{x}+t_{0.05}(25)\frac{S}{\sqrt{26}}\right\}$$

$$=\{80-2.06(3.92)<\mu<80+2.06(3.92)\}=0.95$$

即总体的置信区间为[71.92，88.08]。

有 95%的把握认为吸烟者月均烟钱支出在 71.92 元到 88.08 元之间。

【例 8-6】 某研究机构从某地区中的 25—35 岁居民中随机抽选 100 人，调查到他们平均每天参加体育锻炼的时间为 35 分钟，样本标准差为 6 分钟，根据以往调查记录，该人群参加体育锻炼的时间近似服从正态分布，试以 99%的概率估计该地区 25—35 岁居民平均参加体育锻炼的时间。

解：已知 X 服从正态分布，且 $\bar{x}=35, S=6, n=100, 1-\alpha=0.99$，不知总体方差用样本方差代替，所以统计量服从 $t(n-1)$ 分布，查表得，$t_{0.01}(99)\approx 2.63$，则有总体均值的置信区间为

$$\left[\bar{x}-t_{\alpha}(n-1)\sqrt{S^2/n},\bar{x}+t_{\alpha}(n-1)\sqrt{S^2/n}\right]$$

$$=\left[35-2.63\sqrt{(6^2/100)},35+2.63\sqrt{(6^2/100)}\right]$$

$$=[33.422,36.578]$$

有 99%的把握认为该地区 25—35 岁居民平均每天参加体育锻炼的时间在 33.422 分钟到 36.578 分钟之间。

第二节　假设检验

假设检验可分为两类：一是参数假设检验，二是非参数检验或自由分布检验，主要是总体分布形式的假设检验。本书讨论几种重要的参数检验。

一、假设检验的一般问题

(一)假设检验的基本思想

先通过一个例子来说明假设检验的基本思想。

【例 8-7】 某机关过去的大量资料表明，员工接听电话平均时间为2分钟，标准差为0.1分钟。办公自动化改革后，抽查了100个员工，测得样本平均时间为1.54分钟。现问：办公自动化改革前后员工接听电话平均时间是否发生了显著变化？

这是关于办公自动化改革前后员工接听电话平均时间（总体平均数）是否等于2分钟的假设检验问题。我们知道，样本平均时间与原平均时间出现差异不外乎两种可能：一是改革后的总体平均时间不变，但由于抽样的随机性使样本平均数与总体平均数之间存在抽样误差；二是由于办公条件的变化，使总体平均数发生了显著的变化。因此可以这样推断：如果样本平均数与总体平均数之间的差异不大，未超出抽样误差范围，则认为总体平均数不变；反之，如果样本平均数与总体平均数之间的差异超出了抽样误差范围，则认为总体平均数发生了显著的变化。

由上面例子可以看出，假设检验是对研究人员所关心的却又是未知的总体参数先做出假设，然后抽取样本，利用样本提供的信息对假设的正确性进行判断的过程。

(二)假设检验的步骤

1. 提出原假设和备择假设

对每个假设检验问题，一般可同时提出两个相反的假设：原假设和备择假设。原假设又称零假设，是等待检验的假设，是假设检验的主题，记为 H_0；备择假设是拒绝原假设后可供选择的假设，记为 H_1。原假设和备择假设是相互对立的，检验结果二者必取其一。接受 H_0 则必须拒绝 H_1；反之，拒绝 H_0 则必须接受 H_1。

原假设和备择假设不是随意提出的，应根据所检验问题的具体背景而定。常常是采取“不轻易拒绝原假设”的原则，即把没有充分理由不能轻易否定的命题作为原假设，而相应地把没有足够把握就不能轻易肯定的命题作为备择假设。

一般地，假设有三种形式：

(1) $H_0: \mu=\mu_0$；$H_1: \mu\neq\mu_0$。这种形式的假设检验称为双侧检验。

(2) $H_0: \mu=\mu_0$；$H_1: \mu<\mu_0$（或 $H_0: \mu\geqslant\mu_0$；$H_1: \mu<\mu_0$）。这种形式的假设检验称为左侧检验。

(3) $H_0: \mu=\mu_0$；$H_1: \mu>\mu_0$（或 $H_0: \mu\leqslant\mu_0$；$H_1: \mu>\mu_0$）。这种形式的假设检验称为右侧检验。

左侧检验和右侧检验统称为单侧检验。采用哪种假设，要根据所研究的实际问题而定。如果对所研究问题只需判断有无显著差异或要求同时注意总体参数偏大或偏小的情况，则采用双侧检验。

例如：一条产品生产线用于生产玻璃纸，正常状态下要求玻璃纸的横向延伸率为65，质量监控人员需要定期进行抽检，如果证实玻璃纸的横向延伸率不合格，该生产线就必须立即停产。此时，监控人员应该提出 $H_0: \mu=65$；$H_1: \mu\neq65$，以达到判断该生产线是否正常运转的目的。

如果所关心的是总体参数是否比某个值偏大（或偏小），则宜采用单侧检验。

例如：某乐器厂以往生产的乐器采用的是一种镍合金弦线，其平均抗拉强度不超过1035MPa，现产品开发小组研究了一种新型弦线，并认为其抗拉强度得到了提高。此时，应采

取 $H_0:\mu\leqslant1035$；$H_1:\mu>1035$ 的假设予以支持。

2. 选择适当的检验统计量，并确定其分布形式

在参数的假设检验中，如同在参数估计中一样，要借助于样本统计量进行统计推断。用于假设检验问题的统计量称为检验统计量。在具体问题里，选择什么统计量作为检验统计量，需要考虑的因素与参数估计相同。例如，用于进行检验的样本是大样本还是小样本，总体方差已知还是未知，等等。在不同的条件下应选择不同的检验统计量。

3. 选择显著性水平 α，确定临界值

显著性水平表示 H_0 为真时拒绝 H_0 的概率。假设检验是围绕对水平假设内容的审定而展开的。如果原假设正确则接受(同时也就拒绝了替换假设)，或原假设错误则拒绝(同时也就接受了替换假设)，这表明我们做出了正确的决定。但是，由于假设检验是根据样本提供的信息进行推断的，也就有犯错误的可能。有这样一种情况，原假设正确，而我们却把它当成错误的加以拒绝。犯这种错误的概率用 α 表示，统计上把 α 称为假设检验中的显著性水平(significant level)，也就是决策中所面临的风险。所以，显著性水平是指当原假设为正确时人们却把它拒绝了的概率或风险。这个概率是由人们确定的，通常取 $\alpha=0.05$ 或 $\alpha=0.01$，这表明，当作出接受原假设的决定时，其正确的可能性(概率)为 95%或 99%。即拒绝原假设所冒的风险，用 α 表示。假设检验应用小概率事件实际极少发生的原理，这里的小概率就是指 α 给定的显著性水平，可由有关的概率分布表查得临界值，从而确定 H_0 的接受区域和拒绝区域。临界值就是接受区域和拒绝区域的分界点。

对于不同形式的假设，H_0 的接受区域和拒绝区域也有所不同。双侧检验的拒绝区域位于统计量分布曲线的两侧，左侧检验的拒绝区域位于统计量分布曲线的左侧，右侧检验的拒绝区域位于统计量分布曲线的右侧。如图 8－2 所示。

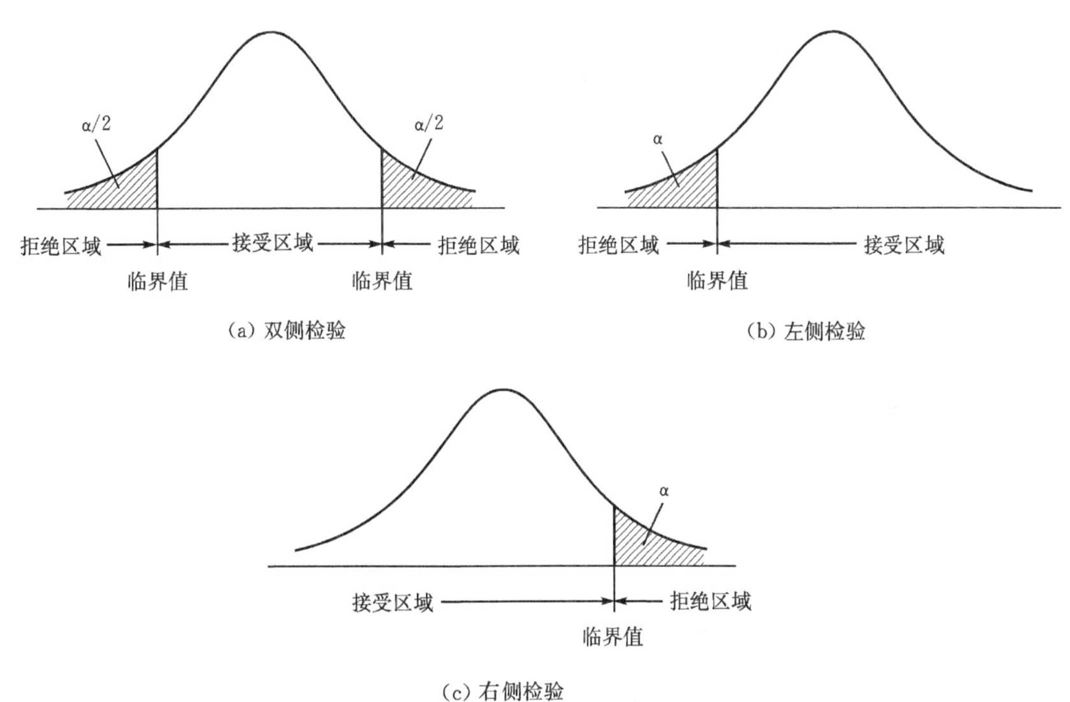

图 8－2　假设检验的接受区域和拒绝区域

4. **作出结论**

根据样本资料计算出检验统计量的具体值，并用以与临界值比较，作出接受或拒绝原假设 H_0 的结论。如果检验统计量的值落在拒绝区域内，说明样本所描述的情况与原假设有显著性差异，应拒绝原假设；反之，则接受原假设。

二、平均数差异的显著性检验

（一）t 检验

在社会科学研究中，当样本为小样本($n<30$)，总体服从正态分布，总体方差 σ^2 未知时，或双总体的总体方差 σ_1^2 和 σ_2^2 未知，但 $\sigma_1^2=\sigma_2^2$(总体方差是否相等，可用 F 检验)时，可用统计量 t 进行平均数差异的显著性检验，即 t 检验。

t 检验的基本步骤是根据研究对象观测值计算 t，并与 t 分布表中查得的 $t_{\alpha(\nu)}$ 值作比较，从而判定两平均数的差异是否显著。

1. **单总体(一个总体)的 t 检验(样本均数与总体均数比较的 t 检验)**

单总体的 t 检验是检验一个样本平均数与一个已知总体的平均数的差异是否显著。

检验的步骤一般为：

①建立零假设 H_0。

②规定显著性水平 α。

③计算 t 值，基本公式为：

$$t=\frac{\overline{X}-\mu_0}{\sigma/\sqrt{n}} \quad 或 \quad t=\frac{\overline{X}-\mu_0}{S/\sqrt{n-1}} \tag{8-5}$$

④判断结果，接受或拒绝 H_0。

注意：查 t 界值表时，自由度 $\nu=n-1$；将计算的 $|t|$ 值与查表所得的理论规定值 $t_{\alpha(\nu)}$ 比较，进行判断。

【**例** 8-8】 某组织去年绩效评估的平均分数为 73 分，标准差为 17 分。年末随机抽取 21 人的绩效考核成绩，其平均分为 79.2 分，问该组织的工作绩效是否有显著性进步？

解：①$H_0:\mu=\mu_0$

②$\alpha=0.05$

③$t=\frac{79.2-73}{17/\sqrt{20}}=\frac{6.2}{3.80}=1.63$

④因为 $t_{0.05(20)}=2.0937>t=1.63$，所以接受 H_0，即进步不显著。

2. **双总体的 t 检验(两独立样本均数比较的 t 检验)**

【**例** 8-9】 从某市政府部门参加标准化考试的公务员中随机抽取 10 名男职工和 9 名女职工的考评成绩见表 8-1，试问该市政府部门职工的性别对考评成绩的影响是否显著？

表 8-1 某政府部门 19 名(男 10 女 9)职工的考评成绩

男职工			女职工		
序号	考评成绩(X_1)	X_1^2	序号	考评成绩(X_2)	X_2^2
1	57	3249	1	38	1444
2	95	9025	2	65	4225

续表 8-1

男职工			女职工		
3	48	2304	3	71	5041
4	73	5329	4	70	4900
5	72	5184	5	74	5476
6	93	8649	6	85	7225
7	76	5776	7	92	8464
8	79	6241	8	30	900
9	95	9025	9	84	7056
10	91	8281			
合计	779	63063	合计	609	44731

根据表中资料作 t 检验如下：

①建立零假设：$H_0:\mu_1=\mu_2$

②确定显著性水平：$\alpha=0.05$

自由度：$\nu=n_1+n_2-2=17$

③计算 t 值：

经计算得：两样本的均数分别为 77.9 与 67.7，相应的标准差为 16.26 与 20.987。则

$$t=\frac{\overline{X}_1-\overline{X}_2}{\sqrt{\frac{(n_1-1)s_1^2+(n_2-1)s_2^2}{n_1+n_2-2}\left(\frac{1}{n_1}+\frac{1}{n_2}\right)}}=\frac{77.9-67.7}{\sqrt{\frac{9\times16.26^2+8\times20.987^2}{10+9-2}\left(\frac{1}{10}+\frac{1}{9}\right)}}=1.195$$

④判断结果：查 t 界值表：$t_{0.05(17)}=2.11$

因为 $t=1.195<t_{0.05(17)}=2.11$，所以接受 H_0，即该市政府部门员工性别对考评成绩无显著影响。

3. 相关数列平均差异的 t 检验（配对 t 检验）

t 值的计算公式为：

$$t=\frac{\overline{d}-\mu_d}{S_d/\sqrt{n}} \tag{8-6}$$

d=两次评估测验成绩中每对分数之差，$d=X_1-X_2$，$\overline{d}$ 为其差数的均数，S_d 为差数的标准差，n=样本容量（对数），自由度 $\nu=n-1$。

【例 8-10】 为了评估某种公共政策的实施效果，采用“单组前后测”设计，随机从某地区抽取 8 个社区进行试验，前、后测成绩如表 8-2，问此种政策实施效果是否显著？

表 8-2 8 个社区政策实施前后测成绩

社区编号	前测(X_2)	后测(X_1)	两次成绩 $d=X_1-X_2$	d^2
1	11	15	4	16
2	14	14	0	0
3	12	15	3	9
4	10	14	4	16

续表 8-2

社区编号	前测(X_2)	后测(X_1)	两次成绩 d	d^2
5	13	15	2	4
6	12	13	1	1
7	15	14	−1	1
8	14	16	2	4
合计	—	—	15	51

解:①建立零假设:$H_0:\mu_d=0$

②确定显著性水平:$\alpha=0.05$

③计算 t 值:计算得 $\overline{d}=1.875$,$S_d=1.80772$

$$t=\frac{\overline{d}-u_d}{S_d/\sqrt{n}}=\frac{1.875-0}{1.80772/\sqrt{8}}=2.9337$$

④判断结果:查 t 界值表:$t_{0.05(7)}=2.365$

因为理论规定值 $t_{0.05(7)}=2.365<2.934$,所以前后测成绩差异显著,即所采用的政策效果较好。

(二)Z 检验

Z 检验是利用平均数之差的 Z 分数与规定的理论 Z 值相比较,看其是否大于理论 Z 值,从而判定两平均数的差异是否显著。Z 检验法一般适用于大样本($n>30$)。

Z 检验法也有关于不相关数列的单一总体和双总体平均数差异的显著性检验和相关数列的平均数差异的显著性检验两种情况,其检验步骤与 t 检验的步骤大体相同,只是所用的统计量不同而已,见表 8-3。

表 8-3　平均数差异的 Z 检验

单总体的 Z 检验	$Z=\frac{(\overline{X}-\mu_0)}{\sigma/\sqrt{n}}$
双总体的 Z 检验	$Z=(\overline{X}_1-\overline{X}_2)/\sqrt{\frac{\sigma_1^2}{n_1}+\frac{\sigma_2^2}{n_2}}$

1. 总体方差已知时对正态总体均值的假设检验

设总体 $X\sim N(\mu,\sigma^2)$,总体方差 σ^2 为已知,$(x_1,x_2,\cdots,x_n)$为总体的一个样本,样本平均数为 $\overline{x}$。现在的问题是对总体均值 μ 进行假设检验。$H_0:\mu=\mu_0$(或 $\mu\leqslant\mu_0$、$\mu\geqslant\mu_0$)。

根据抽样分布定理,样本平均数 $\overline{x}$ 服从 $N(\mu,\sigma^2/n)$,所以,在 H_0 成立时,检验统计量 Z 及其分布为:

$$Z=\frac{\overline{X}-\mu_0}{\sigma/\sqrt{n}}\sim N(0,1) \tag{8-7}$$

利用服从正态分布的统计量 Z 进行的假设检验称为 Z 检验法。根据已知的总体方差、样本容量 n 和样本平均数 $\overline{x}$,计算出检验统计量 Z 的值。对于给定的检验水平,查正态分布表可得临界值,将所计算的 Z 值与临界值比较,便可做出检验结论。

【例 8-11】 根据过去大量资料,某农村人均收入服从正态分布 $N(1020,100^2)$。为了了解现在农民的收入情况,在某农村中随机抽取 16,测得样本平均收入为 1080 元。试在 0.05 的显著性水平下判断农民人均收入水平是否有显著提高。

解:根据题意,提出假设:$H_0:\mu=1020$; $H_1:\mu>1020$

检验统计量 $Z=\dfrac{\overline{x}-\mu_0}{\sigma/\sqrt{n}}=\dfrac{1080-1020}{100/\sqrt{16}}=2.4$

由 $\alpha=0.05$,查表得临界值 $Z_{0.05}=1.645$

由于 $Z=2.4>Z_{0.05}=1.645$,所以应拒绝 H_0 而接受 H_1,即现在农民户人均收入水平有显著提高。

2. **总体比例的假设检验**

由比例的抽样分布定理可知,样本比例服从二项分布,因此可由二项分布来确定对总体比例进行假设检验的临界值,但其计算往往十分繁琐。大样本情况下,二项分布近似服从正态分布。因此,对总体比例的检验通常是在大样本条件下进行的,根据正态分布来近似确定临界值,即采用 Z 检验法。其检验步骤与均值检验时的步骤相同,只是检验统计量不同。

此时可将事物某现象的发生与未发生的情况归纳成表 8-4。

表 8-4 某现象的发生情况

	某现象发生数	未发生数	合计
A	A	B	n_1
B	C	D	n_2
合计	$a+c$	$b+d$	n

当 n 足够大,$n\pi$ 或 $n(1-\pi)$ 大于 5 时,此时可设假设 $H_0:\pi_1=\pi_2$,检验其是否成立。

$$Z=\frac{P_1-P_2}{S_{P_1}-S_{P_2}} \tag{8-8}$$

$$S_{P_1-P_2}=\sqrt{P(1-P)(\frac{1}{n_1}+\frac{1}{n_2})} \tag{8-9}$$

【例 8-12】 一项对从事工农业生产高血压患病率(50 岁以上男性)的研究,调查了 A 厂工人 1281 人,其中高血压患者 386 人,患病率为 30.13%;B 区农民 387 人,其中高血压患者 65 人,患病率为 16.80%。试问从事工农业生产的男性患病率有无差别?

解:本例列表为

表 8-5 高血压患病情况

	患高血压人数	未患人数	合 计
A 厂工人	386	895	1281
B 区农民	65	322	387
合 计	451	1217	1668

①$H_0:\pi_1=\pi_2$(工人与农民的患病率总体上相同)。

②计算总患病率:

$P=(386+65)/(1281+387)=0.2704$

故：未患率 $1-P=1-0.2704=0.7296$

计算

$$S_{P_1-P_2}=\sqrt{P(1-P)(\frac{1}{n_1}+\frac{1}{n_2})}$$

$$=\sqrt{0.2704(1-0.2704)(\frac{1}{1281}+\frac{1}{387})}$$

$$=0.0258$$

$$Z=\frac{P_1-P_2}{S_{P_1-P_2}}=\frac{0.3013-0.1680}{0.0258}=5.17$$

③因为：$Z>z_{0.01}$，所以 $P<0.01$，拒绝 H_0，差别有非常显著意义。

④结论：不同职业的高血压患病率有非常显著的统计学意义，本例数据显示，工人的高血压患病率显著高于农民。

三、χ^2 检验（卡方检验）

对于检验两组或两组以上的名称变量（按性质进行分类的变量）的差异性，例如人品的高尚与不高尚，研究对象的性别、能力差异，管理效能的高与低等等，t 检验和 Z 检验均无法解决，必须借助于 χ^2 检验。χ^2 检验是针对计数资料，检验其实际数据（实际测查或测量数据 f_o）与理论数据（期望或预测数据 f_e）差异程度的指标。它是实际数据与理论数据之差的平方与理论数据的比率，即：

$$\chi^2=\frac{(f_o-f_e)^2}{f_e} \tag{8-10}$$

其基本性质是：

(1)当自由度 $\nu=1$ 时，χ^2 值与标准分数的平方相等，即：

$$\chi^2=Z^2=\frac{(x-\mu)^2}{S^2}$$

(2)若干个相互独立的 χ^2 相加仍然是一个值 χ^2，即：

$$\chi^2=\sum\frac{(f_o-f_e)^2}{f_e}$$

(3)综合(1)、(2)两个性质有：

$$\chi^2=\sum z^2=\sum\frac{(x-\mu)^2}{\sigma^2}$$

χ^2 分布表的 χ^2 值则是根据上述式计算得到的，它以连续的光滑曲线为根据，χ^2 值是用连续量表示，以此作为理论上的值。

χ^2 值越小，则实际数据与理论数据的差异越小。χ^2 检验运用的形式很多，如多项分配的检验、定额表（也称列联表）的检验、配合常态曲线的检验、二项分配、百分数的可靠性检验等。这里，只介绍常用列联表的 χ^2 检验。具体方法是：

第一步，提出虚无假设，并画出列联表。

表 8-6 列联表

行	1	2	3	…	…	行总数 f_r
a				…	…	
b				…	…	
c				…	…	
⋮	⋮	⋮	⋮	⋮	⋮	⋮
⋮	⋮	⋮	⋮	⋮	⋮	⋮
⋮	⋮	⋮	⋮	⋮	⋮	⋮
列总数 f_k	f_1	f_2	f_3	…	…	N

其中：$f_{a1}, f_{a2}, \cdots, f_{ar}, f_{b1}, f_{b2}, \cdots, f_{br}; f_{c1}, f_{c2}, \cdots, f_{cr}$ 等表示实际测得的数据，通常用 f_o 表示，而与每个实际数据相对应的理论数据通常用 f_e 表示，其计算办法为：

$$f_e = \frac{\text{该行所在总数} \times \text{该列所在总数}}{\text{样本总数}} = \frac{f_r \cdot f_k}{N} \tag{8-11}$$

把每个 f_e 的值标在相应的 f_c 值的旁边或下边。

第二步，计算 χ^2 值，公式为

$$\chi^2 = \sum \frac{(f_o - f_e)^2}{f_e} \tag{8-12}$$

第三步，查 χ^2 分布表，查出 $\chi^2\ (\nu)$ 的值，通常取 $\alpha = 0.05$，自由度 ν 取决于总行数与总列数：

$$\nu = (\text{总行数} - 1) \times (\text{总列数} - 1) = (r-1)(k-1)$$

第四步，比较 χ^2 与 χ^2_α 之值，从而判断虚无假设是否成立。

若 $\chi^2 \geqslant \chi^2_\alpha$，则拒绝虚无假设；

若 $\chi^2 \leqslant \chi^2_\alpha$，则接受虚无假设。

【例 8-13】 在一次目标管理评估研究中，某测试组平均分为 78 分，若高于平均分的 10 人（男 3 人，女 7 人），低于平均分的也是 10 人（男 5 人，女 5 人），问高分段与低分段的分布是否因为男、女的不同而有显著差异。

第一步，假定 H_0：成绩分布与性别无关，且画出下列列联表，见表 8-7。

表 8-7 目标管理评估列联表

	男	女	行的人数
高分段人数	3 $(\frac{10 \times 8}{20} = 4)$	7 $(\frac{10 \times 12}{20} = 6)$	10
低分段人数	5 $(\frac{10 \times 8}{20} = 4)$	5 $(\frac{10 \times 12}{20} = 6)$	10
列的人数	8	12	20

高分段人数表中每格左上角的数字是实际人数，右下角括号中的是理论数字，即按

$f_e=\frac{f_r \cdot f_k}{N}$计算出来。

第二步:计算 χ^2 之值。

$$\chi^2=\sum\frac{(f_o-f_e)^2}{f_e}=\frac{(3-4)^2}{4}+\frac{(7-6)^2}{6}+\frac{(5-4)^2}{4}+\frac{(5-4)^2}{4}+\frac{(5-6)^2}{6}=0.83$$

第三步,查 χ^2 界值表。取 $\alpha=0.05$,则

$\nu=(r-1)(k-1)=(2-1)(2-1)=1$

查表得:$\chi^2_{0.05(1)}=3.84$

第四步,判断

因为:$\chi^2_{0.05(1)}=3.84>\chi^2=0.83$

所以接受零假设,即高分段与低分段的成绩分布不因男、女性别的不同而有显著差异。

四、进行假设检验应注意的问题

(1)做假设检验之前,应注意资料本身是否有可比性。

(2)当差别有统计学意义时,应注意这样的差别在实际应用中有无意义。

(3)根据资料类型和特点选用正确的假设检验方法。

(4)根据专业及经验确定是选用单侧检验还是双侧检验。

(5)当检验结果为拒绝无效假设时,应注意有发生Ⅰ类错误的可能性,即错误地拒绝了本身成立的 H_0,发生这种错误的可能性预先是知道的,即检验水准 α;当检验结果为不拒绝无效假设时,应注意有发生Ⅱ类错误的可能性,即仍有可能错误地接受了本身就不成立的 H_0,发生这种错误的可能性预先是不知道的,但与样本含量和Ⅰ类错误的大小有关系。

(6) 判断结论时不能绝对化,应注意无论接受或拒绝检验假设,都有判断错误的可能性。

(7) 报告结论时是应注意说明所用的统计量,检验的单双侧及 P 值的确切范围。

第三节　EXCEL 区间估计与假设检验

一、CONFIDENCE(置信区间)函数

“CONFIDENCE(alpha, standard-dev, size)”指返回总体平均值的置信区间。

“Alpha”(即 α)是用于计算置信度的显著水平参数。置信度等于$(1-\alpha)$,亦即,如果 α 为0.05,则置信度为0.95。

“Standard-dev”是数据区域的总体标准差,假设为已知(实际中,总体标准差未知时通常用样本标准差代替)。

“Size”指样本容量(即 n)。

如果假设 α 等于0.05,则需要计算标准正态分布曲线$(1-\alpha=0.95)$之下的临界值,查表知其临界值为±1.96。因此置信区间为:

$$(\bar{x}\pm1.96)\times\frac{\sigma}{\sqrt{n}}$$

【例 8-14】 某厂对一批产品的质量进行抽样检验,抽样数据和要求如下:采用重复抽样抽取样品200只,样本优质品率为85%,试计算当把握程度为90%时优质品率的置信区间。

我们可以在 EXCEL 中分别输入：

在 B1 单元格中输入样本容量 200；

在 B2 单元格中输入样本比率 85%；

在 B3 单元格中输入计算样本比率的标准差公式“=SQRT[B2 * (1−B2)]”；

在 B4 单元格输入 α 为 10%；

在 B5 单元格中输入表达式：“CONFIDENCE(B4,B3,B1)”，即得到 $Z_{\alpha/2}\sqrt{\frac{p(1-p)}{n}}$ 等于 4.15%。

CONFIDENCE 函数的应用如图 8-3 和图 8-4 所示。

Microsoft Excel - Book1

文件(F) 编辑(E) 视图(V) 插入(I) 格式(O) 工具(T) 数据(D) 窗口(W) 帮助(H)

B7 = =B2+B5

	A	B	C	D	E
1	样本容量n	200			
2	样本比率p	85%			
3	样本标准差	0.357071			
4	a	10%			
5	$z_{a/2}\sqrt{\frac{p(1-p)}{n}}$	0.041531			
6	总体优质品率的90%置信区间下限	80.85%			
7	总体优质品率的90%置信区间上限	89.15%			

图 8-3　总体优质品率的区间估计

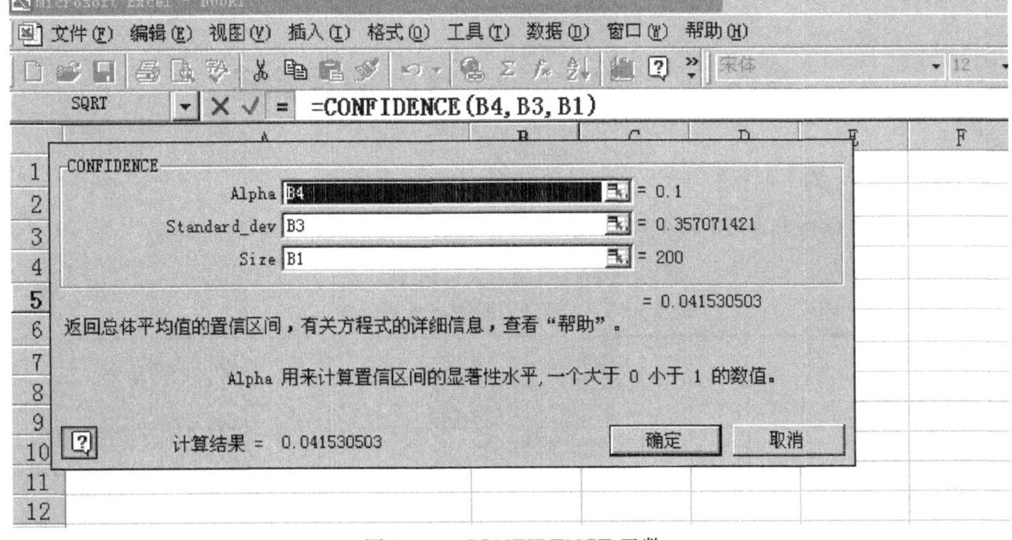

图 8-4　CONFIDENCE 函数

二、方差未知时一个总体均值的 t 检验

将 10 个样本资料分别输入到 B1—B10 单元格中，见图 8-5。

在单元格 B11 中键入公式“=AVERAGE(B1:B10)”并回车得到均值；

在单元格 B12 中键入公式“=STDEV(B1:B10)”并回车得到标准差；

在单元格 B13 中键入公式“=COUNT(B1:B10)”并回车得到样本数；

在单元格 B14 中键入公式“=(B11−200)/[B12/SQRT(B13)]”并回车得到 t 值，其中“200”是题目中给出的总体均值；

在单元格 B15 中键入公式“=TINV(0.05,B13−1)”得到 $\alpha=0.05$，自由度=9 的临界值。

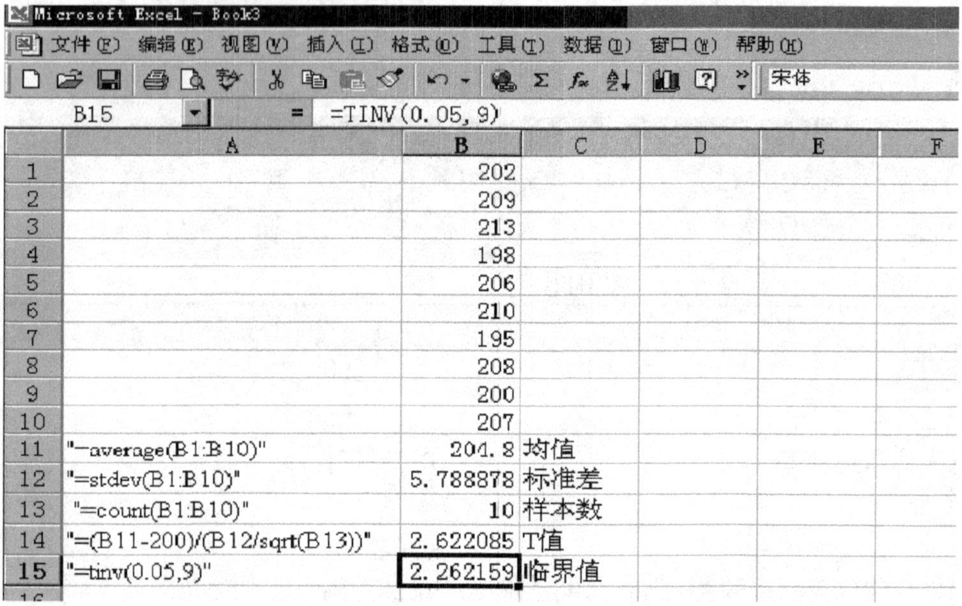

Microsoft Excel - Book3

文件(F) 编辑(E) 视图(V) 插入(I) 格式(O) 工具(T) 数据(D) 窗口(W) 帮助(H)

宋体

B15 = =TINV(0.05, 9)

	A	B	C	D	E	F
1		202				
2		209				
3		213				
4		198				
5		206				
6		210				
7		195				
8		208				
9		200				
10		207				
11	"=average(B1:B10)"	204.8	均值			
12	"=stdev(B1:B10)"	5.788878	标准差			
13	"=count(B1:B10)"	10	样本数			
14	"=(B11-200)/(B12/sqrt(B13))"	2.622085	T值			
15	"=tinv(0.05,9)"	2.262159	临界值			

图 8-5　t 检验

从图 8-5 的结果来看，在自由度为 9 时，$t=2.62>t_{0.05}=2.26$，因此，应该拒绝 H_0 假设，接受 H_1 假设。

第四节　运用 SPSS 进行假设检验

一、两组资料的 t 检验

【例 8-15】 分别测得 14 例老年性慢性支气管炎病人及 11 例健康人的尿中 17 酮类固醇排出量(mg/dl)如表 8-8 所示，试比较两组均数有无差别。

表 8-8　17 酮类固醇排出量对比表

病　人	2.90	5.41	5.48	4.60	4.03	5.10	4.97	4.24	4.36	2.72	2.37	2.09	7.10
	5.92												
健康人	5.18	8.79	3.14	6.46	3.72	6.64	5.60	4.57	7.71	4.99	4.01		

(一)数据准备

激活数据管理窗口，定义变量名：把实际观察值定义为 x，再定义一个变量 group，即分组变量来区分病人与健康人。输入原始数据，在变量 group 中，病人输入 1，健康人输入 2。结果如图 8-6 所示。

Newdata

16:group 2

	x	group
11	2.37	1
12	2.09	1
13	7.10	1
14	5.92	1
15	5.18	2
16	8.79	2
17	3.14	2
18	6.46	2
19	3.72	2

图 8－6　两组资料 t 检验的原始数据

(二)统计分析

激活“Statistics”菜单选“Compare Means”中的“Independent-samples T Test…”项，弹出“Independent- samples T Test”对话框(如图 8－7 所示)。从对话框左侧的变量列表中选 x，点击“▶”钮使之进入“Test Variable(s)”框，选“group”点击“▶”钮使之进入“Grouping Variable”框，点击“Define Groups…”钮弹出“Define Groups”定义框，在“Group 1”中输入 1，在“Group 2”中输入 2，点击“Continue”钮，返回“Independent-samples T Test”对话框，点击“OK”钮即完成分析。

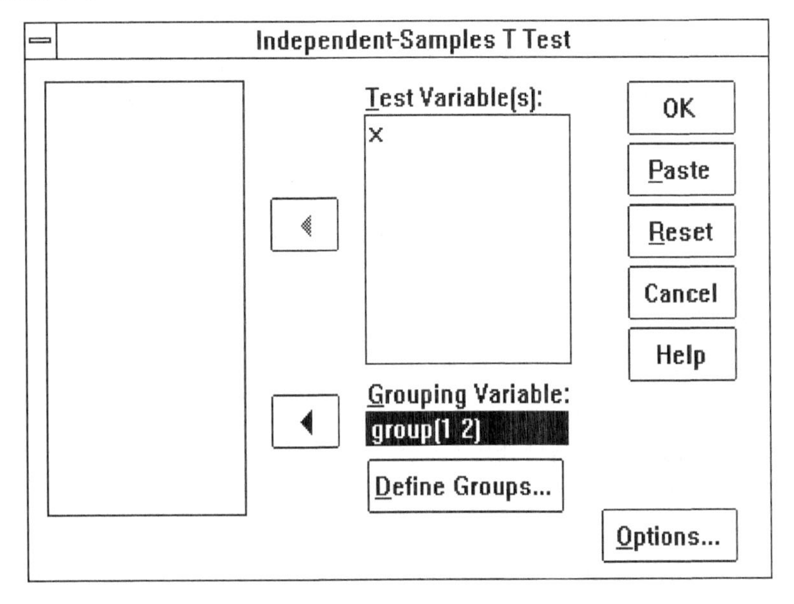

图 8－7　Independent-samples T Test 对话框

(三)结果解释

在结果输出窗口中将看到如下统计数据：

t-tests for independent samples of GROUP

Variable	Number of of cases	mean	SD	SE of Mean
X				
GPOUP 1	14	4.3779	1.450	0.387
GPOUP 2	11	5.5282	1.735	0.523

Mean Difference＝－1.1503

Levene's Test for Equality of Variances：F＝0.400　　P＝0.514

图 8－8　两组资料进行 t 检验计算结果(一)

图 8－8 显示两组资料的例数(Numbers of cases)、均数(Mean)、标准差(SD)和标准误(SE of Mean)，显示两均数差值为 1.1503，经方差齐性检验：F＝ 0.440，P＝ 0.514，即两方差齐。

t-tests for Equality of Means

Vaiances	t-ualue	df	2-Tail Sig	SE of Diff	95% Cl for Diff
Equal	－1.81	23	0.084	0.637	(－2.468,0.167)
Unequal	－1.77	19.47	0.093	0.651	(－2.513,0.213)

图 8－9　两组资料进行 t 检验计算结果(二)

图 8－9 显示 t 检验的结果，第一行表示方差齐情况下的 t 检验的结果，第二行表示方差不齐情况下的 t 检验的结果。依次显示值(t-value)、自由度(df)、双侧检验概率(2-Tail Sig)、差值的标准误(SE of Diff)及其 95%可置信区间(Cl for Diff)。因本例属方差齐性，故采用第一行(即 Equal)结果：t＝1.81，P＝0.084，差别有显著性意义，即老年性慢性支气管炎病人的尿中 17 酮类固醇排出量低于健康人。

二、配对 t 检验

主要的配对资料包括：同对(年龄、性别、体重、病况等非处理因素相同或相似者)或同一研究对象分别给予两种不同处理的效果比较，以及同一研究对象处理前后的效果比较。前者推断两种效果有无差别，后者推断某种处理是否有效。

【例 8－16】 某单位研究饲料中缺乏维生素 E 与肝中维生素 A 含量的关系，将大白鼠按性别、体重等配为 8 对，每对中两只大白鼠分别喂给正常饲料和维生素 E 缺乏饲料，一段时期后将之宰杀，测定其肝中维生素 A 含量(μmol/L)如下，问饲料中缺乏维生素 E 对鼠肝中维生素 A 含量有无影响？

表 8-9 大白鼠肝中维生素 A 含量表

大白鼠对别	肝中维生素 A 含量(μmol/L)	
	正常饲料组	维生素 E 缺乏饲料组
1	37.2	25.7
2	20.9	25.1
3	31.4	18.8
4	41.4	33.5
5	39.8	34.0
6	39.3	28.3
7	36.1	26.2
8	31.9	18.3

(一)数据准备

激活数据管理窗口,定义变量名:正常饲料组测定值为 x_1,维生素 E 缺乏饲料组测定值为 x_2,数据输入后结果如图 8-10 所示。

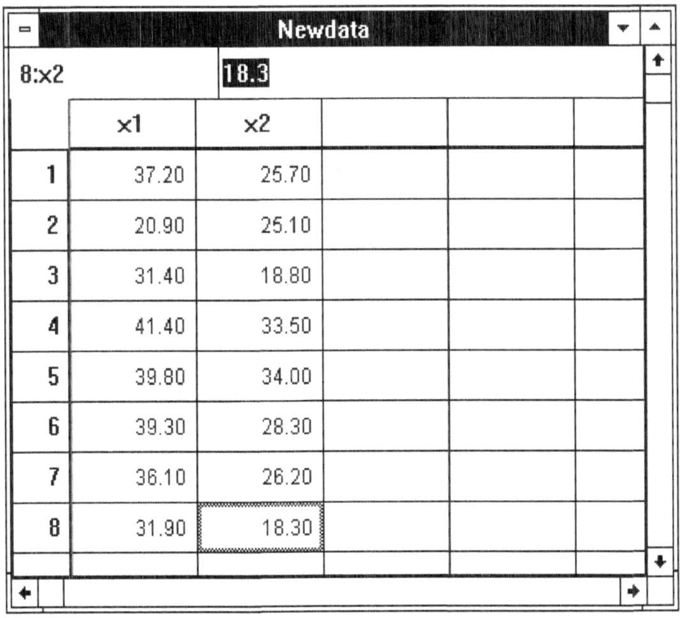

Newdata

8:x2 18.3

	x1	x2
1	37.20	25.70
2	20.90	25.10
3	31.40	18.80
4	41.40	33.50
5	39.80	34.00
6	39.30	28.30
7	36.10	26.20
8	31.90	18.30

图 8-10 配对 t 检验的原始数据

(二)统计分析

激活“Statistics”菜单选“Compare Means”中的“Paired-samples T Test...”项,弹出“Paried-samples T Test”对话框(如图 8-11 所示)。从对话框左侧的变量列表中点击 x1,这时在左下方的“Current Selections”框中“Variable 1”处出现 x1,再从变量列表中点击 x2,左下方的“Current Selections”框中“Variable 2”处出现 x2。点击“▶”钮使 x1、x2 进入“Variables”框,点击“OK”钮即完成分析。

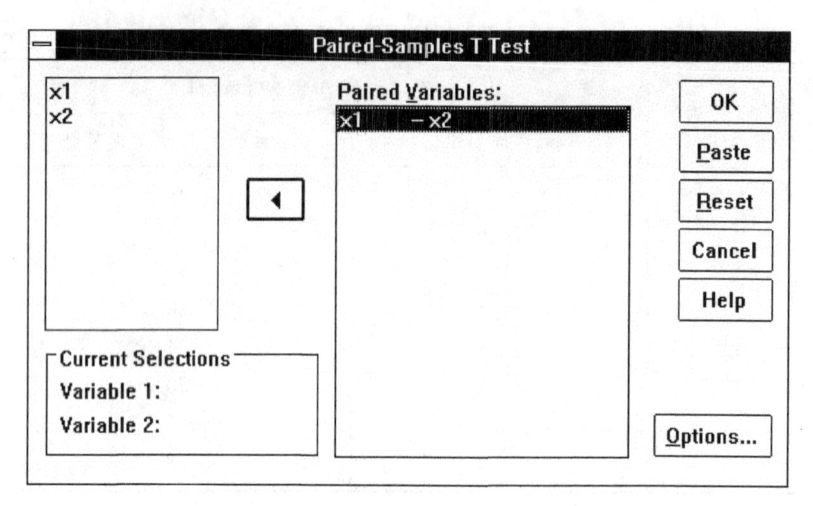

图 8-11 paried-samples T Test 对话框

(三)结果解释

在结果输出窗口中将看到如下统计数据：

···t-tests for paired samples···

Number of Variable	2-tail pairs	Corr	Sig	Mean	SD	SE of Mean
X_1	8	0.586	0.127	34.75000	6.649	2.351
X_2				26.2375	5.821	2.058

图 8-12 配对 t 检验计算结果(一)

图 8-12 显示本例共有 8 对观察值，相关系数(C)为 0.586，相关系数的显著性检验表明 P=0.127；变量 x_1 的均数(Mean)、标准差(SD)、标准误(SE of Mean)分别为 34.7500、6.649、2.351，变量 x_2 的均数、标准差、标准误分别为 26.2375、5.821、2.058。

Paired differences

Mean	SD	SE of Meam	t-value	df	2-tail Sig
8.5125	5.719	2.022	4.21	7	0.004
95%Cl(3.730,13.295)					

图 8-13 配对 t 检验计算结果(二)

图 8-13 显示变量 x_1、x_2 两两相减的差值均数、标准差、标准误 95%可信区间(95% Cl)分别为 8.5125、5.719、2.022，95%可信区间(95% Cl)为 3.730，13.295。配对检验结果为：$t=4.21$，P=0.004，差别具高度显著性意义，即饲料中缺乏维生素 E 对鼠肝中维生素 A 含量确有影响。

三、χ^2 检验

【例 8-17】 用两组大白鼠诱发鼻咽癌的动物实验中，一组单纯用亚硝胺鼻注，另一组附加维生素 B_{12}，生癌率如下表，问两组生癌率有无差别？

表 8-10　大白鼠诱发鼻咽癌生癌率表

动物分组	生癌鼠数	未生癌鼠数	合计	生癌率(%)
亚硝胺组	52	19	71	73.2
亚硝胺+B_{12}组	39	3	42	92.9
合计	91	22	113	80.5

(一)数据准备

激活数据管理窗口,定义变量名:“count”为频数变量(行列对应的频数值),“group”为组变量(行),“test”为试验结果变量(列)。按顺序输入相应的变量(图 8-14)。

c:\spsswin\sp04-04.sav

	count	group	test
1	52	1	1
2	19	1	2
3	39	2	1
4	3	2	2

图 8-14　原始数据的输入

(二)统计分析

在进行计数资料的分析前,应对频数变量的值进行加权处理。先激活“Data”菜单,选“Weight Cases…”项,弹出“Weight Cases”对话框,选“Weight cases by”,再选变量“count”,点击“▶”钮使之进入“Frequence Variable”框中,点击“OK”钮完成加权。

激活“Statistics”菜单,选“Summarize”中的“Crosstabs…”项,弹出“Crosstabs”对话框(如图 8-15 所示)。在“Crosstabs”对话框中,选“group”点击“▶”钮使之进入“Row(s)”框,选“test”,点击“▶”钮使之进入“Column(s)”框。点击“Statistics…”钮,弹出“Crosstabs:Statistics”对话框(见图 8-16),其中“Chi-square”即为读者所熟悉的 χ^2 检验。由于在实际研究中,变量间的依赖强度和特征也是需要考虑的,χ^2 值不是列联强度最好的度量,故用户可根据实际需要选择其他相关的指标。

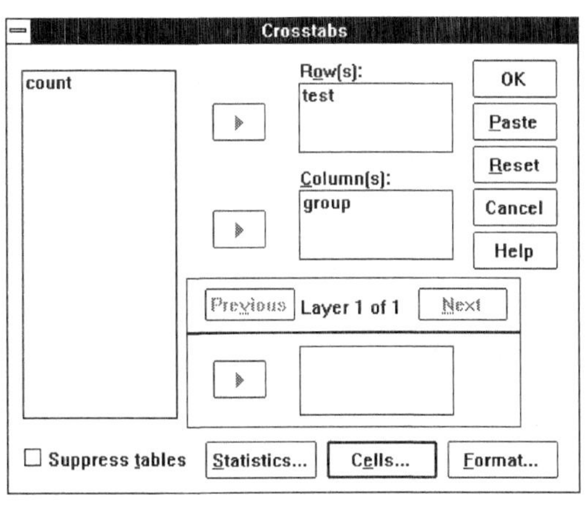

图 8-15　列联表分析对话框

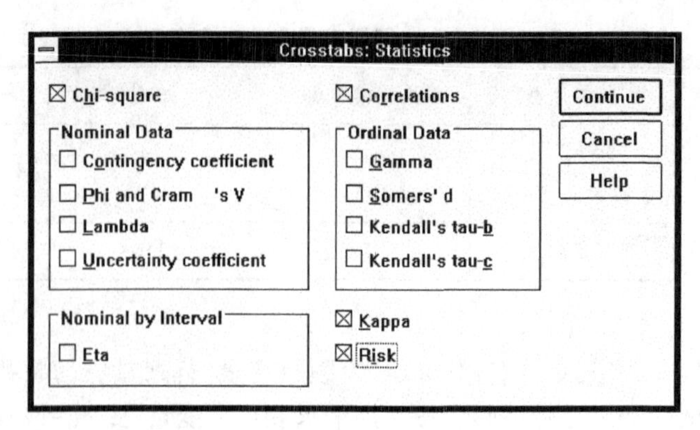

图 8-16　列联表统计方法对话框

1. 定距变量的关联指标

Correlations：可作列联表行、列两变量的 Pearson 相关系数或作伴随组秩次的 Spearman 相关系数。

2. 定类变量的关联指标

Contingency coefficient：列联系数，其值$\sqrt{\frac{\chi^2}{\chi^2+N}}$界于 0～1 之间，其中 N 为总例数；

Phi and Cramer's V：ψ 系数 $=\sqrt{\frac{\chi^2}{N}}$，用于描述相关程度，在四格表 χ^2 检验中界于－1～1 之间，在 RC 表 χ^2 检验中界于 0～1 之间；Cramer's V $=\sqrt{\frac{\chi^2}{N(k-1)}}$界于 0～1 之间，其中 k 为行数和列数较小的实际数；

Lambda：λ 值，在自变量预测中用于反映比例缩减误差，其值为 1 时表明自变量预测应变量好，为 0 时表明自变量预测应变量差；

Uncertainty coefficient：不确定系数，以熵为标准的比例缩减误差，其值接近 1 时表明后一变量的信息很大程度来自前一变量，其值接近 0 时表明后一变量的信息与前一变量无关。

3. 定序变量的关联指标

Gamma：γ 值 $=\frac{\mathrm{P}-\mathrm{Q}}{\mathrm{P}+\mathrm{Q}}$

P 为同序对子数，Q 为异序对子数，界于 0～1 之间，所有观察实际数集中于左上角和右下角时，其值为 1；

Somers'D：Somers'D 值 $=\frac{P-Q}{P+W+T_{vd}}$，其中 T_{vd} 为独立变量上不存在同分的偶对中，同序对子数超过异序对子数的比例；

Kendall's tau-b：Kendall τb $\frac{P-Q}{\sqrt{(P+Q+T_{v1})(P+Q+T_{v2})}}$，其中 T_{v1} 为在 $V1$ 变量上是同序在 $V2$ 变量上的对子数，T_{v2} 为在 $V2$ 变量上是同序在 $V1$ 变量上的对子数，*Kendall* τb 值介于－1～1 之间；

Kendall's tau-c：Kendall $\tau c=\frac{2m(P-Q)}{N^2(m+1)}$，其中 m 为行数和列数较小的实际数，Kendall τc 值介于－1～1 之间。

4. **其他指标**

Kappa:内部一致性系数;

Eta:Eta 值,其平方值可认为是应变量受不同因素影响所致方差的比例;

Risk:相对危险度。

点击“Cells...”钮,弹出“Crosstabs:Cells”对话框,见图 8-17,用于定义列联表单元格中需要计算的指标。“Observed”为实际观察数,“Expected”为理论数,“Row”为行百分数,“Column”为列百分数,“Total”为合计百分数,“Raw”为实际数与理论数的差值,“Standardized”为实际数与理论数的差值除理论数,“Adj. Standardized”为由标准误确立的单元格残差。选择后点击“Continue”钮返回“Crosstabs”对话框,再点击“OK”钮即可。

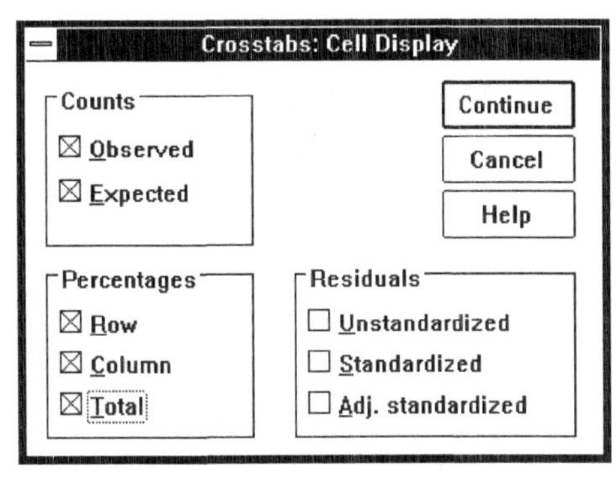

图 8-17　列联表单元对话框

(三)结果解释

在结果输出窗中,系统先输出四格表资料,包括实际观察数、理论数、行百分数、列百分数和合计百分数。见图 8-18。

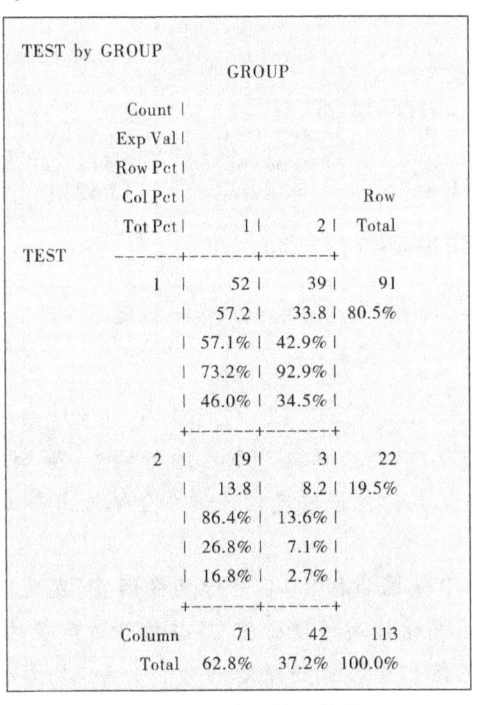

TEST by GROUP

TEST	GROUP: Count / Exp Val / Row Pct / Col Pct / Tot Pct	1	2	Row Total
1	Count	52	39	91
	Exp Val	57.2	33.8	80.5%
	Row Pct	57.1%	42.9%	
	Col Pct	73.2%	92.9%	
	Tot Pct	46.0%	34.5%	
2	Count	19	3	22
	Exp Val	13.8	8.2	19.5%
	Row Pct	86.4%	13.6%	
	Col Pct	26.8%	7.1%	
	Tot Pct	16.8%	2.7%	
Column Total		71	42	113
		62.8%	37.2%	100.0%

图 8-18　卡方检验输出结果(一)

接着输入有关统计数据，Pearson χ^2 值为 6.47766，P 值为 0.01092，可认为亚硝胺＋B_{12} 组的生癌率较高；校正 χ^2 值为 5.28685，P 值为 0.02149；M－T 检验 χ^2 值为 6.42034，P 值为 0.01128；最小理论数为 8.177，故不需作精确概率计算。（如果四格表中有理论频数小于 5 时，Crosstabs 命令会自动进行 Fisher 精确概率计算。）

内部一致性系数为－0.21731，Pearson 相关系数和 Spearman 相关系数均为 0.23943。

第一组对第二组的相对危险性 RR 值为 21％左右（0.21053），即可认为第二组生癌的相对危险性为第一组的 4.75 倍。见图 8－19。

Chi-Square	Value	DF	Significance
Pearson	6.47766	1	0.01092
Continuity Correction	5.28685	1	0.02149
Likelihood Ratio	7.31007	1	0.00686
Mantel-Haenszel test for linear association	6.42034	1	0.01128

Minimum Expected Frequency － 8.177

Statistic	Value	ASE1	Val/ASE0	Approximate Significance
Kappa	-.21731	.07083	-.2.54513	
Pearson's R	-.23943	.07447	-.2.59807	0.01065 *4
Spearman Correlation	-.23943	.07447	-.2.59807	0.01065 *4

*4 VAL/ASE0 is a t -value based on a normal approximation, as is the significance

Statistic	Value	95% Confidence Bounds	
Relative Risk Estimate (TEST 1/2TEST):			
case control	0.21053	0.05816	0.76211
cohort (GROUP 1 Risk)	0.66165	0.51872	0.84397
cohort (GROUP 2 Risk)	3.14286	1.06940	9.23654

Number of Missing Missing Observations: 0

图 8－19　卡方检验输出结果（二）

思考与练习

1. 在某乡全体外出务工人中随机抽取 200 人进行调查，得知他们的人均年收入为 5800 元，标准差为 850 元，试以 95％的把握程度估计该乡全体外出务工人员的年收入总额的置信区间。

2. 从高科技公司 CFO 中随机抽取 80 名进行抽样调查，发现有 20 名曾经有过被炒鱿鱼的经历。试以 95％的置信水平估计高科技公司 CFO 被炒过鱿鱼的比例。

3. 管理局认为雇员中存在严重的长期缺勤问题。去年，人均不到岗天数是 12.8 个工作日。今年，机关对劳动报酬制度进行了修改，不再执行原先制定的员工病假和事假期间照付工资的规定。对20名雇员的初步调查表明，平均不到岗天数为8.7，标准差为4.6。请问今年的不到岗天数是否与去年明显不同？进行有关假设检验，并对它进行评价，用清楚的文字来表述你的结论。($t=3.98$)

4. 某市刚刚对一条收费道路做了改进，由人工收费改为机器收费。做这项改进的初衷是希望车流能够更加顺畅地通过收费广场。在人工收费的情况下，平均每小时能有1253辆汽车通过收费广场。一个100小时的随机样本显示，新安装的机器收费系统的车流通过能力是平均每小时1261辆，标准差是59。构造原假设，并对它进行评价。

5. 有教授认为A大学的MPA学生要比B大学的MPA学生聪明。为了检验这个臆测，他把前年已给B大学做过的同样的期中考试给A大学的学生做。他得到如下结果：

	人数	均数	标准差
A大学：	36	83.1	11.4
B大学：	24	88.7	7.8

提出一个假设、一个原假设，对它们进行评价，并简述结论。

6. 有人为研究刑事案件发生地点与涉案人员性别的关系专门进行了一次调查。随机抽取150项刑事案件，将其按性别和案件发生地进行了分类，结果如下表所示。试问，在0.05的显著性水平下，我们是否可以得出案发地点与涉案人员性别相关的结论。

刑事案件发生地点与涉案人员性别的关系研究

性别	工作单位	家里	其他地方	合计
男	60	20	10	90
女	20	30	10	60
合计	80	50	20	150

7. 为了研究两种教学方法的效果。选择了6对智商、年龄、阅读能力、家庭条件都相同的儿童进行了实验。结果(测试分数)如下：

序号	新教学方法	原教学方法
1	83	78
2	69	65
3	87	88
4	93	91
5	78	72
6	59	59

问：能否认为新教学方法优于原教学方法？

8. 对某校学生的抽样调查数据如下表。

编号	性别	身高(厘米)	体重(千克)
1	男	176	47.5
2	男	155	37.8
3	男	154.6	38.6
4	男	161.5	41.6

续 表

编号	性别	身高(厘米)	体重(千克)
5	男	161.3	43.3
6	女	158	47.3
7	女	161	47.4
8	女	162	47
9	女	154.3	38.8
10	女	144	33.8

问:(1)男性的身高与女性的身高是否相等?

(2)学生的平均体重是否等于45公斤?

9. 针对下列资料进行量化分析。

姓名	统计学成绩	数学成绩	英语成绩	经济学成绩
张松	69	68	84	86
王翔	91	75	95	94
田雨	54	88	67	78
李华	81	60	86	64
赵颖	75	96	81	83
宋媛	83	72	66	71
袁方	75	58	76	90
陈风	87	76	92	77

(1)绘制什么统计图比较四门课程成绩,为什么?

(2)描述各门课程的集中趋势。

(3)试分析:哪一门课程的成绩比较分散?为什么?

(4)试估计英语成绩的95%的置信区间。

(5)试对统计学成绩与数学成绩的差异进行假设检验。

案例讨论

农民工与城市居民生活满意度调查

背景资料

生活满意度作为一种主观体验,它衡量的是一个人生活质量的综合性心理指标,可以作为考察个体生活质量的重要参数,近年来引起了社会的广泛关注。2006年"两会"期间,不少地方政府都表示将推出幸福指标体系,并将其纳入和谐社会指标评价体系中,实际上对生活的满意与否是影响个体幸福感的重要因素。

一般来说个体对自己生活的满意度由两方面因素决定,第一是个体主观因素,取决于他在心理上对一些不同信息的总结。比如说:过去拥有的、他人具有的、现在希望得到的、预期将来得到的、值得得到的和认为自己需要的等等。第二是社会因素,比如外界压力、内控(相信自己可以掌握自己的命运)、外控(意识到被别人控制)、成就感等。

围绕这两种因素,有学者①设计了由十二个问题组成的访谈问卷,对被调查者进行访谈,所有的调查人员都是通过培训的大学教师或学生,他们利用假期时间,以访谈问卷为蓝本对所在家乡的城市居民或农民工进行了面对面访谈。

调查结果

被调查农民工87%来自湖北省境内(主要有竹溪、巴东、钟祥、麻城、红安、黄梅、应城),13%来自江西、湖南、河南、山西、四川、福建等外省。他们主要在武汉、黄石、宜昌、十堰、鄂州、咸宁等湖北省各大中小城市务工。被调查农民工年龄集中在18岁至50岁之间,其中男性占84%,共访谈345名农民工。

被调查城市居民全部生活在武汉黄石、宜昌、十堰、鄂州、咸宁等湖北省各大中小城市。他们拥有城市户口,在机关、学校、厂矿企业、服务行业工作或在校学习,也有个体经营者和下岗职工,年龄集中在18至50岁。共访谈331名城市居民。

根据每一位被调查者的访谈情况进行了评分,得出被调查者生活满意度分数。最高分22分,最低分0分。调查结果为:

(1) 345农民工的生活满意度平均分数为13.76分;331名城市居民满意度平均分数为15.18分。表明城市居民的生活满意度高于农民工。

从农民工及城市居民对有关生活满意度问题的回答来看,农民工对目前生活的状况看法与评价比较一致,总体来看评价不高,不够满意,对未来生活状况不能给予较清晰描述。而城市居民对目前生活的看法差异较大,有部分居民对目前生活非常满意,对未来生活充满希望,也有不少居民感到生活很不如意,对未来缺乏信心,特别是无稳定收入的城市居民,应该说经济对生活质量的影响不容忽视。

(2)35岁以下农民工生活满意度平均得分为14.84分,35岁以上农民工生活满意度平均得分12.35分,也就是说35岁以下农民工生活满意度高于35岁以上农民工生活满意度;35岁以下城市居民生活满意度平均得分为16.84分,35岁以上城市居民生活满意度平均得分为13.52分,也就是说35岁以下城市居民生活满意度高于35岁以上城市居民生活满意度。由此可见,青年城市居民及农民工生活满意度高于中老年城市居民及农民工生活满意度。

(3)生活在大、中和小城市的农民工的生活满意度平均得分分别为14.70分、13.58分和13.18分。也就是说生活在大城市的农民工生活满意度最高,生活在中等城市的农民工生活满意度居中,生活在小城镇的农民工生活满意度最低。

生活在大、中、小城市的居民生活满意度平均得分分别为15.01分、16.72分和13.81分。也就是说生活在中等城市的居民生活满意度最高,生活在大城市的居民生活满意度居中,生活在小城镇的居民生活满意度最低。

讨论问题

(1)上述资料中的样本和总体是什么?生活满意度属于什么数据类型?

(2)对“表明城市居民的生活满意度高于农民工”这一结论你有什么评价?需要进行t检

① 吕斐宜,统计与决策,2006年第9期(总第221期)。

验，还是Z检验？为什么？要完成检验过程还缺什么统计量？

(3)"生活在大城市的农民工生活满意度最高，生活在中等城市的农民工生活满意度居中，生活在小城镇的农民工生活满意度最低"这样的结论正确吗？为什么？需要做Z检验吗？为什么？

(4)本案例分析让你明白了什么？这对你自己今后研究有什么启发？

第九章　定量预测方法

定量预测方法主要有回归预测、时间序列预测、季节预测、灰色预测、组合预测、各种曲线预测等。通过回归模型的建立过程，可以了解现代统计分析及回归分析方法的基本思想以及它在实际问题研究中的应用原理。通过时间序列分析，可以帮助研究者描述和探索现象随时间发展变化的数量规律性。本章将详细讨论一元线性回归的建模思想，最小二乘法估计及其性质，回归方程的有关检验，预测的理论及应用，以及时间序列、季节变动和各种曲线的预测方法。

第一节　回归预测方法

一、回归分析的涵义

“回归”一词是由英国生物学家 F. Galton 在研究人体身高的遗传问题时首先提出的。根据遗传学的观点，子辈的身高受父辈影响，以 X 记父辈身高，Y 记子辈身高。虽然子辈身高一般受父辈影响，但同样身高的父亲，其子身高并不一致，因此，X 和 Y 之间存在一种相关关系。一般而言，父辈身高高者，其子辈身高也高，依此推论，祖祖辈辈遗传下来，身高必然向两极分化，而事实上并非如此，显然有一种力量将身高拉向中心，即子辈的身高有向中心回归的特点。“回归”一词即源于此。虽然这种向中心回归的现象只是特定领域里的结论，并不具有普遍性，但从它所描述的关于 X 为自变量，Y 为不确定的因变量这种变量间的关系看，和现在的回归含义是相同的。不过，现代回归分析虽然沿用了“回归”一词，但内容已有很大变化，它是一种应用于许多领域的广泛的分析研究方法，在经济理论研究和实证研究中也发挥着重要的作用。

回归分析通过一个变量或一些变量的变化解释另一变量的变化，即它侧重于考察变量之间的数量伴随关系，并通过一个或几个变量（自变量）的变化对另一个特定变量（因变量）的影响程度。其主要内容和步骤是，首先根据理论和对问题的分析判断，将变量分为自变量和因变量；其次，设法找出合适的数学方程式（即回归模型）描述变量间的关系；由于涉及的变量具有不确定性，接着还要对回归模型进行统计检验；统计检验通过后，最后是利用回归模型，根据自变量去估计、预测因变量。

回归有不同种类，按照自变量的个数划分，有一元回归和多元回归。只有一个自变量的叫一元回归，有两个或两个以上自变量的叫多元回归；按照回归曲线的形态划分，有线性（直线）回归和非线性（曲线）回归。实际分析时应根据客观现象的性质、特点、研究目的和任务选取回归分析的方法。本节仅讨论一元线性回归分析。

二、相关分析与回归分析的关系

相关分析揭示变量间的相关关系，回归分析揭示变量间的依从关系。相关分析是回归分析的基础和前提，回归分析则是相关分析的深入和继续。相关分析需要依靠回归分析来表现变量之间数量相关的具体形式，而回归分析则需要依靠相关分析来表现变量之间数量变化的相关程度。只有当变量之间存在高度相关时，进行回归分析寻求其相关的具体形式才有意义。如果在没有对变量之间是否相关以及相关方向和程度做出正确判断之前，就进行回归分析，很容易造成"虚假回归"。与此同时，相关分析只研究变量之间相关的方向和程度，不能推断变量之间相互关系的具体形式，也无法从一个变量的变化来推测另一个变量的变化情况，因此，在具体应用过程中，只有把相关分析和回归分析结合起来，才能达到研究和分析的目的。

二者的区别主要体现在以下三个方面：

(1)在相关分析中涉及的变量不存在自变量和因变量的划分问题，变量之间的关系是对等的；而在回归分析中，则必须根据研究对象的性质和研究分析的目的，对变量进行自变量和因变量的划分。因此，在回归分析中，变量之间的关系是不对等的。

(2)在相关分析中所有的变量都必须是随机变量；而在回归分析中，自变量是给定的，因变量才是随机的，即将自变量的给定值代入回归方程后，所得到的因变量的估计值不是唯一确定的，而会表现出一定的随机波动性。

(3)相关分析主要是通过一个指标即相关系数来反映变量之间相关程度的大小，由于变量之间是对等的，因此相关系数是唯一确定的。而在回归分析中，对于互为因果的两个变量（如人的身高与体重，商品的价格与需求量），则有可能存在多个回归方程。

需要指出的是，变量之间是否存在"真实相关"，是由变量之间的内在联系所决定的。相关分析和回归分析只是定量分析的手段，通过相关分析和回归分析，虽然可以从数量上反映变量之间的密切程度及其联系形式，但是无法准确判断变量之间内在联系的存在与否，也无法判断变量之间的因果关系。因此，在具体应用过程中，一定要始终注意把定性分析和定量分析结合起来，在准确的定性分析的基础上展开定量分析。

三、一元线性回归(Simple Linear Regression)模型

对于具有线性相关关系的两个变量，由于有随机因素的干扰，两变量的线性关系中应包括随机误差项 ε，即有：

$$y=a+bx+\varepsilon \tag{9-1}$$

对于 x 某一确定的值，其对应的 y 值虽有波动，但随机误差的期望值为零，即 $E(\varepsilon)=0$，因而从平均意义上说[记 $E(y)$为 y]，总体线性回归方程为：

$$y=E(y)=a+bx \tag{9-2}$$

可通过样本观察值计算 a、b，用它对(9-2)式中的参数 a、b 作出估计，即求样本回归方程，用它对总体线性回归方程进行估计。样本回归直线方程又称一元线性回归方程，其表达形式为：

$$y_c=a+bx \tag{9-3}$$

式中：y_c 表示因变量的估计值(回归理论值)；a，b 是待定参数，其中 a 是回归直线的起始值(截距)，即 x 为 0 时 y_c 的值，从数学意义上理解，它表示在没有自变量 x 的影响时，其他各种因素对因变量 y 的平均影响；b 是回归系数(直线的斜率)，表示自变量 x 每变动一个单位时，因变量 y 平均变动 b 个单位。

一元线性回归方程中的待定参数应用最小二乘法根据数据资料求出的。其计算公式(由于本书旨在介绍该种方法在统计中的应用，故数学推导过程略)为：

$$\begin{cases} b = \dfrac{n\sum xy - \sum x \sum y}{n\sum x^2 - (\sum x)^2} \\ a = \overline{y} - b\overline{x} \end{cases} \qquad (9-4)$$

当 a、b 求出后，即可以确定一元线性回归方程 $y_c = a + bx$。

【例 9-1】 某地政府 2013 年 1—10 月份处理的废弃物数量与处理费用资料见表 9-1，试进行回归分析。

设：x 为废弃物数量，y 为处理费用，则回归方程为：$y=a+bx$，计算如表 9-1 所示。

表 9-1 回归分析计算表

月份	废弃物量（吨）x	处理费用（元）y	$x^2(10^4)$	$y^2(10^4)$	$xy(10^4)$
1	36000	52500	129600	275625	189000
2	40500	54300	164025	294849	219915
3	42700	56400	182329	318096	240828
4	45800	61500	209764	378225	281670
5	46000	58500	211600	342225	269100
6	48500	61300	235225	375769	297305
7	52300	63800	273529	407044	333674
8	54000	66000	291600	435600	356400
9	55800	67050	311364	449570.3	374139
10	59000	68900	348100	474721	406510
合计	480600	610250	2357136	3751724	2968541

利用表 9-1 中数据和公式(9-4)可知，$a=24821.62$，$b=0.753171$，故有废弃物数量对处理量的回归方程 $y=24827.62+0.753171x$。

如果应用最小二乘法估计的回归方程能满意地描述 x、y 之间的关系，那么对于一个已知的 x 值，去统计预测 y 的值将是合理的。

四、回归估计标准误差

回归方程的一个重要作用在于根据自变量的已知值估计因变量的理论值(估计值)。而理论值 y_c 与实际值 y 存在着差距，这就产生了推算结果的准确性问题。如果差距小，说明推算结果的准确性高；反之，则低。为此，分析理论值与实际值的差距很有意义。为了度量 y 的实际水平和估计值离差的一般水平，可计算估计标准误差。估计标准误差是衡量回归直线代表性大小的统计分析指标，它说明观察值围绕着回归直线的变化程度或分散程度，是对误差项 ε 的标准差的估计。

(一)估计标准误差的计算

通常用 S_e 代表估计标准误差，其计算公式为：

$$S_e = \sqrt{\frac{\sum (y - y_c)^2}{n-2}} \qquad (9-5)$$

用表 9-1 的资料说明估计平均误差的计算方法，可列出计算表 9-2。

表 9-2　估计平均误差计算表

月份	x	y	y_c	$y-y_c$	$(y-y_c)^2$
1	36000	52500	51941.76	558.24	311629.3,2
2	40500	54300	55331.03	-1031.03	1063023.0
3	42700	56400	56988.01	-588.05	345750.4
4	45800	61500	59322.83	2177.17	4740050.0
5	46000	58500	59473.47	-973.47	947641.0
6	48500	61300	61356.4	-56.40	3180.4
7	52300	63800	64218.44	-418.44	175094.9
8	54000	66000	65498.83	501.17	251167.9
9	55800	67050	66854.54	195.46	38204.37
10	59000	68900	69264.69	-364.69	132996.3

将计算表的有关资料代入公式(9-5)得：

$$S_e=\sqrt{\frac{\sum(y-y_c)^2}{n-2}}=\sqrt{\frac{8008738}{8}}=1000.546$$

结果表明估计标准差是 1000.546 元。

(二)回归估计标准差与一般标准差

回归估计标准差与第五章介绍的标准差的计算原理是一致的，两者都是反映平均差异程度和表明代表性的指标。一般标准差反映的是各变量值与其平均数的平均差异程度，表明其平均数对各变量值的代表性强弱；回归标准误差反映的是因变量各实际值与其估计值之间的平均差异程度，表明其估计值对各实际值的代表性强弱，其值越小，估计值 y_c(或回归方程)的代表性越强，用回归方程估计或预测的结果越准确。上述的计算结果 1000.546 元表明实际成本总额与估计的成本总额之间的平均相差 1000.546 元。

五、回归方程的显著性检验

当得到一个实际问题的回归方程 $y_c=a+bx$ 后，还不能用它去进行回归分析和预测，因为 $y_c=a+bx$ 是否真正描述了变量 y 与 x 之间的统计规律性，还需运用统计方法对回归方程进行检验。

F 检验是检验回归方程是否真正线性相关的一种方法，它是在对总离差平方和分解的基础上进行的。

回归分析表明，因变量 y 的实际值(观察值)有大有小、上下波动，对每一个观察值来说，波动的大小可用离差$(y-\bar{y})$来表示。离均差产生的原因有两个方面：一是受自变量 x 变动的影响；二是受其他因素的影响(包括观察或实验中产生的误差的影响)。n 个观察值总的波动大小用总离均差平方和 $\sum(y-\bar{y})^2$ 表示。

每个观察点的离差可以分解为两部分，即：

$y-\bar{y}=(y-y_c)+(y_c-\bar{y})$

其中：$(y-y_c)$为剩余离差；$(y_c-\bar{y})$为回归离差。

将上式两边平方，然后对所有的 n 点求和，则有：

$$\sum(y-\bar{y})^2=\sum[(y-y_c)+(y_c-\bar{y})]^2$$

$$= \sum (y-y_c)^2 + 2\sum (y-y_c)(y_c-\overline{y}) + \sum (y_c-\overline{y})^2$$

式中:交错的乘积项等于零,因而总离差平方和为:

$$\sum (y-\overline{y})^2 = \sum (y-y_c)^2 + \sum (y_c-\overline{y})^2$$

即:总离差平方和 = 剩余平方和 + 回归平方和

剩余平方和又称残差平方和,它反映了除自变量 x 对因变量 y 的线性影响之外的一切因素(包括 x 对 y 的非线性影响和测量误差等)对因变量 y 的作用。

回归平方和表示在总离差平方和中,由于 x 与 y 的线性关系而引起因变量 y 变化的部分。

设 L_{yy} 为总离差平方和,Q 为剩余平方和,U 为回归平方和,则上式可写成:

$$L_{yy}=Q+U \tag{9-6}$$

其中 $L_{yy} = \sum (y-\overline{y})^2 = nS_y^2 = \sum y^2 - (\sum y)^2/n$

$U = L_{yy} - Q = bL_{xy}$

$Q = \sum (y-y_c)^2 = L_{yy} - bL_{xy}$

$L_{xy} = \sum (x-\overline{x})(y-\overline{y}) = nS_{xy} = \sum xy - (\sum x \sum y)/n$

每个平方和都有一个自由度同它相联系。正如总离差平方和可以分解成剩余平方和 Q 与回归平方和 U 两部分一样,总离差平方和的自由度 f 也等于剩余平方和的自由度 f_Q 与回归平方和的自由度 f_U 之和,即:

$$f=f_Q+f_U \tag{9-7}$$

其中:$f=n-1$,$f_Q=n-2$,$f_U=f-f_Q=1$

在总离差平方和 L_{yy} 中,Q 大就意味着 U 小,U 越小表示变量间线性相关性越低,当且仅当 $b=0$ 时,U 是最小的。可见要检验总体两变量间是否真正线性相关,可以检验总体的回归系数 β 是否等于零。

提出零假设、备择假设:

$H_0: b=0 \qquad H_1: b\neq 0$

当 x 与 y 有线性关系时,现可以用 F 统计量检验零假设 H_0。

$$F=\frac{U}{Q/(n-2)} \sim F_\alpha(1,n-2) \tag{9-8}$$

(证明过程略。)

其中,$F_\alpha(1,n-2)$表示第一自由度为 1、第二自由度为 $n-2$ 的 F 分布。对于回归方程的具体检验结果可放在方差分析表中。方差分析表的形式如表 9-3 所示。

表 9-3 一元线性回归方差分析表

方差来源	平方和	自由度	F 值
回　归	$U = \sum (y_c-\overline{y})^2 = bL_{xy}$	$n-2$	
剩　余	$Q = \sum (y_c-y)^2 = L_{yy} - bL_{xy}$	$n-1$	$F = \frac{U}{Q/n-2}$
总　和	$L_{yy} = \sum (y-\overline{y})^2 = U+Q$	$n-1$	

这时,若给定显著性水平 α,计算 F 值与查 F 值分布表得到的 F_α 值比较(α 一般取 0.05,0.01 等,$1-\alpha$ 表示检验的可靠度)。如果 $F\leqslant F_\alpha(1,n-2)$则称变量 x 与 y 没有明显的线性关

系，接受 H_0，说明回归方程不显著；如果 $F>F_\alpha(1,n-2)$，则拒绝 H_0。说明 x 与 y 有显著的线性关系。

以例 9-1 的资料，计算见表 9-2，得

$$L_{yy}=\sum(y-\bar{y})^2=nS_y^2=\sum y^2-(\sum y)^2/n$$
$$=37517240000-(610250)^2/10$$
$$=276733750$$
$$L_{xy}=\sum(x-\bar{x})(y-\bar{y})=\sum xy-(\sum x\sum y)/n$$
$$=29685410000-480600\times 610250\div 10$$
$$=356795000$$

且知回归系数 $b=0.75371$，$n=10$，用 F 检验对处理费用与废弃物数量之间的线性关系进行检验。

$$F=\frac{U}{Q/n-2}\sim F_\alpha(1,8)$$

由于 $U=bL_{xy}=268727646.9$

$Q=L_{yy}-bL_{xy}=8006103.055$

故　$F=\dfrac{U}{Q/n-2}=268.4343$

将结果列入方差分析表（略）。

对于给定的 $\alpha=0.05$，查 F 分布表得临界值：

$F_{0.05}(1,8)=5.32$

由于 $F>F_{0.05}(1,8)$，所以可以认为总体两变量间的线性相关关系是显著的，所拟合的线性回归方程具有 95%的可靠度（置信概率）。

六、样本决定系数 r^2

由回归平方和与剩余平方和的意义可知，在总的离差平方和中，回归平方和所占的比重越大，则线性回归效果越好；如果残差平方和所占的比重大，则回归直线与样本观测值拟合不理想。把回归平方和与总离差平方和之比定义为样本决定系数，记作 r^2，则有

$$r^2=\frac{\sum(y_c-\bar{y})^2}{\sum(y-\bar{y})^2}=\frac{bL_{xy}}{L_{yy}} \tag{9-9}$$

而 $\dfrac{bL_{xy}}{L_{yy}}$ 正是相关系数 r 的平方（证明略）。决定系数 r^2 是一个回归直线与样本观测值拟合优度判定的指标。r^2 取值总在 0 和 1 之间。当 $r^2=1$ 时，拟合是完全的；当 $r^2=0$ 时，说明 y 的变化与 x 无关，x 完全无助于解释 y 的变差。一个线性回归模型如果充分利用了 x 的信息，则 r^2 越大，拟合优度就越好；反之，如 r^2 不大，说明模型中给出的 x 对 y 的信息还不够充分，应进行修改，使 x 对 y 的信息得到充分利用。

例 9-1 的决定系数为：$r^2=0.97106$，这说明在 y 值与 $\bar{y}$ 的偏差的平方和中有 97.1%可以通过变量 x 来解释。

七、预测及应用

拟合的回归直线方程经显著性检验具有意义，就可以进行预测。预测是回归模型在统计

中的重要应用。

(一)点估计

在例 9-1 的研究中,估计回归方程为 $y=24827.62+0.753171x$,提供了废弃物数量 x 与处理费用 y 之间关系的一种估计。我们可以用回归方程来对给定某一特定 x 值时 y 的值进行点估计,或者预测某一特定 x 值的 y 值。例如,假定 11 月份废弃物数量是 60000 吨,运用回归方程,我们可以得到

$$\hat{y}_{11}= 24827.62+0.753171\times 60000=70017.88(\text{元})$$

因此当废弃物数量为 60000 吨时,处理费用的点估计值是 70017.88 元。

(二)区间估计

对于预测问题,除了知道点估计的预测值外,还希望知道预测的精度,因为点估计不能给出与估计有关的任何准确信息。比如研究废弃物数量与处理费用的关系,可建立回归方程 $y=a+bx$,当已知处理量 $x=x_0$ 时,要预测处理费用,即计算出点估计值 $\hat{y}_0$,而仅知道这一数值意义不大,人们往往更希望能给出一个预测值的变动范围,即进行区间估计,而这一预测值范围比只给 $\hat{y}_0$ 更可信。这个问题也就是对于给定的显著水平 α,找一个区间(T_1,T_2),使对应于某特定的 x_0 的实际值 y_0 以 $1-\alpha$ 的置信概率被区间(T_1,T_2)所包含,且可以证明置信概率为$(1-\alpha)$的预测区间为

$$\left(\hat{y}_0-Sy_0\sqrt{F_\alpha(1,n-2)}\qquad \hat{y}_0+Sy_0\sqrt{F_\alpha(1,n-2)}\right)$$

$$Sy_0=\sqrt{S_e^2\left[1+\frac{1}{n}+\frac{(x_0-\bar{x})^2}{\sum(x-\bar{x})^2}\right]}$$

为 S_e 标准差,$F_\alpha(1,n-2)$为 F 分布表查得的临界值。

令:$\Delta=Sy_0\sqrt{F_\alpha(1,n-2)}$

则预测区间为$(\hat{y}_0-\Delta,\hat{y}_0+\Delta)$

从上式可看到,对于给定的显著性水平 α,为了提高预测精度,样本容量 n 应越大越好,采集数据 $x_1,x_2,\cdots,x_n$ 不能太集中。在进行预测时,所给的 x_0 不能偏离 $\bar{x}$ 太大,太大时,预测效果肯定不好。统计预测时,当时间序列数据发生了较大变化,即要预测的时间跨度过大时,x 的取值 x_0 肯定距当时建模时采集的样本 $\bar{x}$ 相差很大,因此再用原模型进行预测将会引起偏差。

当样本量 n 较大,或$|x_0-\bar{x}|$较小时,可用近似的预测区间。置信水平为 0.95 与 0.99 的近似预测分别为:

$(\hat{y}_0-2S_e,\hat{y}_0+2S_e)$

$(\hat{y}_0-3S_e,\hat{y}_0+3S_e)$

对于例 9-1 的资料,当 $x=60000$ 时点估计值的计算结果见前文,现以 $1-\alpha=0.95$ 的置信水平进行区间估计,则:

$\hat{y}_0-2S_e=70017.88-2\times1000.546=68016.788$(元)

$\hat{y}_0+2S_e=70017.88-2\times1000.546=72018.972$(元)

即在置信水平为 95%的条件下,预测区间为(68016.788,72018.972)。

在统计过程中,有时也会遇到一个变量受多种变量因素的共同作用。如在进行处理费用的分析时,可能受到地区和行业的共同影响,这时可根据若干历史时期的处理量、地区分布资料,经

分析计算后,确定变动趋势 $y=a+b_1x_1+b_2x_2$。这就是多元线性回归分析法。本书对此不再介绍,只提醒读者,在进行多元分析时,也要进行各种检验,检验通过后才能进行分析预测。

回归分析方法的应用要特别注意定性分析与定量分析相结合。当现阶段的实际情况与建模时所用数据资料的背景发生较大变化时,应该重新收集数据,尽可能用近期数据对模型进行修正。另外,在应用回归方程作预测时,一般适用于内插预测,不大适用于外推预测。如需扩大使用范围,应有充分的理论依据或进一步的试验根据。

作为数据分析工作者,如果统计功底不深厚,可以不必注意这些检验值的手工计算,因为利用现行的许多统计软件都能很容易地计算出结果。只要掌握它们的意义进行正确的判断就可以了。

第二节　时间序列预测方法

一、时间序列的意义及分类

任何现象,随着时间的推移,都会呈现出一种在时间上的发展和运动过程;时间序列分析,是指从时间的发展变化角度,研究评估对象在不同时间的发展状况,探索其随时间推移的演变趋势和规律,揭示其数量变化和时间的关系,预测评估对象在未来时间上可能达到的数量和规模。时间序列分析的基础是时间序列(又称动态序列),是指把同一现象在不同时间上的相继观察值进行排列而形成的序列。表 9－4 就是一个时间序列表,从中可以看出,时间序列形式上包含两部分:一是现象所属的时间,二是现象在不同时间上的观察值,这两部分是任何一个时间序列所应具备的两个基本要素。现象所属的时间可以是年份、季度、月份或其他任何时间形式。现象的观察值根据表现形式不同有绝对数、相对数和平均数,因此,从观察表现形式上看,时间序列可分为绝对数时间序列、相对序时间序列和平均数时间序列。

表 9－4　某公司资本经营情况表

时间	总资产(万元)	净资产(万元)	净利润(万元)	净资产收益率(%)	每股收益(元)
2006	42024	13617	6874	50.48	0.53
2007	54981	31015	9095	40.60	1.13
2008	112318	55903	21164	48.70	1.10
2009	202592	76451	25142	37.89	0.89
2010	252410	77206	36506	34.33	0.94
2011	415577	145004	34604	23.86	0.95
2012	538598	159134	34862	21.91	0.95

(一)绝对数时间序列

绝对数时间序列又称总量指标序列,是指将反映现象总规模、总水平的某一总量指标在不同时间上的观察数值按时间先后顺序排列起来所形成的序列。总量指标序列是计算相对指标和平均指标,进行各种时间序列分析的基础。

按其指标所反映时间状况的不同,总量指标序列又分为时期序列(见表 9－4 第 4 栏)和时点序列(见表 9－4 第 2 栏和第 3 栏)。时期序列中所排列的指标为时期指标，各时期上的数值分别反映现象在这一段时期内所达到的总规模、总水平，是现象在这一段时期内发展过程的累积总量。观察值具有可加性及数值大小与所属时期长短有密切联系的特点。时点序列中所排列的指标为时点指标，各时点上的数值分别反映现象在各该时点上所达到的总规模、总水平，是现象在某一时点上的数量表现。观察值具有时间上的不可加性及各时点上观察值大小与相邻两时点间间隔长短无密切联系的特点。

(二)相对数和平均数时间序列

相对数和平均数时间序列又称为是相对指标和平均指标序列，指将反映现象相对水平、平均水平的某一相对指标或平均指标在不同时间上的观察值按时间先后顺序排列起来所形成的序列(分别见表 9－4 的第 5 栏和第 6 栏)。不论是相对指标还是平均指标，其共同点都是由总量指标派生而来，反映一种对比或平均的概念；不同时间上的相对数或平均数不能相加，即相加以后没有意义。

二、时间序列的模型

长期趋势(trend)、季节变动(seasonal fluctuation)、循环波动(cyclical fluctuation)和不规则波动(irregular variations)是时间序列的主要影响因素。按四种因素对时间序列的影响方式不同，时间序列可分解为多种模型，如乘法模型、加法模型、混合模型等。其中最常用的是乘法模型，其表现形式为：

$$Y_i = T_i \times S_i \times C_i \times I_i \qquad (9-10)$$

乘法模型的基本假设是，四个因素是由不同的原因形成的，但相互之间存在一定的关系，它们对事物的影响是相互的，因此时间序列中各观察值表现为各种因素的乘积。利用乘法模型可以将四个因素很容易地从时间序列中分离出来，因而乘法模型在时间序列分析中被广泛应用。本节及以后各节介绍的时间序列构成分析方法，也均以乘法模型为例。

本节主要讨论长期趋势变动的分析方法。长期趋势是时间序列的主要构成要素，它是指现象在较长时期内持续发展变化的一种趋向或状态。确定长期趋势成分是否存在，可以绘制时间序列的线图，还可以利用回归分析拟合一条趋势线，然后对回归系数进行显著性检验。通过对时间序列长期趋势变动的分析，可以掌握现象活动的规律性，并对其未来的发展趋势作出判断或预测。

长期趋势测定的方法主要有两种，一是移动平均法，二是数学曲线拟合法。此外，研究长期趋势的目的之一，也是为了将其从时间序列中予以剔除，以便观察和分析其他各影响因素。

三、移动平均法

移动平均法是趋势变动分析的一种较简单的常用方法，它通过对时间序列逐期递移，求得平均数作为预测值。该方法的基本思想和原理是：通过扩大原时间序列的时间间隔，并按一定的间隔长度逐期移动，分别计算出一系列移动平均数，这些平均数形成的新的时间序列对原时间序列的波动起到一定的修匀作用，削弱了原序列中短期偶然因素的影响，从而呈现出现象发展的变动趋势。该方法可以用来分析预测销售情况、库存、股价或其他趋势。该方法又可分为简单移动平均法和加权移动平均法两种。

1. 简单移动平均法

简单移动平均法是直接用简单算术平均数作为移动平均趋势值的一种方法，即将最近的

k 期数据加以平均,作为下一期的预测值的方法。

设移动间隔长度为 k,则移动平均数序列可以写为:

$$\overline{Y}_i=\frac{Y_i+Y_{i+1}+\cdots Y_{i+k-1}}{K} \tag{9-11}$$

式中,$\overline{Y}_i$ 为移动平均趋势值;K 为大于 1 小于 n 的正整数。

【例 9-2】 某区政府 2012 年前各月的财政拨款资料见表 9-5,分别计算 3 个月、5 个月的移动平均趋势值,并进行比较。

表 9-5 某区政府 2012 年各月财政拨款额 单位:万元

月份	实际拨款额	趋势值(k=3)	趋势值(k=5)
1	28	—	—
2	30	31	—
3	35	34	34.4
4	37	38	37.6
5	42	41	41.4
6	44	45	44.0
7	49	47	46.6
8	48	49	48.6
9	50	50	52.4
10	52	55	58.0
11	63	64	—
12	77	—	—

解:根据简单移动平均公式,当 $k=3$ 时,移动平均趋势值 $Y_1=(28+30+35)/3=31$;$k=5$ 时,$Y_1=(28+30+35+37+42)/5=34.4$。其余各期同理,结果见表 9-5 的第 3、4 栏。

2. **加权移动平均预测法**

加权移动平均预测法是在简单移动平均法的基础上给近期数据以较大的权数,给远期的数据以较小的权数,计算加权移动平均数作为下一期的移动平均趋势值的一种方法。公式为:

$$\overline{Y}_i=\frac{Y_i f_i+Y_{i+1} f_{i+1}+\cdots+Y_{i+k-1} f_{i+k-1}}{f_i+f_{i+1}+\cdots+f_{i+k-1}} \tag{9-12}$$

仍以表 9-5 中的已知数据为例,设 $k=3$,

则 $Y_1=\dfrac{28\times1+30\times2+35\times3}{6}=32.17$

其余类推。

利用移动平均法分析趋势变动时,应注意以下几个问题。

(1)所选择的各期的权数之和必须为 1。

(2)移动间隔的长度应长短适中。分析表 9-5 中各列数据,不难看出,通过移动平均所得到的移动平均数数列,要比原始数据序列匀滑,并且 5 项移动平均数数列又比 3 项移动平均数数列匀滑,因此,为了更好地消除不规则波动,达到修匀的目的,可以适当增加移动的步长。移动的步长越大,所得趋势值越少,个别观察值影响作用就越弱,移动平均序列所表现的趋势越明显,但移动间隔过长,有时会脱离现象发展的真实趋势;若移动间隔越短,个别观察值的影响作用就越大,越不能完全消除序列中短期偶然因素的影响,从而看不出现象发展的变动趋势。

一般来说，如果现象的发展具有一定的周期性，应以周期长度为移动间隔的长度；若时间序列是季度资料，应采用4项移动平均。

(3)在利用移动平均法分析趋势变动时，要注意应把移动平均后的趋势值放在各移动项的中间位置。比如3项移动平均的趋势值应放在第2项对应的位置上，5项移动平均的趋势值应放在第3项对应的位置上，其余类推。因此，若移动间隔长度 k 为奇数时，一次移动即得趋势值；若 k 为偶数时，需将第一次得到的移动平均值再作一次2项移动平均，才能得到最后的趋势值，该趋势值也叫移正趋势值。

例如：若 $k=4$ 时，

$$\overline{Y}_1=\frac{28+30+35+37}{4}=32.5$$

$$\overline{Y}_2=\frac{30+35+37+42}{4}=36$$

故 $\overline{Y}=\frac{32.5+36}{2}=34.25$

需要说明的是，对于只包含趋势和不规则变动的数列，如果移动平均的目的只是为了得到数列的趋势估计值，也可以将移动平均值直接对准第 N 期的后一期，例如，三项移动平均时，第一个移动平均值对准第三期，第二个移动平均值对准第四期，以此类推；四项移动平均时，第一个移动平均值对准第四期，第二个移动平均值对准第五期，以此类推。EXCEL 中的移动平均法程序即是以这种方法为原理进行处理的。

四、指数平滑法

指数平滑法是用过去时间序列值的加权平均数作为趋势值，它是加权移动平均法的一种特殊情形。其基本形式是根据本期的实际值 Y_t 和本期的趋势值 $\hat{Y}_t$，分别给以不同权数 α 和 $1-\alpha$，计算加权平均数作为下期的趋势值 $\hat{Y}_{t+1}$。基本指数平滑法模型如下：

$$\hat{Y}_{t+1}=\alpha Y_t+(1-\alpha)\hat{Y}_t \tag{9-13}$$

式中：$\hat{Y}_{t+1}$表示时间序列 $t+1$ 期趋势值，Y_t表示时间序列 t 期的实际值，$\hat{Y}_t$ 表示时间序列 t 期的趋势值，α 为平滑常数($0<\alpha<1$)。

若利用指数平滑法模型进行评估预测，从基本模型中可以看出，只需一个 t 期的实际值 Y_t，一个 t 期的趋势值 $\hat{Y}_t$ 和一个 α 值，所用数据量和计算量都很少，这是移动平均法所不能及的。

【例9-3】 某公司2012年前8个月销售额资料见表9-6，用指数平滑法进行长期趋势分析。已知1月份预测值为150.8万元，α 分别取0.2和0.8。

解：

表9-6 某公司2012年各月销售额预测表 **单位：万元**

月份	实际销售额	一次指数平滑预测数	
		$\alpha=0.2$	$\alpha=0.8$
1	154	150.80	150.80
2	148	0.2×154+(1−0.2)×150.8=151.44	153.36

续表 9-6

月份	实际销售额	一次指数平滑预测数	
		$\alpha=0.2$	$\alpha=0.8$
3	142	150.75	149.07
4	151	149.00	143.41
5	145	149.40	149.48
6	154	148.52	145.90
7	157	149.62	152.38
8	151	151.10	156.08
9	—	151.08	152.02

一次指数平滑法比较简单，从例 9-3 中也可看出，α 值和初始值的确定是关键，它们直接影响着趋势值误差的大小。通常对于 α 和初始值的确定可按以下方法。

(一)α 值的确定

选择 α，一个总的原则是使评估预测值与实际观察值之间的误差最小。从理论上讲，α 取 0～1 之间的任意数据均可以。α 越接近 1，模型对时间序列变化的反应就越及时，因为它对当前的实际值赋予了比预期值更大的权数；α 越接近 0，意味着对当前的预测值赋予更大的权数，因此模型对时间序列变化的反应就越慢。具体如何选择，要视时间序列的变化趋势来定。

(1)当时间序列呈较稳定的水平趋势时，应取小一些，如 0.1～0.3，以减小修正幅度，同时各期观察值的权数差别不大，预测模型能包含更长时间序列的信息。

(2)当时间序列波动较大时，宜选择居中的 α 值，如 0.3～0.5。

(3)当时间序列波动很大，呈现明显且迅速的上升或下降趋势时，α 应取大些，如 0.6～0.8，以使预测模型灵敏度高些，能迅速跟上数据的变化。

(4)在实际评估预测中，可取几个 α 值进行试算，比较预测误差，选择误差小的那个 α 值。

(二)初始值的确定

如果资料总项数 N 大于 50，则经过长期平滑链的推算，初始值的影响变得很小了，为了简便起见，可用第一期水平作为初始值。但是如果 N 小到 15 或 20，则初始值的影响较大，可以选用最初几期的平均数作为初始值。

指数平滑法是在企业整体资产评估中常用的预测未来收益的方法之一。它适用于预测呈长期趋势变动和季节变动的评估对象。指数平滑法可分为一次指数平滑法和多次指数平滑法。本节中只介绍了一次指数平滑法的应用。

第三节　季节变动分析

一、季节变动及其测定目的

在商业活动中，常常能听到“销售旺季”或“销售淡季”这类术语；在旅游业中，也常常使用“旅游旺季”或“旅游淡季”这类术语。这表明，这些活动因季节的不同而发生着变化。我们把客观现象由于受自然因素和生产或生活条件的影响，在一年内随着季节的更换而引起的比较有规律的变动称为季节变动，它是时间序列的又一个主要构成要素。

在现实生活中，季节变动是一种极为普遍的现象，它是诸如气候条件、生产条件、节假日或人们的风俗习惯等各种因素作用的结果。农业生产、交通运输、建筑业、旅游业、商品销售以及工业生产中都有明显的季节变动规律。季节变动中的“季节”一词是广义的，它不仅仅指一年中的四季，而是指任何一种周期性的变化。

在对历史数据的分析过程中，应注意研究和发现社会科学现象的季节变动规律。例如，民工人数、日用品量、客流量、住院人数、门诊量等的变化均表现出明显的季节性变动。在确定或预测未来收益时，应注意到季节的变化，否则会影响预测模型的预测能力。

季节型时间序列可分为单纯季节型时间序列和趋势季节型时间序列，在进行季节变动分析时，分别采用不同的方法。

(一)单纯季节型时间序列

在单纯的季节数列情况下，即数据观察值没有明显的上升或下降的总趋势，同月(或同季)的简单算术平均数与全期的简单算术平均数的比率为季节指数。

【例 9-4】 某企业 2010—2013 年空调销售量资料如表 9-7 所示，预测 2014 年各月空调销售量。

表 9-7 季节指数计算表 单位:台

月份	2010 销售额 Y_t	2011 销售额 Y_t	2012 销售额 Y_t	2013 销售额 Y_t	各月平均值	各月季节指数 S_i	预测值 $\hat{Y}_t$	取整
1 月	4	3	2	3	3	0.09972	2.9417	3
2 月	3	5	4	5	4.25	0.14128	4.1678	4
3 月	9	6	6	7	7	0.23269	6.8644	7
4 月	22	18	20	15	18.75	0.62328	18.3868	18
5 月	37	42	40	35	38.5	1.27980	37.7541	38
6 月	60	50	70	64	61	2.02772	59.8178	60
7 月	94	100	110	98	100.5	3.34076	98.5524	99
8 月	50	80	62	60	63	2.09421	61.7792	62
9 月	40	60	36	40	44	1.46262	43.1473	43
10 月	10	15	12	20	14.25	0.47369	13.9390	14
11 月	6	3	4	5	4.5	0.14960	4.4132	4
12 月	6	1	0	2	2.25	0.07479	2.2063	2
合计	341	383	366	354	361	—	—	—
平均	28.42	31.92	30.5	29.5	30.083	—	—	—

解：

(1)由资料可看出，空调的销售呈现季节性波动，即每年的 7 月份销量最高，1 月、2 月、11 月、12 月销量低。另外，从数据观察可知没有明显的上升或下降趋势，因此，该资料属单纯季节性时间序列。

(2)计算各月的简单算术平均数，填入表 9-7 中第 6 栏。如 1 月份平均数$=\frac{4+3+2+3}{4}=3$(台)。

(3)计算全时期的总平均数：$\frac{341+383+366+351}{12\times 4}=30.083$

(4)计算各月的季节指数 S_i，填入表 9-7 中第 7 栏，如 $S_1=\frac{3}{30.083}=0.09972$

(5)根据各月季节指数进行调整，得到各月的趋势值 $\hat{Y}_t$，见表 9－7 第 8 栏，如 $\hat{Y}_1=3\times 0.09972=2.9417$ 台。如果预测 2014 年 1 月销售量，则用季节指数调整最近年份(2013 年)的月平均销售量，即 $Y=29.5\times 0.09972=3$ 台。

(二)趋势季节型时间序列

当按月(季)收集的时间序列资料呈现出明显的上升或下降趋势，如果仍用单纯季节性时间序列的分析方法显然是不合适的，而必须建立季节性趋势模型。

【例 9－5】 某医院在过去 4 年中的住院人数资料见表 9－8。对该医院住院人数进行季节的变动分析，并预测 2014 年四个季度的住院人数。

表 9－8 住院人数的季度资料 单位：千人

年份	一季度	二季度	三季度	四季度	合计
2010	4.8	4.1	6.0	6.5	21.4
2011	5.8	5.2	6.8	7.4	25.2
2012	6.0	5.6	7.5	7.8	26.9
2013	6.3	5.9	8.0	8.4	28.6

解：

1. 判断例题类型

根据表 9－8 中资料，可看到，每年第 2 季度的住院人数最少，第 3 和第 4 季度的住院人数是增加的，说明住院人数含有季节影响。又通过各年住院人数合计，发现有逐年上升的趋势。因此，题中数据资料属于趋势季节型时间序列。

2. 计算移正后的移动平均数

利用移动平均法进行长期趋势的剔除，由于我们利用的是季度资料，因此，计算每一次移动平均数 Y，项数定为 4。计算结果见表 9－9。

表 9－9 住院人数移动平均计算表 单位：千人

年	季度	住院人数	趋势值 ($k=4$)	移正趋势值	季节不规则值
2010	1	4.8	—	—	—
	2	4.1	5.350	—	—
	3	6.0	5.600	5.475	1.096
	4	6.5	5.875	5.738	1.133
2011	1	5.8	6.075	5.975	0.971
	2	5.2	6.300	6.188	0.840
	3	6.8	6.350	6.325	1.075
	4	7.4	6.450	6.400	1.156
2012	1	6.0	6.625	6.538	0.918
	2	5.6	6.725	6.675	0.839
	3	7.5	6.800	6.763	1.109
	4	7.8	6.875	6.838	1.141
2013	1	6.3	7.000	6.938	0.908
	2	5.9	7.150	7.075	0.834
	3	8.0	—	—	—
	4	8.4	—	—	—

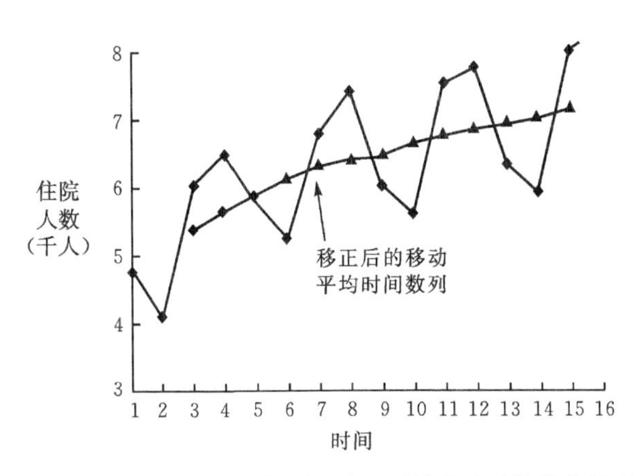

图 9-1 住院人数时间序列和移正后的移动平均数的情形

图 9-1 是时间序列实际值和移正后的移动平均数的散点图。从图上可以看到移正后的移动平均数,在"消除"了时间序列的季节和不规则波动之后,有非常明显的趋势。计算出的 4 个季度的移正移动平均数中,将不包含由于季节影响产生的波动。这是因为季节影响已经被去掉了,移正后的移动平均数中每一个点表示的是没有季节或不规则波动的时间序列的值。

用时间序列的每一个观察值除以相应的移正的移动平均数,可以确定出时间序列的季节不规则影响值。例如,第 1 年第 3 季度的季节不规则值为 6.0/5.475=1.096。其余季度类推,结果见表 9-9。

3. **计算季节指数**

季节指数即为同季度的季节不规则值的简单算术平均数,如第 4 季度的季节指数为 $\frac{1.133+1.156+1.141}{3}=1.14$。同理,其余 3 个季度的季度指数分别为 0.93,0.84,1.09。见表 9-10。

表 9-10 住院人数时间序列的季节指数计算结果

季度	季节不规则成分的数值(S_tI_t)	季节指数(S_t)
1	0.971, 0.918, 0.908	0.93
2	0.840, 0.839, 0.934	0.84
3	1.096, 1.075, 1.109	1.09
4	1.133, 1.156, 1.141	1.14

表 9-10 中的数值解释提供了住院人数的季节成分的一些信息。住院人数最多季度是第 4 季度,它的住院人数比总平均水平高出 14%,最低的住院人数季度是第 2 季度,它的季节指数为 0.84,说明其住院人数比总平均季度住院水平低 16%。在第 4 季度住院人数趋势上升,是因为冬季即将到来,人们患病概率增多。季节成分符合人们就医的期望。

4. **消除时间序列的季节影响**

根据未消除季节影响的资料,可将本期住院人数与前一年同期的住院人数之间进行有关的比较,而根据消除季节影响的资料可以比较连续时期的住院人数。表 9-11 是住院人数消除季节影响后的时间序列资料。

表 9－11　住院人数时间序列消除季节影响后的数据

年	季度	住院人数	季节指数 S_t	消除季节影响的销售量
2010	1	4.8	0.93	5.16
	2	4.1	0.84	4.88
	3	6.0	1.09	5.50
	4	6.5	1.14	5.70
2011	1	5.8	0.93	6.24
	2	5.2	0.84	6.19
	3	6.8	1.09	6.24
	4	7.4	1.14	6.49
2012	1	6.0	0.93	6.45
	2	5.6	0.84	6.67
	3	7.5	1.09	6.88
	4	7.8	1.14	6.84
2013	1	6.3	0.93	6.77
	2	5.9	0.84	7.02
	3	8.0	1.09	7.34
	4	8.4	1.14	7.37

5. **利用消除季节影响的时间序列确定趋势**

图 9－1 是各期消除了季节影响的住院人数，虽然有一些上、下的随机波动，但时间序列总体有一个向上的线性趋势。因此，可拟合直线趋势方程 $Y_t=a+bt$，根据最小二乘法有：

$$b=\frac{n\sum tY_t-\sum t\sum Y_t}{n\sum t^2-(\sum t)^2}$$

$$a=\overline{Y}-b\bar{t}$$

注意，这里 Y_t 表示 t 期消除季节影响后时间序列的数值，而不是时间序列的实际值。根据资料，计算得(计算过程略)：

$b=0.148\qquad a=5.101$

因此，时间序列的线性趋势成分的表达式为：

$\hat{Y}_t=5.101+0.148t$

斜率 0.148 表明，在过去的 16 个季度中，当消除季节影响之后，医院每个季度住院人数平均增长 148 人。如果假设过去 16 个季度住院人数资料的趋势对预测未来合适，则这个方程可用来推测未来季度时间序列的趋势成分。例如，将 $t=17$ 代入方程，可得到下一个季度的趋势推测值 $\hat{Y}_{17}$。

$\hat{Y}_{17}=5.101+0.148\times17=7.617$(千人)

因此，由趋势方程产生的下一个季度住院人数的推测值为 7617 人。同样，由趋势方程可分别产生第 18、19 和 20 季度的住院人数推测值为 7765、7913 和 8016 人。

6. **季节调整**

对同时有趋势和季节成分的时间序列，进行评估预测的最后一步是用季节指数调整趋势推测值。例如第5年(2014年)第1季度($t=17$)的预测值为7617×0.93=7084人。同理,表9-12给出了第17—20季度的预测值。

表9-12 住院人数时间序列的季度预测值

年	季度	趋势预测值	季节指数	季度预测值
2014年	1	7617	0.93	7917×0.93=7084
	2	7765	0.84	7765×0.84=6523
	3	7913	1.09	7913×1.09=8625
	4	8061	1.14	8061×1.14=9190

上面是对趋势季节型时间序列的季节变动及趋势分析预测的全过程。那么如果在实际工作中,忽视季节变动的分析,而仅对原始数据进行分析,则$y=4.853+0.1799t$第17,18,19,20季度的预测值分别为:7910,8090,8270,8450人,标准误差为876.9人,而按照上述过程进行季节变动分析之后,拟合的预测模型的估计标准误差为217.2人(以上计算过程略),远远小于未进行季节分析的标准误差。

第四节 各种曲线预测方法

一、基本程序

运用曲线预测方法进行预测时,首先需要绘制散点图,并初步确定预测模型;其次,根据预测模型求得相关参数,并在此基础上进行预测和确定预测区间;最后,对预测效果进行评价。

二、实例

【例9-6】 某种疾病的患病人数如表9-13所示。

表9-13 某种疾病的患病人数表

年份	2005	2006	2007	2008	2009	2010	2011	2012	2013
病人数(千人)	10.0	18.0	25.0	30.5	35.0	38.0	40.0	39.5	38.0

试预测2014年的患病人数,并要求在90%的概率保证程度下,给出预测的置信区间。

第一步,确定预测模型。

(1)绘制散点图,初步确定预测模型。

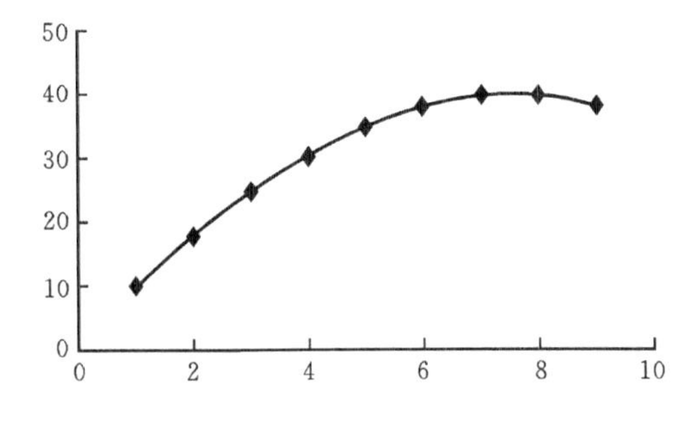

图9-2 某种疾病9年的患病人数散点图

由上图可知,该种疾病的患病人数基本上符合二次曲线模型。

(2)计算差分,如表 9-14 所示:

表 9-14　差分计算表

Yt	10.0	18.0	25.0	30.5	35.0	38.0	40.0	39.5	38.0
一阶差分	—	8.0	7.0	5.5	4.5	3.0	2.0	−0.5	−1.5
二阶差分	—	—	−1.0	−1.5	−1.0	−1.5	−1.0	−2.5	−1.0

由上表可知,该时间序列观察值的二阶差分大致相等。综合散点图和差分分析,最后确定选用二次模型来进行预测。

第二步,求模型参数。

模型参数的计算如表 9-15 所示。

表 9-15　参数计算表

年份	时序(t)	y_t	t^2	t^4	ty	t^2y
2005	−4	10	16	256	−40	160
2006	−3	18	9	81	−54	162
2007	−2	25	4	16	−50	100
2008	−1	30.5	1	1	−30.5	30.5
2009	0	35	0	0	0	0
2010	1	38	1	1	38	38
2011	2	40	4	16	80	160
2012	3	39.5	9	81	118.5	355
2013	4	38	16	256	152	608
合计	0	274.0	60	708	214.0	1613.5

将以上数据代入公式

$$\begin{cases} \sum Y_i = nb_0 + b_1 \sum t + b_2 \sum t^2 \\ \sum tY_i = b_0 \sum t + b_1 \sum t^2 + b_2 \sum t^3 \\ \sum t^2 Y_i = b_0 \sum t^2 + b_1 \sum t^3 + b_2 \sum t^4 \end{cases}$$

得:

$$\begin{cases} 274 = 9b_0 + 0 + 60b_2 \\ 214 = 0 + 60 + b_1 + 0 \\ 1613.5 = 60b_0 + 0 + 708b_2 \end{cases}$$

解之得:　$b_0 = 35.05$, $b_1 = 3.57$, $b_2 = -0.69$

所以,其二次曲线预测模型为:

$\hat{y}_t = 35.05 + 3.57t - 0.69t^2$

第三步,进行预测和确定预测区间。

如要预测 2014 年的患病数,则 $t=6$,

$\hat{y}_{2014} = 35.05 + 3.57 \times 6 - 0.69 \times 6^2 = 32.35$(千人)

为了确定预测的置信区间，必须计算估计标准差，其计算过程如表9-16所示。

表9-16　标准差估计值

年份	y_i	$\hat{y}_t$	$(y_i-\hat{y}_i)$	$(y_i-\hat{y}_i)^2$
2005	10.0	9.73	0.27	0.0729
2006	18.0	18.13	−0.13	0.0169
2007	25.0	25.15	−0.15	0.0225
2008	30.5	30.79	−0.29	0.0841
2009	35.0	35.05	−0.05	0.0025
2010	38.0	37.93	0.07	0.0049
2011	40.0	39.43	0.57	0.3249
2012	39.5	39.55	−0.05	0.0025
2013	38.0	38.29	−0.29	0.0841
合计	—	—	—	0.6153

$$S_E=\sqrt{\frac{\sum(y_i-\hat{y}_i)^2}{n-3}}=\sqrt{\frac{0.6153}{6}}=0.32(\text{万人})$$

上述预测2014年患病人数为32.35千人，在给定90%的概率保证下，其近似的预测置信区间为：$\hat{y}\pm t_{0.10}S_E=32.35\pm1.943\times0.32$，即31.72千人到32.97千人之间。

【例9-7】 某市2007年到2013年棉布产量历史时间序列如表9-17所示，试预测2014年棉布的产量。

表9-17　某市棉布产量历年数据

年份	2007	2008	2009	2010	2011	2012	2013
棉布产量(亿米)	252	340	374	379	375	385	430

第一步，确定预测模型。

(1)绘制散点图，初步确定预测模型。

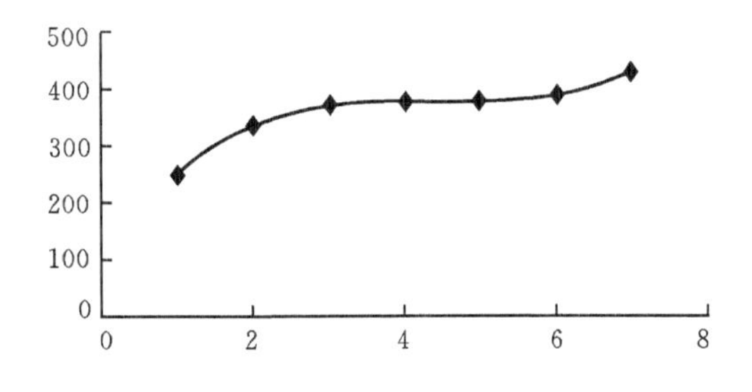

图9-3　棉布7年销售量散点图

由上图可以推测，该产品的销售量基本上符合n次曲线模型，其具体的n值可由差分法来确定。

(2)计算差分，如表9-18所示。

表 9－18 差分计算表

y_t	252	340	374	379	375	385	430
一阶差分	—	88	34	5	－4	10	45
二阶差分	—	—	－54	－29	－9	14	35
三阶差分	—	—	—	25	20	23	21

由上表可知，该时间序列观察值的三阶差分大致相等。综合散点图和差分分析，最后确定选用三次曲线预测模型。

第二步，求模型参数。

模型参数的计算如表 9－19 所示。

表 9－19 参数计算表

年份	时序(t)	y_t	t^2	t^3	t^4	ty	t^2y	t^3y	$\hat{y}_i$	$(y_i-\hat{y}_i)^2$
2007	－3	252	9	－27	81	160	2268	－6804	252.16	0.0256
2008	－2	340	4	－8	16	162	1360	－2720	399.53	0.2209
2009	－1	374	1	－1	1	100	374	－374	374.45	0.2025
2010	0	379	0	0	0	30.5	0	0	378.95	0.0025
2011	1	375	1	1	1	0	375	375	375.05	0.0025
2012	2	385	4	8	16	38	1540	3080	384.77	0.0520
2013	3	430	9	27	81	160	3870	11610	430.14	0.0196
合计	0	2535	28	0	196	355	9787	5167	—	0.5265

将以上数据代入公式：

$$\begin{cases}\sum y = nb_0 + b_1\sum t + b_2\sum t^2 + b_3\sum t^3 \\ \sum ty = b_0\sum t + b_1\sum t^2 + b_2\sum t^3 + b_3\sum t^4 \\ \sum t^2 y = b_0\sum t^2 + b_1\sum t^3 + b_2\sum t^4 + b_3\sum t^5 \\ \sum t^3 y = b_0\sum t^3 + b_1\sum t^4 + b_2\sum t^5 + b_3\sum t^6\end{cases}$$

得：

$$\begin{cases}2535 = 7b_0 + 28b_2 \\ 625 = 28b_1 + 196b_3 \\ 9787 = 28b_0 + 196b_2 \\ 5167 = 196b_1 + 1588b_3\end{cases}$$

解之得：$b_0 = 378.95, b_1 = -3.37, b_2 = -4.20, b_3 = 3.67$

所以，其三次曲线预测模型为：

$\hat{y}_t = 378.95 - 3.37t - 4.20t^2 + 3.67t^3$

第三步，进行预测。

如要预测 2014 年的棉布产量，则 $t=4$，

$\hat{y}_{2014}=378.95-3.37\times4-4.20\times4^2+3.67\times4^3=715.85$(亿米)

【例 9-8】 某商品 2005 年到 2013 年的社会需求量如表 9-20 所示，试预测 2014 年的社会需求量。

表 9-20 某商品社会需求量历年数据

年份	2005	2006	2007	2008	2009	2010	2011	2012	2013
需求量(万件)	165	270	450	740	1220	2010	3120	5460	9000

第一步，确定预测模型。

(1)描散点图，初步确定预测模型。

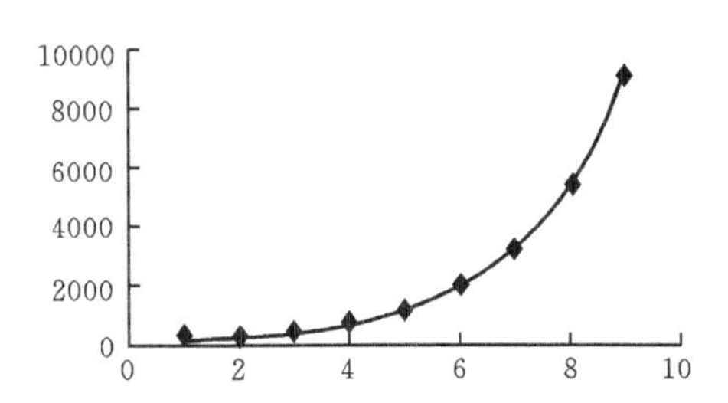

图 9-4 某商品 9 年社会需求量散点图

由上图可以推测，该产品的销售量基本上符合指数曲线模型。

(2)计算差分，如表 9-21 所示。

表 9-21 差分计算表

y_t	165	270	450	740	1220	2010	3120	5460	9000
一阶差比率	—	1.64	1.67	1.64	1.65	1.65	1.55	1.75	1.65

由上表可知，该时间序列观察值的一阶差分比率大致相等。综合散点图和差分分析，最后确定选用指数曲线预测模型。

第二步，求模型参数。

首先，对数据进行线性变换，得表 9-22。

表 9-22 线形变换表

年份	2005	2006	2007	2008	2009	2010	2011	2012	2013
时序(t)	1	2	3	4	5	6	7	8	9
$Y_t=\ln y_t$	5.11	5.6	6.11	6.61	7.11	7.61	8.05	8.61	9.11

经计算后，得：

$n=9,\sum t=45,\sum t^2=285,\sum Y=63.92,\sum Y^2=468.89,\sum tY=349.51$

将以上数据代入公式，得：

第九章 定量预测方法

$$b=\frac{\sum tY-\frac{1}{n}\sum t\sum Y}{\sum t^2-\frac{1}{n}\left(\sum t\right)^2}=\frac{349.51-\frac{45\times 63.92}{9}}{285-\frac{45^2}{9}}\approx 0.5$$

$$A=\frac{1}{n}\left(\sum Y-b\sum t\right)\approx\frac{1}{9}(63.92-0.5\times 45)=4.6$$

故 $a=e^A=e^{4.6}=99.48$

所以,其指数曲线预测模型为:

$\hat{y}_t=99.48e^{0.5t}$

第三步,进行预测。

如要预测2014年的社会需求量,则 $t=10$,

$\hat{y}_t=99.48e^{0.5t}=99.48e^{0.5\times 10}=14764.14$(万件)

【例 9-9】 某商品2005年到2013年的销售量资料如表9-23,试预测2014年的销售量。

表 9-23 某商品销售量历年数据

年份	2005	2006	2007	2008	2009	2010	2011	2012	2013
销售量(万吨)	50	60	68	69.6	71.1	71.7	72.3	72.8	73.2

第一步,确定预测模型。

(1)描散点图,初步确定预测模型。

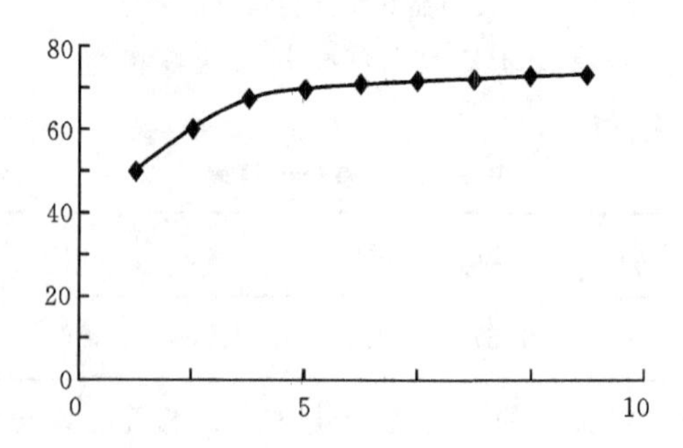

图 9-5 某商品9年销售量散点图

由上图可以推测,该产品的销售量基本上符合饱和指数曲线模型。

(2)计算差分,如表9-24所示。

表 9-24 差分计算表

y_t	50	60	68	69.6	71.1	71.7	72.3	72.8	73.2
一阶差的一阶比率	—	—	0.8	0.2	0.94	0.4	1.0	0.83	0.8

由上表可知,该时间序列观察值的阶差分比率大致相等。综合散点图和差分分析,最后确定选用指数曲线预测模型。

第二步,求模型参数。

首先,把数据分成三组,每组三个历史数据。

表 9-25 参数计算表

年份	时序(t)	销售量(y_t)
2005	0	50.0
2006	1	60.0
2007	2	68.0
$\sum \text{I} y$	—	178.0
2008	3	69.6
2009	4	71.1
2010	5	71.7
$\sum \text{II} y$	—	212.4
2011	6	72.3
2012	7	72.8
2013	8	73.2
$\sum \text{III} y$	—	218.3

将 $k=\frac{9}{3}=3$，$\sum \text{I} y = 178.0$，$\sum \text{II} y = 2124$，$\sum \text{III}\ y=218.3$ 代入公式，得：

$$c = \left[\frac{\sum \text{III} y - \sum \text{II} y}{\sum \text{II} y - \sum \text{I} y}\right]^{\frac{i}{k}} = 0.5556$$

$$b = \left(\sum \text{II} y - \sum \text{I} y\right) \cdot \frac{(c-1)}{(c^k-1)^2} = -22.272$$

$$a = \frac{1}{n}\left(\sum \text{I} y - b \cdot \frac{c^k-1}{c-1}\right) = 73.174$$

所以，其饱和指数曲线预测模型为：

$\hat{y}_t=73.174-22.272\times 0.5556^t$

第三步，进行预测。

如要预测 2014 年的销售产量，则 $t=9$，

$\hat{y}_{2014}=73.174-22.272\times 0.5556^9=73.06$(万吨)

【例 9-10】 某公司 2005 年到 2013 年的实际销售额资料如表 9-26，试利用龚珀兹曲线预测 2014 年的销售额。

表 9-26　某公司 2005—2013 年的实际销售额列表

年份	时序(t)	销售额(y_t)	$\lg y$
2005	0	50.0	0.6937
2006	1	60.0	0.7931
2007	2	68.0	0.8561
$\sum \text{I} \lg y$	—	—	2.3429
2008	3	69.6	0.8887
2009	4	71.1	0.9232
2010	5	71.7	0.9269
$\sum \text{II} \lg y$	—	—	2.7388
2011	6	72.3	0.9410
2012	7	72.8	0.9741
2013	8	73.2	1.0103
$\sum \text{III} \lg y$	—	—	2.9254

第一步，计算参数 a、b、k。

将 $\sum \text{I} \lg y = 2.3429$，$\sum \text{II} \lg y = 2.7388$，$\sum \text{III} \lg y = 2.9254$，$r = 3$ 代入公式

$$b = \left[\frac{\sum \text{III} \lg y - \sum \text{II} \lg y}{\sum \text{II} \lg y - \sum \text{I} \lg y}\right]^{\frac{1}{r}}$$

$$\lg a = \left(\sum \text{II} \lg y - \sum \text{I} \lg y\right) \cdot \frac{(b-1)}{(b^r-1)^2}$$

$$\lg k = \frac{1}{r}\left(\sum \text{I} \lg y - \lg a \cdot \frac{b^r-1}{b-1}\right)$$

得：$b=0.7782$，$a=0.4852$，　$k=10.73$

第二步，得到预测模型。

$\hat{y}_t = 10.73 \times 0.4852^{0.7782^t}$

第三步，进行预测。

若对 2014 年进行预测，则 $t=9$，

$\hat{y}_{2014} = 10.73 \times 0.4852^{0.7782^9} = 9.948$(万元)

【例 9-11】 设北京市电脑产品 30 年来的产量如下,试用逻辑曲线拟合预测。

表 9-27 北京市电脑产品 30 年来的产量表 单位:万台

年份	1982	1983	1984	1985	1986	1987	1988	1989	1990	1991
产量	1.5	2	3	4	5.5	7.5	10	13	16	20
年份	1992	1993	1994	1995	1996	1997	1998	1999	2000	2001
产量	25	31	37	43	50	57	67.5	70	76	80
年份	2002	2003	2004	2005	2006	2007	2008	2009	2010	2011
产量	84	87	91	93	95	97	97.5	98	98.5	99

依题意得:$n=30$,$r=n/3=30/3=10$

$$S_1=\sum_{t=1}^{r}\frac{1}{Y_t}=2.3545\ ,S_2=\sum_{t=1+r}^{2r}\frac{1}{Y_t}=0.2125\ ,S_3=\sum_{t=1+2r}^{3r}\frac{1}{Y_t}=0.1065$$

参数:

$$a=\frac{1}{r}[\ln(S_1-S_2)-\ln(S_2-S_3)]=\frac{(0.7616+2.2443)}{10}=0.3006$$

$$k=\frac{r}{S_1-\dfrac{(S_1-S_2)^2}{(S_1-S_2)-(S_2-S_3)}}=\frac{10}{2.3545-2.2535}=99.01$$

$$m=\frac{(S_1-S_2)^2}{(S_1-S_2)-(S_2-S_3)}\cdot\frac{1-e^{-a}}{e^{-a}(1-e^{-ra})}\cdot k$$

$$=2.2535\times\frac{1-0.7404}{0.7404(1-e^{-3.006})}\times 99.01=82.3102$$

$$Y_t=\frac{99.01}{1+82.3102e^{-0.3006t}}$$

检验:根据该产品 30 年数据,其发展趋势已经开始趋于饱和,$k=99.01$ 为该饱和的最大值。对该预测的拟合度较好,符合实际情况。

第五节 EXCEL 预测分析

EXCEL 在“数据分析”宏中提供了三种时间序列计算方法,即常用的移动平均法、指数平滑法和回归法,利用这些宏可以计算出估计值、标准差、残差和拟合图。同时,如果配合使用 EXCEL 的“数据分析”某些宏与某些函数可以完成数学曲线拟合法。

一、移动平均

以本章例 9-2 中表 9-5 的资料为例,相关移动平均宏计算移动平均趋势的过程如下:

(1)在 EXCEL 工作表中 B2:B13 区域中输入“某公司 2012 年各月财政拨款”资料。

(2)在 EXCEL “工具栏”中选择“数据分析宏”,并点击“移动平均”过程。

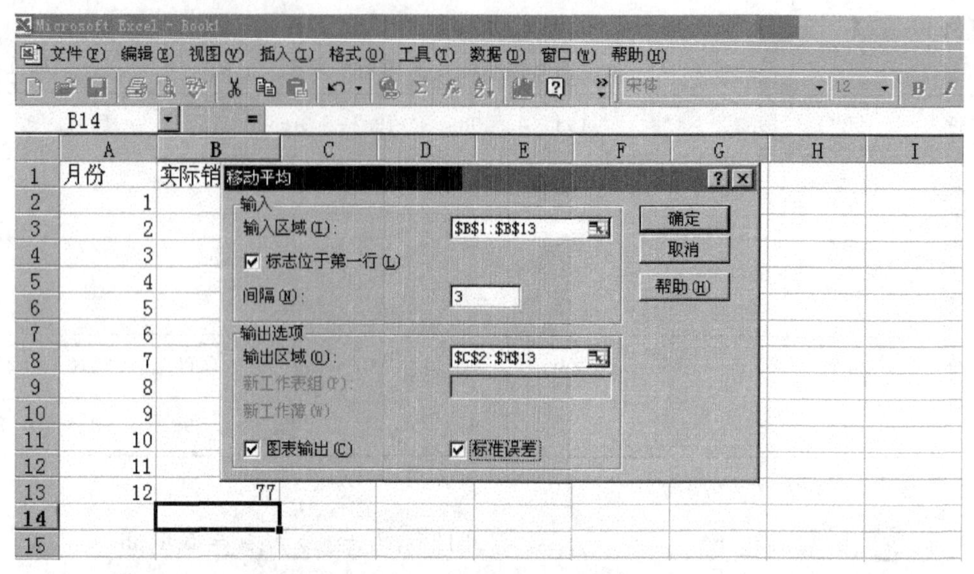

图 9－6　移动平均宏

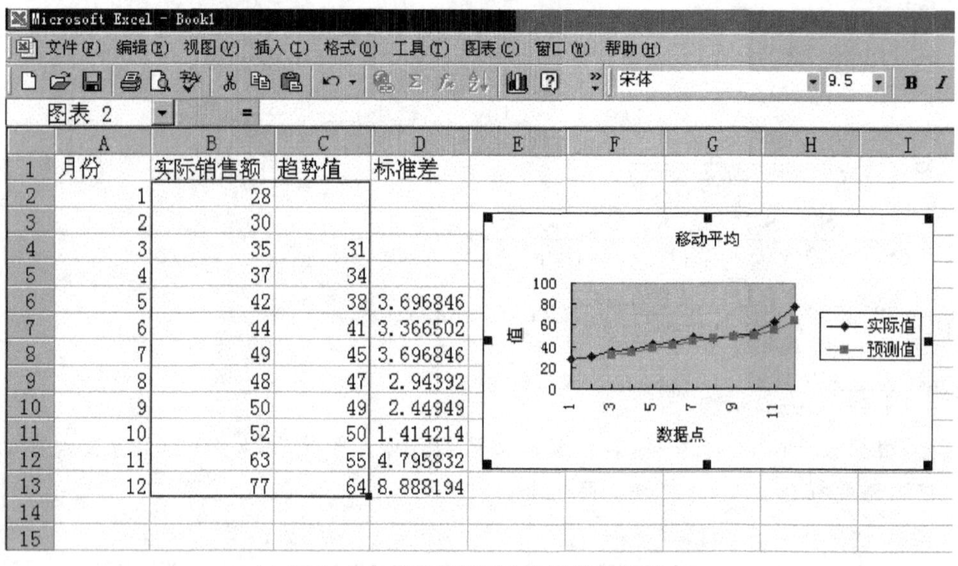

	A	B	C	D
1	月份	实际销售额	趋势值	标准差
2	1	28		
3	2	30		
4	3	35	31	
5	4	37	34	
6	5	42	38	3.696846
7	6	44	41	3.366502
8	7	49	45	3.696846
9	8	48	47	2.94392
10	9	50	49	2.44949
11	10	52	50	1.414214
12	11	63	55	4.795832
13	12	77	64	8.888194

图 9－7　利用移动平均宏计算的结果

(3)在移动平均宏菜单的“输入区域”中输入“B1:B13”,在“间隔”中输入“3”表示进行 3 项移动平均,选择“输出区域”,并选择输出“图表输出”和“标准差”输出(如图 9－6 所示),点击确定,移动平均宏的计算结果如图 9－7 所示。

在图 9－7 中,分别产生了 3 项移动平均的估计值 C4:C13 和估计的标准差 D6:D12。正如图中 C4 单元格的表达式所示,C4 中的表达式＝AVERAGE(B2:B4)是对 B2:B4 单元计算算术平均数,而 D6 单元格中的表达式“＝SQRT(SUMXMY2(B4:B6,C4:C6)/3)”相当于标准差公式:

$$S=\sqrt{\frac{\sum(X-\overline{X})^2}{n}}$$

关于 EXCEL 中的“移动平均”的计算,需要说明两点:一是图 9－7 图例说明中的“趋势值”，即移动平均值，由于移动平均法是以移动平均值作为趋势估计值，所以也将其称为“趋势值”的。二是移动平均值的位置不是在被平均的 N 项数值的中间位置，而是直接排放在这 N 个时期的最后一期，这一点与通常意义上移动平均值应排放在 N 时期的中间时期有所不同。

图 9-7 还绘制出实际观察值与 3 项移动平均估计值之间的拟合曲线，可以看出，移动平均值削弱了上下波动，如果这种波动不是季节波动而是不规则变动的话，显然，移动平均可以削弱不规则变动。对于该例进行 4 项移动平均的结果与 3 项移动平均明显不同。也就是说，当数列有季节周期时，只要移动平均的项数和季节波动的周期长度一致，则移动平均值可以消除季节周期，并在一定程度上消除不规则变动，从而揭示出数列的长期趋势。这一点我们将在季节摆动分析中具体讨论。

二、指数平滑法

仍以表 9-4 中的数据为例，相关指数平滑法宏计算过程如下：

(1)在 EXCEL“工具栏”中选择“数据分析宏”，并点击“指数平滑”过程。

(2)在指数平滑宏菜单的“输入区域”中输入“B2:B13”，在阻尼(平滑)系数输入 0.35。选择“输出区域”，并选择“图表输出”和“标准差输出”(如图 9-8 所示)，点击确定，移动平均宏的计算结果如图 9-9 所示。

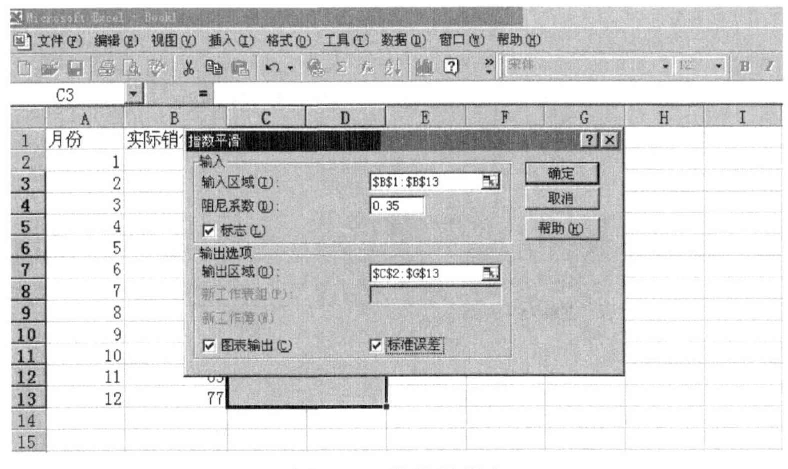

图 9-8 指数平滑宏

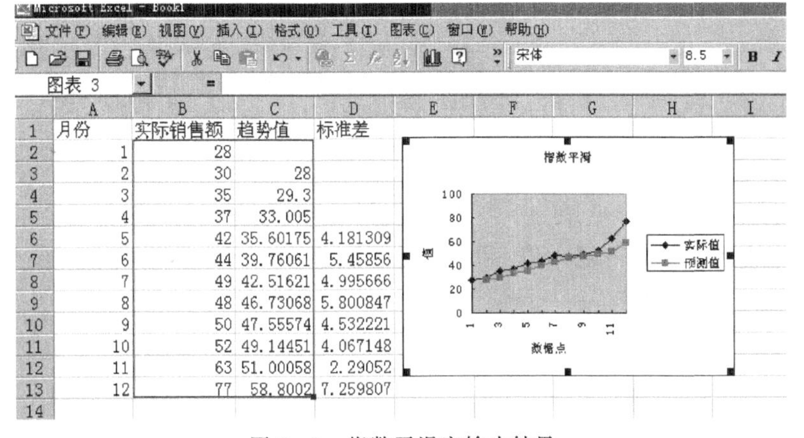

	A	B	C	D
1	月份	实际销售额	趋势值	标准差
2	1	28		
3	2	30	28	
4	3	35	29.3	
5	4	37	33.005	
6	5	42	35.60175	4.181309
7	6	44	39.76061	5.45856
8	7	49	42.51621	4.995666
9	8	48	46.73068	5.800847
10	9	50	47.55574	4.532221
11	10	52	49.14451	4.067148
12	11	63	51.00058	2.29052
13	12	77	58.8002	7.259807

图 9-9 指数平滑宏输出结果

三、季节变动分析

利用 EXCEL 的移动平均宏与某些函数的配合可以完成季节变动的分析。下面将利用例 9－5 的数据为例，介绍 EXCEL 如何完成季节变动分析的。其计算过程如下：

(1)利用移动平均宏计算出 4 期的移动平均数和移正移动平均数(2 期)。如图 9－10 所示。

	A	B	C	D	E	F
1	年份	季度	住院人数（千人）	四期平均	两期平均	
2	2010	1	4.8			
3		2	4.1	5.35		
4		3	6.0	5.6	5.475	
5		4	6.5	5.875	5.7375	
6	2011	1	5.8	6.075	5.975	
7		2	5.2	6.3	6.1875	
8		3	6.8	6.35	6.325	
9		4	7.4	6.45	6.4	
10	2012	1	6.0	6.625	6.5375	
11		2	5.6	6.725	6.675	
12		3	7.5	6.8	6.7625	
13		4	7.8	6.875	6.8375	
14	2013	1	6.3	7	6.9375	
15		2	5.9	7.15	7.075	
16		3	8.0			
17		4	8.4			

图 9－10　移动平均宏计算结果

(2)利用图形向导与添加趋势线制作移正的移动平均时间序列图。如图 9－11 所示。

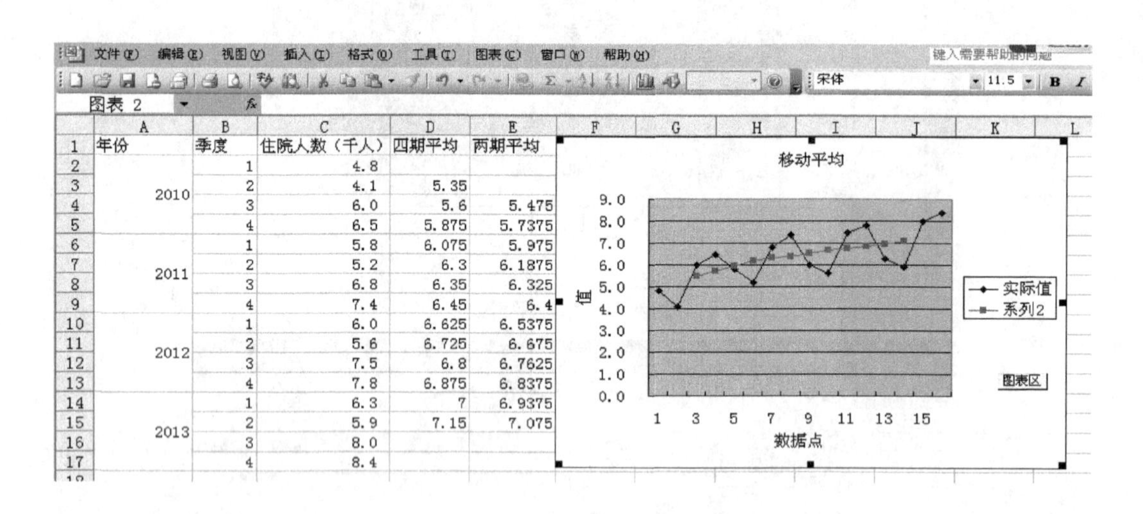

	A	B	C	D	E
1	年份	季度	住院人数（千人）	四期平均	两期平均
2	2010	1	4.8		
3		2	4.1	5.35	
4		3	6.0	5.6	5.475
5		4	6.5	5.875	5.7375
6	2011	1	5.8	6.075	5.975
7		2	5.2	6.3	6.1875
8		3	6.8	6.35	6.325
9		4	7.4	6.45	6.4
10	2012	1	6.0	6.625	6.5375
11		2	5.6	6.725	6.675
12		3	7.5	6.8	6.7625
13		4	7.8	6.875	6.8375
14	2013	1	6.3	7	6.9375
15		2	5.9	7.15	7.075
16		3	8.0		
17		4	8.4		

图 9－11　移正移动平均时间序列

(3)利用除法计算季节不规则值、季节指数和消除季节影响的销售量。结果如图 9－12 所示。

	A	B	C	D	E	F	G	H	I
1	年份	季度	住院人数	四期平均	两期平均	季节不规则值	季节指数		消除季节影响
2		1	4.8				季节	指数	5.149109633
3	2010	2	4.1	5.35					4.894008898
4		3	6.0	5.6	5.475	1.095890411	1	0.9322	5.487726243
5		4	6.5	5.875	5.7375	1.132897603	2	0.837759	5.685272084
6		1	5.8	6.075	5.975	0.970711297	3	1.093349	6.221840807
7	2011	2	5.2	6.3	6.1875	0.84040404	4	1.143305	6.207035675
8		3	6.8	6.35	6.325	1.075098814			6.219423075
9		4	7.4	6.45	6.4	1.15625			6.472463603
10		1	6.0	6.625	6.5375	0.917732027			6.436387041
11	2012	2	5.6	6.725	6.675	0.838951311			6.684499958
12		3	7.5	6.8	6.7625	1.109057301			6.859657804
13		4	7.8	6.875	6.8375	1.140767824			6.822326501
14		1	6.3	7	6.9375	0.908108108			6.758206393
15	2013	2	5.9	7.15	7.075	0.833922261			7.04259817
16		3	8.0						7.316968324
17		4	8.4						7.347120847

图 9－12　季节不规则值、季节指数和消除季节影响的销售量

(4)整理数据,并利用回归宏确定消除季节影响的时间序列的趋势。如图 9－13 所示。

	A	B	C	D	E	F	G	H	I	J
1	消除季节影响	SUMMARY OUTPUT								
2	5.149109633									
3	4.894008898	回归统计								
4	5.487726243	Multiple	0.250724							
5	5.685272084	R Square	0.062863							
6	6.221840807	Adjusted	-0.00408							
7	6.207035675	标准误差	0.731515							
8	6.219423075	观测值	16							
9	6.472463603									
10	6.436387041	方差分析								
11	6.684499958		df	SS	MS	F	gnificance F			
12	6.859657804	回归分析	1	0.502532	0.502532	0.939112	0.348951			
13	6.822326501	残差	14	7.491603	0.535115					
14	6.758206393	总计	15	7.994136						
15	7.04259817									
16	7.316968324		Coefficien	标准误差	t Stat	P-value	Lower 95%	Upper 95%	下限 95.0%	上限 95.0%
17	7.347120847	Intercept	5.954006	0.44796	13.29139	2.49E-09	4.993228	6.9147841	4.99322779	6.91478406
18		X Variabl	0.158514	0.163572	0.969078	0.348951	-0.19231	0.5093403	-0.1923128	0.50934033

图 9－13　回归宏的计算结果

四、回归分析宏

除了回归分析宏外,EXCEL 虽然提供了 9 个函数用于建立回归模型和回归预测(见表 9－28),但 EXCEL 提供的回归分析宏仍然具有更方便的特点。仍以表 9－1 中处理废弃物数量与处理费用资料为例,利用一元线性回归方程确定两个变量之间的定量关系。

表 9－28　用于回归分析的工作表函数

函数名	定义
INTERCEPT	一元线性回归模型截距的估计值
SLOPE	一元线性回归模型斜率的估计值
RSQ	一元线性回归模型的判定系数(r2)
FORECAST	依照一元线性回归模型的预测值
STEYX	依照一元线性回归模型的预测值的标准误差
TREND	依照多元线性回归模型的预测值

续表 9-28

函数名	定义
GROWTH	依照多元指数回归模型的预测值
LINEST	估计多元线性回归模型的未知参数
LOGEST	估计多元指数回归模型的未知参数

回归宏确定两个变量之间定量关系的过程如下：

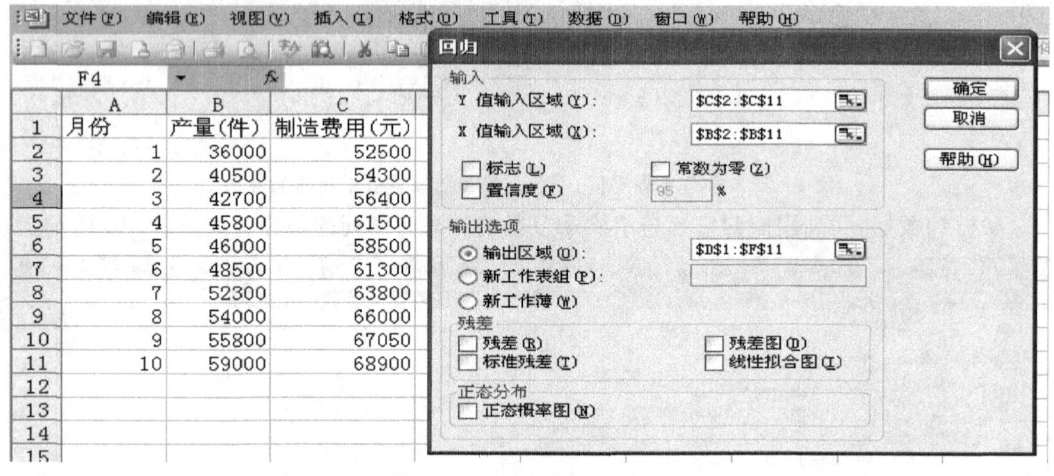

	A	B	C
1	月份	产量(件)	制造费用(元)
2	1	36000	52500
3	2	40500	54300
4	3	42700	56400
5	4	45800	61500
6	5	46000	58500
7	6	48500	61300
8	7	52300	63800
9	8	54000	66000
10	9	55800	67050
11	10	59000	68900

图 9-14　回归分析宏过程

(1)在“工具栏”菜单“数据分析”过程中选择“回归”宏过程；

(2)在“Y 值输入区域”内输入 B2:B11，在“X 值输入区域”输入 A2:A11，如果是多元线性回归，则 X 值的输入区就是除 Y 变量以外的全部解释变量；

(3)选择“标志”；置信度水平为 95%，输出结果选择在一张新的工作表中；

(4)选择“残差分析”，并绘制回归拟合图，点击“确定”即得到图 9-15 所示的回归分析结果和图 9-16 的残差表。

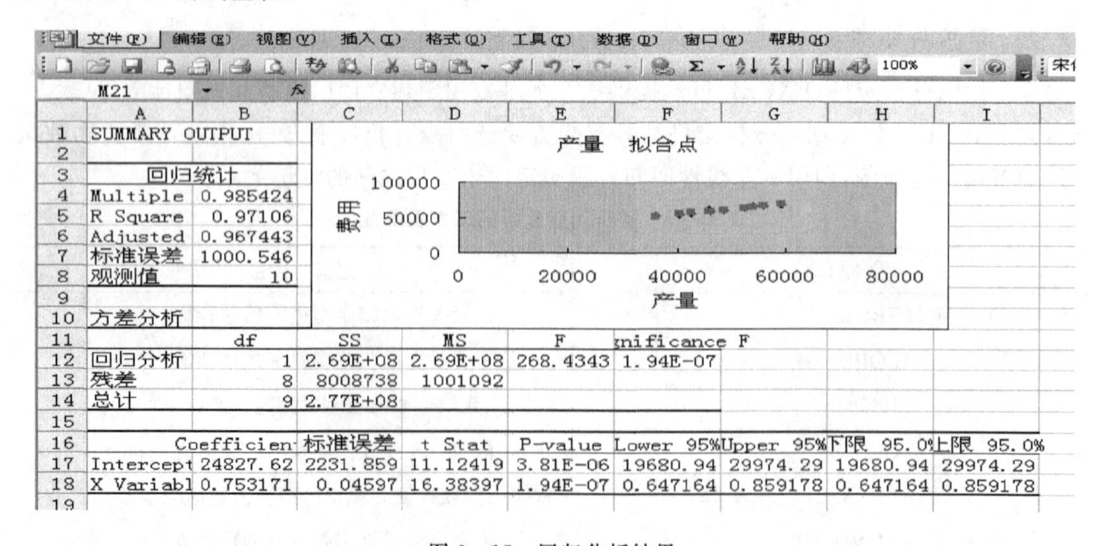

SUMMARY OUTPUT

回归统计	
Multiple	0.985424
R Square	0.97106
Adjusted	0.967443
标准误差	1000.546
观测值	10

方差分析

	df	SS	MS	F	gnificance F
回归分析	1	2.69E+08	2.69E+08	268.4343	1.94E-07
残差	8	8008738	1001092		
总计	9	2.77E+08			

	Coefficien	标准误差	t Stat	P-value	Lower 95%	Upper 95%	下限 95.0%	上限 95.0%
Intercept	24827.62	2231.859	11.12419	3.81E-06	19680.94	29974.29	19680.94	29974.29
X Variabl	0.753171	0.04597	16.38397	1.94E-07	0.647164	0.859178	0.647164	0.859178

图 9-15　回归分析结果

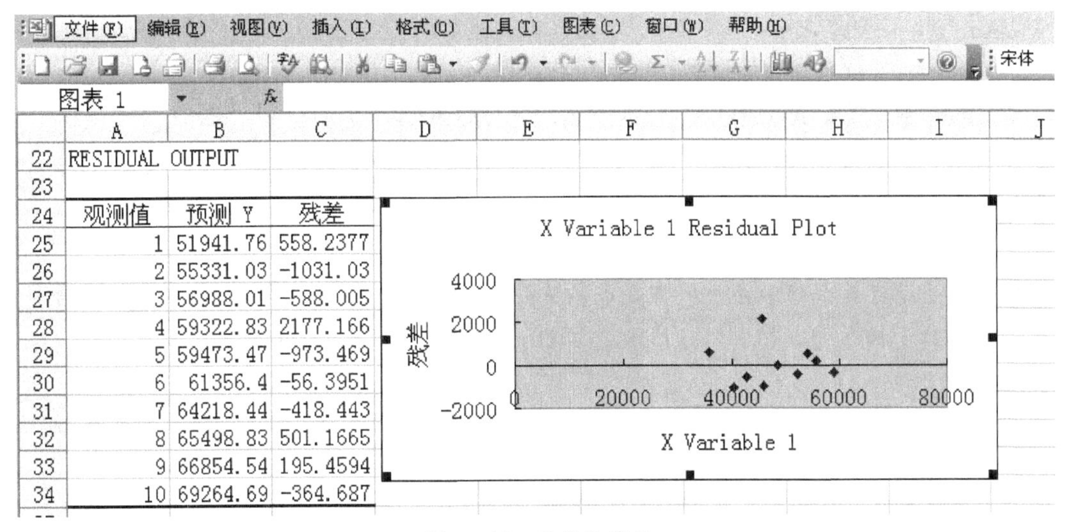

	A	B	C
22	RESIDUAL OUTPUT		
23			
24	观测值	预测 Y	残差
25	1	51941.76	558.2377
26	2	55331.03	-1031.03
27	3	56988.01	-588.005
28	4	59322.83	2177.166
29	5	59473.47	-973.469
30	6	61356.4	-56.3951
31	7	64218.44	-418.443
32	8	65498.83	501.1665
33	9	66854.54	195.4594
34	10	69264.69	-364.687

图 9-16　残差分析表

第六节　应用 SPSS 进行相关与回归分析

一、相关分析的 SPSS 过程

1. 两个变量间的相关分析

对应着相关分析、偏相关分析和相似性测度三个 SPSS 过程。它们是：

(1)“Bivariate”命令项调用“Correlations”过程和“Nonpat Corr”过程，按指定项显示变量的描述统计量。

(2)“Partial Correlations” 命令项调用“Partial Correlation”过程，计算两个变量间在控制了其他变量的影响下的相关系数。

(3)“Distance”命令项调用“Proximities”过程，对变量或记录进行相似性或不相似测度。

2. 使用系统默认值进行相关分析

(1)建立数据文件。

(2)按“Analyze”→“Correlate”→“Bivarite”展开“Bivarite Correlations”，二元相关变量分析主对话框。

(3)选择分析变量。

(4)单击“OK”按钮，提交运行。

二、线性回归分析

操作步骤如下：

(1)按“Analyze”→“Regression”→“Linear Regression”对话框。

(2)在左侧的源变量框中选择一个变量作为因变量，将其送入“Depndent”框中；选择一个或多个变量作为自变量，将其送入“Independent(s)”框中。

(3)在 Method 框中选择回归分析方法。

(4)根据变量值选择参与回归分析的记录，将作为参照的变量进入“Selection Variable”

框中，单击“Rule”按钮，打开“Set Rule”对话框确定运算法则与数值。

(5)在“Case Label”下面输入变量名，用其值作为记录标签。

(6)单击“WLS”按钮，选择一个作为权重的变量进入“WLS Weight”框中。

(7)单击“Statistics”按钮，打开“Statistics”对话框选择输出的统计量。

思考与练习

1. 银行储蓄存款余额和存户数有直线相关关系，根据这种关系，以及前几年的历史资料建立起以下回归方程：

$$y_c=31330000+800x$$

其中，x 代表存款户数(户)，y 代表存款余额(元)。问：当 x 为 10000 户时，存款余额可能是多少？800 的经济意义是什么？

2. 环境保护局认为城市空气质量与严重呼吸疾病的人数是直接相关的，该机构以每 1000 人中呼吸疾病患者的数目为 y，城市空气质量指数为 x(在 0～100 范围内取值，数字大表明污染程度高)，抽取 150 个城市进行回归分析，有

$$y=15.7+0.7x, S_e=0.04, S_{y\cdot x}=5.1, r^2=0.71$$

解释这些结果。还有其他什么因素影响这种关系？

3. 国家某科研机构正在做一项关于使用药物控制病人过激行为的研究，75 个病人的病情记录被用来做分析。对每个病人搜集两个变量：一个是过去三个月病人的过激行为次数，一个是每天给每个病人的安定剂的用量(毫克)，回归分析的结果以下：

$$y=126.6-0.0138x$$

$$S_e=0.005, S_{y\cdot x}=2.4, r^2=0.46$$

该部门的假设是什么？解释该回归方程。

4. 试针对下表资料进行预测分析。

年份和季度	时间序列号	收入额(万元)Y
2008.1	1	62.6
2	2	88
3	3	79.1
4	4	64
2009.1	5	71.5
2	6	95.3
3	7	88.5
4	8	68.7
2010.1	9	74.8
2	10	106.3
3	11	96.4
4	12	68.5

续　表

年份和季度	时间序列号	收入额(万元)Y
2011.1	13	75.9
2	14	106
3	15	95.7
4	16	69.9
2012.1	17	85.2
2	18	117.6
3	19	107.3
4	20	78.4
2004.1	21	86.5
2	22	131.1
3	23	115.4
4	24	90.3

(1)计算季节指数。

(2)结合季节指数预测2014年的收入值。

5.应用SPSS软件对下列统计数据进行相关与回归分析。

研究投资性变量与国民收入之间的相关关系。投资性变量选取5个变量:工业劳动者人数、农业劳动者数、货物周转量(铁路、公路、水路、民用航空、管道输油或气量)、生产性建设投资、建设安装工程投资;国民收入变量为:农业国民收入、工业国民收入、建筑业国民收入、运输业国民收入。现抽取1963—1982年共20年的统计数据(见下表),用SPSS录入数据,并试对其进行相关分析,并解释其经济意义。

序号	工业劳动者人数X_1(万人)	农业劳动者人数X_2(万人)	货物周转量X_3(亿吨)	生产性建设投资X_4(亿元)	建设安装工程投资X_5(亿元)	农业国民收入Y_1(亿元)	工业国民收入Y_2(亿元)	建筑业国民收入Y_3(亿元)	运输业国民收入Y_4(亿元)
1	1632	21968	2348	78.05	64.66	488.0	337.0	40.0	39.0
2	1695	22803	2750	112.26	92.38	549.0	422.0	50.0	44.0
3	1828	23398	3463	144.74	109.18	641.0	505.0	53.0	58.0
4	1974	24299	3901	172.70	119.37	692.0	606.0	58.0	66.0
5	2032	25167	3050	114.21	86.62	703.0	505.0	55.0	52.0
6	2092	26065	3109	91.22	63.77	714.0	449.0	44.0	49.0
7	2365	27119	3753	163.93	114.68	722.0	587.0	60.0	62.0
8	2809	27814	4565	275.96	168.64	795.0	772.0	80.0	74.0
9	3233	28400	5205	288.82	199.68	826.0	873.0	91.0	80.0

续 表

序号	工业劳动者人数X_1（万人）	农业劳动者人数X_2（万人）	货物周转量X_3（亿吨）	生产性建设投资X_4（亿元）	建设安装工程投资X_5（亿元）	农业国民收入Y_1（亿元）	工业国民收入Y_2（亿元）	建筑业国民收入Y_3（亿元）	运输业国民收入Y_4（亿元）
10	3496	28286	5644	272.82	194.00	830.0	920.0	88.0	84.0
11	3704	28861	6294	275.88	193.43	911.0	995.0	92.0	89.0
12	3900	29222	6314	281.76	197.60	951.0	986.0	99.0	85.0
13	4284	29460	7297	335.88	228.74	985.0	1113.0	113.0	96.0
14	4692	29448	6904	305.81	212.91	996.0	1050.0	120.0	92.0
15	4809	29345	7969	303.47	227.09	981.0	1195.0	124.0	106.0
16	5009	29426	9829	396.24	300.85	1065.0	1408.0	125.0	118.0
17	5340	29425	10907	365.14	343.80	1318.0	1536.0	130.0	121.0
18	5600	30211	11517	359.23	381.07	1467.0	1688.0	169.0	117.0
19	5796	31174	11616	252.43	317.32	1658.0	1709.0	175.0	120.0
20	5930	32013	12403	302.90	397.35	1893.0	1792.0	194.0	133.0

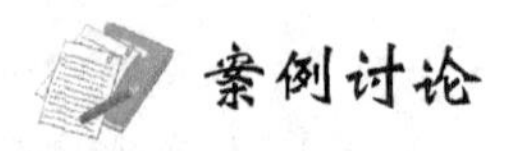

案例讨论

我国农村剩余劳动力定量研究[1]

一、背景资料

劳动力就业是关系到国民经济持续健康发展和社会稳定的重大问题，而解决这一问题的难点在农村，只有真正解决了农村剩余劳动力的就业问题，实现农村剩余劳动力的合理转移，才能避免劳动力资源的浪费，同时避免引发其他的社会问题。因此，农村剩余劳动力转移是关系到我国国民经济和社会发展全局的战略问题。

农村剩余劳动力向非农产业进行流动与转移，始终伴随着我国经济发展的历史进程。五十多年来我国的农村剩余劳动力转移，以 1978 年为转折点，可以明显地划分为两个阶段。

第一阶段：1978 年以前的农村剩余劳动力转移。农村剩余劳动力的少量自发性转移，到 1978 年，农村非农产业的人数达到 3149 万人。

第二阶段：1979 年以后的农村剩余劳动力转移。改革开放促使乡镇企业异军突起，不仅成为我国农村经济的重要支柱，同时也为农村剩余劳动力转移开辟了新的渠道。归纳起来，这一时期农村剩余劳动力转移大体经历了以下几个阶段：

1979—1988 年，为恢复性流动的起始阶段。这一时期平均每年转移规模为 540 多万人，年平均增长 10%左右，农村非农产业劳动力占农村劳动力总数的比重由 1978 年的 10.3%上升到 21.5%。

---

① 国家统计局农村社会经济调查总队社区处。

1989—1991 年，为农村剩余余劳动力流动缓慢发展阶段。这三年间，农村非农产业劳动力仅增加 290 多万人，年平均转移规模约为 100 万人左右，仅为前一阶段的 18%。同期，农村新成长的劳动力又大量进入农业产业就业，使这一时期非农产业劳动力占农村总劳动力的比重由 1988 年的 21.5%下降为 20.7%。

1992—1996 年，为农村剩余劳动力转移的迅猛扩张阶段。1992 年我国确立社会主义市场经济体制目标，改革推进、发展加快，进一步为农村劳动力流动提供了有利气候，使我国农村剩余劳动力进入了一个全方位大规模转移的阶段。1992 年和 1993 年我国农村剩余劳动力转移的总规模分别达到 1800 万人和 3000 多万人。

1996 年至今，为稳定发展阶段。这一时期由于部分工业品和农业产品相对过剩，加上亚洲金融风暴的冲击，我国实行了战略性的结构调整，城市出现了下岗工人，乡镇企业压缩和调整，劳动力的转移出现了较大的困难，农村剩余劳动力转移发展趋缓。据抽样调查，这几年当年转移劳动力占总劳动力比重基本维持在 6%左右。

二、农村剩余劳动力的流动现状

农村劳动力实现向非农产业的大规模转移，这是历史发展必然趋势。据测算，1978—2000 年，全国农村累计向非农产业转移农业劳动力 1.3 亿人，平均每年转移 591 万人，约占农村剩余劳动力存量的 76.5% 。

近几年来，我国农村非农劳动力就业比例逐年上升。2000 年农村非农劳动力就业比例为 23.9%。从农业转移劳动力的行业结构看，工业作为主导行业，比重为 37.8%，其他依次为建筑业、服务业、其他行业、运输邮电业、文教卫生业和农业。从农业转移劳动力的区域分布看，主要转向东部地区，比例为 68.4%，转向中部地区占 18.5%，转向西部地区仅为 13.1%。

2000 年全国跨省的农业劳动力流量占全国农业劳动力流量的比例为 24.6%，比 1999 年的 20.9%增加了 3.7 个百分点。在跨省农村剩余劳动力的流量中，转向东部地区的农业转移劳动力占 4.0%，转向中、西部地区的农业劳动力分别为 6.4%和 9.6%。在转向东部地区的农业劳动力中，来自中、西部地区的农业劳动力分别为 56.2% ，24.7%。在转向中部地区的农业劳动力中，来自东、西部地区的农业劳动力分别为 32.5%，24.9%。在转向西部地区的农业劳动力中，来自东、中部地区的农业劳动力分别为 10.0%，11.3%。

三、农村剩余劳动力转移的定量分析

农村剩余劳动力的转移，从转移的主体农民来讲，其转移行为一般要受到三个方面因素的影响：一是经济的因素，二是资源的因素，三是农村经济以及整个国民经济发展的状况。为了准确反映各种因素对农村剩余劳动力转移的影响，这里以 1998 年的农村劳动力抽样调查及农村统计数据为基础，进行相关和回归分析。

1. 数据与指标含义

数据采用 1998 年的横截面数据，即 1998 年的分省区市数据。根据影响农村剩余劳动力转移的因素分析，从统计角度界定了一些具体指标：①农村劳动力转移比重，反映该省农村劳动力转移的水平，是因变量。②农民人均纯收入。③农业劳动力剩余率，即农业剩余劳动力占当年农村劳动力的比重。④人均经营耕地面积，采用了 1998 年住户调查数据。⑤第一产业比重。⑥乡镇企业增长率，即乡镇企业增加值的增长率。⑦初中文化以上的从业人员比重。⑧城市化率。

2. **相关分析**

根据1998年各省、区、市的数据，以农村劳动力转移比重为因变量，农民人均纯收入、农业劳动力剩余率、人均经营耕地面积、第一产业比重、乡镇企业增长率、初中文化以上的从业人员比重、城市化率为自变量，进行的相关分析结果见下表：

农村转移劳动力比重与其影响因素的相关关系(r)

影响因素	相关系数(r)	影响因素	相关系数(r)
农民人均纯收入	0.916	第一产业比重	−0.745
农村劳动力剩余率	0.317	乡镇企业增长率	−0.12
人均经营耕地面积	−0.537	初中文化以上的从业人员比重	0.522
城市化率	0.51		

从上表可以看出，农民人均纯收入与农村劳动力转移比重高度正相关，表明在不同地区，随着收入水平的提高和恩格尔系数的下降，从事食品(农业)生产的人员比重下降，转移的比重提高。第一产业比重与农村劳动力转移比重高度负相关，表明在不同地区，随着第一产业比重的下降，农村劳动力转移的比重在不断提高。初中文化以上的从业人员比重、城市化率与农村劳动力转移比重中度正相关，表明劳动力的素质和城镇容量对农村劳动力转移具有一定的正影响。人均经营耕地面积与农村劳动力转移比重中度负相关，表明随着人均经营耕地面积的减少，农村劳动力转移比重在上升。农业劳动力剩余率和乡镇企业增长率与农村劳动力转移比重呈现出低度相关，一是反映出由于我国农村剩余劳动力规模较大，对年度农村劳动力的转移影响不大；二是反映出乡镇企业对农村剩余劳动力的吸纳能力在减弱。

3. **回归分析**

为了进一步考察上述各因素对农村劳动力转移的影响程度，仍然采用1998年各省、区、市的数据，对农村劳动力转移比重与农民人均纯收入、农业劳动力剩余率、人均经营耕地面积、第一产业比重、乡镇企业增长率、初中文化以上的从业人员比重、城市化率进行了多元线性回归，结果表明：农民人均纯收入、人均经营耕地面积、第一产业比重、乡镇企业增长率四个解释变量通过T检验，整个模型通过F检验，说明回归效果显著。模型的复相关系数为0.9534.表明上述七个变量可以解释农村劳动力转移比重的95.34%。根据T检验值的大小，可以进一步得出七个变量对农村劳动力转移比重的影响作用依次为：农民人均纯收入、人均经营耕地面积、第一产业比重、乡镇企业增长率、初中文化以上的从业人员比重、农业劳动力剩余率、城市化率。

为了进一步分析影响农村劳动力转移比重的主要原因及各变量解释程度，对模型进行逐步回归。

第一步回归结果表明，农民人均纯收入这一变量可以解释农村劳动力转移比重的83.85%。第二步回归结果表明，农民人均纯收入和人均经营耕地面积这两个变量可以解释农村劳动力转移比重的93.15%。第三步回归结果表明，农民人均纯收入、人均经营耕地面积、第一产业比重三个变量可以解释农村劳动力转移比重的94.49%。这清楚地说明，农民人均纯收入是影响农村劳动力转移比重的首位原因，人均经营耕地面积、第一产业比重分别是第二、第三位的原因，其他变量的影响不大。

讨论题

1. 资料中是如何界定“农村剩余劳动力的转移”的？还有其他方法吗？

2. 资料的表中的相关系数表示什么意思？这对于分析农村剩余劳动力的转移有什么作用？需要对相关系数进行假设检验吗？

3. 结合案例请评价回归方程的优劣。资料中回归分析结果对于解决农村剩余劳动力的转移问题有什么帮助？

第十章 定量决策方法

定量决策方法，是指应用数学方法和计量工具，对决策问题中的变量、目标、环境条件及其相互关系，用数学关系式（数学模型）表示出来，通过计算得出结果，比较、择优的决策方法。由于决策所依据的条件不同，与此相对应的决策分析方法也有所不同。通常有确定型决策法、风险型决策法以及不确定型决策法。

第一节 决策分析的基本问题

一、决策问题实例

【例 10-1】 一个车队早晨出发，要选择是否带雨布。这里有两种可选择的行动方案（决策）：带雨布或不带雨布。同时也有两种可能的自然状态：下雨或不下雨。若车队采用带雨布的方案，但天没下雨，则因雨布占用一定装载容量，会使车队受到两个单位大损失。其他情况如表 10-1 所示。

问：应如何决策可使损失最少？

表 10-1 某车队损失值表

	下雨(S_1)	不下雨(S_2)
带雨布损失值(A_1)	0	2
不带雨布损失值(A_2)	5	0

【例 10-2】 某工厂生产某产品，有三种方案Ⅰ，Ⅱ，Ⅲ可供选择。根据经验，该产品市场销路有好、一般、差三种状态，它们发生的概率分别为 0.3，0.5，0.2。第 i 种方案在第 j 种方案状态下的收益值 S_{ij} 见表 10-2，问该工厂厂长应采用何种方案生产，使收益值最大？

表 10-2 某产品销路状况及收益值表

决策(A_i)	θ_1(产品销路好) $P(\theta_1)=0.3$	θ_2(产品销路一般) $P(\theta_2)=0.5$	θ_3(产品销路差) $P(\theta_3)=0.2$
A_1(按第Ⅰ种方案生产)	50	30	15
A_2(按第Ⅱ种方案生产)	40	35	25
A_3(按第Ⅲ种方案生产)	30	30	28

注：表中的数据为收益值 S_{ij}。

这也是决策问题。决策问题通常可做如下分类：

决策问题
- ① 确定型决策
- ② 不确定型决策
- ③ 风险型决策

二、几个主要概念

(1)自然状态:即决策过程中那些必须考虑的不以人们的主观意志为转移的客观条件,又称不可控因素。一般记为 $S_j, j=1,2,\cdots,n$。

(2) 状态概率:即自然状态 S_j 出现的可能性大小 $P(S_j)$。$\sum_{j=1}^{n} P(S_j)=1$。

(3)策略:可供决策者进行决策选择的各个行动方案称为策略或方案,方案为可控因素,一般记为 $A_i(i=1,2,\cdots,m)$。

(4)益损值和益损阵:每个策略 A_i 在自然状态 S_j 下的经济收益或损失值称为益损值。一般用 S_{ij} 表示。将益损值按原有的顺序构成的矩阵称作益损阵。

$$M=\begin{bmatrix} S_{11} & S_{12} & \cdots & S_{1n} \\ S_{21} & S_{22} & \cdots & S_{2n} \\ \vdots & \vdots & \vdots & \vdots \\ S_{n1} & S_{n2} & \cdots & S_{mn} \end{bmatrix}$$

其中,$S_{ij}>0$ 为效益值,$S_{ij}<0$ 为损失值。

(5)益损函数与决策模型:决策的目标要能够度量,度量决策目标的函数为益损函数 S。益损函数显然应为 A_i 与 S_j 的函数。在决策理论中广泛应用的决策模型的形式为

$$S=F(A_i,S_j) \qquad (i=1,2,\cdots,m;j=1,2,\cdots,n)$$

三、确定型决策

(一)确定型决策的条件

当面临的决策问题具备下述条件时,可作为确定性决策问题来处理。

(1)存在一个明确的决策目标。

(2)只存在一个确定的自然状态,或存在多个可能的自然状态,但通过调查研究分析最后可确定一个状态会发生。

(3)存在两个或两个以上的行动方案。

(4)每个行动方案在确定的自然状态下的益损值为已知(或可求出)。

【例 10-3】 某市的自行车厂准备上一种新产品,现有三种类型的自行车可选择:载重车 A_1,轻便车 A_2,山地车 A_3。根据以往的情况与数据,产品在畅销 θ_1、一般 θ_2 及滞销 θ_3 三种情况下的益损值如表 10-3 所示。

表 10-3 某自行车厂决策方案益损表

方案(A_i)	θ_1(畅销) $P(\theta_1)=0.3$	θ_2(一般) $P(\theta_2)=0.5$	θ_3(滞销) $P(\theta_3)=0.2$
A_1(生产载重车)	70	60	15
A_2(生产轻便车)	80	80	25
A_3(生产山地车)	55	45	40

问该厂应如何选择方案可使该厂获得的利润最大?

解:这本是一个面临三种自然状态和三个行动方案的决策问题,该厂通过对市场进行问卷

调查及对市场发展趋势分析，得出的结论是：今后5年内，该市场急需自行车，销路极好。因此问题就从三种自然状态变为只有一种自然状态（畅销 θ_1）的确定型问题，且该厂选择新上轻便产品的方案为最佳方案。在未来5年内产品畅销的话，年利润为80万元。

（二）量本利分析法

量本利分析法是确定型决策的基本方法，它是根据对业务量（销售量或生产量）、成本、利润三者之间相互制约关系的综合分析，用来预测利润、控制成本的一种数学分析方法。

量本利分析的核心是盈亏平衡点的分析。盈亏平衡点是指一定销量下企业的销售收入等于总成本，即利润等于零。

（1）销售收入（S）－总成本（C）＝利润（P_Z）

销售收入（S）＝单价（P）×销售量（Q）

总成本（C）＝固定成本（F）＋变动成本（V）

盈亏平衡点为利润等于零时的状态，即销售收入（S）＝总成本（C）

（2）单价（P）－单位变动成本（v）＝单位边际贡献（m）（俗称毛利）

单位边际贡献（m）×销售量（Q）＝边际贡献总额

边际贡献率（U）＝$(P-v)/P=(m\cdot Q)/(P\cdot Q)=(m\cdot Q)/S$＝边际贡献总额/销售额

1. 量本利分析基本公式

$P_Z=S-C=S-(V+F)=S-V-F=PQ-vQ-F=(P-v)Q-F$

则在确定的产品条件下（F,P,V 一定）要获得一定目标利润时的销售量：

$$Q=(F+P_Z)/(P-v) \qquad (10-1)$$

两边乘以 P： $P\cdot Q=[(F+P_Z)/(P-V)]\cdot P$

得到销售额： $S=(F+P_Z)/[(P-v)/P]=(F+P_Z)/U \qquad (10-2)$

盈亏平衡时，$P_Z=0$，即盈亏平衡时的销售额（生产量）

$$Q^{☆}=F/(P-v)=F/m \qquad (10-3)$$

$mQ^{☆}=F$，此时 $P_Z=0$，即边际贡献总额＝固定成本时，盈亏平衡。

也即

边际贡献总额－固定成本＝利润

盈亏平衡点有三个基本特性：

（1）P_Z（利润）＝0；

（2）销售总收入（S）＝产品总成本（C）；

（3）边际贡献总额（$m\cdot Q$）＝固定成本（F）。

在（10－3）式等号两边各乘以单价（P）：$PQ^{☆}=[F/(P-v)]\cdot P$

得到盈亏平衡时的销售额：

$$S_0=F/[(P-v)/P]=F/U=\text{固定成本/边际贡献率} \qquad (10-4)$$

当多品种生产经营时，如某企业同时生产经营 A、B、C 三种产品，生产销售这三种产品时的盈亏平衡点销售额：

$$S_0=F/\bar{u}=\text{三种产品总成本/三种产品加权平均边际贡献率} \qquad (10-5)$$

实际计算时：$\bar{u}=ABC$ 三种产品的累计边际贡献/ABC 三种产品的累计销售额

2.**量本利分析的基本运用**

(1)进行目标利润、目标成本决策及决定生产量和价格决策。

由 $Q=(F+P_Z)/(P-v)$ 五个变量,确定四个变量可以求出第五个变量。

【例 10-4】 某企业销售一种商品,单位变动成本 85 万元,固定成本 10 万元,销售单价 100 元。据市场预测,年度销量为 8000 件。问企业可获利润为多少?

解:根据公式,$Q=(F+P_Z)/(P-v)$

即 $P_Z=Q\cdot(P-v)-F$

$=8000\times(100-85)-100000$

$=20000$(元)

答:可获得年利润为 20000 元。

【例 10-5】 某企业销售机床,每台售价 10 万元,单位变动成本 6 万元,年固定成本 400 万元,当目标利润确定为 400 万元时,目标成本应控制在什么水平?

解:根据公式,$S=(F+P_Z)/[(P-v)/P]$

$=(400+400)/[(10-6)/10]$

$=2000$(万元)

目标成本=销售收入-目标利润=2000-400=1600(万元)

答:在保证实现 400 万元年目标利润的情况下,应控制目标成本在 1600 万元以下。

【例 10-6】 某企业投资某产品固定费用 100 万,单位变动成本 50 元/件,预测市场价格 80 元/件。试计算:①企业确定 60 万元的目标利润,需完成多少销售量?②在此销量下企业想要增加 10 万利润,可变成本应降为多少?如果企业设定 20%的目标销售利润率,企业应完成多少销售额和销售量?

解:①根据公式,$Q=(F+P_Z)/(P-v)$ 计算 Q,则:

$Q=(1000000+600000)/(80-50)=53333.3$(件)

② $v=P-(F+P_Z)/Q=80-(1700000/53333.3)=31.87$(元/件)

③根据公式,$S=(F+P_Z)/[(P-v)/P]=(F+P_Z)/m$

$P_Z=S\times$目标销售利润率$=20\%S$

$m=(P-v)/P=(80-50)/80=35.7\%$

则:$S=(F+P_Z)/m=(F+20\%S)\div37.5\%$

$37.5\%S=F+20\%S$

$(37.5\%-20\%)S=F$

$S=F\div17.5\%=1000000\div17.5\%=571.43$(万元)

应完成的销售量:5714300/80=71428.57(件)。

(2)判断企业经营状况。

企业经营状况好坏常以经营安全率指标来判定,计算公式:

经营安全率$(L)=(X_2-X_1)/X_2\times100\%=(Q-Q_0)/Q\times100\%$

$Q-Q_0$ 为安全余额,即在盈亏平衡点销量以上能产生净利润的销量,安全余额愈大,企业的盈利水平愈高,经营愈安全。

【例 10-7】 某企业的产品计划全年为 6000 吨,2012 年该产品的年平均每月固定费用为 25.5 万元,全年平均每吨产品的变动费用为 2600 元,全年平均每吨产品售价为 4120 元,且各项税率约占15%。①假定生产产品全部销出;②假定全年销售完成5400吨,压库600吨(不计仓库费用)。试判断该产品在两种情况下的经营安全状态。

解:①如果6000吨产品全部销出,则:

$Q_0=E/P-V=255000/[4120\cdot(1-15\%)-2600]=282.7$(吨/月)

平均月销量 6000/12=500(吨/月)

$L=[(Q-Q_0)/Q]\times100\%=[(500-282.7)/500]\times100\%=43.46\%>30\%$

可见,经营状况是好的。

②压库600吨,相当于每月沉积费用为:(600/12)×2600=130000(元)

每月平均销量=5400/12=450(吨)

则:$Q_0=F/(P-V)=(255000+130000)/[4120\times(1-15\%)-2600]=426.83$(吨/月)

$L=[(Q-Q_0)/Q]\times100\%=[(450-426.83)/450]\times100\%=5.15\%<10\%$

可见,该产品经营已到危险程度。

(3)多品种生产最佳盈亏平衡规模的计算。

计算步骤、方法:

①首先算出各产品单位的边际贡献率U。

②按边际贡献率由大到小排列,列表计算累计销售额$\sum S$累计边际贡献$\sum m$及盈利额$\sum m-F$。

③如果未知固定费用,由已知一定销售规模下的盈利额,求出固定费用。

④分析求算最佳盈亏平衡规模S_0,或一定销售额时的盈利额,或要获得一定盈利时的销售额及最大盈利额。还可以运用于产品销售结构调整研究。

【例10-8】 某企业从事A、B、C、D、E、F六种产品的生产,已知该企业的销售额为4000万元时,该企业盈利540万元。现给出各产品的销售额与边际贡献,试计算该企业的盈亏平衡销售规模。

表10-4 某企业销售额与边际贡献

产品	销售额(S)	边际贡献(m)
A	1000	450
B	1200	300
C	1500	300
D	1000	550
E	1600	800
F	2000	700

解:计算边际贡献率

$U_A=45\%,U_B=25\%,U_C=33\%,U_D=55\%,U_E=50\%,U_F=35\%$

列表计算累计销售额$\sum S$,累计边际贡献$\sum m$和盈利额$\sum m-F$。

表 10－5　某企业产品累计销售额、边际贡献率、盈利额计算表

产品	S	$\sum S$	m	$\sum m$	$\sum m-F$
D	1000	1000	550	550	—850
E	1600	2600	800	1350	—50
A	1000	3600	450	1800	400
F	2000	5600	700	2500	1100
C	1500	7100	300	2800	1400
B	1200	8300	300	3100	1700

从表中可以看出，当企业销售额为 4000 万元时，企业对应的边际贡献等于 $1800+400\times35\%=1940$，由于企业此时盈利 540 万元，所以固定费用为 $1940-540=1400$ 万元。

企业在销售规模为 2600 万元时亏损 50 万元，则只要增加 A 产品产生 50 万元边际贡献的销售额就达到盈亏平衡点：$S_0=2600+50\div45\%=2711.1$ 万元。

【例 10－9】 某企业从事 A、B、C、D、E 五种产品的生产。现给出该企业生产的固定费用及有关的数据，试计算该企业盈利最大时的销售额。

表 10－6　某企业产品销售额、边际贡献和固定费用表

产品	销售额	边际贡献	固定费用
A	1000	300	$\sum S<3000$ $F_1=1200$
B	1000	600	
C	1000	500	
D	1000	400	$\sum S\geqslant3000$ $F_2=2000$
E	1000	450	

解：计算各产品的边际贡献率　$U_A=30\%$，$U_B=60\%$，$U_C=50\%$，$U_D=40\%$，$U_E=45\%$

列表计算累计销售额 $\sum S$，累计边际贡献 $\sum m$，及盈利额 $\sum m-F_1$，$\sum m-F_2$。

表 10－7　某企业产品销售额、边际贡献和固定费用计算表

产品	S	$\sum S$	m	$\sum m$	$\sum m-F_1$	$\sum m-F_2$
B	1000	1000	600	600	－600	
C	1000	2000	500	1100	－100	
E	1000	3000	450	1550		－450
D	1000	4000	400	1950		－50
A	1000	5000	300	2250		250

很显然，当企业生产 B、C、E、D、A 五种产品时，企业的最高盈利额为 250 万元，此时企业的销售额为 5000 万。

3. **图示法**

图示法可以形象而直观地描绘量本利之间的关系。一个图形可提供销售量的变化对利润的影响程度。图示法可用于单一产品和多种产品的量本利分析，现分别说明图形的种类和绘制方法。

现以年产300万吨的某一矿业为例，研究单一产品图示法的绘制要领：

原煤的平均售价为55.79元/吨，单位变动费用为12.95元/吨，单位固定费用为37.79元/吨，其成本分解列举如表10－8。

表10－8　某煤矿成本分解表

项　目	变动费用	固定费用	合计
材料	6.62	10.47	17.09
工资	3.63	6.06	9.69
职工福利基金		0.73	0.73
电力	0.40	3.71	4.11
折旧		2.47	2.47
井巷工程基金	1.50		1.50
大修理基金		1.69	1.69
其他支出	0.80	5.99	6.79
合计	12.95	31.12	44.07
其他销售收入		－0.98(净)	－0.98
营业外支出		4.14(净)	4.14
资源税		0.90	0.9
合计		4.06	4.06
洗煤加工费		2.21	2.21
总计	12.95	37.79	50.34

(1)销售收入线。为了绘制总销售预期，需要从横轴与纵轴相交的“0”点开始，可以选择任一销售业务量并确定其销售额。在本例中，选定300万吨的销售量，在此点的总销售额为16737万元(55.79元×300万吨)，在图10－1内用垂直的和平行的两条虚线表示。在两条虚线相交的地方画个点，然后从“0”点通过此交点画一条线即为销售收入线。

(2)固定费用(成本)线。本例中，生产规模0至300万吨，固定费用(成本)为10488万元，因此，从纵轴上10488万元那一点，平行于横轴画出0至300万吨这段直线，即为固定费用(成本)线。

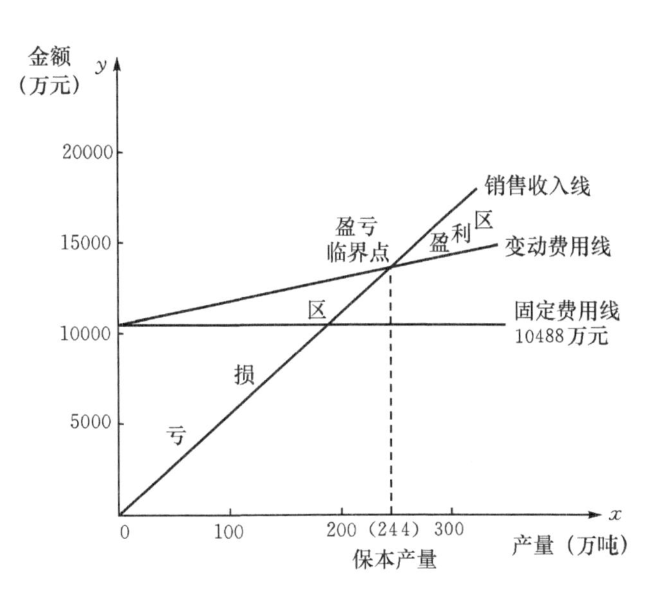

图 10－1 量本利分析

(3)总成本线。总成本线代表固定费用(成本)与变动费用(成本)相加的数额。为了绘制总成本线,首先确定某一业务量水平的变动成本总额,在 300 万吨销售量时,其变动成本总额为 3885 万元(12.95 元×300 万吨)。在此销售水平,总成本为 14373 万元(3885 万元的变动成本加 10488 万元的固定成本)。因此,可以在 300 万吨与 14373 万元相交处画一个点,然后,从纵轴上 10488 万元那一点通过此点画一直的斜线,这条线从 10488 万元画出是因为在"0"件销售量水平其总成本为 10488 万元,即固定成本总额,在总成本线上的任何一点,我们可以确定某一特定销售量的总成本。

(4)盈亏平衡点。盈亏平衡点是销售收入线与总成本线的交点.即总销售额等于总成本那一点。在本例中,此点的销售量为 244 万吨,销售额为 13613 万元。

(5)盈利区。盈亏平衡点右方的销售收入线与总成本线之间的区域为盈利区。此区域内任何销售业务量均导致盈利,可以通过自销售收入线读出销售额减去自总成本线读出的总成本确定任何销售水平的利润额。例如,假定销售量为 300 万吨。根据销售收入线,在纵轴上读出总成本为 16737 万元。根据总成本线 300 万吨处,在纵轴上读出销售额为 14373 万元,销售收入线与总成本线之间的差额为 40 万元(16737 万元－14373 万元),即利润额为 2364 万元。

(6)亏损区。盈亏平衡点左方的销售收入线与总成本线之间的区域为亏损区。应当注意,在盈亏平衡点左方;总成本线位于销售收入线的上方,此区域内,企业系营业亏损,因为总成本超过总销售额。可以利用在盈亏平衡点右方确定利润相同的程序在盈亏平衡点左方确定任何业务量水平的亏损数额。

第二节　风险型决策问题

风险型决策是指决策者不能预先确知环境条件,各种决策方案未来的若干种状态是随机的;但面临明确的问题,解决问题的方法是可行的,可供选择的若干个可行方案已知,各种状态的发生可以由统计得到一个客观概率。①

一般而言,风险型决策问题须具备以下几个条件:

(1)有一个决策目标(如收益较大或损失较小)。

(2)存在两个或两个以上的行动方案。

(3)存在两个或两个以上的自然状态。

(4)决策者通过计算、预测或分析等方法,可以确定各种自然状态未来出现的概率。

(5)每个行动方案在不同自然状态下的益损值可以计算出来。

下面重点介绍几种风险型决策问题的定量决策方法。

一、期望值法

通常将采用最优期望益损值作为决策准则的决策方法称为期望值法。

若离散性随机变量的分布列为

$$E(X) = \sum_{i=1}^{n} x_i p_i$$

则有

X	$x_1, x_2, \cdots, x_n, \cdots$
$P(X=x_i)$	$p_1, p_2, \cdots, p_n, \cdots$

若我们把每个行动方案 A_i 看做是离散型随机变量,其取值就是在每个状态下相应的益损值 a_{ij},见表 10-9。

表 10-9　行动方案 A_i 不同状态下的益损值表

方案	S_1 p_1	S_2 p_2	… …	S_n p_n
A_1	a_{11}	a_{12}	…	a_{10}
A_2	a_{21}	a_{22}	…	a_{20}
⋮	⋮	⋮	⋮	⋮
A_m	a_{m1}	a_{m2}	…	a_{mn}

则第 i 个方案的益损期望值为

$$E(A_i) = \sum_{j=1}^{n} a_{ij} p_j \quad (i = 1,2,\cdots,m) \qquad (10-6)$$

(10-5)式表示行动方案 A_i 在各种不同状态下的益损平均值(可能平均值)。

所谓期望值法,就是把各个行动方案的期望值求出来,进行比较。

如果决策目标是收益最大,则期望值最大的方案为最优方案:

$$\max_i E(A_i) = \sum_{j=1}^{n} a_{ij} p_j \quad (i = 1,2,\cdots,m) \qquad (10-7)$$

如果决策目标是收益最小,则期望值最小的方案为最优方案:

$$\min_i E(A_i) = \sum_{j=1}^{n} a_{ij} p_j \quad (i = 1,2,\cdots,m) \qquad (10-8)$$

① 芮明杰. 管理学:现代的观点[M]. 上海:上海人民出版社,2005.

利用期望值法进行决策，常见的方法有决策表法、决策树法。

【例10-10】 某公司拥有一块可能有油的土地，根据可能出油的多少，该块土地属于四种类型：可产油50万桶、20万桶、5万桶、无油。公司目前有3个方案可供选择：自行钻井，无条件将该块土地出租给其他使用者，有条件地租给其他生产者。若自行钻井，打出一口有油井的费用是10万元，打出一口无油井的费用是7.5万元，每一桶油的利润是1.5万。若无条件出租，不管出油多少，公司收取固定租金4.5万元；若有条件出租，公司不收取租金，但当产量为20万桶至50万桶时，每桶公司收取0.5元。由上计算得到该公司可能的利润收入见表10-10。按过去的经验，该块土地属于上面4种类型的可能性分别为10%，15%，25%和50%。问：该公司应选择哪种方案可获得最大利润？

表10-10　石油公司可能利润收入表　　　　单位：万元

项目	50万桶(S_1) $p_1=0.1$	20万桶(S_2) $p_2=0.15$	5万桶(S_3) $p_3=0.25$	无油(S_4) $p_4=05$
自行钻井A_1	65	20	−2.5	−7.5
无条件出租A_2	4.5	4.5	4.5	4.5
有条件出租A_3	25	10	0	0

解：各个方案的期望收益为

$E(A_1)=0.1\times65+0.15\times20+0.25\times(-2.5)+0.5\times(-7.5)$

$=5.125$(元)

$E(A_2)=0.1\times4.5+0.15\times4.5+0.25\times4.5+0.5\times4.5=4.5$(元)

$E(A_3)=0.1\times25+0.15\times10+0.25\times0+0.5\times0=4$(元)

根据期望收益最大原则，应选择A_1，即自行钻井。

【例10-11】 设有一风险型决策问题的收益如表10-11所示。求期望收益最大的决策方案。

表10-11　某风险型决策问题的收益表

方案	S_1 $P(S_1)=0.7$	S_2 $P(S_2)=0.3$
A	500	−200
B	−150	1000

解：根据收益值最大原则，由

$E(A)=0.7\times500+0.3\times(-200)=290$

$E(B)=0.7\times(-150)+0.3\times1000=195$

应选择A。但如果状态S_1出现的概率由0.7变到0.6，则由

$E(A)=0.6\times500+0.4\times(-200)=220$

$E(B)=0.6\times(-150)+0.4\times10000=310$

可知，最优方案应为B。这说明，概率参数的变化会导致决策结果的变化。设α为状态S_1出现的概率，则方案A和B的期望收益为：

$E(A)=\alpha\times500+(1-\alpha)\times(-200)$

$E(B)=\alpha\times(-150)+(1-\alpha)\times 1000$

为观察 α 的变化如何对决策产生影响，令 $E(A)=E(B)$，得到

$\alpha\times 500+(1-\alpha)\times(-200)=\alpha\times(-150)+(1-\alpha)\times 1000$

解得 $\alpha^*=0.65$，称 $\alpha^*=0.65$ 为转折概率。当 $\alpha>0.65$ 时，应选择方案 A。当 $\alpha<0.65$ 时，应选择方案 B。

在实际工作中，可把状态概率、益损值等在可能的范围拟作几次变动，分析一下这些变动会给期望益损值和决策结果带来的影响。如果参数稍微变动而最优结果不变，则这个方案是比较稳定的；反之，如果参数稍微变动使最优方案改变，则原最优方案是不稳定的，须进行进一步的分析。

二、利用后验概率的方法及信息价值

在处理风险型决策问题的期望值方法中，需要知道各种状态出现的概率 $P(S_1)$、$P(S_2)$……称这些概率为先验概率。现在的问题是：这些概率是否真实？决策问题的不正确性往往是信息的不完备性造成的。决策的过程实际上是一个不断收集信息的过程。当信息足够完备时，决策者便不难做出正确的决策。而事实上决策者经常是在原有的信息 A 的基础上先追加信息 B，看 $P(B)$ 与 $P(A_i/B)$ 有无变化。追加信息 B 后得到的概率 $P(A_i/B)$ 称为原概率的后验概率。最后的决策往往是根据后验概率进行的。

现在的问题是：

①由于追加信息需要费用，追加信息的价值有多大？

②若有追加信息的必要，追加信息后如何对原有信息进行修正？

先考虑第一个问题：

信息的价值＝追加信息后可能的收益－追加信息前可能的收益

信息的价值>0，则可考虑追加信息，反之，没有必要追加。

【例 10－12】 同例 10－10，但假设石油公司在决策前希望进行一次地震试验，以进一步弄清楚该地区的地质构造。已知地震的费用是 1.2 万元，地震试验的可能结果是：构造很好 (I_1)、构造较好 (I_2)、构造一般 (I_3) 和构造较差 (I_4)。根据过去的经验，可知地质构造与油井出油的关系见表 10－12。问题是：

①是否值得做地震试验？

②如何根据地震试验的结果进行决策？

表 10－12 地质构造与油井出油的关系表

$P(I_i\|S_j)$	构造很好(I_1)	构造较好(I_2)	构造一般(I_3)	构造较差(I_4)
50 万桶(S_1)	0.58	0.33	0.09	0.00
20 万桶(S_2)	0.56	0.19	0.125	0.125
5 万桶(S_3)	0.46	0.25	0.125	0.165
无油(S_4)	0.19	0.27	0.31	0.23

解：第一步，先解决②，假设决定做地震试验，且地震试验已经做了出来。分情况讨论：

假设地震试验的结果是“构造很好(I_1)”。则由全概公式

$P(I_1)=P(S_1)P(I_1|S_1)+P(S_2)P(I_1|S_2)+P(S_3)P(I_1|S_3)+P(S_4)P(I_1|S_4)$

$$=0.1\times0.58+0.15\times0.56+0.25\times0.46+0.5\times0.19=0.352$$

再由逆概公式

$$P(S_1|I_1)=\frac{P(S_1)P(I/S_1)}{P(I)}=\frac{0.1\times0.58}{0.352}=0.165$$

同理计算 $P(S_2|I_1)=0.24$；$P(S_3|I_1)=0.325$；$P(S_4|I_1)=0.27$

(2)假设地震试验的结果是“构造较好(I_2)”。则由全概公式

$$P(I_2)=P(S_1)P(I_2|S_1)+P(S_2)P(I_2|S_2)+P(S_3)P(I_2|S_3)+P(S_4)P(I_2|S_4)$$
$$=0.1\times0.33+0.15\times0.19+0.25\times0.25+0.5\times0.27=0.259$$

再由逆概公式

$$P(S_1|I_2)=\frac{P(S_1)P(I_2/S_1)}{P(I_2)}=\frac{0.15\times0.19}{0.259}=0.127$$

同理计算 $P(S_2|I_2)=0.110$；$P(S_3|I_2)=0.241$；$P(S_4|I_2)=0.522$

(3)同理，$P(I_3)=0.214$，$P(S_1|I_3)=0.042$；$P(S_2|I_3)=0.088$

$P(S_3|I_3)=0.147$；$P(S_4|I_3)=0.723$

(4)$P(I_4)=0.175$，$P(S_1|I_4)=0$；$P(S_2|I_4)=0.107$；$P(S_3|I_4)=0.236$

$P(S_4|I_4)=0.657$

把这些试验后的数据列成表 10－13。

表 10－13　地震试验后的后验概率表

$P(S_j\mid I_i)$	构造很好(I_1)	构造较好(I_2)	构造一般(I_3)	构造较差(I_4)
50 万桶(S_1)	0.165	0.127	0.042	0.000
20 万桶(S_2)	0.240	0.110	0.088	0.107
5 万桶(S_3)	0.325	0.241	0.147	0.236
无油(S_4)	0.270	0.522	0.723	0.657

下面用这些后验概率去代替先验概率重新进行分析。

若试验的结果是“构造很好 I_1”，则见表 10－14：

表 10－14　地质构造很好 I_1 时的出油量统计结果

项目	50 万桶(S_1) $P(S_1\|I_1)=0.165$	20 万桶(S_2) $P(S_2\|I_1)=0.24$	5 万桶(S_3) $P(S_3\|I_1)=0.325$	无油(S_4) $P(S_4\|I_1)=0.27$
自行钻井 A_1	65	20	－2.5	－7.5
无条件出租 A_2	4.5	4.5	4.5	4.5
有条件出租 A_3	25	10	0	0

计算各方案的期望收益为

$E(A_1)=0.165\times65+0.24\times20+0.325\times(-2.5)+0.27\times(-7.5)=12.6825$(万元)

$E(A_2)=0.165\times4.5+0.24\times4.5+0.325\times4.5+0.27\times4.5=4.5$(万元)

$E(A_3)=0.165\times25+0.24\times10+0.325\times0+0.27\times0=6.525$(万元)

应选择方案 A_1。

若试验的结果是“构造较好 I_2”，则见表 10－15：

表 10-15　地质构造较好 I_2 时的出油量统计结果

项目	50 万桶(S_1) $P(S_1 \mid I_2)=0.127$	20 万桶(S_2) $P(S_2 \mid I_2)=0.11$	5 万桶(S_3) $P(S_3 \mid I_2)=0.241$	无油(S_4) $P(S_4 \mid I_2)=0.522$
自行钻井 A_1	65	20	−2.5	−7.5
无条件出租 A_2	4.5	4.5	4.5	4.5
有条件出租 A_3	25	10	0	0

计算各方案的期望收益为

$E(A_1)=0.127\times65+0.11\times20+0.241\times(-2.5)+0.522\times(-7.5)=5.945$(万元)

$E(A_2)=0.127\times4.5+0.11\times4.5+0.241\times4.5+0.522\times4.5=4.5$(万元)

$E(A_3)=0.127\times25+0.11\times10+0.241\times0+0.522\times0=4.275$(万元)

应选择方案 A_1。

若试验的结果是"构造一般 I_3",则见表 10-16:

表 10-16　地质构造一般 I_3 时的出油量统计结果

项目	50 万桶(S_1) $P(S_1 \mid I_3)=0.042$	20 万桶(S_2) $P(S_2 \mid I_3)=0.088$	5 万桶(S_3) $P(S_3 \mid I_3)=0.147$	无油(S_4) $P(S_4 \mid I_3)=0.723$
自行钻井 A_1	65	20	−2.5	−7.5
无条件出租 A_2	4.5	4.5	4.5	4.5
有条件出租 A_3	25	10	0	0

计算各方案的期望收益为

$E(A_1)=0.042\times65+0.088\times20+0.147\times(-2.5)+0.723\times(-7.5)=-1.3375$(万元)

$E(A_2)=0.042\times4.5+0.088\times4.5+0.147\times4.5+0.723\times4.5=4.5$(万元)

$E(A_3)=0.042\times25+0.088\times10+0.147\times0+0.723\times0=1.93$(万元)

应选择方案 A_2。

若试验的结果是"构造较差 I_4",则见表 10-17:

表 10-17　地质构造较差 I_4 时的出油量统计结果

项目	50 万桶(S_1) $P(S_1 \mid I_4)=0.0$	20 万桶(S_2) $P(S_2 \mid I_4)=0.107$	5 万桶(S_3) $P(S_3 \mid I_4)=0.236$	无油(S_4) $P(S_4 \mid I_4)=0.657$
自行钻井 A_1	65	20	−2.5	−7.5
无条件出租 A_2	4.5	4.5	4.5	4.5
有条件出租 A_3	25	10	0	0

计算各方案的期望收益为

$E(A_1)=0.0\times65+0.107\times20+0.236\times(-2.5)+0.657\times(-7.5)=-3.3775$(万元)

$E(A_2)=0.0\times4.5+0.107\times4.5+0.236\times4.5+0.657\times4.5=4.5$(万元)

$E(A_3)=0.0\times25+0.107\times10+0.236\times0+0.657\times0=1.07$(万元)

应选择方案 A_2。

第二步,讨论信息的价值,即是否值得做地震试验。

地震试验的价值=地震试验后期望收益−地震试验前的期望收益

地震试验的所有的可能结果、概率、对应方案及收益值如表 10-18:

表 10-18　地震实验所有可能结果、概率、对应方案及收益值

试验后可能的结果 $I_j(j=1,2,3,4)$	I_1	I_2	I_3	I_4
$P(Y=I_j)$	0.352	0.259	0.214	0.175
方案的选取 A_i $(i=1,2,3)$	A_1	A_1	A_2	A_2
收益值	12.6825	5.945	4.5	4.5

故进行地震试验后的期望收益为

$E_{后}=0.352\times12.6825+0.259\times5.945+0.214\times4.5+0.175\times4.5=7.75$(万元)

地震试验前的期望收益(此时选择方案 A_1)为

$E_{前}=E(A_1)=5.125$(万元)

追加信息的价值$=E_{后}-E_{前}=7.75-5.125=2.625$(万元)。

追加信息的价值> 地震试验费 1.2(万元),故做地震试验是合算的。

三、决策树法

实际中的决策问题往往是多步决策问题,每走一步选择一个决策方案,下一步的决策取决于上一步的决策及其结果。因而是多阶段决策问题。这类问题一般不便用决策表来表示,常用的方法是决策树法,它是决策问题的树形表达,以决策收益为依据,通过计算做出选择的一种决策方法①。

【例 10-13】　开发公司拟为一企业承包新产品的研制与开发任务,但为得到合同必须参加投标。已知投标的准备费用 4 万元,中标的可能性是 40%,如果不中标,准备费将得不到补偿。如果中标,可采用两种方法研制开发:方法 1 成功的可能性为 80%,费用为 26 万元;方法 2 成功的可能性为 50%,费用为 16 万元。如果研制开发成功,该开发公司可得 60 万元。如果合同中标,但未研制开发成功,则开发公司须赔偿 10 万元。请决策:

①是否要参加投标?

②若中标了,采用哪一种方法研制开发?

1. 画出决策树

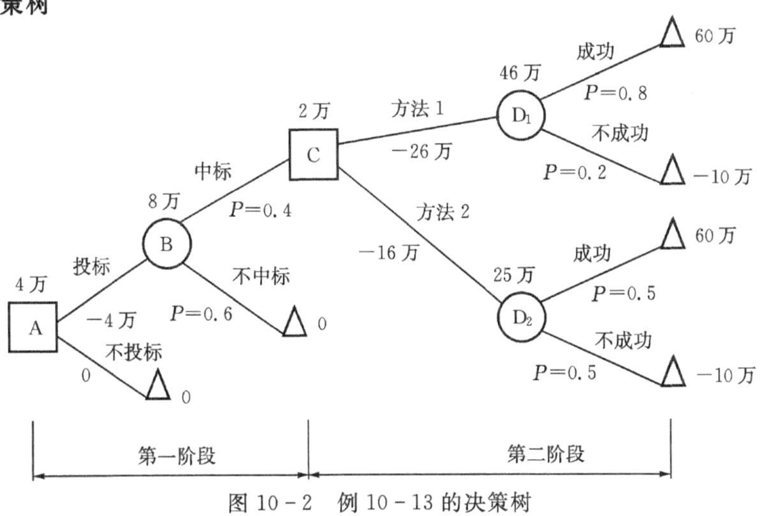

图 10-2　例 10-13 的决策树

注:□决策点;○状态点;△结果点。

① 芮明杰. 管理学:现代的观点[M]. 上海:上海人民出版社,2005.

2. 剪枝

决策树从左到右画出，剪枝从右到左，从树的末梢开始。

①计算每个状态的期望收益。

$E(D_1)=60\times0.8+(-10)\times0.2=46$(万元)

$E(D_2)=60\times0.5+(-10)\times0.5=25$(万元)

②就方法 1、2 进行比较，剪枝。

方法 1 收益：46－26＝20(万元)

方法 2 收益：25－16＝9(万元)

方法 1 的收益 20 万元＞ 方法 2 的收益，所以剪掉 2，并把留下的结果放到决策点[C]旁。

同理把 20×0.4＝8 放在(B)旁，而[A]旁为 8－4＋0×0＝4(万元)。

第三节 优序图法

决策总是建立在比较评价的基础之上，不同方案之间要进行比较，不同目标或不同标准之间也要进行比较，比较结果总是希望能表明各方案之间的优劣顺序，或各目标之间的重要性顺序。因为只有知道了各方案的相对优劣才能做出选择，也只有知道了各目标(或标准)的相对重要性才能对多目标决策做出综合评价与抉择。但是，由于决策对象的复杂性，方案或目标之间的优劣顺序或重要性顺序，很难像队伍中的站队那样凭直观就能排出高矮顺序来。因此，如何排出优劣或重要性顺序就成为决策技术的重要研究课题。其中一个常用的方法就是通过两两对比来排队，因为确定两个方案(或两个目标)的相对优劣自然要比直接排出数个或数十个方案(或目标)的优劣顺序来得容易。

决策中常用的“强制决定法”(*FD* 法)和层次分析法中的判断矩阵都是建立在两两对比的基础上的。但层次分析法中用到的判断矩阵、求特征值和特征向量都要用到线性代数的知识，作决策的管理干部尤其领导干部难于掌握。强制决定法(*FD* 法)虽比较简单，也为广大管理干部所乐于采用，但它只对两两对比的双方标明孰优孰劣，而不表明其优或劣的程度，所以颇显粗糙而不够准确。美国人穆蒂 1983 年在所著《决策》一书中，首次提出“优序图”的方法。此法在 *FD* 法的基础上，保留了简单易懂的特点，而发展成为能反映优劣程度的所谓“多输入加权优序图方法”，同时采用图示形式，比 *FD* 法的表解形式更加形象直观。这些特点使优序图这一实用的简便方法具有了更宽广的适用范围。

一、简单优序图决策步骤

(1)确定要比较的对象；

(2)绘制简单优序图；

(3)两两进行对比，给出优序值；

(4)检验优序图；

(5)作出决策。

二、简单优序图的构造

优序图是一个棋盘格的图式，共有 $n\times n$ 个空格，n 取决于需要比较的对象(如方案、目标、标准等)的数目。如果比较的对象数目多于或少于9个,那么优序图的行或列的数目也要相应增多或减少。图的左面有一块地方供填写"比较对象名称"之用,每一对象均分别用顺序代号1—n表示,图示上方也写出1—n的顺序代号,每一代号也表示与图的左方相同的比较对象。但图的左方表示"比较者",图的上方表示"被比较者"。由于自身相比没有意义,所以凡是代表相同顺序号相比的空格均被涂成黑色,表示此格已不能填数字。现在就通过实例来说明优序图的画法与应用。

三、两两进行对比,给出优序值

表 10-19　影响某组织发展的主要因素分析 1

	1	2	3	4	5	6	7	8	合计
1 目标不明确		1	1	0	0	1	1	0	
2 信息不通畅									
3 管理水平低									
4 组织结构不合理									
5 缺乏有效激励									
6 职责不清									
7 人员调动频繁									
8 执行力差									

将各因素进行两两对比,如目标不明确与信息不通畅比较,如果前者要比后者更重要,就在第一行与第二列的交叉处写上"1",在相反的第二行与第一列的交叉处写上"0";如果前者不如后者更重要,就在第一列与第二列的交叉处写上"0",在相反的第二行与第一列的交叉处写上"1",其余类推。结果见表10-20。

表 10-20　影响某组织发展的主要因素分析 2

	1	2	3	4	5	6	7	8	合计
1 目标不明确		1	1	0	0	1	1	0	4
2 信息不通畅	0		0	0	1	0	1	0	2
3 管理水平低	0	1		1	1	0	0	1	4
4 组织结构不合理	1	1	0		0	0	1	0	3
5 缺乏有效激励	1	0	0	1		1	0	0	3
6 职责不清	0	1	1	1	0		1	0	4
7 人员调动频繁	0	0	1	0	1	0		0	2
8 执行力差	1	1	0	1	1	1	1		6
合　计									28

四、检验优序图

检验优序图计算正确的公式为:

$$T=\frac{n(n-1)}{2}$$

其中：n 为比较的因素数，T 为秩序总合计数。

对表 10－19 而言

$$T=\frac{n(n-1)}{2}=\frac{8(8-1)}{2}=28$$

可见，表 10－19 填写正确，如果上述公式计算结果不等于合计数，表明优序图中填写的数字不正确。

表 10－20 显示，影响该组织发展的主要因素是执行力不够，其次为目标不明确、管理水平低、职责不清。

五、注意事项

(1)两两对比时应当有个明确的比较与评判的标准，不能把不同标准混淆起来。

(2)由于影响某一现象的因素往往很多，为了使优序图简洁明了，应当舍去作用显然很小或重要性显然很弱的因素，并把类似因素合并。

(3)在两两对比中何者为优应当仔细确定，个人知识与信息如果有限而难于下判断时，不要勉强判断，最好通过一些形式(如德尔菲法、列名小组法等)吸收专家或众人的见解后再作判断。

六、多输入优序图决策步骤

(1)确定要比较的对象；

(2)绘制简单优序图；

(3)两两进行对比，给出简单优序值；

(4)将若干人填写的优序图中相应格子的优序值相加；

(5)检验优序图；

$$T=\frac{n(n-1)m}{2}$$

其中：n 为因素数，m 为填写优序图的人数，T 为总合计数。

(6)作出判断或决策。

七、在公共管理中应用

(1)员工综合考评；

(2)因素分析；

(3)方案选择；

(4)确定权重；

(5)组织目标考评；

(6)服务等级评审。

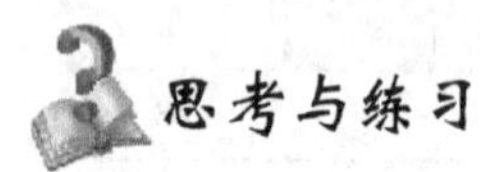

思考与练习

某公共组织人力资源部正在考虑对员工进行职业培训的三个计划：一个是对员工职业礼仪与素质培训，由一个公共关系公司进行(计划 A)；一个是对员工进行计算机知识及操作技术培训，由一家计算机培训中心进行(计划 B)；还有一个计划是对员工进行职员技术培训，由当地的一家学校进行(计划 C)。有三个自然状态会影响每个计划的成功。状态 A 是全脱产集中学习；状态 B 中，半脱产集中学习；状态 C 中，根据工作时间组织专题讲座。下表对应于三个计划和三种自然状态时，能够在 1 年内接受培训的人数。

对员工进行职业培训计划研究

计划	状态 A	状态 B	状态 C
A	35	55	20
B	40	45	15
C	30	10	100

(1)根据悲观准则，你会选择哪个计划？为什么？

(2)根据乐观准则，你会选择哪个计划？为什么？

(3)本例中，悲观准则和乐观准则哪个更适宜？

(4)如果自然状态 A 的概率为 0.6，B 的概率为 0.2，C 的概率为 0.2。根据这些信息，哪个计划最好？

第十一章　综合评价分析

综合评价分析是社会科学研究方法的一个重要组成部分。它主要应用于对组织工作的评价、检查计划执行的情况、比较部门间的工作效率和质量等。综合评价方法很多，常用方法有专家打分法、综合指数法、模糊综合评价、层次分析法、秩合比法等。

第一节　综合评价分析的概念和种类

一、综合评价分析的概念和特点

（一）综合评价分析的概念

综合评价分析，就是指根据研究目的，综合运用各种方法将多项指标进行复合，进而对客观事物进行定性与定量的系统评价分析。在社会实践中，只有开展综合评价分析，才能提供综合性数据资料，为制定规划，实行宏观调控，决定有关方针、政策，提供科学依据。

（二）综合评价分析的特点

1. 以统计数据为基础，定性与定量分析相结合

综合评价分析离不开统计数据，但并非单纯的数据罗列，而是将数据与现实情况相结合，以发现事物的联系和变化过程，掌握事物变化的关键点，综合深入探索事物变化、发展的根本原因，进而提出可行的对策。

2. 综合评价分析的目的在于提出解决问题的办法

分析方法是手段，解决问题是目的。综合分析要求对所研究的问题作出周密的分析和正确的判断与评价，进而提出解决问题的方法。所以，综合评价分析绝不仅仅是分析方法的总和，而是认识和研究问题的更高级的分析研究阶段。

3. 综合运用多种分析方法

综合评价分析要认识问题的全貌，掌握社会现象运动的全过程，这就要求不能只限于运用一种分析方法，而必须综合运用多种分析方法；更不局限于运用统计分析方法，而是要运用有关学科，诸如经济计量学、系统工程等分析方法。在进行综合评价分析时要根据研究事物的特点和目的选择符合实际需要的一整套分析方法体系来进行综合评价分析研究。

二、综合评价分析的种类

根据综合评价分析的任务和研究重点不同，可将其分为以下四类：

（一）专题性分析

专题性分析主要是就社会经济现实状况某一方面或某一问题而进行的专题调查的研究分

析。专题性分析的范围虽然可以是一个部门或综合部门，题目可大可小，内容可多可少；但是，一般都强调内容的专门性、形式的多样性、表达的灵活性和剖析的深刻性。这种分析忌讳面面俱到，泛而不专；同其他分析比较，专题性分析目标更集中，重点更突出，认识更深刻，是较常用的一种分析形式。

（二）总结性分析

总结性分析主要是从多方位和一定过程的角度进行综合研究。其主要特点是全面性、系统性和综合性。例如，微观层面对公共组织的人、财、物，供、产、销等情况进行综合评价；宏观层面对整个国民经济全局的发展速度、重要比例、经济效益，生产、分配、流通、消费与积累联系起来，进行分析研究等。此种分析的目的是对全局做出总评价，反映总变动趋势，从错综复杂的联系和发展中揭示存在的主要问题，找出原因，探寻对策。

（三）进度性分析

进度性分析主要是从事物发展的历程角度所进行的分析。如生产进度、工程进度、工作进程等分析。进度性的分析分为一般性进度分析和战略性进度分析两种。前者主要是就各级领导关心和社会敏感性很强的问题进行分析；后者主要是就影响全局未来发展的、较大的趋势性问题进行研究。进度性的分析要求有很强的时效性，它最忌讳“雨后送伞”。

（四）预测决策性分析

预测决策性分析主要是在分析历史和现实的基础上，运用一定的预测方法，对所研究事物的未来发展趋势做出的科学推理判断。预测分析要求基础数据要准确，进行预测计算上要定量分析与定性分析紧密结合，提出预测的分析结果具有置信区间和可信度。在进行预测分析的基础上，进行一定的决策分析，为实施正确决策提供参考依据。

第二节　综合评价分析的程序和方法

一、综合评价分析的一般程序

综合评价分析从选题到写出报告，一般程序是：选择并确定综合评价的问题；选择综合分析指标体系；采集、积累与鉴别指标体系所需数据资料；计算综合评价值进行系统周密分析；得出结论，提出建议；根据结果形成分析报告。具体程序可依实际条件灵活安排。

（一）选择并确定综合评价的问题

综合评价分析要有针对性，这是进行综合评价分析首先要解决的问题，它集中体现在社会科学研究课题上。选择并确定课题是综合分析的初始环节，是综合评价研究的前提。研究课题的选择与确定是否恰当直接影响综合分析的效果。研究课题要从实际出发，根据客观需要来选择和确定。选择和确定综合评价的问题，应当是关键问题，并且要有预见性，能超前提出即将出现的问题，既可根据党和政府在各时期的方针、政策和工作重心的要求，选择领导关心的问题，又要根据生产、经营管理工作中的难点来选择；既可选择社会各界关注的热点、焦点和有争论的问题，也可选择改革、开放中出现的新情况、新问题。在选题中要正确处理好需要与可能的关系。课题虽好,但尚无条件,可暂时不做;课题虽不太好,但已掌握材料,只要能反映出值得重视的问题也可以做。前一种情况可积极创造条件,后一种情况可进一步努力提高质量。

(二)设计综合评价指标体系

选择并确定课题之后,接着就要设计综合评价指标体系。这是综合分析的重要一环。设计综合评价指标体系的内容,一般包括:分析研究综合评价指标体系的目的、要求;设计综合评价指标体系的指导思想、理论、政策和法规依据;分析研究综合评价指标体系的纲目;分析研究综合评价指标体系所需资料及来源;分析研究综合评价指标体系的实施步骤、方法与组织。设计综合评价指标体系是指导性文件,但在具体实施时,并不是一成不变的,它还要根据分析研究中所发现的新情况和新问题进行补充、修改。

(三)采集、积累与鉴别资料

综合评价分析以统计资料为基础。因此,在设计综合评价指标体系之后,就要采集充分可靠的资料。不仅要采集有关普查、抽样调查、重点调查的资料,还要进行科学推算;不仅要适当利用定期统计报表资料,还要积累有关会议文件、总结和简报资料;不仅要采集并积累平时掌握的比较丰富的系统的材料,还要根据需要,深入实际,进行调查研究,掌握典型材料,补充新材料。采集、积累什么材料,主要取决于研究综合评价指标体系的内容和所涉及的领域。有的主要是本单位、本地区或本国的材料,有的则要用到外单位、外地区或外国的材料。

由于所采集和涉及的指标不同、来源各异,从而指标的总体范围、口径、计算方法、准确程度等都会有差别,这就需要对指标进行审查和鉴别。对所采集的资料要进行质量评价,根据需要决定取舍,并进行调整、估计和换算。特别是在利用外域和历史资料时,要特别注意资料的范围、口径、计算方法是否一致,各自的条件如何,要根据具体情况进行必要的调整、换算,否则就会导致结论错误。

对经过审查、鉴别、调整、换算的指标,要根据课题研究设计需要,进一步加工整理,使其成为系统、完整的指标,以提供分析研究的直接依据。

(四)运用各种方法计算综合评价值

这是综合评价分析研究中的重要环节,它是依据经过鉴别、整理的资料,进行系统周密的分析的过程。计算综合评价值,要运用各种统计方法,诸如分组法、综合指标法、时间数列法、指数法、抽样推断法、相关与回归分析法、预测估算法,等等。这些方法中既有静态分析,又有动态分析;既有描述方法,又有推算方法;既有实际的剖析,又有预测分析。这些方法已在有关章节讲述了,这里不再赘述。计算综合评价值从总体上研究其运用问题则十分必要。

(1)要根据所研究对象特点和分析研究的任务来选用适当的方法,它既可以是几种方法的有机结合,也可以多种方法的综合运用。

(2)从各种方法特点出发,灵活运用比较和对照,既可进行纵向对比,也可进行横向比较。综合分析错综复杂的现象并进行对比时,要注意比得合理,比得恰当,比得有效。

(3)从统计认识活动总任务出发,深刻认识事物的本质和规律性,把比较法、剖析法、分解法结合起来。统计中的比较对照研究可谓比较法,分组法可谓剖析法,指数法可谓分解法。为认识事物的本质,要进行比较对照,层层剖析,以揭示矛盾,抓住症结。

(4)运用一般分析方法进行逻辑推理和判断,准确分清一般与个别,正确划分正常与非正常、主要与次要、必然与偶然、系统与非系统,综合概括,做出正确的结论。

(5)在运用统计方法进行系统周密的分析时,切忌单纯用统计方法反复计算纷繁的数字,就数字论数字,脱离实际;而应当把数字与情况结合,实事求是地下结论。

(五)得出结论,提出建议

这是综合评价分析的深化过程,也可说是系统周密分析的结果。这一过程是以实际材料为依据,将丰富的感性材料加以去粗取精,去伪存真,由此及彼,由表及里的改造制作,形成概念和理论的系统,从感性认识上升到理性认识。在这个环节中一定要抓住主要矛盾,找出根本原因,通过数据的变化看趋势,得出结论,提出可行性的建议。

(六)根据结果形成分析报告

分析报告是分析研究成果的集中表现,也是综合分析的最后程序。综合分析中,应根据研究目的和内容,采用灵活多样的形式来表现,以供有关方面使用或参考。一般来说,搞好综合分析关键是真实丰富的材料,完整的内容和正确的观点,但恰当的表现形式也是综合分析发挥作用的重要方面。综合分析结果的表现形式有多种,其中分析报告是主要的。分析报告是写给别人看的,因而一定要认真考虑叙述的逻辑问题,写好分析报告。

二、综合评价分析一般方法

统计各种方法已在有关章节阐述,这里从综合评价分析角度,介绍综合评价分析基本思想观点。

(一)综合评价分析中多层次、多种方法的运用

这是指综合分析方法的多层性问题,它并非分析阶段所特有的,但在分析阶段,这个问题特别重要,必须正确认识和运用。

(1)使用最高层次的哲学方法,即唯物辩证法。在综合分析阶段中它不仅直接发生作用,而且对于综合分析特有方法的选择、确定和使用起着指导作用。这就是说,综合分析必须在哲学方法指导下进行。

(2)使用一般性的科学方法,如数学方法、计量经济方法、系统工程方法,等等。这些方法的结合运用会扩展综合分析的领域,保证综合评价分析的质量,提高综合评价分析的水平。

(3)使用综合评价分析所特有的方法,即对于社会经济总体的数量方面的分析方法。综合评价分析方法的多层性,不是封闭的,而是开放的,只要有助于社会经济总体数量方面的分析,不论属于哪门科学都可引用。

(二)问题与方法的交错性

综合评价分析中所涉及的问题往往是一个综合问题,如现状分析、历史分析、预测决策分析。分析所应用的手段,则是指分析方法。问题与方法是交错的,一个问题可用多种方法来分析,一种方法可应用于多种问题的分析研究,在综合评价分析中,要善于运用多种方法,并使其结合进行综合分析。

(三)综合评价分析中质与量的结合

综合分析中质与量的结合即定性与定量的结合,它贯穿于综合评价的全过程,但各个阶段各有侧重。综合评价工作中的设计阶段,是从定性到定量的过渡,即设计指标体系和统计分组的质和量;综合评价整理阶段,是从采集的个体的数字资料中,整理出反映总体的数值,达到对总体现象的定量认识;综合评价阶段,则是在取得大量统计资料的基础上,通过进一步的质与量相结合的分析,达到对事物更深刻的认识。

综合评价分析中质与量的结合主要有以下几个方面:

1. 从量变到质变分析中的质与量的结合

社会科学研究事物从量变到质变问题,首先要从定性出发,明确有关事物的涵义,即质的规定性。比如,研究人民生活水平由贫困变为温饱再变为小康的问题,研究事业单位经营由粗放型变为集约型的问题,研究国内生产总值年增长率和积累率由有利变为不利的关节点(最佳度)问题,首先要明确贫困、温饱、小康和粗放型、集约型以及产值年增长率最佳度、积累率最佳度等概念的涵义;然后,从有关的事物中筛选出具有代表性的若干指标,再搜集这些指标的具体数字,并且采用必要的方法进行分析,得出结论性意见。定量研究的结果反过来又可以深化对事物的定性认识。

2. 从现象到原因分析中的质与量的结合

分析社会现象的变化,不论是一般性量的变化,还是到达质变关节点的变化,都是回答"是什么"的问题。但是,这远远不够,综合分析还必须探讨"为什么"的问题,即分析其发生的原因。这是一个从表面现象的认识逐步向实质性认识发展的过程。

3. 从原因到决策分析中质与量的结合

在对社会经济现象产生的原因进行分析之后,还要进行决策分析。这就是说在回答了"为什么"之后,还要回答"怎么办"的问题。这是一个从事物现状的认识到改造事物的认识逐步深化的过程,而改造事物是为了推动它发生符合决策目标的量的变化或质的变化。

4. 综合分析结果得出正确判断结论的质与量分析的结合

综合分析要通过多层交叉比较研究的方法,对所分析的事物做出正确判断。这同样要定性分析与定量分析相结合,反复思考和认识研究。在这个问题上要注意:

(1)综合评价分析结果的判断要有科学的理论指导;

(2)综合评价分析结果的正确判断要掌握适当的度;

(3)综合评价分析结果的正确判断要将其置于系统之中。

第三节 模糊综合评价

一、模糊集合理论

模糊集合理论(fuzzy set theory)是 1965 年由美国控制论专家扎德首先提出来的。扎德强调人类的思维、推理以及对周遭事物的感知,其概念都是相当模糊的。同时他还认为传统精确的数量方法,已经不能完全适用于以人为中心的各类问题,尤其是较为复杂的问题,必须以模糊数学分析法，取代传统的数量方法。

Dubois & Prade 于 1978 年进一步提出模糊数。其定义如下：模糊数 B 是实数线 R 上的模糊子集，其隶属函数 f_B 满足下列六项条件：

(1) f_B 为从 R 映至 $[0,1]$ 的一个联机映射；

(2) $f_B(x)=0, \forall x \in (-\infty, c]$；

(3) f_B 在 $[c,a]$ 为严格递增；

(4) $f_B=1, \ \forall x \in [a,b]$；

(5) f_B 在 $[b,d]$ 为严格递减；

(6) $f_B=0, \ \forall x \in [d,\infty)$。

其中 c，a，b，d 皆为实数，且允许 $c=-\infty$，或 $c=a$，或 $a=b$，或 $b=d$，或 $d=\infty$。若 $[a,b]$ 之间的模糊函数值为 1，则称此模糊函数最大隶属度为 1。

根据模糊数的定义，可以定义梯形模糊数 B，记为 $B=(c, a, b, d)$，其隶属函数如图 11－1所示，函数如下：

$$f_B(x)=\begin{cases} (x-c)/(a-c) & c \leqslant x < a \\ 1 & a \leqslant x \leqslant b \\ (x-d)/(b-d) & b < x \leqslant d \\ 0 & \text{其他} \end{cases}, \qquad \text{当 } c \leqslant a \leqslant b \leqslant d。$$

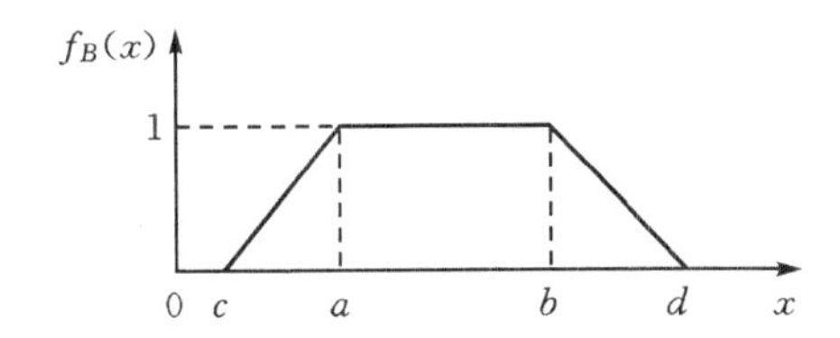

图 11－1　梯形模糊数的隶属函数图

扩展原理最初是由扎德教授所提出的，为了要处理模糊数，而把非模糊的数学概念进行扩充，运用到模糊数的运算上。*Laarhoven & Pedrycz* 提出的近似公式可以使梯形模糊数的运算得到近似的估计，兹分述如下：

设两个梯形模糊数为 $B_1=(c_1, a_1, b_1, d_1)$ 与 $B_2=(c_2, a_2, b_2, d_2)$：

(1) 加法：$B_1 \oplus B_2=(c_1+c_2, a_1+a_2, b_1+b_2, d_1+d_2)$；

(2) 减法：$B_1 \ominus B_2=(c_1-d_2, a_1-b_2, b_1-a_2, d_1-c_2)$；

(3) 乘法：$B_1 \otimes B_2 \approx (c_1c_2, a_1a_2, b_1b_2, d_1d_2) \quad c_1 \geqslant 0, c_2 \geqslant 0$；

(4) 除法：$B_1 \oslash B_2 \approx (c_1/d_2, a_1/b_2, b_1/a_2, d_1/c_2)$，

其中，符号"$\approx$"表示近似的估计。

二、模糊综合评价具体过程

(1) 将评价目标看成是由多种因素组成的模糊集合(称为因素集)。

(2) 设定这些因素所能选取的评审等级，组成评语的模糊集合(称为评判集)。

(3) 分别求出各单一因素对各个评审等级的归属程度(称为模糊矩阵)。

(4) 然后根据各个因素在评价目标中的权重分配,通过计算(称为模糊矩阵合成),求出评价的定量值。

三、模糊综合评价模型的构建

(一)建立进行评估的指标体系

建立进行评估的指标体系见表 13－1。将所有指标分成了 5 个子集,记为 U_1, U_2, U_3, U_4, U_5。并且 $U_i \cap U_j = \Phi (i \neq j)$;每个子集 $U_i (i=1,2,3,4,5)$ 又可由它的下一级评价指标 $V_{i1}, V_{i2}, \cdots, V_{il_i}$ 来评价,即有 $U_i = (V_{i1}, V_{i2}, \cdots, V_{il}) (i=1,2,3,4,5)$ 接下来我们采用层次分析法(AHP)来确定各指标相对于上级指标的权重。

表 11－1　公务员绩效评估的指标体系

第一级指标	第二级指标	指标解释
思想品德(U_1)	思想素质($V11$)	忠诚、廉洁自律情况
	品德素质($V12$)	团结协作、谦虚求实的情况
身心素质 (U_2)	身体素质($V21$)	身体健康状况
	心理素质($V22$)	心理适应能力、协调能力、受挫能力
工作态度(U_3)	责任感($V31$)	守职尽责、敢挑重担、关心整体情况
	纪律性($V32$)	出勤率等
思维能力(U_4)	逻辑思维($V41$)	理解、判断及决断的能力
	创造性思维($V42$)	独特的见解、计划及开发能力
工作能力(U_5)	交际能力($V51$)	表达、谈判及涉外的能力
	领导能力($V52$)	组织、管理及协调能力
	专业能力($V53$)	对企业生产、经营项目的了解及把握程度
	工作成绩($V54$)	目标达成程度、工作效率、顾客满意度等

在上表中,我们将所有的指标集分为了二级:一级指标集为 $U=\{U_1, U_2, U_3, U_4, U_5\}$,二级指标集为 $U_1=\{V_{11}, V_{12}\}$,$U_2=\{V_{21}, V_{22}\}$,$U_3=\{V_{31}, V_{32}\}$,$U_4=\{V_{41}, V_{42}\}$,$U_5=\{V_{51}, V_{52}, V_{53}, V_{54}\}$。

(二)权重的确定

权重用于描述各指标对于上级评价指标的相对重要程度。权重集是与评价因素相对应的多级集合,例如给出 $U_i (i=1,2,3,4,5)$ 中各评价指标的权重 $W_i = (w_{i1}, w_{i2}, \cdots, w_{il_i}) (i=1,2,3,4,5)$,应有 $\sum_{j=1}^{i} w_{ij} = 1$。而层次分析法(AHP)的基本思想是由若干专家把处于同一子集中的各指标相对于上级指标的重要性成对地进行比较,并把第 i 个指标对第 j 个指标的相对重要性的估计值记为 a_{ij},这样所有专家的评分构成了一组模糊判断矩阵,再综合这些专家的意见,使这样的一组打分矩阵转化成为一个综合判断矩阵,然后求得各指标的权重。

打分时为了能够比较明确的界定任意两指标之间的相对重要程度,现采用了 1～9 的比率标度法来表示(见表 11－2)。

表 11-2　1～9的比率标度法

相对重要程度	定义	解释
1	同等重要	两个指标同等重要
3	略微重要	稍感重要
5	相当重要	确认重要
7	明显重要	确证重要
9	绝对重要	重要无疑
注:2,4,6,8	两相邻判断中间值	两个相邻判断值难以确定时取折中

这样一来,n 个指标成对比较的结果就可以用下面的判断矩阵 A 表示为:

$$A=\begin{bmatrix} 1 & a_{12} & \cdots & a_{1n} \\ a_{21} & 1 & \cdots & a_{2n} \\ \vdots & \vdots & \vdots & \vdots \\ a_{n1} & a_{n2} & \cdots & 1 \end{bmatrix}$$

若矩阵 A 为一致性矩阵,即矩阵 A 中的元素满足 $a_{ij}=1/a_{ji}$,$a_{ii}=1$,$a_{ij}=a_{ik}a_{kj}$ $(i,j=1,\cdots,n)$,此时也称 A 为互反矩阵。由矩阵理论可知道 A 的最大特征根 λ_{max} 必为正实数,其对应特征向量的所有分量均同号,且最大特征值 λ_{max} 对应的单位特征向量若为 $W=(w_1,\cdots,w_n)^T$,则

$$a_{ij}=w_i/w_j \quad (i,j=1,2,\cdots,n),\forall\, i,j=1,2,\cdots,n$$

从而 $W=(w_1,\cdots,w_n)^T$ 就是我们要获得的同一子集中的各指标相对于上级指标的权重向量。但实际操作时,由于矩阵 A 中的各元素是通过同一指标集中的指标成对比较的结果,是通过主观估计获取的,因此并不一定是一致性矩阵,求解矩阵 A 的最大特征值 λ_{max} 所对应的正单位特征向量作为权重向量并不一定是可信的,我们还需要进行一致性检验。

一致性检验指标为:

$$C.R.=\frac{C.I.}{R.I.}$$

其中　$C.I.=\frac{\lambda_{\max}-n}{n-1}$　,$\lambda_{\max}$ 为判断矩阵的最大特征值,n 为判断矩阵的阶数。R.I. 为平均随机一致性指标,其取值如表 11-3 所示。

表 11-3　多阶判断矩阵的 R.I. 值

阶数 n	2	3	4	5	6	7	8	9
R.I.	0.00	0.58	0.90	1.12	1.24	1.32	1.41	1.45

当 C.R.<0.10 时,认为各指标相对上级指标的重要性具有较满意的一致性并接受该分析结果,否则要求对各指标的权重系数加以重新修整。只有当所有的判断矩阵对应的检验指标通过了检验,这样计算出来的权重系数才是可信的。

(三)建立评语集 P

评语就是对评价对象优劣程度的定性描述，评语集对各层次指标都是一致的。具体设定可依据实际情况及计算量的大小来确定。例如，将分务员绩效评估的评语共分五级，用 P 来表示，有 $P=\{$优秀，良好，中等，称职，不称职$\}$。

(四)进行模糊综合评价

1. 建立第二级评价(隶属度)矩阵 $R_i=(r_{ijk})$

一般用统计调查法或德尔斐法对评估指标体系中的各二级评价指标(隶属于各评语等级)进行综合考察，考察结果用评价(隶属度)矩阵 $R_i=(r_{ijk})$ $(i=1,2,3,4,5;j=1,2,\cdots,l_i;k=1,2,\cdots,5)$表示。例如对评价指标集 U_1 中的各指标进行单指标评价，得出单指标评价矩阵 $R_1=(r_{1jk})_{2\times5}$，$(j=1,2;k=1,2,\cdots,5)$，这里 r_{1jk} 表示 V_{1j} 对第 k 个评语的隶属度。可见评价矩阵 R_i $(i=1,2,3,4,5)$为模糊映射 $U\rightarrow P$ 所形成的模糊矩阵。

2. 进行模糊综合评价

若设置了多级指标，则最终评价结果需进行多级模糊综合评价，从最底层开始，逐步上移而得出。表 13－1 设置的是一套二级指标体系，因此最终评价结果需要进行二级模糊综合评价。具体评价采用的模糊算子法为：若 A 和 B 是 $n\times m$ 和 $m\times l$ 的模糊矩阵，则它们的乘积 $C=A\cdot B$为 $n\times l$ 阵，其元素为：

$$C_{ij}=\bigvee_{k=1}^{m}(a_{ik}\wedge b_{kj})\qquad(i=1,2,\cdots,n;j=1,2,\cdots,I)$$

其中符号“∨”和“∧”的含意定义为：$a\vee b=\max(a,b)$，$a\wedge b=\min(a,b)$

具体评价过程由以下两个步骤完成：

首先，计算第 $U_i(i=1,2,3,4,5)$个指标的综合评价矩阵 $B_i(i=1,2,3)$，即

$$B_i=W_i\cdot R_i\qquad(i=1,2,3,4,5)$$

然后，对第一级指标作综合评价(即总的绩效 U)。其中 U 的评价(隶属)矩阵为：$B=(B_1,B_2,B_3,B_4,B_5)^T$。权重向量为 W，作综合评价，得到 U 的综合评价矩阵 $A=W\cdot B$。

四、模糊综合评价法应用实例

在不同的企业，有时即使在同一企业不同部门内，对经理人绩效评估的侧重点都是不同的，也就是各个指标在不同的企业或部门经理的绩效评估中所占的比重应该是不一样的。因此在做评价的时候，最好在同一个企业或者是部门内部进行。

【例 11－1】 模糊综合评价在企业经理人绩效评估中的应用。

表 11－4 是某企业 A 利用上面的指标体系对其管理部门采用层次分析法确定的各级指标的权重体系。表的最右边列是从该企业管理部门经理杨帆的上司、部门同事、直接下属以及客户的众多关联者中，采用随机抽样的方法，抽取评估者。然后采用电子邮件形式，进行问卷调查，从而得到该经理在每一指标下对每一评语的评价。

表 11-4　企业 A 的经理人绩效评估的指标权重体系及杨帆经理的绩效评价

第一级指标	第二级指标	评价情况				
		优秀	良好	一般	称职	不称职
思想品德(0.20)	思想素质(0.45)	0.50	0.35	0.10	0.05	0
	品德素质(0.55)	0.60	0.30	0.05	0.05	0
身心素质(0.10)	身体素质(0.4)	0.30	0.45	0.15	0.05	0.05
	心理素质(0.6)	0.60	0.20	0.20	0	0
工作态度(0.20)	责任感(0.6)	0.70	0.20	0.05	0	0.05
	纪律性(0.4)	0.55	0.20	0.15	0.05	0.05
思维能力(0.10)	逻辑思维(0.60)	0.35	0.25	0.35	0.05	0
	创造性思维(0.40)	0.45	0.40	0.10	0.05	0
工作能力(0.40)	交际能力(0.20)	0.65	0.35	0	0	0
	领导能力(0.30)	0.40	0.35	0.15	0.05	0.05
	专业能力(0.10)	0.20	0.25	0.35	0.10	0.10
	工作成绩(0.40)	0.75	0.20	0.05	0	0

采用上面的模糊评价方法进行评价，得到杨帆经理绩效的综合评价结果为：

$$A=W\circ B=(0.20\quad 0.10\quad 0.20\quad 0.40)\circ\begin{bmatrix}0.55 & 0.35 & 0.10 & 0.05 & 0\\0.60 & 0.40 & 0.20 & 0.05 & 0.05\\0.60 & 0.20 & 0.15 & 0.05 & 0.05\\0.40 & 0.30 & 0.15 & 0.10 & 0.10\end{bmatrix}$$

$$=(0.40\quad 0.30\quad 0.15\quad 0.10\quad 0.10)$$

将 A 标准化后得到最后的评价结果为(0.381　0.286　0.143　0.095　0.095)。

最后评价结果说明：在所有参与评价的人中，38.1%的人对杨帆经理的绩效评价为优秀，28.6%评价为良好，14.3%评价为一般，9.5%评价为称职，9.5%评价为很不称职。依据隶属度最大的决策原则，杨帆经理的综合绩效可算作是优秀的。

以上结果只是从定性的方面进行了说明，还比较模糊，而且我们总习惯于用定量的分值来表示。为此，我们将评判的等级进行量化。等级与相应的分数见表 11-5。

表 11-5　评价等级与相应的分数

评价等级	优秀	良好	一般	称职	不称职
分数	100	85	75	65	55

于是杨帆经理的综合绩效打分为：

$100\times0.381+85\times0.286+75\times0.143+65\times0.095+55\times0.095=85.485$

这是一个定量的结果，而且说明杨帆经理的综合绩效应属于良好。这样一来，我们由定性的模糊评价通过采用模糊综合评价法就获得了一个定量的结果。从而可以用定性和定量的结果结合起来评价企业经理人的综合绩效,使得企业能够了解自己经理人的绩效情况,从而为企业对经理人的薪酬职位、进行调整、培训安排、晋升以及解聘提供依据;使企业、部门的目标保持一致;同时为企业任用人才提供参考的信息;也为经理人提高自己各方面的素质指明了方向。

【例 11-2】 对该住区的物理环境进行评价实例应用。

上海某住宅区占地 106800 m^2,建筑面积 73000 m^2,对该住区物理环境设计,是根据人体舒适要求及当地气候条件,合理调节与处理各种物理因素(即声、光、热、气、水环境因素)而实施,以满足适居性要求。建成后的住区为上海地区的典型健康住宅,该住宅区被评为上海市 2003 年的“四高”小区。为了对该住区的物理环境进行评价,对住区的物理环境评价要素进行了检测,其中噪声环境和大气环境量测的数据见表 11-6。

表 11-6 住区环境噪声测点监测结果 dB(A)

点位	昼间								夜间			
	上午				下午							
	L10	L50	L90	LAeq	L10	L50	L90	LAeq	L10	L50	L90	LAeq
1	58.7	53.2	52.7	53.9	58.5	54.1	53.0	55.1	49.3	46.7	45.0	47.0
2	52.5	49.7	48.4	50.1	52.2	48.4	47.2	48.8	47.0	44.6	43.2	45.2
3	52.5	51.0	49.6	51.3	53.2	50.8	48.8	51.0	49.1	46.2	44.7	46.7
4	80.1	69.2	61.8	77.1	79.5	67.9	60.8	73.4	72.3	66.2	56.3	66.7
5	55.3	51.6	49.9	52.7	54.6	49.8	48.7	50.4	49.0	47.2	45.6	47.8
6	50.3	47.2	46.5	47.4	48.7	44.6	43.1	45.2	45.3	44.1	43.4	44.2
杨高北路流量(辆/h)	大车 348、小车 1710、摩托车 72				大车 300、小车 1242、摩托车 42				大车 210、小车 1122、摩托车 30			
金高路流量(辆/h)	大车 108、小车 192、摩托车 30				大车 72、小车 150、摩托车 18				大车 48、小车 72、摩托车 6			

表 11-7 住区室外空气污染指数和空气质量等级划分

日期(年一月)		2002—04	2003—04	2004—04
PM_{10}	API	58	157	98
	质量级别	Ⅱ	Ⅲ	Ⅱ
SO_2	API	24	17	19
	质量级别	Ⅰ	Ⅰ	Ⅰ
NO_2	API	38	11	16
	质量级别	Ⅰ	Ⅰ	Ⅰ
空气质量级别		Ⅱ	Ⅲ	Ⅱ
空气质量描述		良	轻度污染	良

表 11-8　室内空气质量检测结果

测点编号	氡/(Bq·m^{-3})	游离甲醛/(mg·m^{-3})	苯/(mg·m^{-3})	氨/(mg·m^{-3})	TVOC/(mg·m^{-3})
1	<10	0.03	<0.02	0.03	<0.1
2	16	0.03	<0.02	0.2	<0.1
3	<10	0.04	<0.02	0.05	<0.1
4	<10	0.04	<0.02	0.03	<0.1
5	<10	0.03	<0.02	<0.01	<0.1
6	16	0.04	<0.02	0.2	<0.1
7	16	0.03	<0.02	<0.01	<0.1
8	<10	0.03	<0.02	<0.01	<0.1
9	<10	0.01	<0.02	<0.01	<0.1
10	<10	0.03	<0.02	<0.01	<0.1
标准限量	≤100	≤0.08	≤0.09	≤0.2	≤0.5

(一)各指标权重和隶属度的计算

采用层次分析法来确定各级指标的权重，将量化的二级指标数值 N 代入给出的隶属度函数，可计算出二级指标的隶属度值，采用加权型模型将二级指标的隶属度与其权重进行计算，可算出一级指标的隶属度，具体结果如表 11-9 所示。

表 11-9　各指标的权重和隶属度

第一指标层 U_i	水准低劣 V_1	水准落后 V_2	水准一般 V_3	水准先进 V_4	水准超前 V_5	一级指标权重	第二指标层 U_{ij}	水准低劣 v_1	水准落后 v_2	水准一般 v_3	水准先进 v_4	水准超前 v_5	二级指标权重
U_1	0.000	0.050	0.908	0.042	0.000	0.063	U_{11}	0.000	0.300	0.700	0.000	0.000	0.167
							U_{12}	0.000	0.000	0.950	0.050	0.000	0.833
U_2	0.193	0.000	0.000	0.807	0.000	0.031	U_{21}	0.000	0.000	0.000	1.000	0.000	0.724
							U_{22}	0.000	0.000	0.000	1.000	0.000	0.083
							U_{23}	1.000	0.000	0.000	0.000	0.000	0.193
U_3	0.000	0.000	0.096	0.904	0.000	0.130	U_{31}	0.000	0.000	0.100	0.900	0.000	0.604
							U_{32}	0.000	0.000	0.000	1.000	0.000	0.326
							U_{33}	0.000	0.000	0.500	0.500	0.000	0.070
U_4	0.000	0.000	0.000	0.775	0.225	0.517	U_{41}	0.000	0.000	0.000	1.000	0.000	0.250
							U_{42}	0.000	0.000	0.000	0.800	0.200	0.500
							U_{43}	0.000	0.000	0.000	0.500	0.500	0.250
U_5	0.060	0.000	0.199	0.205	0.536	0.259	U_{51}	0.000	0.000	0.250	0.750	0.000	0.273
							U_{52}	0.000	0.000	0.000	0.000	1.000	0.536
							U_{53}	0.000	0.000	1.000	0.000	0.000	0.131
							U_{54}	1.000	0.000	0.000	0.000	0.000	0.060

根据最大隶属原则，一级指标的评价结果为：

U_1 声环境系统：水准一般；

U_2 光环境系统：水准先进；

U_3 热环境系统：水准先进；

U_4 气环境系统：水准先进；

U_5 水环境系统：水准超前。

需要改进的二级指标(二级指标层中指标权重为前十位的且其 N 值小于 5 的指标)：

U_{23}减少或避免住区光污染。

(二)综合评价结果

该住区物理环境的隶属度为：

水准低劣：0.022，水准落后：0.003，水准中等：0.121，水准先进：0.599，水准超前：0.255。

根据最大隶属原则，该住区物理环境综合评价结果为：水准先进。

第四节　综合指数分析

综合指数分析是指将多种不同度量衡单位的指标通过转换计算后，得到一个综合性，且无度量衡单位的一个指数，通过指数比较反映事物变化规律。

【例 11－3】 某医院 2013 年 11 项指标资料见表 11－10 和表 11－11，试采用综合指数法计算各月综合指数。

表 11－10　11 项指标分类

指标类型	序号	指标名称
工作量指标	1	出院病人数(人)
医疗质量	2	治疗有效率(%)
	3	病死率(%)
	4	无菌手术感染数(人)
床位利用	5	平均住院日(天)
	6	床位周转率(%)
	7	病床工作日(天)
	8	病床使用率(%)
诊断水平	9	门诊住院诊断符合率(%)
	10	出入院诊断符合率(%)
护理服务质量	11	陪住率(%)

表 11－11　某医院 2013 年各月 11 项指标实际值

月	各指标实际值										
	1	2	3	4	5	6	7	8	9	10	11
1	650	90.8	3.08	3.00	20.6	1.41	28.7	92.6	99.3	100	18.0
2	560	91.1	3.04	4.00	21.6	1.24	28.7	92.7	98.6	100	17.6
3	609	91.7	1.97	4.00	20.5	1.33	27.3	97.6	98.0	99	17.0
4	587	92.7	2.39	3.00	25.6	1.25	30.0	96.9	98.3	96	17.1
5	651	88.0	4.30	4.00	23.3	1.30	28.3	94.5	97.3	97	18.0
6	601	89.7	2.50	10.00	19.8	1.30	29.3	94.6	97.9	96	17.0
7	584	90.0	2.91	5.00	26.3	1.30	28.0	93.2	96.9	97	18.0
8	620	90.7	2.90	2.00	22.0	1.37	28.7	92.5	97.9	96	19.0
9	626	90.2	2.24	4.00	22.0	1.37	29.2	94.3	98.3	98	18.0
10	604	91.9	2.96	5.00	20.6	1.34	27.9	93.1	99.1	99	18.5
11	653	90.5	3.37	2.00	19.5	1.44	29.4	94.8	99.5	99	21.0
12	599	90.8	3.64	5.00	23.5	1.29	28.7	95.8	89.1	99	18.8
平均值(M)	612	90.7	2.94	4.25	22.1	1.33	28.7	94.4	97.5	98	18.2

11 项指标中 3、4、5、11 号指标为反向指标，其他均为正向指标。由公式(11－1)和公式(11－2)可计算出各指标的无量纲指数，计算结果见表 11－12。

$$y=\frac{X}{M}(\text{高优指标或正指标}) \tag{11-1}$$

$$y=\frac{M}{X}(\text{低优指标或负指标}) \tag{11-2}$$

如公式(11－1)和公式(11－2)所示，个体指数是某指标观测值和标准值的比值。式中 X 为某指标的观测值；M 为某指标的标准值、参考值、平均值、期望值等。

表 11－12　某医院 2013 年各月 11 项指标的个体指数

月	各指标的个体指数										
	1	2	3	4	5	6	7	8	9	10	11
1	1.06	1.00	0.96	1.42	1.07	1.06	1.00	0.98	1.02	1.02	1.01
2	0.91	1.00	0.97	1.06	1.02	0.93	1.00	0.98	1.01	1.02	1.03
3	1.00	1.01	1.49	1.06	1.08	1.00	0.95	1.03	1.00	1.01	1.07
4	0.96	1.02	1.23	1.42	0.86	0.94	1.05	1.03	1.01	0.98	1.06
5	1.06	0.97	0.68	1.06	0.95	0.98	0.99	1.00	1.00	0.99	1.01
6	0.98	0.99	1.18	0.42	1.12	0.98	1.02	1.00	1.00	0.98	1.07
7	0.95	0.99	1.01	0.85	0.84	0.98	0.98	0.99	0.99	0.99	1.01
8	1.01	1.00	1.01	2.13	1.00	1.03	1.00	0.98	1.00	0.98	0.95
9	1.02	0.99	1.31	1.06	1.00	1.03	1.02	1.00	1.01	1.00	1.01
10	0.99	1.01	0.99	0.85	1.07	1.01	0.97	0.99	1.02	1.01	0.98
11	1.07	0.00	0.87	2.12	1.13	1.08	1.02	1.00	1.02	1.01	0.87
12	0.98	1.00	0.81	0.85	0.94	0.97	1.00	1.01	0.91	1.01	0.97

按同类指数相乘，异类相加的方法进行指数综合，即由公式(11－3)计算综合指数。

$$I=\sum_{i=1}^{m}\prod_{j=1}^{n}y_{ij} \tag{11-3}$$

例如计算1、2月份的综合指数为：

$I_1=1.06+1.00\times0.96\times1.42+1.07\times1.06\times1.00\times0.98+1.02\times1.02+1.01$
$=5.5851$

$I_2=0.91+1.00\times0.97\times1.06+1.02\times0.93\times1.00\times0.98+1.01\times1.02+1.03$
$=4.9509$

其余各月计算以此类推，计算结果见表11－13。

表11－13　某医院2013年各月综合指数

月份	1	2	3	4	5	6	7	8	9	10	11	12
指数	5.5851	4.9509	5.7462	5.6642	4.6833	4.6476	4.5929	6.1251	5.4824	4.8934	6.0795	4.4838

第五节　层次分析法(AHP)

层次分析法是一种新的定性分析与定量分析相结合的系统分析方法，是将人的主观判断用数量形式表达和处理的方法，简称AHP(the analytic hierarchy process)法。

一、层次分析法的基本方法和步骤

层次分析法是把复杂问题分解成各个组成因素，又将这些因素按支配关系分组形成递阶层次结构。通过两两比较的方式确定各个因素相对重要性，然后综合决策者的判断，确定决策方案相对重要性的总排序。运用层次分析法进行系统分析、设计、决策时，可分为4个步骤进行：

(1)分析系统中各因素之间的关系，建立系统的递阶层次结构；

(2)对同一层次的各元素关于上一层中某一准则的重要性进行两两比较，构造两两比较的判断矩阵；

(3)由判断矩阵计算被比较元素对于该准则的相对权重；

(4)计算各层元素对系统目标的合成权重，并进行排序。

二、递阶层次结构的建立

首先把系统问题条理化、层次化，构造出一个层次分析的结构模型。在模型中，复杂问题被分解，分解后各组成部分称为元素，这些元素又按属性分成若干组，形成不同层次。同一层次的元素作为准则对下一层的某些元素起支配作用，同时它又受上面层次元素的支配。层次可分为三类：

最高层：这一层次中只有一个元素，它是问题的预定目标或理想结果，因此也叫目标层。

中间层：这一层次包括要实现目标所涉及的中间环节中需要考虑的准则。该层可由若干层次组成，因而有准则和子准则之分，这一层也叫准则层。

最底层：这一层次包括为实现目标可供选择的各种措施、决策方案等，因此也称为措施层或方案层。

上层元素对下层元素的支配关系所形成的层次结构被称为递阶层次结构。当然，上一层元素可以支配下层的所有元素，但也可只支配其中部分元素。递阶层次结构中的层次数与问题的复杂程度及需要分析的详尽程度有关，可不受限制。每一层次中各元素所支配的元素一般不要超过9个，因为支配的元素过多会给两两比较判断带来困难。层次结构的好坏对于解决问题极为重要，当然，层次结构建立得好坏与决策者对问题的认识是否全面、深刻有很大关系。

三、构造两两比较判断矩阵

在递阶层次结构中，设上一层元素C为准则，所支配的下一层元素为$u_1,u_2,\cdots,u_n$对于准则C相对重要性即权重。这通常可分两种情况：

如果$u_1,u_2,\cdots,u_n$对C的重要性可定量(如可以使用货币、重量等)，其权重可直接确定。

如果问题复杂，$u_1,u_2,\cdots,u_n$对于C的重要性无法直接定量，而只能定性，那么确定权重用两两比较方法。其方法是：对于准则C，元素u_i和u_j哪一个更重要，重要的程度如何，通常按1～9比例标度对重要性程度赋值，下表中列出了1～9标度的含义。

表11－14　标度的含义

标度	含义
1	表示两个元素相比，具有同样重要性
3	表示两个元素相比，前者比后者稍重要
5	表示两个元素相比，前者比后者明显重要
7	表示两个元素相比，前者比后者强烈重要
9	表示两个元素相比，前者比后者极端重要
2,4,6,8	表示上述相邻判断的中间值
倒数	若元素i与j的重要性之比为a_{ij}，那么元素j与元素i重要性之比为$a_{ji}=1/a_{ij}$

对于准则C，n个元素之间相对重要性的比较得到一个两两比较判断矩阵

$$A=(a_{ij})_{n\times n}$$

其中a_{ij}就是元素u_i和u_j相对于C的重要性的比例标度。判断矩阵A具有下列性质：

$$a_{ij}>0,a_{ji}=1/a_{ij},a_{ii}=1$$

由判断矩阵所具有的性质知，一个n个元素的判断矩阵只需要给出其上(或下)三角的$n(n-1)/2$个元素就可以了，即只需做$n(n-1)/2$个比较判断即可。

若判断矩阵A的所有元素满足$a_{ij}\cdot a_{jk}=a_{ik}$，则称$A$为一致性矩阵。

不是所有的判断矩阵都满足一致性条件，也没有必要这样要求，只是在特殊情况下才有可能满足一致性条件。

四、单一准则下元素相对权重的计算以及判断矩阵的一致性检验

已知n个元素$u_1,u_2,\cdots,u_n$对于准则C的判断矩阵为A，求$u_1,u_2,\cdots,u_n$对于准则C的相对权重$\omega_1,\omega_2,\cdots,\omega_n$，写成向量形式即为$W=(\omega_1,\omega_2,\cdots,\omega_n)^T$。

1. 权重计算方法

①和法。将判断矩阵A的n个行向量归一化后的算术平均值，近似作为权重向量，即

$$\omega_i = \frac{1}{n}\sum_{j=1}^{n}\frac{a_{ij}}{\sum_{k=1}^{n}a_{kj}} \qquad i=1,2,\cdots,n$$

计算步骤如下：

第一步：A 的元素按行归一化；

第二步：将归一化后的各行相加；

第三步：将相加后的向量除以 n，即得权重向量。

类似的还有列和归一化方法计算，即

$$\omega_i = \frac{\sum_{j=1}^{n}a_{ij}}{n\sum_{k=1}^{n}\sum_{j=1}^{n}a_{kj}} \qquad i=1,2,\cdots,n$$

②根法（几何平均法）。将 A 的各个行向量进行几何平均，然后归一化，得到的行向量就是权重向量。其公式为

$$\omega_1 = \frac{(\prod_{j=1}^{n}a_{ij})^{\frac{1}{n}}}{\sum_{k=1}^{n}(\prod_{j=1}^{n}a_{kj})^{\frac{1}{n}}} \qquad i=1,2,\cdots,n$$

计算步骤如下：

第一步：A 的元素按列相乘得一新向量；

第二步：将新向量的每个分量开 n 次方；

第三步：将所得向量归一化后即为权重向量。

③特征根法（简记 EM）。解判断矩阵 A 的特征根问题

$$AW=\lambda_{\max}W$$

式中，$\lambda_{\max}$是 A 的最大特征根，W 是相应的特征向量，所得到的 W 经归一化后就可作为权重向量。

④ 对数最小二乘法。用拟合方法确定权重向量 $W=(\omega_1,\omega_2,\cdots,\omega_n)^T$，使残差平方和 $\sum_{1\leqslant i\leqslant j\leqslant n}[1\mathrm{g}a_{ij}-1\mathrm{g}(\omega_i/\omega_j)]^2$ 为最小。

⑤ 最小二乘法。确定权重向量 $W=(\omega_1,\omega_2,\cdots,\omega_n)^T$，使残差平方和 $\sum_{1\leqslant i\leqslant j\leqslant n}[1\mathrm{g}a_{ij}-1\mathrm{g}(\omega_i/\omega_j)]^2$ 为最小。

2. 一致性检验

在计算单准则下权重向量时，还必须进行一致性检验。在判断矩阵的构造中，并不要求判断具有传递性和一致性，即不要求 $a_{ij}\cdot a_{jk}=a_{ik}$ 严格成立，这是由客观事物的复杂性与人的认识的多样性所决定的。但要求判断矩阵满足大体上的一致性是应该的。如果出现“甲比乙极端重要，乙比丙极端重要，而丙又比甲极端重要”的判断，则显然是违反常识的，一个混乱的经不起推敲的判断矩阵有可能导致决策上的失误。而且上述各种计算排序权重向量（即相对权重向量）的方法，在判断矩阵过于偏离一致性时，其可靠程度也就值得怀疑了，因此要对判断矩阵的一致性进行检验，具体步骤如下：

(1)计算一致性指标 C. I. (consistency index)。

$$C.I.=\frac{\lambda_{\max}-n}{n-1}$$

(2)查找相应的平均随机一致性指标 R. I.(random index)。

表 11－15 给出了 1～15 阶正互反矩阵计算 1000 次得到的平均随机一致性指标。

表 11－15　平均随机一致性指标 R. I.

矩阵阶数	1	2	3	4	5	6	7	8
R. I	0	0	0.52	0.89	1.12	1.26	1.36	1.41
矩阵阶数	9	10	11	12	13	14	15	
R. I.	1.46	1.49	1.52	1.54	1.56	1.58	1.59	

(3)计算性一致性比例 C. R.(consistency ratio)。

$$C.R.=\frac{C.I.}{R.I.}$$

当 $C.R.<0.1$ 时，认为判断矩阵的一致性是可以接受的；当 $C.R.\geqslant 0.1$ 时，应该对判断矩阵做适当修正。

为了讨论一致性，需要计算矩阵最大特征根 $\lambda_{\max}$，除常用的特征根方法外，还可使用公式

$$\lambda_{\max}=\sum_{i=1}^{n}\frac{(AW)_i}{n\omega_i}=\frac{1}{n}\sum_{i=1}^{n}\frac{\sum_{j=1}^{n}a_{ij}\omega_j}{\omega_i}$$

(4)计算各层元素对目标层的总排序权重。上面得到的是一组元素对其上一层中某元素的权重向量。最终要得到各元素，特别是最低层中各元素对于目标的排序权重，即所谓总排序权重，从而进行方案的选择。总排序权重要自上而下地将单准则下的权重进行合成，并逐层进行总的判断一致性检验。

设 $W^{(k-1)}=(\omega_1^{\ (k-1)},\omega_2^{\ (k-1)},\cdots,\omega_{k-1}^{(k-1)})^T$ 表示第 $k-1$ 层上 $nk-1$ 个元素相对于总目标的排序权重向量，用 $P_j^{(k)}=(p_{1j}^{(k)},p_{2j}^{(k)},\cdots,p_{n_kj}^{(k)})^T$ 表示第 k 层上 nk 个元素对第 $k-1$ 层上第 j 个元素为准则的排序权重向量，其中不受 j 元素支配的元素权重取为零。矩阵 $P^{(k)}=(P_1^{(k)},P_2^{(k)},\cdots,P_{n_{k-1}}^{(k)})^T$ 是 $nk\times nk-1$ 阶矩阵，它表示第 k 层上元素对 $k-1$ 层上各元素的排序，那么第 k 层上元素对目标的总排序 $W(k)$ 为

$$W^{(k)}=(\omega_1^{(k)},\omega_2^{(k)},\cdots,\omega_{n_k}^{(k)})^T=P^{(k)}\cdot W^{(k-1)}$$

或

$$\omega_i^{(k)}=\sum_{j=1}^{n_{k-1}}p_{ij}^{(k)}\omega_j^{(k-1)}\qquad i=1,2,\cdots,n$$

并且一般公式为

$$W^{(k)}=P^{(k)}P^{(k-1)}\cdots W^{(2)}$$

其中(W^2)是第二层上元素的总排序向量，也是单准则下的排序向量。

要从上到下逐层进行一致性检难，若已求得 $k-1$ 层上元素 j 为准则的一致性指标 C. I. $j(k)$，平均随机一致性指标 R. I. $j(k)$，一致性比例 C. R. $j\ (k)$(其中 $j=1,2,\cdots,nk-1$)，则 k 层的综合指标

$$C.I.^{(k)}=(C.I._1^{(k)},\cdots,C.I._{n_{k-1}}^{(k)})\cdot W^{(k-1)}$$

$$R.I.^{(k)}=(R.I._1^{(k)},\cdots,R.I._{n_{k-1}}^{(k)})\cdot W^{(k-1)}$$

当 C. R. $(k)<0.1$ 时，认为递阶层次结构在 k 层水平的所有判断具有整体满意的一致性。

第六节　景气指数分析

一、景气调查

景气调查是适应我国社会主义市场经济发展的新形势，借鉴西方市场经济国家的经验而建立的一项统计调查制度。它是通过对企业家进行定期的问卷调查，并根据企业家对企业经营情况及宏观经济状况的判断和预期来编制企业景气指数，由此反映企业的生产经营状况、经济运行状况，预测未来经济的发展变化趋势。

按照国家规定的重点调查和抽样调查相结合的方法，抽取景气调查企业(大中型企业和部分小型企业)。景气调查范围包括八大行业：工业、建筑业、交通运输业、批发零售业、房地产业、社会服务业、信息传输业和住宿餐饮业。景气调查一年共调查四次，上报时间为3、6、9、12月上旬。调查工作由统计局企业调查队负责，通过对企业景气调查问卷资料进行审核、录入、汇总，编制出企业家信心指数和企业景气指数并定期公布，为各级党政部门判断我市宏观经济走势，研究投资环境，为社会各界分析企业问题提供依据。

二、景气指数

在我国进行的企业景气调查中，景气指数指标主要有"企业景气指数"、"企业家信心指数"和其他景气指数。为使企业景气调查有关指数规范化，且与其他方面的统计指数相配套，国家统计局企调总队以企调函[2000]8号《关于规范景气指数名称与表示形式的函》作出以下规定。

(1)企业家信心指数：是根据企业家对企业外部市场经济环境与宏观政策的认识看法、判断与预期(通常为对"乐观"、"一般"、"不乐观"的选择)而编制的指数，用以综合反映企业家对宏观经济环境的感觉与信心，是企业决策者对当前宏观经济状况及未来走势的一种感受、体验与期望。企业家信心指数也称"宏观经济景气指数"(今后统一称企业家信心指数)。

(2)企业景气指数：是根据企业家对本企业综合生产经营情况的判断与预期(通常为对"好"、"一般"、"不佳"的选择)而编制的指数，用以综合反映企业的生产经营状况。企业景气指数也称"企业综合生产经营景气指数"(今后统一用企业景气指数来表述)。

(3)景气指数：又称景气度，它是对企业景气调查中的定性指标通过定量方法加工汇总，综合反映某一特定调查群体或某一社会经济现象所处的状态或发展趋势的一种指标。其中计算原理是，在调查的各类企业中，通过问卷的形式让企业负责人回答本企业本期经营状况相对于前期是上升、持平还是下降，然后经过加权、汇总，求出企业景气指数BSI(business survey index)。更通俗地讲，BSI＝回答上升的企业所占比重－回答下降的企业所占比重。

景气指数的表示范围为0～200。表示形式含义为：100为景气指数的临界值，表明景气状况变化不大；100～200为景气区间，表明经济状况趋于上升或改善，越接近200状况越景气；0～100为不景气区间，表明经济状况趋于下降或恶化，越接近0，状况越不景气。

以邮政业务为例，邮政业务发展景气预警系统的指标体系见图11－2。

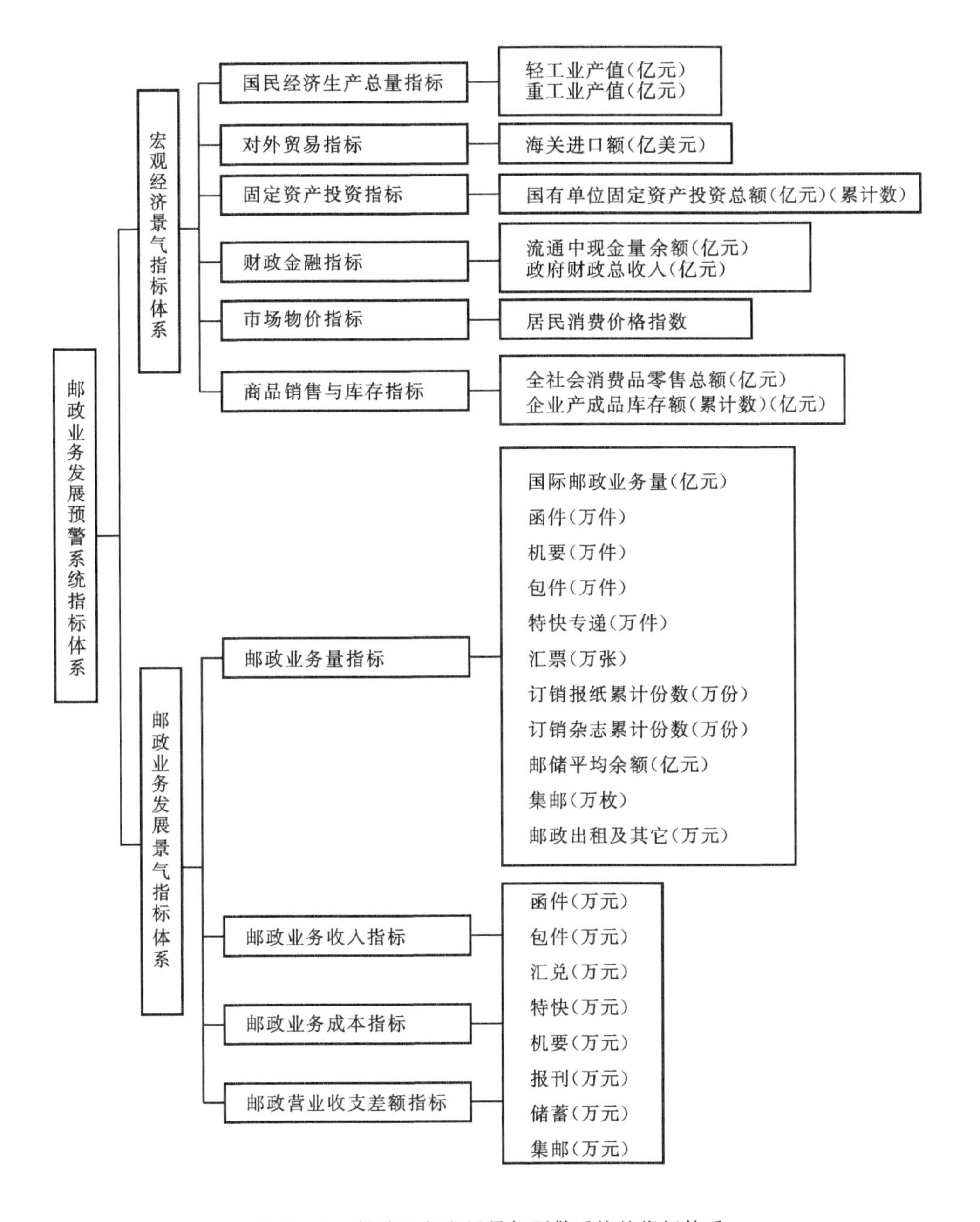

图 11－2　邮政业务发展景气预警系统的指标体系

思考与练习

某单位人事部门欲对 4 名后备干部进行整体考察。向 50 名员工发放了评价量表，了解员工对这 4 名后备干部的看法，供有关部门参考。评价量表包括 4 个指标(及权重)：政治素质(0.3)、领导能力(0.3)、工作作风(0.2)、创新精神(0.2)，要求员工就这 4 个指标分别做出“好”、“较好”、“一般”、“较差”的评价。50 名员工对后备干部 A 的评价汇总结果如下表。试用模糊综合评价方法。

50 名员工对后备干部 A 的评价汇总结果表

	好		较好		一般		较差	
评价指标	合计	比例	合计	比例	合计	比例	合计	比例
政治素质	20	0.40	20	0.40	10	0.20	0	0.00
领导能力	12	0.24	30	0.60	8	0.16	0	0.00
工作作风	25	0.50	18	0.30	5	0.10	2	0.04
创新精神	15	0.30	10	0.30	10	0.30	10	0.20

第十二章　多元统计分析

多元统计分析(multivariate statistical analysis)是研究多个随机变量之间的相互依赖关系及其内在统计规律性的一门统计学科，是现代统计学应用十分活跃的一个分支。常用多元统计方法主要有：多元数据图表示法、主成分分析、因子分析、聚类分析、判别分析、对应分析、多元回归分析、典型相关分析、路径分析、Logistic 回归分析等。从某种意义上讲，多元分析是一些方法的"混合体"，难于给出其确切的概念和难于对其所有方法进行归类，但是它可以同时展示和处理异度量的多个变量间的各种关系，且不损失原有的信息量，所以多元统计分析方法成为进行深层次经济分析的一种有效工具。本章主要目的是简要介绍一些常用多元统计方法的基本思路和方法，对于数理推导部分，有兴趣的读者可参考相关专著。

第一节　主成分分析

在许多实际问题中，我们经常用多个变量来刻画某一事物，但由于这些变量之间往往具有相关性，很多变量带有重复信息，这样就给分析问题带来了很多不便，同时也使分析结论不具有真实性和可靠性，因此，人们希望寻找到少量几个综合变量来代替原来较多的变量，使这几个综合变量能较全面地反映原来多项变量的信息，同时相互之间不相关。主成分分析正是满足上述要求的一种处理多变量问题的方法。

一、基本思想

主成分分析就是设法将原来的 p 个指标重新组合成一组相互无关的新指标的过程。通常数学上的处理就是将原来的 p 个指标做线性组合。为了能更清晰地解释主成分的基本思想，我们从用两个指标来衡量 n 个样本点的二维空间入手。

在二维空间，n 个样本点的变量信息若用离差平方和来表示，则变量的信息总量为总方差 $\frac{1}{n}\sum_{i=1}^{n}(x_{i1}-\overline{x}_1)^2+\frac{1}{n}\sum_{i=1}^{n}(x_{i2}-\overline{x}_2)^2$。对于每个变量的离差平方和，它们的取值可能出现如下情况：

(1) 如果离差平方和 $\sum_{i=1}^{n}(x_{i1}-\overline{x}_1)^2$ 和 $\sum_{i=1}^{n}(x_{i2}-\overline{x}_2)^2$ 之间相差悬殊，例如，取值之比为 10：1，说明变量 x_1 在方差总信息量中占较重要的地位，可剔除变量 x_2 达到降维的目的。

(2) 如果 $\sum_{i=1}^{n}(x_{i1}-\overline{x}_1)^2$ 和 $\sum_{i=1}^{n}(x_{i2}-\overline{x}_2)^2$ 数值相差不大，说明两个指标在方差总信息量中的比重相当，统计分析时，两个指标都不可放弃，此时可对 x_1、x_2 作适当的变量替换，通过某方法寻找到两个新的变量 y_1、y_2(必须是原变量 x_1、x_2 的线性组合)，使新变量满足：$\sum_{i=1}^{n}(y_{i1}-\overline{y}_1)^2+\sum_{i=1}^{n}(y_{i2}-\overline{y}_2)^2=\sum_{i=1}^{n}(x_{i1}-\overline{x}_1)^2+\sum_{i=1}^{n}(x_{i2}-\overline{x}_2)^2$，(其中 $\overline{y}_1=\frac{1}{n}\sum_{i=1}^{n}y_{i1}$，$\overline{y}_2=$

$\frac{1}{n}\sum_{i=1}^{n}y_{i2}$)，上式说明新变量 y 继承了原变量 x 的全部信息，并且要求 $\sum_{i=1}^{n}(y_{i1}-\overline{y}_1)^2$ 和 $\sum_{i=1}^{n}(y_{i2}-\overline{y}_2)^2$ 数值比例相差较大，这时仅用 y_1 来分析原问题就可以了，变量的个数从 2 变为了 1。此时的 y_1 方差最大，包含的信息最多。y_1 称之为第一主成分，y_2 称为第二主成分。

推而广之，第一主成分 y_1 的方差达到最大，其方差越大，表示其所包含的信息越多。如果第一主成分还不能反映原指标的全部信息，再考虑选取第二主成分 y_2。y_2 在剩余的线性组合中方差最大，并且与 y_1 不相关，如若第一、第二主成分仍然不能反映原变量的全部信息，再考虑选取第三主成分 y_3。y_3 在剩余的线性组合中方差最大，并且与 y_1、y_2 不相关，依此可求出全部 p 个主成分，它们的方差是依次递减的。在实际工作中，在不损失较多信息的情况下，通常选取前几个主成分来进行分析，达到简化数据结构的目的。

二、数学模型

主成分分析可以针对总体，也可以针对样本，但在许多问题中所涉及的总体都是未知的，所以我们主要讨论样本的主成分。仍从二维空间入手，设有两个变量的信息如图 12－1 所示，大部分的样本点集中在椭圆范围内。

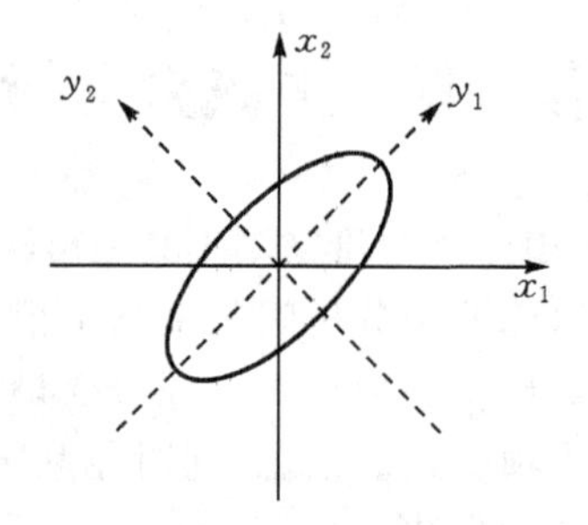

图 12－1　两个变量的信息分布

如果我们取椭圆的长轴 y_1、短轴 y_2 作为样本点新的坐标轴，容易看出 y_1 坐标变化程度大，即 y_1 的方差最大，而 y_2 的变化程度相对较小，即 y_2 的方差较小。于是可以说变量(x_1，x_2)的信息大部分集中在新变量 y_1 上，而小部分集中在新变量 y_2 上。图 12－1 中的新坐标 y_1，y_2 是 x_1，x_2 经过坐标旋转而得到的，其旋转公式为：

$$y_1=\cos\theta x_1+\sin\theta x_2$$
$$y_2=-\sin\theta x_1+\cos\theta x_2$$

系数满足的要求是：

$$(\cos\theta)^2+(\sin\theta)^2=1;(-\sin\theta)^2+(\cos\theta)^2=1;\cos\theta(-\sin\theta)+\sin\theta\cos\theta=0$$

我们可以称 y_1 为它们的第一主成分，y_2 为它们的第二主成分，坐标的正交变换为主成分变换。推广开来，设有 n 个样本点，每个样本点都有 p 项变量 x_1，x_2，…，x_p，其原始数据矩阵表示为：

$$\begin{bmatrix} x_{11} & x_{12} & \cdots & x_{1p} \\ x_{21} & x_{22} & \cdots & x_{2p} \\ \vdots & \vdots & \vdots & \vdots \\ x_{n1} & x_{n2} & \cdots & x_{np} \end{bmatrix}$$

其中 x_{ij} 是第 i 个样本点第 j 个指标的观测值。如前所述，通过主成分变换得到的线性组合可以表示为 x_1，x_2，…，x_p 的线性组合：

$$\begin{cases} y_1=u_{11}x_1+u_{12}x_2+\cdots+u_{1p}x_p \\ y_2=u_{21}x_1+u_{22}x_2+\cdots+u_{2p}x_p \\ \vdots \\ y_p=u_{p1}x_1+u_{p2}x_2+\cdots+u_{pp}x_p \end{cases} \qquad (12-1)$$

如果系数 u_{ij} 满足 $u_{i1}^2+u_{i2}^2+\cdots+u_{ip}^2=1(i=1,2,\cdots,p)$，而且系数 u_{ij} 的确使 y_i 与 $y_j(i\neq j)$ 相互无关，并使 y_1 是 $x_1,x_2,\cdots,x_p$ 的一切线性组合中方差最大者，y_2 是与 y_1 不相关的 $x_1,x_2,\cdots,x_p$ 的所有线性组合中方差最大者……y_p 是与 $y_1,y_2,\cdots,y_{p-1}$ 都不相关的 $x_1,x_2,\cdots,x_p$ 的所有线性组合中方差最大者，则称 $y_1,y_2,\cdots,y_p$ 为原变量的第一，第二，…，第 p 主成分。

三、模型的求解

要求原始变量的主成分，关键在于求公式 12－1 的系数值。在应用主成分分析研究问题时，通常先将数据标准化，以消除量纲对结果的影响。标准化的常用公式为：$zx_i=\dfrac{x_i-E(x_i)}{\sqrt{D(x_i)}}$，标准化后的数据均值为 0，方差为 1。可以证明，变量 $x_1,x_2,\cdots,x_p$ 标准化以后，其协方差矩阵 S 与相关系数矩阵 R 相等。

为了求出主成分，只需求样本协方差矩阵 S 或相关系数矩阵 R 的特征根和特征向量就可以。设 R 的特征根 $\lambda_1\geqslant\lambda_2\geqslant\cdots\geqslant\lambda_p>0$，相应的单位特征向量为：$(u_{i1}\ u_{i2}\cdots,u_{ip})$，那么相应的主成分就是：$y_i=u_{i1}zx_1+u_{i2}zx_2+\cdots+u_{ip}zx_p$。

四、主成分的性质

以下我们不加证明地给出主成分的有关性质。

性质 1：第 k 个主成分 y_k 的系数向量是第 k 个特征根 λ_k 所对应的标准化特征向量 U_k。

性质 2：第 k 个主成分的方差为第 k 个特征根 λ_k，且任意两个主成分都是不相关的，也就是主成分 $y_1,y_2,\cdots,y_p$ 的样本协方差矩阵是对角矩阵。

性质 3：样本主成分的总方差等于原变量样本的总方差。

性质 4：第 k 个样本主成分与第 j 个变量样本之间的相关系数为：

$$r(y_k,x_j)=r(y_k,zx_j)=\sqrt{\lambda_k}\,u_{kj}$$

该相关系数又称为因子载荷量。

在解决实际问题时，一般不是取 p 个主成分，而是根据累计贡献率取前 k 个。第 k 个主成分的方差贡献率为：$\dfrac{\lambda_k}{\sum_{i=1}^{p}\lambda_i}$，前 k 个主成分的累计方差贡献率为：$\dfrac{\sum_{i=1}^{k}\lambda_i}{\sum_{i=1}^{p}\lambda_i}$。通常情况下，如果前 k 个主成分的累计贡献率达到 85%，则表明取前 k 个主成分就能基本包含原指标中的信息了，从而达到减少变量个数的目的。另一种选择主成分个数的方法是选择大于 1 的特征根所对应的主成分。

五、基本步骤与应用实例

（一）基本步骤

(1)对原变量的样本数据矩阵进行标准化变换；

(2)求标准化数据矩阵的相关系数矩阵 R；

(3)求 R 的特征根及相应的特征向量和贡献率等；

(4)确定主成分的个数；

(5)解释主成分的实际意义和作用。

(二)应用实例

【例 12-1】 我国某年各地区全部国有及规模以上非国有工业企业主要经济效益指标见表 12-1,对各地区经济效益作出分析。

表 12-1　我国某年各地区全部国有及规模以上非国有工业企业主要经济效益指标

地区	工业增加值率(%)	总资产贡献率(%)	资产负债率(%)	流动资产周转次数(次/年)	工业成本费用利润率(%)	产品销售率(%)
北　京	22.41	6.32	38.91	2.06	6.17	99.18
天　津	28.66	14.70	57.83	2.57	8.68	99.22
河　北	28.76	14.40	61.05	2.94	7.33	98.21
山　西	36.40	10.49	67.59	1.81	6.56	97.66
内蒙古	42.95	12.44	61.08	2.40	9.44	97.84
辽　宁	29.23	8.22	57.50	2.32	3.38	98.31
吉　林	31.86	9.54	54.78	2.37	4.96	95.94
黑龙江	47.14	31.04	54.71	2.47	28.79	98.52
上　海	26.03	10.54	50.28	2.21	6.03	99.03
江　苏	24.90	11.62	60.58	2.71	4.88	98.53
浙　江	20.57	11.08	60.35	2.26	5.07	97.80
安　徽	31.88	10.49	62.65	2.42	4.60	98.25
福　建	28.46	12.94	53.81	2.51	6.58	96.96
江　西	30.34	12.81	60.98	2.79	5.04	98.46
山　东	29.64	17.51	57.77	3.40	7.58	98.43
河　南	33.15	18.84	60.26	3.18	9.13	98.46
湖　北	32.09	10.26	54.86	2.29	6.82	97.96
湖　南	34.07	14.24	60.20	2.93	5.27	99.55
广　东	26.37	12.24	56.72	2.48	5.48	97.65
广　西	32.02	12.44	61.10	2.36	6.51	96.24
海　南	29.71	11.71	60.50	1.97	11.49	97.16
重　庆	29.12	9.97	59.55	2.08	5.22	98.44
四　川	35.12	10.78	60.87	2.10	6.31	98.02
贵　州	36.16	10.58	65.80	1.86	6.32	96.98
云　南	37.47	17.78	54.86	1.72	10.99	98.38
西　藏	56.62	7.84	44.20	1.06	20.24	91.68
陕　西	41.21	15.21	59.76	1.90	14.00	98.15
甘　肃	28.49	9.34	58.71	2.17	4.56	97.78
青　海	40.52	13.18	65.56	1.72	21.41	96.37
宁　夏	30.77	6.90	61.54	1.73	3.26	96.85
新　疆	43.22	24.77	51.58	2.75	28.44	98.77

计算过程如下：

(1)将数据标准化，见表 12－2，并求相关矩阵 R。

表 12－2　例 12－1 数据标准化后统计表

地区	工业增加值率(%) zx_1	总资产贡献率(%) zx_2	资产负债率(%) zx_3	流动资产周转次数 zx_4	成本费用利润率(%) zx_5	产品销售率(%) zx_6
北　京	−1.42	−1.31	−3.23	−0.51	−0.43	0.99
天　津	−0.59	0.35	−0.02	0.54	−0.06	1.02
河　北	−0.57	0.30	0.53	1.31	−0.26	0.31
山　西	0.44	−0.48	1.64	−1.03	−0.37	−0.07
内蒙古	1.31	−0.09	0.53	0.19	0.06	0.05
辽　宁	−0.51	−0.93	−0.07	0.03	−0.84	0.38
吉　林	−0.16	−0.67	−0.54	0.13	−0.61	−1.28
黑龙江	1.87	3.59	−0.55	0.34	2.94	0.53
上　海	−0.94	−0.47	−1.30	−0.20	−0.45	0.88
江　苏	−1.09	−0.26	0.45	0.83	−0.62	0.53
浙　江	−1.66	−0.36	0.41	−0.10	−0.59	0.02
安　徽	−0.16	−0.48	0.80	0.23	−0.66	0.34
福　建	−0.61	0.01	−0.70	0.42	−0.37	−0.56
江　西	−0.36	−0.02	0.52	1.00	−0.60	0.48
山　东	−0.46	0.91	−0.03	2.26	−0.22	0.46
河　南	0.01	1.18	0.40	1.80	0.01	0.48
湖　北	−0.13	−0.53	−0.52	−0.04	−0.33	0.13
湖　南	0.13	0.26	0.38	1.29	−0.56	1.25
广　东	−0.89	−0.13	−0.21	0.36	−0.53	−0.08
广　西	−0.14	−0.09	0.54	0.11	−0.38	−1.07
海　南	−0.45	−0.24	0.44	−0.70	0.36	−0.42
重　庆	−0.53	−0.58	0.27	−0.47	−0.57	0.47
四　川	0.27	−0.42	0.50	−0.43	−0.41	0.18
贵　州	0.41	−0.46	1.34	−0.93	−0.41	−0.55
云　南	0.58	0.97	−0.52	−1.21	0.29	0.43
西　藏	3.13	−1.00	−2.33	−2.58	1.67	−4.25
陕　西	1.08	0.46	0.31	−0.84	0.74	0.27
甘　肃	−0.61	−0.71	0.13	−0.28	−0.67	0.01
青　海	0.99	0.05	1.30	−1.21	1.84	−0.98
宁　夏	−0.31	−1.19	0.61	−1.19	−0.86	−0.64
新　疆	1.35	2.35	−1.08	0.91	2.89	0.70

得相关系数矩阵为：

$$\begin{bmatrix} 1 & & & & & \\ 0.390 & 1 & & & & \\ -0.071 & 0.011 & 1 & & & \\ -0.379 & 0.429 & 0.128 & 1 & & \\ 0.745 & 0.706 & -0.237 & -0.154 & 1 & \\ -0.504 & 0.313 & 0.131 & 0.595 & -0.208 & 1 \end{bmatrix}$$

(2)求 R 的特征根及相应的单位正交特征向量和贡献率。

由 R 的特征方程 $|R-\lambda I|=0$ 求得 R 的单位特征根 λ 为：

$\lambda_1=2.424$， $\lambda_2=1.943$， $\lambda_3=0.973$， $\lambda_4=0.405$， $\lambda_5=0.179$， $\lambda_6=0.075$

再由齐次线性方程组 $(R-\lambda I)U=0$ 求得特征向量 U，将具体结果整理为表 12-3。

表 12-3 特征根及贡献率统计用表

对应的特征向量	U_{1j}	0.589	0.039	0.219	−0.079	0.773	−0.014
	U_{2j}	0.256	0.638	0.048	0.010	−0.253	−0.679
	U_{3j}	−0.183	0.064	0.965	0.057	−0.129	0.108
	U_{4j}	−0.315	0.527	−0.065	−0.709	0.165	0.300
	U_{5j}	0.556	0.304	0.049	0.163	−0.397	0.643
	U_{6j}	−0.382	0.465	−0.112	−0.680	0.371	0.158
特征根		2.424	1.943	0.973	0.405	0.179	0.075
贡献率 $\lambda_k/\sum_{i=1}^{p}\lambda_i$		40.41%	32.39%	16.21%	6.76%	2.99%	1.25%

(3)确定主成分的个数 q。

按 $\sum_{i=1}^{k}\lambda_i/\sum_{i=1}^{p}\lambda_i \geqslant 85\%$ 的原则，取三个主成分就能够对工业企业经济效益进行分析，且这三个主成分的累计方差贡献率达到 89% 主成分的表达式为：

$y_1=0.589zx_1+0.256zx_2-0.183zx_3-0.315zx_4+0.556zx_5-0.382zx_6$

$y_2=0.039zx_1+0.638zx_2+0.064zx_3+0.527zx_4+0.304zx_5+0.465zx_6$

$y_3=0.219zx_1+0.048zx_2+0.965zx_3-0.065zx_4+0.049zx_5-0.112zx_6$

(4)主成分的经济意义。

第一主成分 y_1 中，zx_1(工业增加值率)、zx_5(工业成本费用利润率)系数较大，y_1 的含义是在综合其他变量所反映信息的基础上，突出地反映了企业产出的情况。

第二主成分 y_2 中，zx_2(总资产贡献率)、zx_4(流动资产周转次数)的系数最大，在 0.5 以上，说明 y_2 在综合其他变量信息的基础上，突出地反映了企业投入资产情况。

第三主成分 y_3 中，zx_3(资产负债率)的系数最大，为 0.965，说明 y_3 在综合其他变量信息的基础上，突出地反映了工业企业经营风险的大小。

第二节 因子分析

在实际问题的分析中，有时需要对不能直接观测的潜在因素进行分析，如企业的形象，企业文化、创新能力等都是不可直接观测到的变量(潜在变量),而利税总额、劳动生产率等都是可以直接观测到的变量(显在变量)。因子分析(*factor analysis*)是利用少数几个潜在变量或公共因子去解释多个显在变量或可观测变量中存在的复杂关系的多元统计分析方法。

一、基本思想

因子分析是主成分分析的推广,它也是从研究相关矩阵内部的依赖关系出发,把一些具有错综复杂关系的变量归结为少数几个综合因子的一种多变量统计分析方法。因子分析的概念起源于20世纪初 *Karl Pearson* 和 *Charles Spearman* 等人关于智力测验的统计分析。近年来,因子分析的理论方法广泛地应用于心理学、医学、经济学等领域。

因子分析的基本思想是通过对变量相关系数矩阵内部结构的研究,找出能够控制所有变量的少数几个潜在随机变量去描述多个显在随机变量之间的相关关系,换句话说,因子分析是把每个可观测的原始变量分解为两部分因素,一部分是由所有变量共同具有少数几个公共因子构成的,另一部分是每个原始变量独自具有的,即特殊因子部分,对于所研究的问题就可试图用最少个数的不可观测的公共因子的线性函数与特殊因子之和来描述原来观测的每一分量。

二、数学模型

(一)符号与假定

设有 n 个样本,每个样本观测 p 个变量,记:

原始变量矩阵为 X:$X=\begin{bmatrix}x_1\\x_2\\\vdots\\x_p\end{bmatrix}$, 公共因子变量矩阵为 F:$F=\begin{bmatrix}F_1\\F_2\\\vdots\\F_q\end{bmatrix}$,

特殊因子矩阵为 E:$E=\begin{bmatrix}e_1\\e_2\\\vdots\\e_p\end{bmatrix}$

假定因子模型具有以下性质:

(1)$E(x)=0, \text{cov}(x)=\sum$

(2)$E(F)=0, D(F)=I$

(3)$E(E)=0, D(E)=\text{diag}(\sigma_{12}, \sigma_{12}, \cdots, \sigma_{p2})$

(4)$\text{cov}(F,E)=0$

(二)因子模型

我们将 p 个变量 $x_i(i=1,2,\cdots,p)$ 表示成公共因子 F 与特殊因子的线性组合:

$x_1=a_{11}F_1+a_{12}F_2+\cdots+a_{1p}F_p+e_1$

$x_2=a_{21}F_1+a_{22}F_2+\cdots+a_{2p}F_p+e_2$

$\vdots$

$x_p=a_{p1}F_1+a_{p2}F_2+\cdots+a_{pp}F_p+e_p$

若用矩阵形式表示,则为:$X=AF+E$

式中的 $A=\begin{bmatrix} a_{11} & a_{12} & \cdots & a_{1q} \\ a_{21} & a_{22} & \cdots & a_{2q} \\ \vdots & \vdots & \vdots & \vdots \\ a_{p1} & a_{p2} & \cdots & a_{pq} \end{bmatrix}$，称为因子载荷矩阵，并且称 a_{ij} 为第 i 个变量在第 j 个公共因子上的载荷，反映了第 i 个变量在第 j 个公共因子上的相对重要性。

三、因子载荷的统计含义

可以证明因子载荷 a_{ij} 为第 i 个变量 x_i 与第 j 个公共因子 F_j 的相关系数，即反映了变量与公共因子的关系密切程度，a_{ij} 越大，表明公共因子 F_j 与变量 x_i 的线性关系越密切。

因子载荷矩阵中各行元素的平方和：

$$h_1^2=a_{11}^2+a_{12}^2+\cdots+a_{1q}^2$$
$$h_2^2=a_{21}^2+a_{22}^2+\cdots+a_{2q}^2$$
$$\vdots$$
$$h_p^2=a_{p1}^2+a_{p2}^2+\cdots+a_{pq}^2$$

称为变量 $x_1,x_2,\cdots,x_p$ 的共同度。它表示 q 个公共因子 $F_1,F_2,\cdots,F_q$ 对变量 x_i 的方差贡献，变量共同度的最大值为 1，值越接近于 1，说明该变量所包含的原始信息被公共因子所解释的部分越大，用 q 个公共因子描述变量 x_i 就越有效；而当值接近于 0 时，说明公共因子对变量的影响很小，主要由特殊因子来描述。

因子载荷矩阵中各列元素的平方和：

$$g_1=a_{11}^2+a_{21}^2+\cdots+a_{p1}^2$$
$$g_2=a_{12}^2+a_{22}^2+\cdots+a_{p2}^2$$
$$\vdots$$
$$g_q=a_{1q}^2+a_{2q}^2+\cdots+a_{pq}^2$$

称为公共因子 $F_1,F_2,\cdots,F_q$ 的方差贡献。它与 p 个变量的总方差之比为：F_j 的贡献率 $=\dfrac{g_j}{p}=\dfrac{\sum_{i=1}^{p}a_{ij}^2}{p}$，是衡量各个公共因子相对重要程度的一个指标。方差贡献率越大，该因子就越重要。

四、因子的求解

要建立因子分析模型，关键就在于解出其因子载荷矩阵 A。A 的求法很多，这里仅介绍主成分法。

前一节已提及，在对数据进行标准化后，样本的协方差矩阵 S 与相关系数矩阵 R 相等。设相关系数矩阵的特征根为 $\lambda_1\geqslant\lambda_2\geqslant\cdots\geqslant\lambda_p$，相应的特征向量为 $U_1,U_2,\cdots,U_p$，设由列向量 $\sqrt{\lambda_1}U_1,\sqrt{\lambda_2}U_2,\cdots,\sqrt{\lambda_p}U_p$ 构成的矩阵有 A 表示，即

$$A=(\sqrt{\lambda_1}U_1,\sqrt{\lambda_2}U_2,\cdots,\sqrt{\lambda_p}U_p)$$

可以证明 R 的分解式为 $R=AA'$，这个公式是一个精确可行的因子分解式，实际这就是主成分分析法的根据。由相关系数矩阵 R 求出的解 A 即为因子载荷矩阵，A 的估计值为：

$$(\sqrt{\lambda_1}U_1,\sqrt{\lambda_2}U_2,\cdots,\sqrt{\lambda_p}U_p)$$

因子分析的目的是将多个变量简化为数量较少的因子，以便进行下一步的分析，所以一般

来说，公共因子的个数 q 要小于等于变量的个数 p，而且 q 越小越好，当 q 与 p 的差异较大时，便能将高维空间的问题降至低维空间进行处理。在实际问题中，q 的数值通常可以采用不同的方法加以确定。如根据累计方差贡献率≥85%确定，或者根据大于 1 的特征根来确定。

五、因子得分

当获得公共因子和因子载荷后，我们可以进一步考察每一个样本点在每一公共因子上的得分，从而对样本点进行评价、排序比较和分类。

估计因子得分函数的常用方法是回归法，因子的得分估计为：$\hat{F}' = XR^{-1}A$

六、基本步骤与应用实例

(一)基本步骤

(1)用公式 $zx=\dfrac{x-E(x)}{\sqrt{D(x)}}$ 对原始数据标准化；

(2)建立相关系数矩阵 R；

(3)根据 $|R-\lambda I|=0$ 及 $(R-\lambda I)U=0$，求 R 的单位特征根 λ 与特征向量 U；

(4)根据 $A=\sqrt{\lambda}U$ 求因子载荷矩阵 A；

(5)写出因子模型 $X=AF+E$；

(6)求因子得分。

(二)应用实例

【例 12-2】 我国某年各地区全部国有及规模以上非国有工业企业主要经济效益指标见表 12-1，试求：(1)正交因子模型；(2)各个变量的共同度以及特殊因子方差；(3)每个因子的方差贡献率以及三个因子的累计方差贡献率；(4)说明三个因子的意义。

(1)计算过程如下：

① 将原始数据标准化后求得其相关系数矩阵 R 为：

$$\begin{bmatrix} 1 & & & & & \\ 0.390 & 1 & & & & \\ -0.071 & 0.011 & 1 & & & \\ -0.379 & 0.429 & 0.128 & 1 & & \\ 0.745 & 0.706 & -0.237 & -0.154 & 1 & \\ -0.504 & 0.313 & 0.131 & 0.595 & -0.208 & 1 \end{bmatrix}$$

②特征根与特征向量。

根据 $|R-\lambda I|=0$ 及 $(R-\lambda I)U=0$ 求得累计方差贡献率达 85%以上的单位特征根 λ 与特征向量 U 分别为：

$$\lambda_1=2.424 \quad \lambda_2=1.943 \quad \lambda_3=0.973$$

$$U=\begin{bmatrix} 0.589 & 0.039 & 0.219 \\ 0.256 & 0.638 & 0.048 \\ -0.183 & 0.064 & 0.965 \\ -0.315 & 0.527 & -0.065 \\ 0.556 & 0.304 & -0.049 \\ -0.382 & 0.465 & -0.112 \end{bmatrix}$$

③因子载荷矩阵为：

$$A=\sqrt{\lambda}U=\begin{bmatrix}0.917 & 0.055 & 0.216\\0.399 & 0.890 & 0.047\\-0.285 & 0.090 & 0.952\\-0.491 & 0.735 & -0.064\\0.865 & 0.424 & -0.048\\-0.595 & 0.648 & -0.110\end{bmatrix}$$

④因子模型为：

$$x_1=0.917F_1+0.055F_2+0.216F_3+e_1$$
$$x_2=0.399F_1+0.890F_2+0.047F_3+e_2$$
$$x_3=-0.285F_1+0.09F_2+0.952F_3+e_3$$
$$x_4=-0.491F_1+0.735F_2-0.064F_3+e_4$$
$$x_5=0.865F_1+0.424F_2-0.048F_3+e_5$$
$$x_6=-0.595F_1+0.648F_2-0.110F_3+e_6$$

(2)结果见表12-4：

表12-4　因子分析计算用表

变量	因子载荷			共同度	特殊因子方差
	F_1	F_2	F_3		
X_1	0.917	0.0.55	0.216	0.890	0.110
X_2	0.390	0.890	0.047	0.954	0.046
X_3	−0.285	0.090	0.952	0.995	0.046
X_4	−0.491	0.735	−0.064	0.785	0.215
X_5	0.865	0.424	−0.048	0.930	0.070
X_6	−0.595	0.648	−0.110	0.786	0.214
方差贡献率	40.41%	32.39%	16.21%	—	—
累计方差	贡献率	40.41%	72.79%	89.00%	—

(3)第一个公共因子的因子载荷中，X_1、X_5 的都很大，因子 F_1 主要反映的是地区企业投入财力后的获利能力，F_2 的载荷中 X_2、X_4 的最大，因此 F_2 主要反映的是企业投入资金的情况；而 F_3 主要反映是 X_3 的信息。

第三节　聚类分析

在社会、经济、管理和自然科学的众多领域中都存在着大量的分类问题，例如，在经济研究中一国各地区或各国经济发展水平的分类，在市场研究中的抽样方案设计、市场分析、消费者行为分析等。虽然依靠经验和专业知识也可以对事物进行分类，但这种分类不可避免地具有一定的主观性和任意性，往往缺乏足够的说服力。聚类分析是应用最广泛的分类技术，它把性质相近的个体归为一类，是研究“物以类聚”的一种方法。

一、基本思想

聚类分析是建立一种分类方法将一批样本或变量按照它们在性质上的相似、疏远程度进行科学分类的方法。聚类分析可以分为Q型聚类和R型聚类两种，Q型聚类是指对样本进行分类，R型聚类是指对变量进行分类。

其基本思想是认为研究的样本或变量之间存在着程度不同的相似性，根据一批样本的多个观测指标，具体找出一些能够度量样本或指标之间相似程度的统计量，以这些统计量为划分类型的依据，把一些相似程度较大的样本（或变量）聚合为一类，把另外一些彼此之间相似程度较大的样本（变量）也聚合为一类，关系密切的聚合到一个小的分类单位，关系疏远的聚合到一个大的分类单位，直到把所有的样本（或变量）都聚合完毕，把不同的类型一一划分出来，形成一个由小到大的分类系统；最后再把整个分类系统画成一张图，将亲疏关系表示出来。

二、统计量

聚类分析中可采用不同类型的统计量，通常Q型聚类采用距离统计量，R型聚类采用相似系数统计量。

（一）距离

设有n个样本，每个样本观测p个变量，数据结构为

$$\begin{bmatrix} x_{11} & x_{12} & \cdots & x_{1p} \\ x_{21} & x_{22} & \cdots & x_{2p} \\ \vdots & \vdots & \vdots & \vdots \\ x_{n1} & x_{n2} & \cdots & x_{np} \end{bmatrix}$$

其中，x_{ij}是第i个样本第j个指标的观测值。因为每个样本点有p个变量，我们可以将每个样本点看作p维空间中的一个点，那么各样本点间的接近程度可以用距离来度量。以d_{ij}为第i样本点与第j样本点间的距离长度，距离越短，表明两样本点间相似程度高。最常见的距离指标有：

绝对距离：$d_{ij} = \sum |x_{ik} - x_{jk}|$

欧氏距离：$d_{ij} = \sqrt{\sum_{k=1}^{p} (x_{ik} - x_{jk})^2}$

切比雪夫距离：$d_{ij} = \max_{1 \leqslant k \leqslant p} |x_{ik} - x_{jk}|$

马氏距离：$d_{ij} = [(X_i - X_j)' S^{-1} (X_i - X_j)]^{\frac{1}{2}}$，其中$X_i = (x_{i1}, x_{i2}, \ldots, x_{ip}) i = 1, 2, \cdots, n$，$S$是样本数据矩阵相应的样本协方差矩阵，即$S$的元素$s_{ij} = \frac{1}{n-1} \sum_{k=1}^{n} (x_{ki} - \bar{x}_i)(x_{kj} - \bar{x}_j)$。

（二）相似系数

对于p维总体，由于它是由p个变量构成的，而且变量之间一般都存在内在联系，因此往往可用相似系数来度量各变量间的相似程度。相似系数介于-1至1之间，绝对值越接近于1，表明变量间的相似程度越高。常见的相似系数有：

夹角余弦：$\cos\vartheta_{ij}=\dfrac{\sum_{k=1}^{n}x_{ki}x_{kj}}{\sqrt{\sum_{k=1}^{n}x_{ki}^2\sum_{k=1}^{n}x_{kj}^2}}\quad i,j=1,\cdots,p$

相关系数：$r_{ij}=\dfrac{\sum_{k=1}^{n}(x_{ki}-\bar{x}_i)(x_{kj}-\bar{x}_j)}{\sqrt{\sum_{k=1}^{n}(x_{ki}-\bar{x}_i)^2\sum_{k=1}^{n}(x_{kj}-\bar{x}_j)^2}}\quad i,j=1,\cdots,p$

三、分类方法(系统聚类法)

系统聚类分析是聚类分析中应用最广泛的一种方法，凡是具有数值特征的变量和样本都可以采用系统聚类法。选择适当的距离和聚类方法，可以获得满意的聚类结果。

(一)分类的形成

先将所有的样本各自算作一类，将最近的两个样本点首先聚类，再将这个类和其他类中最靠近的结合，这样继续合并，直到所有的样本合并为一类为止。若在聚类过程中，距离的最小值不唯一，则将相关的类同时进行合并。

(二)类与类间的距离

系统聚类方法的不同取决于类与类间距离的选择，由于类与类间距离的定义有许多种，例如定义类与类间距离为最近距离、最远距离或两类的重心之间的距离等，所以不同的选择就会产生不同的聚类方法。常见的有：最短距离法、最长距离法、重心距离法、类平均法、离差平方和法等。

设两个类 G_l,G_m，分别含有 n_1 和 n_2 个样本点，

最短距离法：$d_{lm}=\min\{d_{ij},X_i\in G_l,X_j\in G_m\}$

最长距离法：$d_{lm}=\max\{d_{ij},X_i\in G_l,X_j\in G_m\}$

重心法：两类的重心分别为 $\bar{x}_l,\bar{x}_m$，则 $d_{lm}=d_{\bar{x}_1\bar{x}_2}$

类平均法：$d_{lm}=\dfrac{1}{n_1n_2}\cdot\sum_{X_i\in G_i}\sum_{X_j\in G_j}d_{ij}$

离差平方和法：首先将所有的样本自成为一类，然后每次缩小一类，每缩小一类离差平方和就要增大，选择使整个类内离差平方和增加最小的两类合并，直到所有的样本归为一类为止。

四、基本步骤与应用实例

(一) 基本步骤

先对数据进行变换处理，消除量纲对数据的影响；首先认为各样本点自成一类(即 n 个样本点一共有 n 类)，然后计算各样本点之间的距离，并将距离最近的两个样本点并成一类；选择并计算类与类之间的距离，并将距离最近的两类合并，重复上面作法直至所有样本点归为所需类数为止。最后绘制聚类图，按不同的分类标准或不同的分类原则，得出不同的分类结果。

(二) 应用实例

【例 12-3】 为了研究某年我国部分地区工业企业经济效益的分布规律，根据调查资料做

类型划分。标准化后的数据见表 12 - 2。依据标准化发掘对表中前 14 个地区的数据进行分析。

(1)首先认为每个样本点自成一类，采用欧氏距离，先求出各类间的距离矩阵 $D(0)$ 如下：

Case	1	2	3	4	5	6	7	8	9	10	11	12	13	14
1	0.000													
2	3.872	0.000												
3	4.610	1.201	0.000											
4	5.410	2.873	2.914	0.000										
5	4.969	2.277	2.261	1.957	0.000									
6	3.434	1.710	1.964	2.361	2.307	0.000								
7	3.851	2.694	2.509	2.831	2.421	1.797	0.000							
8	7.369	5.110	5.401	6.050	4.855	6.382	6.180	0.000						
9	2.184	1.776	2.592	3.485	3.108	1.538	2.455	6.070	0.000					
10	4.098	1.217	0.999	2.773	2.626	1.329	2.404	6.124	2.084	0.000				
11	3.917	1.877	1.954	2.619	3.069	1.445	2.234	6.473	2.055	1.209	0.000			
12	4.420	1.570	1.475	1.705	1.729	1.075	2.114	5.960	2.354	1.197	1.623	0.000		
13	3.474	1.785	1.778	3.027	2.412	1.596	1.162	5.580	1.779	1.745	1.768	1.903	0.000	
14	4.407	1.130	0.622	2.566	2.018	1.486	2.333	5.667	2.340	0.792	1.800	0.973	1.739	0.000

(2)因为所有距离中最小值为 0.622，所以有新类 $G_1=\{3,14\}$；

(3)以最大距离法求第一次并类后的距离矩阵 $D(1)$ 为：

	G_1	1	2	4	5	6	7	8	9	10	11	12	13
G_1	0.000												
1	4.610	0.000											
2	1.201	3.872	0.000										
4	2.914	5.410	2.873	0.000									
5	2.261	4.969	2.277	1.957	0.000								
6	1.964	3.434	1.710	2.361	2.307	0.000							
7	2.509	3.851	2.694	2.831	2.421	1.797	0.000						
8	5.667	7.369	5.110	6.050	4.855	6.382	6.180	0.000					
9	2.592	2.184	1.776	3.485	3.108	1.538	2.455	6.070	0.000				
10	0.999	4.098	1.217	2.773	2.626	1.329	2.404	6.124	2.084	0.000			
11	1.954	3.917	1.877	2.619	3.069	1.445	2.234	6.473	2.055	1.209	0.000		
12	1.475	4.420	1.570	1.705	1.729	1.075	2.114	5.960	2.354	1.197	1.623	0.000	
13	1.778	3.474	1.785	3.027	2.412	1.596	1.162	5.580	1.779	1.745	1.768	1.903	0.000

(4)因为 $D(1)$ 中最小距离值为 0.999，所以有新类 $G_2=\{G_1,10\}$；

(5)仍以最大距离法求第二次并类后的距离矩阵 $D(2)$ 为：

	G_2	1	2	4	5	6	7	8	9	11	12	13
G_2	0.000											
1	4.610	0.000										
2	1.217	3.872	0.000									
4	2.914	5.410	2.873	0.000								
5	2.626	4.969	2.277	1.957	0.000							
6	1.964	3.434	1.710	2.361	2.307	0.000						
7	2.509	3.851	2.694	2.831	2.421	1.797	0.000					
8	6.124	7.369	5.110	6.050	4.855	6.382	6.180	0.000				
9	2.592	2.184	1.776	3.485	3.108	1.538	2.455	6.070	0.000			
11	1.954	3.917	1.877	2.619	3.069	1.445	2.234	6.473	2.055	0.000		
12	1.475	4.420	1.570	1.705	1.729	1.075	2.114	5.960	2.354	1.623	0.000	
13	1.778	3.474	1.785	3.027	2.412	1.596	1.162	5.580	1.779	1.768	1.903	0.000

(6)因为 $D(2)$ 中最小距离值为 1.075，所以有新类 $G_3=\{6,12\}=\{6,12\}$；

(7)求第三次并类后的距离矩阵 $D(3)$ 为：

	G_2	G_3	1	2	4	5	7	8	9	11	13
G_2	0.000										
G_3	1.964	0.000									
1	4.610	4.420	0.000								
2	1.217	1.710	3.872	0.000							
4	2.914	2.361	5.410	2.873	0.000						
5	2.626	2.307	4.969	2.277	1.957	0.000					
7	2.509	2.114	3.851	2.694	2.831	2.421	0.000				
8	6.124	6.382	7.369	5.110	6.050	4.855	6.180	0.000			
9	2.592	2.354	2.184	1.776	3.485	3.108	2.455	6.070	0.000		
11	1.954	1.623	3.917	1.877	2.619	3.069	2.234	6.473	2.055	0.000	
13	1.778	1.903	3.474	1.785	3.027	2.412	1.162	5.580	1.779	1.768	0.000

(8)因为 $D(3)$ 中距离最小值为 1.162，所以有新类 $G_4=\{7,13\}$，并求第四次并类后的距离矩阵 $D(4)$ 为：

	G_2	G_3	G_4	1	2	4	5	8	9	11
G_2	0.000									
G_3	1.964	0.000								
G_4	2.509	2.114	0.000							
1	4.610	4.420	3.851	0.000						
2	1.217	1.710	2.694	3.872	0.000					
4	2.914	2.361	3.027	5.410	2.873	0.000				
5	2.626	2.307	2.421	4.969	2.277	1.957	0.000			
8	6.124	6.382	6.180	7.369	5.110	6.050	4.855	0.000		
9	2.592	2.354	2.455	2.184	1.776	3.485	3.108	6.070	0.000	
11	1.954	1.623	2.234	3.917	1.877	2.619	3.069	6.473	2.055	0.000

(9)$D(4)$中最小距离值为1.217，所以有新类$G_5=\{2,G_2\}$，依最大距离法求得第五次并类后的距离矩阵$D(5)$为：

	G_3	G_4	G_5	1	4	5	8	9	11
G_3	0.000								
G_4	2.114	0.000							
G_5	1.964	2.694	0.000						
1	4.420	3.851	4.610	0.000					
4	2.361	3.027	2.914	5.410	0.000				
5	2.307	2.421	2.626	4.969	1.957	0.000			
8	6.382	6.180	6.124	7.369	6.050	4.855	0.000		
9	2.354	2.455	2.592	2.184	3.485	3.108	6.070	0.000	
11	1.623	2.234	1.954	3.917	2.619	3.069	6.473	2.055	0.000

依此方法一直做下去……最后全部聚为一大类。

依以上聚类过程画聚类图，见图12-2：

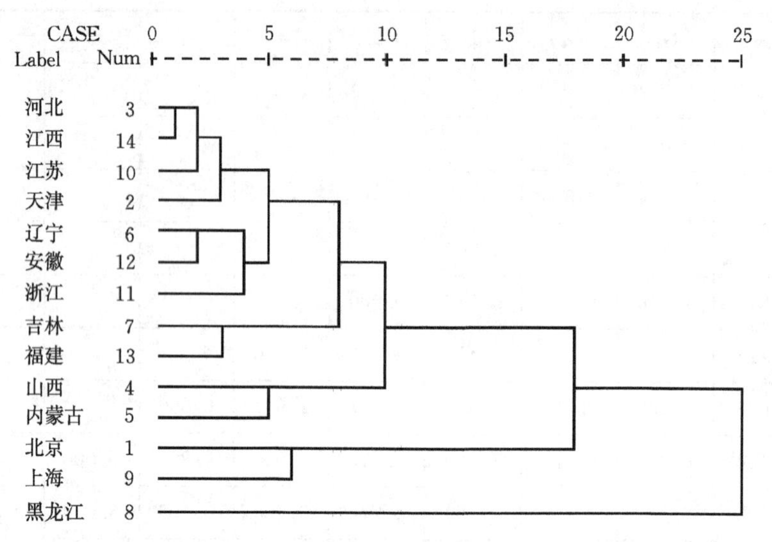

图 12-2　聚类图

可根据实际经济意义和需要将十四个样本划分为三类或两类。

思考与练习

一、单选题

1. 第 k 个主成分 y_k 的系数向量是(　　)。

A. 第 k 个特征根　　B. 第 k 个特征根所对应的特征向量

C. 第 k 个特征根所对应的方差贡献率　　D. 第 k 个特征根所对应的累计方差贡献率

2. P 个变量,其因子载荷矩阵 $A=\begin{bmatrix} a_{11} & a_{12} & \cdots & a_{1q} \\ a_{21} & a_{22} & \cdots & a_{2q} \\ \vdots & \vdots & \vdots & \vdots \\ a_{p1} & a_{p2} & \cdots & a_{pq} \end{bmatrix}$,变量共同度是(　　)。

A. 各行元素之和　　B. 各行元素平方和

C. 各列元素之和　　D. 各列元素平方和

3. 已知 $ABCD$ 四个样本点,计算其距离矩阵为:$\begin{bmatrix} 0 & & & \\ 1 & 0 & & \\ 2 & 4 & 0 & \\ 3 & 5 & 2 & 0 \end{bmatrix}$。选择最长距离法作为类与类间距离的测度方法,首先(　　)聚为一类。

A. A 和 B　　B. B 和 D　　C. A 和 C　　D. C 和 D

4. 距离判别时,待判样本 x 计算出与各类的距离分别为:$D^2(x,1)=637$,$D^2(x,2)=624$,则(　　)。

A. x 归入第一类　　B. x 归入第二类

C. x 还需进一步判断　　D. 资料不足,无法判断

二、多选题

1. 有关主成分的方差,下述表达正确的是(　　)。

A. 主成分的方差矩阵是对角矩阵

B. 第 k 个主成分的方差为对应的特征根

C. 主成分的总方差等于原变量的总方差

D. 主成分的方差等于第 k 个主成分与第 j 个变量样本间的相关系数

E. 任意两个主成分的方差是不相关的

2. 因子分析中，第 j 个因子的方差贡献率(　　)。

A. 是因子载荷矩阵中各列元素的平方和

B. 是因子载荷矩阵中各列元素的平方和占 p 个变量的总方差之比

C. 是因子载荷矩阵中各行元素的平方和占 p 个变量的总方差之比

D. 是说明变量所包含的原始信息被公共因子所解释的部分大小的

E. 是衡量各个公共因子相对重要程度的一个指标。

3. 对样本进行聚类，通常采用的相似性统计量有(　　)。

A. 绝对距离　　B. 欧氏距离　　C. 夹角余弦

D. 相关系数　　E. 切比雪夫距离

4. 下列表述正确的是(　　)。

A. 在费歇尔判别中，计算待判样本与各类的距离，判断待判样本与哪一类最近，就判它属于哪一类

B. 在距离判别中，计算待判样本与各类的距离，判断待判样本与哪一类最近，就判它属于哪一类

C. 贝叶斯判别中，对于待判样本 x，如果在所有的 $P(Gk/x)$ 中 $P(Gh/x)$ 是最大的，则判定 x 属于第 h 总体

D. 判别规则只能是统计性的

E. 判别规则可以是统计性的，也可以是确定性的

三、计算题

1. 下面是 8 个学生两门课程的成绩表：

	1	2	3	4	5	6	7	8
英语 x_1	100	90	70	70	85	55	55	45
数学 x_2	65	85	70	90	85	45	55	65

(1)求出两个特征根及其对应的单位特征向量；

(2)求出主成分，并写出表达式；

(3)求出主成分的贡献率，并解释主成分的实际意义；

(4)求出两个主成分的样本协方差矩阵；

(5)第 1 个样本主成分与第 2 个变量样本之间的相关系数为多少。

2. 已知 $x=(x_1,x_2,x_3,x_4,x_5)$ 的样本相关系数矩阵 R 如下，计算出因子载荷矩阵 A 的第一列元素。

$$R=\begin{bmatrix}1 & & & & \\ 0.810 & 1 & & & \\ 0.451 & 0.642 & 1 & & \\ 0.902 & 0.886 & 0.720 & 1 & \\ 0.725 & 0.522 & 0.882 & 0.934 & 1\end{bmatrix}$$

3. 某校从高中二年级女生中随机抽取16名，测得身高和体重数据如下表：

序号	身高(cm)	体重(kg)	序号	身高(cm)	体重(kg)
1	160	49	9	160	45
2	159	46	10	160	44
3	160	41	11	157	43
4	169	49	12	163	50
5	162	50	13	161	51
6	165	48	14	158	45
7	165	52	15	159	48
8	154	43	16	161	48

试根据不同的类与类之间距离的测度方法进行聚类(分类统计量采用欧氏距离)，并画出聚类图。

四、操作题

1. Ex10_1数据库中是纽约证券交易市场五只股票的星期收益率，共100周的数据。五只股票分别为Allied Chemical, Du Pont, Union Carbide, Exxon, Texaco. 为了描述的方便，我们将五只股票分别定义为变量X_1, X_2, X_3, X_4, X_5，主成分用Y_i表示，因子用F_j表示。

(1)第一个主成分的表达式为：(　　)

A. $Y_1=0.4636X_1-0.2411X_2+0.6126X_3-0.3821X_4-0.4535X_5$

B. $Y_1=2.8562X_1+0.8090X_2+0.5401X_3+0.4516X_4+0.343X_5$

C. $Y_1=0.4636X_1+0.4571X_2+0.47X_3+0.4217X_4+0.4213X_5$

D. $Y_1=0.8635X_1+0.8236X_2+0.7469X_3+0.8882X_4+0.8832X_5$

(2)第一个主成分与Allied Chemical(X_1)变量间的相关系数为(　　)。

A. 2.8562　B. 0.4636　C. 0.8635　D. 0.7834

(3)主成分分析中，提取三个主成分能说明原始信息量的(　　)。

A. 84.107%　B. 90.209%　C. 90.107%　D. 90.834%

(4)因子分析后，下列表达式正确的是(　　)。

A. $F_1=0.7834X_1+0.7725X_2+0.7943X_3+0.7126X_4+0.7120X_5$

B. $X_1=0.7834F_1-0.2169F_2-0.4502F_3+0.2568F_4$

C. $F_1=0.4636X_1+0.4571X_2+0.47X_3+0.4217X_4+0.4213X_5$

D. $X_1=0.4636F_1-0.2411F_2+0.6126F_3-0.3821F_4-0.4535F_5$

(5)对五个变量进行聚类，数据经 Z 分数法标准化，采用最短距离聚类法，欧氏距离平方测度距离，在距离为 182.2 处可聚为(　　)类。

A. 1　　B. 2　　C. 3　　D. 4

2. Ex10_2 数据库，某公司正在评估销售人员的能力，该公司随机抽选了 40 名销售人员，评估他们三项指标：销售量增长率(X_1)，利润率(X_2)，新客户销售量(X_3)。四十个人还进行了四项测试：创造能力测试(X_4)，商业能力测试(X_5)，抽象能力测试(X_6)及数学能力测试(X_7)。计算过程中，主成分用 Y_i 表示，因子用 F_j 表示。

(1)第一主成分的表达式为：(　　)。

A. $Y_1 = 4.9537X_1 + 1.051X_2 + 0.514X_3 + 0.3571X_4 + 0.0957X_5 + 0.0171X_6 + 0.0114X_7$

B. $Y_1 = 0.4362X_1 + 0.1139X_2 - 0.0445X_3 - 0.01X_4 - 0.6334X_5 + 0.1304X_6 - 0.6136X_7$

C. $Y_1 = 0.4362X_1 + 0.4228X_2 + 0.4242X_3 + 0.2767X_4 + 0.3577X_5 + 0.2874X_6 + 0.4049X_7$

D. $Y_1 = 0.9731X_1 + 0.9429X_2 + 0.9448X_3 + 0.6603X_4 + 0.7833X_5 + 0.6488X_6 + 0.9141X_7$

(2)主成分分析中，按照 90% 的信息提取原则可提取(　　)个主成分。

A. 4　　B. 3　　C. 2　　D. 1

(3)按默认参数设置进行因子分析后，下列表达式正确的是(　　)。

A. $F_1 = 0.9707X_1 - 0.1168X_2 - 0.0319X_3 + e_1$

B. $X_1 = 0.9707F_1 - 0.1168F_2 - 0.0319F_3 + e_1$

C. $X_1 = 0.9707F_1 + 0.9409F_2 + 0.9441F_3 + 0.6159F_4 + 0.7962F_5 + 0.6396F_6 + 0.9013F_7 + e_1$

D. $F_1 = 0.9707X_1 + 0.9409X_2 + 0.9441X_3 + 0.6159X_4 + 0.7962X_5 + 0.6396X_6 + 0.9013X_7 + e_1$

(4)变量 X_1 的共同度为(　　)。

A. 0.795　　B. 0.579　　C. 0.975　　D. 0.957

(5)对样本进行聚类，数据经 Z 分数法标准化，采用组间连接距离聚类法，欧氏距离平方测度距离，在距离为 19 处可聚为(　　)类。

A. 1　　B. 2　　C. 3　　D. 4

附录

附表 1　　标准正态分布表

$$\Phi(u)=\int_0^x \frac{1}{\sqrt{2\pi}}e^{-\frac{t^2}{2}}\mathrm{d}t=P(X\leqslant x)$$

u	0	1	2	3	4	5	6	7	8	9
0.0	0.5000	0.5040	0.5080	0.5120	0.5160	0.5199	0.5239	0.5279	0.5319	0.5359
0.1	0.5398	0.5438	0.5478	0.5517	0.5557	0.5596	0.5636	0.5675	0.5714	0.5753
0.2	0.5793	0.5832	0.5871	0.5910	0.5848	0.5987	0.6026	0.6064	0.6103	0.6141
0.3	0.6179	0.6217	0.6255	0.6293	0.6331	0.6368	0.6406	0.6443	0.6480	0.6517
0.4	0.6554	0.6591	0.6628	0.6664	0.6700	0.6736	0.6772	0.6808	0.6844	0.6879
0.5	0.6915	0.6950	0.6985	0.7019	0.7054	0.7088	0.7123	0.7157	0.7190	0.7224
0.6	0.7257	0.7219	0.7324	0.7357	0.7389	0.7422	0.7454	0.7486	0.7571	0.7549
0.7	0.7580	0.7611	0.7642	0.7673	0.7703	0.7734	0.7764	0.7794	0.7823	0.7852
0.8	0.7881	0.7910	0.7939	0.7967	0.7995	0.8023	0.8051	0.8087	0.8106	0.8133
0.9	0.8159	0.8186	0.8212	0.8283	0.8264	0.8289	0.8315	0.8340	0.8365	0.8389
1.0	0.8413	0.8438	0.8461	0.8485	0.8508	0.8531	0.8554	0.8577	0.8599	0.8621
1.1	0.8643	0.8665	0.8686	0.8708	0.8729	0.8749	0.8770	0.8790	0.8810	0.8830
1.2	0.8849	0.8869	0.8888	0.8907	0.8925	0.8944	0.8962	0.8980	0.8997	0.9015
1.3	0.9023	0.9049	0.9066	0.9082	0.9099	0.9115	0.9131	0.9147	0.9162	0.9177
1.4	0.9192	0.9207	0.9222	0.9236	0.9251	0.9265	0.9278	0.9292	0.9306	0.9319
1.5	0.9332	0.9345	0.9357	0.9370	0.9382	0.9394	0.9406	0.9418	0.9430	0.9441
1.6	0.9452	0.9463	0.9474	0.9484	0.9495	0.9505	0.9515	0.9525	0.9535	0.9545
1.7	0.9554	0.9564	0.9573	0.9582	0.9591	0.9599	0.9608	0.9616	0.9625	0.9633
1.8	0.9641	0.9648	0.9656	0.9664	0.9671	0.9678	0.9686	0.9693	0.9700	0.9706
1.9	0.9713	0.9719	0.9726	0.9732	0.9738	0.9744	0.9750	0.9756	0.9762	0.9767
2.0	0.9772	0.9778	0.9783	0.9788	0.9793	0.9798	0.9803	0.9808	0.9812	0.9817
2.1	0.9821	0.9826	0.9830	0.9834	0.9838	0.9842	0.9846	0.9850	0.9854	0.9857
2.2	0.9861	0.9864	0.9868	0.9871	0.9874	0.9878	0.9881	0.9884	0.9887	0.9890
2.3	0.9893	0.9896	0.9898	0.9901	0.9904	0.9906	0.9909	0.9911	0.9913	0.9916
2.4	0.9918	0.9920	0.9922	0.9925	0.9927	0.9929	0.9931	0.9932	0.9934	0.9936
2.5	0.9938	0.9940	0.9941	0.9943	0.9945	0.9946	0.9948	0.9949	0.9951	0.9952
2.6	0.9953	0.9955	0.9956	0.9957	0.9959	0.9960	0.9961	0.9962	0.9963	0.9964
2.7	0.9965	0.9966	0.9967	0.9968	0.9969	0.9970	0.9971	0.9972	0.9973	0.9974
2.8	0.9974	0.9975	0.9976	0.9977	0.9977	0.9978	0.9979	0.9979	0.9980	0.9981
2.9	0.9981	0.9982	0.9982	0.9983	0.9984	0.9984	0.9985	0.9985	0.9986	0.9986
3.0	0.9987	0.9990	0.9993	0.9995	0.9997	0.9998	0.9998	0.9999	0.9999	1.0000

附表 2　　t 界值表

n	α=0.25	0.10	0.05	0.025	0.01	0.005
1	1.0000	3.0777	6.3138	12.7062	31.8207	63.6574
2	0.8165	1.8856	2.9200	4.3037	6.9646	9.9248
3	0.7649	1.6377	2.3534	3.1824	2.5407	5.8409
4	0.7407	1.5332	2.1318	2.7764	3.7469	4.6014
5	0.7267	1.4759	2.0150	2.5706	3.3649	4.0322
6	0.7176	1.4398	1.9432	2.4469	3.1427	3.7074
7	0.7111	1.4149	1.8946	2.3634	2.9980	3.4995
8	0.7064	1.3968	1.8595	2.3060	2.8965	3.3554
9	0.7027	1.3830	1.8331	2.2622	2.8214	3.2498
10	0.6998	1.3722	1.8125	2.2281	2.7638	3.1693
11	0.6974	1.3634	1.7959	2.2010	2.7181	3.1058
12	0.6955	1.3562	1.7823	2.1788	2.6810	3.0545
13	0.6938	1.3502	1.7709	2.1604	2.6503	3.0123
14	0.6924	1.3450	1.7613	2.1448	2.6245	2.9768
15	0.6912	1.3406	1.7531	2.1315	2.6205	2.9467
16	0.6901	1.3368	1.7459	2.1199	2..5835	2.9208
17	0.6892	1.3334	1.7396	2.1098	2.5669	2.8982
18	0.6884	1.3304	1.7341	2.1009	2.5524	2.8784
19	0.6876	1.3277	1.7291	2.0930	2.5395	2.8609
20	0.9870	1.3253	1.7247	2.0860	2.5280	2.8453
21	0.6864	1.3232	1.7207	2.0796	2.5177	2.8314
22	0.6858	1.3212	1.7171	2.0739	2.5083	2.8188
23	0.6853	1.3195	1.7139	2.0687	2.4999	2.8073
24	0.6848	1.3178	1.7109	2.0639	2.4922	2.7969
25	0.6844	1.3163	1.7108	2.0595	2.4851	2.7874
26	0.6840	1.3150	1.7056	2.0555	2.4786	2.7787
27	0.6837	1.3137	1.7033	2.0518	2.4727	2.7707
28	0.6834	1.3125	1.7011	2.0484	2.4671	2.7664
29	0.6830	1.3114	1.6991	2.0452	2.4620	2.7564
30	0.6828	1.304	1.6973	2.0423	2.4573	2.7500
31	0.6825	1.3095	1.6599	2.0395	2.4528	2.7440
32	0.6822	1.3086	1.6939	2.0369	2.4487	2.7385
33	0.6820	1.3077	1.6924	2.0345	2.4448	2.7333
34	0.6818	1.3070	1.6909	2.0322	2.4411	2.7384
35	0.6816	1.3062	1.6896	2.0301	2.4377	2.7238
36	0.6814	1.3055	1.6883	2.0281	2.4345	2.7195
37	0.6812	1.3049	1.6871	2.0262	2.4314	2.7154
38	0.6810	1.3042	1.6860	2.0244	2.4286	2.7116
39	0.6808	1.3036	1.6849	2.0227	2.4258	2.7079
40	0.6807	1.3031	1.6839	2.0211	2.4223	2.7045
41	0.6805	1.3025	1.6829	2.0195	2.4208	2.7012
42	1.6804	1.3020	1.6820	2.0181	2.4185	2.6981
43	1.6802	1.3016	1.6811	2.0167	2.4163	2.6951
44	1.6801	1.3011	1.6802	2.0154	2.4141	2.6923
45	0.6800	1.3006	1.6794	2.0141	2.4121	2.6896
50	0.679	1.299	1.676	2.009	2.403	2.678
60	0.679	1.296	1.671	2.000	2.390	2.660
70	0.678	1.294	1.667	1.994	2.381	2.648
80	0.678	1.292	1.664	1.990	2.374	2.639
90	0.677	1.291	1.662	1.987	2.368	2.632
100	0.677	1.290	1.660	1.984	2.364	2.626
∞	0.675	1.282	1.645	1.960	2.326	2.576

附表 3　　χ^2 分布表

自由度	P												
ν	0.995	0.990	0.975	0.950	0.900	0.750	0.500	0.250	0.100	0.050	0.025	0.010	0.005
1	…	…	…	…	0.02	0.10	0.45	1.32	2.71	3.84	5.02	6.63	7.88
2	0.01	0.02	0.02	0.10	0.21	0.58	1.39	2.77	4.61	5.99	7.38	9.21	10.60
3	0.07	0.11	0.22	0.35	0.58	1.21	2.37	4.11	6.25	7.81	9.35	11.34	12.84
4	0.21	0.30	0.48	0.71	1.06	1.92	3.36	5.39	7.78	9.49	11.14	13.28	14.86
5	0.41	0.55	0.83	1.15	1.61	2.67	4.35	6.63	9.24	11.07	12.83	15.09	16.75
6	0.68	0.87	1.24	1.64	2.20	3.45	5.35	7.84	10.64	12.59	14.45	16.81	18.55
7	0.99	1.24	1.69	2.17	2.83	4.25	6.35	9.04	12.02	14.07	16.01	18.48	20.28
8	1.34	1.65	2.18	2.73	3.40	5.07	7.34	10.22	13.36	15.51	17.53	20.09	21.96
9	1.73	2.09	2.70	3.33	4.17	5.90	8.34	11.39	14.68	16.92	19.02	21.67	23.59
10	2.16	2.56	3.25	3.94	4.87	6.74	9.34	12.55	15.99	18.31	20.48	23.21	25.19
11	2.60	3.05	3.82	4.57	5.58	7.58	10.34	13.70	17.28	19.68	21.92	24.72	26.76
12	3.07	3.57	4.40	5.23	6.30	8.44	11.34	14.85	18.55	21.03	23.34	26.22	28.30
13	3.57	4.11	5.01	5.89	7.04	9.30	12.34	15.98	19.81	22.36	24.74	27.69	29.82
14	4.07	4.66	5.63	6.57	7.79	10.17	13.34	17.12	21.06	23.68	26.12	29.14	31.32
15	4.60	5.23	6.27	7.26	8.55	11.04	14.34	18.25	22.31	25.00	27.49	30.58	32.80
16	5.14	5.81	6.91	7.96	9.31	11.91	15.34	19.37	23.54	26.30	28.85	32.00	34.27
17	5.70	6.41	7.56	8.67	10.09	12.79	16.34	20.49	24.77	27.59	30.19	33.41	35.72
18	6.26	7.01	8.23	9.39	10.86	13.68	17.34	21.60	25.99	28.87	31.53	34.81	37.16
19	6.84	7.63	8.91	10.12	11.65	14.56	18.34	22.72	27.20	30.14	32.85	36.19	38.58
20	7.43	8.26	9.59	10.85	12.44	15.45	19.34	23.83	28.41	31.41	34.17	37.57	40.00
21	8.03	8.90	10.28	11.59	13.24	16.34	20.34	24.93	29.62	32.67	35.48	38.93	41.40
22	8.64	9.54	10.98	12.34	14.04	17.24	21.34	26.04	30.81	33.92	36.78	40.29	42.80
23	9.26	10.20	11.69	13.09	14.85	18.14	22.34	27.14	32.01	35.17	38.08	41.64	44.18
24	9.89	10.86	12.40	13.85	15.66	19.04	23.34	28.24	33.20	36.42	39.36	42.98	45.56
25	10.52	11.52	13.12	14.61	16.47	19.94	24.34	29.34	34.38	37.65	40.65	44.31	46.93
26	11.16	12.20	13.84	15.38	17.29	20.84	25.34	30.43	35.56	38.89	41.92	45.64	48.29
27	11.81	12.88	14.57	16.15	18.11	21.75	26.34	31.53	36.74	40.11	43.19	46.96	49.64
28	12.46	13.56	15.31	16.93	18.94	22.66	27.34	32.62	37.92	41.34	44.46	48.28	50.99
29	13.12	14.26	16.05	17.71	19.77	23.57	28.34	33.71	39.09	42.56	45.72	49.59	52.34
30	13.79	14.95	16.79	18.49	20.60	24.48	29.34	34.80	40.26	43.77	46.98	50.89	53.67
40	20.71	22.16	24.43	26.51	29.05	33.66	39.34	45.62	51.80	55.76	59.34	63.69	66.77
50	27.99	29.71	32.36	34.76	37.69	42.94	49.33	56.33	63.17	67.50	71.42	76.15	79.49
60	35.53	37.48	40.48	43.19	46.46	52.29	59.33	66.98	74.40	79.08	83.30	88.38	91.95
70	43.28	45.44	48.76	51.74	55.33	61.70	69.33	77.58	85.53	90.53	95.02	100.42	104.22
80	51.17	53.54	57.15	60.39	64.28	71.14	79.33	88.13	96.58	101.88	106.63	112.33	116.32
90	59.20	61.75	65.65	69.13	73.29	80.62	89.33	98.64	107.56	113.14	118.14	124.12	128.30
100	67.33	70.06	74.22	77.93	82.36	90.13	99.33	109.14	118.50	124.34	129.56	135.81	140.17

注：自由度表示符号一般为 n'、df、ν 等，本书统一用 ν。

附表 4 r 界值表(双侧)

自由度 $\nu-2$	概率,P				
	0.10	0.05	0.02	0.01	0.001
1	0.98769	0.99625	0.99507	0.999877	0.9999988
2	0.90000	0.95000	0.98000	0.99000	0.999900
3	0.8054	0.8783	0.93433	0.95873	0.99116
4	0.7293	0.8114	0.8822	0.91720	0.97405
5	0.6694	0.7545	0.8329	0.8745	0.95074
6	0.6215	0.7067	0.7887	0.8343	0.92493
7	0.5822	0.6664	0.7498	0.7977	0.8982
8	0.5494	0.6319	0.7155	0.7646	0.8721
9	0.5214	0.6021	0.6851	0.7348	0.8471
10	0.4973	0.5760	0.6581	0.7079	0.8233
11	0.4762	0.5529	0.6339	0.6835	0.8010
12	0.4575	0.5324	0.6120	0.6614	0.7800
13	0.4409	0.5139	0.5923	0.6411	0.7603
14	04259	0.4973	0.5742	0.6226	0.7429
15	0.4123	0.4821	0.5577	0.6055	0.725
16	0.4000	0.4683	0.5425	0.5897	0.7084
17	0.3887	0.4555	0.5285	0.5751	0.6932
18	0.3783	0.4438	0.5155	0.5614	0.6787
19	0.3687	0.4329	0.5134	0.5487	0.6652
20	0.3593	0.4227	0.4921	0.5368	0.6524
25	0.3233	0.3809	0.4451	0.4869	0.5974
30	0.2960	0.3494	0.4093	0.4487	0.5541
35	0.2746	0.3426	0.3810	0.4182	0.5189
40	0.2573	0.3044	0.3578	0.3932	0.4896
45	0.2428	0.2875	0.3384	0.3721	0.4648
50	0.2306	0.2732	0.3213	0.3541	0.4433
60	0.2108	0.2500	0.2044	0.3243	0.4078
70	0.1954	0.2319	0.2737	0.3017	0.2799
80	0.1829	0.2172	0.2565	0.2880	0.3558
90	0.1726	0.2050	0.2422	0.2673	0.3375
100	0.1368	0.1946	0.2301	0.2540	0.3211

注:表中数字为临界值 $r(\alpha,\nu-2)$。

附表 5 英汉统计名词对照表

A

abscissa	横坐标
absence rate	缺勤率
absolute number	绝对数
absolute value	绝对值
accident error	偶然误差
accumulated frequency	累积频数
alternative hypothesis	备择假设
analysis of data	分析资料
analysis of variance(ANOVA)	方差分析
arith-log paper	算术对数纸
arithmetic mean	算术均数
assumed mean	假定均数
arithmetic weighted mean	加权算术均数
asymmetry coefficient	偏度系数
average	平均数
average deviation	平均差

B

bar chart	直条图、条图
bias	偏性
binomial distribution	二项分布
biometrics	生物统计学
bivariate normal population	双变量正态总体

C

cartogram	统计图
case fatality rate(or case mortality)	病死率
census	普查
chi-sguare(X2) test	卡方检验
central tendency	集中趋势

class interval	组距
classification	分组、分类
cluster sampling	整群抽样
coefficient of correlation	相关系数
coefficient of regression	回归系数
coefficient of variability(or coefficieut of variation)	变异系数
collection of data	收集资料
column	列(栏)
combinative table	组合表
combined standard deviation	合并标准差
combined variance(or poolled variance)	合并方差
complete survey	全面调查
completely correlation	完全相关
completely random design	完全随机设计
confidence interval	可信区间,置信区间
confidence level	可信水平,置信水平
confidence limit	可信限,置信限
constituent ratio	构成比,结构相对数
continuity	连续性
control	对照
control group	对照组
coordinate	坐标
correction for continuity	连续性校正
correction for grouping	归组校正
correction number	校正数
correction value	校正值
correlation	相关,联系
correlation analysis	相关分析
correlation coefficient	相关系数
critical value	临界值
cumulative frequency	累积频率

D

data	资料
degree of confidence	可信度,置信度

degree of dispersion	离散程度
degree of freedom	自由度
degree of variation	变异度
dependent variable	应变量
design of experiment	实验设计
deviation from the mean	离均差
diagnose accordance rate	诊断符合率
difference with significance	差别不显著
difference with significance	差别显著
discrete variable	离散变量
dispersion tendency	离中趋势
distribution	分布、分配

E

effective rate	有效率
eigenvalue	特征值
enumeration data	计数资料
equation of linear regression	线性回归方程
error	误差
error of replication	重复误差
error of type II	Ⅱ型错误,第二类误差
error of type I	Ⅰ型错误,第一类误差
estimate value	估计值
event	事件
experiment design	实验设计
experiment error	实验误差
experimental group	实验组
extreme value	极值

F

fatality rate	病死率
field survey	现场调查

fourfold table	四格表
freguency	频数
freguency distribution	频数分布

G

Gaussian curve	高斯曲线
geometric mean	几何均数
grouped data	分组资料

H

histogram	直方图
homogeneity of variance	方差齐性
homogeneity test of variances	方差齐性检验
hypothesis test	假设检验
hypothetical universe	假设总体

I

incidence rate	发病率
incomplete survey	非全面调检
indepindent variable	自变量
indivedual difference	个体差异
infection rate	感染率
inferior limit	下限
initial data	原始数据
inspection of data	检查资料
intercept	截距
interpolation method	内插法
interval estimation	区间估计
inverse correlation	负相关

K

kurtosis coefficient	峰度系数

L

latin sguare design	拉丁方设计
least significant difference	最小显著差数
least square method	最小平方法,最小乘法
leptokurtic distribution	尖峭态分布
leptokurtosis	峰态,峭度
linear chart	线图
linear correlation	直线相关
linear regression	直线回归
linear regression eguation	直线回归方程
link relative	环比
logarithmic normal distribution	对数正态分布
logarithmic scale	对数尺度
lognormal distribution	对数正态分布
lower limit	下限

M

matched pair design	配对设计
mathematical statistics	数理统计(学)
maximum value	极大值
mean	均值
mean of population	总体均数
mean square	均方
mean variance	均方,方差
measurement data	讲量资料
median	中位数
medical statistics	医学统计学
mesokurtosis	正态峰
method of least squares	最小平方法,最小乘法
method of grouping	分组法
method of percentiles	百分位数法

mid-value of class	组中值
minimum value	极小值
mode	众数
moment	动差,矩
morbidity	患病率
mortality	死亡率

N

natality	出生率
natural logarithm	自然对数
negative correlation	负相关
negative skewness	负偏志
no correlation	无相关
non-linear correlation	非线性相关
non-parametric statistics	非参数统计
normal curve	正态曲线
normal deviate	正态离差
normal distribution	正态分布
normal population	正态总体
normal probability curve	正态概率曲线
normal range	正常范围
normal value	正常值
normal kurtosis	正态峰
normality test	正态性检验
nosometry	患病率
null hypothesis	无效假设,检验假设

O

observed unit	观察单位
observed value	观察值
one-sided test	单测检验
one-tailed test	单尾检验

order statistic	顺序统计量
ordinal number	秩号
ordinate	纵坐标

P

pairing data	配对资料
parameter	参数
percent	百分率
percentage	百分数,百分率
percentage bar chart	百分条图
percentile	百分位数
pie diagram	园图
placebo	安慰剂
planning of survey	调查计划
point estimation	点估计
population	总体,人口
population mean	总体均数
population rate	总体率
population variance	总体方差
positive correlation	正相关
positive skewness	正偏态
power of a test	把握度,检验效能
prevalence rate	患病率
probability	概率,机率
probability error	偶然误差
proportion	比,比率
prospective study	前瞻研究
prospective survey	前瞻调查
public health statistics	卫生统计学

Q

quality eontrol	质量控制

quartile	四分位数
	R
random	随机
random digits	随机数字
random error	随机误差
random numbers table	随机数目表
random sample	随机样本
random sampling	随机抽样
random variable	随机变量
randomization	随机化
randomized blocks	随机区组,随机单位组
randomized blocks analysis of variance	随机单位组方差分析
randomized blocks design	随机单位组设计
randomness	随机性
range	极差、全距
range of normal values	正常值范围
rank	秩,秩次,等级
rank correlation	等级相关
rank correlation coefficent	等级相关系数
rank-sum test	秩和检验
rank test	秩(和)检验
ranked data	等级资料
rate	率
ratio	比
recovery rate	治愈率
registration	登记
regression	回归
regression analysis	回归分析
regression coefficient	回归系数
regression eguation	回归方程

relative number	相对数
relative ratio	比较相对数
relative ratio with fixed base	定基比
remainder error	剩余误差
replication	重复
retrospective survey	回顾调查
Ridit analysis	参照单位分析
Ridit value	参照单位值

S

sample	样本
sample average	样本均数
sample size	样本含量
sampling	抽样
sampling error	抽样误差
sampling statistics	样本统计量
sampling survay	抽样调查
scaller diagram	散点图
schedule of survey	调查表
semi-logarithmic chart	半对数线图
semi-measursement data	半计量资料
semi-guartile range	四分位数间距
sensitivity	灵敏度
sex ratio	性比例
sign test	符号检验
significance	显著性,意义
significance level	显著性水平
significance test	显著性检验
significant difference	差别显著
simple random sampling	单纯随机抽样
simple table	简单表

size of sample	样本含量
skewness	偏态
slope	斜率
sorting data	整理资料
sorting table	整理表
sources of variation	变异来源
square deviation	方差
standard deviation(SD)	标准差
standard error (SE)	标准误
standard error of estimate	标准估计误差
standard error of the mean	均数的标准误
standardization	标准化
standardized rate	标化率
standardized normal distribution	标准正态分布
statistic	统计量
statistics	统计学
statistical induction	统计图
statistical inference	统计归纳
statistical map	统计推断
statistical method	统计地图
statistical survey	统计方法
statistical table	统计调查
statistical test	统计表
statistical treatment	统计检验
stratified sampling	统计处理
stochastic variable	分层抽样
sum of cross products of	随机变量
deviation from mean	离均差积和
sum of ranks	秩和
sum of sguares of deviation from mean	离均差平方和

superior limit	上限
survival rate	生存率
symmetry	对称(性)
systematic error	系统误差
systematic sampling	机械抽样

T

t-distribution	t 分布
t-test	t 检验
tabulation method	划记法
test of normality	正态性检验
test of one-sided	单侧检验
test of one-tailed	单尾检验
test of significance	显著性检验
test of two-sided	双侧检验
test of two-tailed	双尾检验
theoretical frequency	理论频数
theoretical number	理论数
treatment	处理
treatment factor	处理因素
treatment of date	数据处理
two-factor analysis of variance	双因素方差分析
two-sided test	双侧检验
two-tailed test	双尾检验
type I error	第一类误差
type II error	第二类误差
typical survey	典型调查

U

u test	*u* 检验
universe	总体,全域
ungrouped data	未分组资料

upper limit	上限
V	
variable	变量
variance	方差,均方
variance analysis	方差分析
variance ratio	方差比
variate	变量
variation coefficient	变异系数
velocity of development	发展速度
velocity of increase	增长速度
W	
weight	权数
weighted mean	加权均数
Z	
zero correlation	零相关

参考文献

[1] 朱有志.社会科学研究方法论[M].北京中央文献出版社,2007.
[2] 林聚任,刘玉安.社会科学研究方法[M].济南:山东人民出版社,2008.
[3] 欧阳康,张明伦.社会科学研究方法[M].北京:高等教育出版社,2006.
[4] [英]亨特,[美]科兰德.社会科学:社会研究导论[M].12版.北京:北京大学出版社,2005.
[5] [美]安德森,斯伟尼,威廉.商务定量分析方法[M].于辉,詹正茂,译.9版.北京:清华大学出版社,2007.
[6] 白靖,杨印田,金德勇.中国当前反腐败斗争形势的量化分析[J].燕山大学学报:哲学社会科学版,2003,4(3).
[7] 刘卫东,彭俊编.定量分析方法[M].上海:复旦大学出版社,2005.
[8] 陈永国.公共管理定量分析方法[M].上海:上海交通大学出版社,2006.
[9] 袁政.公共管理定量分析方法与技术[M].重庆:重庆大学出版社,2006.
[10] 张志勇.管理决策中定量分析的基本作用及其研究方法[J].中国流通经济,2004(2).
[11] 陶文楼.管理问题认知与科学决策[J].中共南京市委党校南京市行政学院学报,2003(5).
[12] 徐萍.西安市现代化水平定量分析方法的研究[J].理论观察,2003(4).
[13] [英]艾比·巴比.社会研究方法[M].邱泽奇,译.11版.北京:华夏出版社,2009.
[14] 风笑天.社会学研究方法[M].4版.北京:中国人民大学出版社,2013.
[15] 范克新.社会学定量方法[M].南京:南京大学出版,2004.
[16] [美]苏珊·韦尔奇.公共管理中的量化方法:技术与应用[M].北京:中国人民大学出版社,2009.
[17] 魏娜.公共管理方法与技术[M].北京:中国人民大学出版社,2004.
[18] [美]肯尼思·迈耶.公共管理中的应用统计学[M].北京:中国人民大学出版社,2004.
[19] 尤建新,谭旋.公共管理风险社会科学研究方法的研究[J].上海管理科学,2004(4).
[20] 郭正林.农民政治认知与参与的定量研究[J].浙江师范大学学报:社会科学版,2004(5).
[21] 李思哲,米红.失地农民养老保险模式识别及基金运营量化分析[J].中国人口科学,2005(增刊).
[22] 国家统计局农村社会经济调查总队社区处.农村剩余劳动力定量研究[J].调研世界,2002(3).
[23] 李灿,辛玲.调查问卷中的敏感性问题设计研究[J].经济师,2007(01).
[24] 郭跃显,白士强.企业文化调查问卷设计及其信度、效度检验[J].统计教育,2004(04).
[25] 琐琪.基于数据挖掘的数据库营销研究[J].技术与市场,2007(2).
[26] 朱祖林.远程开放教育毕业生追踪调查数据的整理与检验[J].中国远程教育,2005(07).
[27] 刘天时.一种通用数据库数据整理方法[J].计算机工程,2004(20).
[28] 国家统计局新闻处.统计表:新中国成立以来国民经济发展的巨大成就[J].求是,2004(19).
[29] 丁岳维.统计资料分组情况下的中位数和众数的计算[J].统计与决策,2006(5).

[30] 李冻菊.标志变异指标之我见[J].统计与决策,2006(11).
[31] 梁绍君.算术平均数概念的四个理解水平及测试结果[J].数据教育学报,2006(2).
[32] 刘德龙.论诚信的收益与失信的成本的计量[J].辽宁师范学报:自然科学版,2006(14).
[33] 司志本.概率论在就业决策中的一个应用[J].数学通讯,2005(17).
[34] 许端.期权定价公式的概率论推导[J].北京工业大学学报,2004(3).
[35] 张秀梅.关于会计透明度的概率论和经济学分析[J].中央财经大学学报,2004(1).
[36] 张先义.用正态分布和T检验原理对高校体育考核成绩及评分标准合理性的分析探讨[J].武汉体育学院院报,2001(4):117-118.
[37] 李胜联.变异的假设检验及其应用[J].中国卫生统计,2006(12):560-561.
[38] 任燕燕.平行数据模型单位根的非参数检验方法[J].统计研究,2006(10):28-30.
[39] 冯春山,吴家春,蒋馥.定性预测与定量预测的综合运用研究[J].东华大学学报:自然科学版,2004,30(3).
[40] 周瑞凌.利用Logistic回归模型对上市公司被国企和民企收购的预测[J].上海交通大学学报,2006,40(9).
[41] 杨宏峰.基于神经网络—Logit回归的混合两阶段财务困境预测模型[J].统计与决策,2006,(10):157-159.
[42] 邢棉,等.模糊多级评价在知识管理水平评估中的应用[J].运筹与管理,2004,13.
[43] 曾勇.煤层构造变形的综合定量分析[J].煤田地质与勘探,2000(6).
[44] 姜耀俭.轮南奥陶系裂缝的综合定量分析[J].大庆石油学院学报,2002(03).
[45] 李晓毅.一种造模方法的综合定量分析[J].中国卫生统计,2003(06).
[46] 张建军.定量因素的明确性[J].科学经济社会,2012(1).
[47] 陈云松,吴晓刚.走向开源的社会学定量分析中的复制性研究[J].社会,2012(3).
[48] 蒋维杨,赵嵩正,刘丹等.大样本评价的定量指标无量纲化方法[J].统计与决策,2012(17).
[49] 郭亚军,马凤妹,董庆兴.无量纲化方法对拉开档次法的影响分析[J].管理科学学报.2011(5).
[50] 王亚勇,李亨英.基于因子分析法对不同经济类型企业竞争力的评价研究[J].科技和产业,2011(7).
[51] 高晶,索柏民,翟玉人.关联矩阵法在信用评价中的应用[J].沈阳师范大学学报(自然科学版),2007(3).
[52] 郭琼.基于SPSS软件的主成分分析法探析——榆次区土地生态系统健康评价[J].山西农业大学学报(自然科学版),2012(1).
[53] 黄莺.元数据质量的定量评估方法综述[J].图书情报工作,2013(4).
[54] 李凌杰.特色数据库建设中的元数据质量控制研究[J].图书情报工作,2010(5).
[55] 陆士桢,王蕾.青年网络政治参与影响因素研究——基于定量研究的过程分析[J].图书情报工作,2013(6).
[56] 李春霄,贾金荣.农村金融发展与经济增长关系研究——基于协整检验和误差修正模型的实证分析[J].广东商学院学报,2012(06).
[57] 金华旺,魏凤.陕西省新农合保障能力综合评价——来自陕西省687户微观数据的调研[J].西北农林科技大学学报(社会科学版),2013(05).
[58] 桂文林,韩兆洲.环比增长率测算季节调整模型的评价和选择[J].统计与信息论坛,2012(10).

[59] 常亮.基于时间序列分析的 ARIMA 模型分析及预测[J]. 计算机时代,2011(02).

[60] 孙晓娥. 深度访谈研究方法的实证论析[J]. 西安交通大学学报(社会科学版),2012(3).

[61] 齐义军,付桂军. 典型资源型区域可持续发展评价——基于模糊综合评价研究方法[J]. 中央民族大学学报(哲学社会科学版),2012(3).

[62] 路长飞,贾存显,张吉玉,等. 社会支持评定量表在农村自杀死亡者中的信效度[J].中国心理卫生杂志,2011(3).

[63] 徐晓萍,马文杰. 非上市中小企业贷款违约率的定量分析——基于判别分析法和决策树模型的分析[J].金融研究,2011(3).

[64] Peter Heron. The Sage Encyclopedia of Social Science Research Methods[J]. Library and Information Science Research, 2004, 26 (3), 404-406.

[65] Holley, Robert P. Applications of Social Research Methods to Questions in Information and Library Science[J]. Portal : Libraries and the Academy, 2009, 9 (4), 517-518.

[66] Horrid D. Patrai, Daniela M. Andrei, Adriana M. Garran. Social Research Methods Used in Moving the Traditional Usability Approach Towards a User-Centered Design Approach[J]. International Journal of Information Technology and Web Engineering (IJITWE), 2009, 4 (4).

[67] Currin-Percival, Mary, Johnson, Martin. Understanding Sample Surveys: Selective Learning about Social Science Research Methods[J]. PS, Political Science & Politics, 2010, 43 (3), 533-540.

[68] Yves Benet. How Social Science Research Methods Might Provide Scientific Evidence for The Existence of God[J]. Christian Higher Education, 2011, 10 (2), 132-139.

[69] Molly Irwin, Lauren H. Supple. Directions in Implementation Research Methods for Behavioral and Social Science[J]. The Journal of Behavioral Health Services & Research, 2012, 39 (4), 339-342.

[70] David Karpf. Social Science Research Methods In Internet Time[J]. Information, Communication & Society, 2012, 15 (5), 639-661.